AF141154

Rudolph Firle

Der Krieg in der Ostsee (1914-1915)

Rudolph Firle

Der Krieg in der Ostsee (1914-1915)

ISBN/EAN: 9783954271337
Erscheinungsjahr: 2012
Erscheinungsort: Bremen, Deutschland

© maritimepress in Europäischer Hochschulverlag GmbH & Co. KG, Fahrenheitstr. 1, 28359 Bremen. Alle Rechte beim Verlag und bei den jeweiligen Lizenzgebern.

www.maritimepress.de | office@maritimepress.de

Bei diesem Titel handelt es sich um den Nachdruck eines historischen, lange vergriffenen Buches. Da elektronische Druckvorlagen für diese Titel nicht existieren, musste auf alte Vorlagen zurückgegriffen werden. Hieraus zwangsläufig resultierende Qualitätsverluste bitten wir zu entschuldigen.

Vorwort.

Der vorliegende Band „Der Krieg in der Ostsee" umfaßt die Zeit vom Kriegsbeginn bis zum Frühjahr 1915. In diesem Zeitraum werden die theoretischen Überlegungen des Admiralstabes in tatenfroher Arbeit am Feinde in die Praxis übersetzt. — Die Russen werden beobachtet, über unsere wirkliche Schwäche getäuscht, vor den eigenen Stellungen dauernd herausgefordert. — Rückschläge durch ernste Schiffsverluste erfolgen. Neue Lehren und Anschauungen setzen sich durch. Schließlich gebietet der russische Winter und die Eisverhältnisse der nördlichen und östlichen Ostsee allen Unternehmungen ein Halt. Somit umfaßt dieser Band einen geschlossenen Abschnitt, und auf den Erfahrungen dieser Zeit werden die folgenden Kriegsjahre sich grundlegend aufbauen.

Wegen der engen Begrenztheit des Kriegsschauplatzes erscheint dem Außenstehenden auf den ersten Blick die Kriegführung in der Ostsee einfach. Um so mehr wächst aber bei näherer Betrachtung und beim Vertiefen in den Stoff die Fülle der Probleme, welche auf diesen Gewässern zu lösen waren. Die reiche Gliederung der Ostsee, Bottnischer Meerbusen, Finnischer Meerbusen, Belte und Sund, die zahlreichen Inseln, die Ålandsgruppe, die Baltischen Inseln Ösel, Moon, Dagö, alle verschieden in ihrer geographischen Gestaltung, wie auch in ihren allgemeinen Eigenschaften, bilden den vielseitigen Kriegsschauplatz. Bei der Zusammenfassung zu einem einheitlichen Bilde und bei der Beurteilung aller Möglichkeiten und der tatsächlichen Ereignisse erhält der Ostseekrieg seine besondere Note. Die Stellung der neutralen Uferstaaten, Dänemark, Schweden und später auch Finnland, ihre Lage am Kriegsschauplatz, ihre weitausgedehnten Küsten, machen die Kriegführung schwierig und verwickelt. Internationale Fragen des Völkerrechts bei der Beurteilung der Belt- und Sundstraßen, sowie in der Führung des Handelskrieges treten unter Stellungnahme der empfindlich daran beteiligten Neutralen früh in die Erscheinung — um so mehr als der englische Druck auf allen Neutralen lastet. England und die englische Seekriegführung greifen von der Nordsee aus durch die Gewässer des Skagerrats und Kattegats unmittelbar in die Verhältnisse des Ostseekriegschauplatzes hinein. Es zeigt sich, daß Deutschland auch in der Ostsee letzten Endes gegen England kämpft. Der Erfolg ist auf deutscher Seite, so lange wir unsere guten Waffe fest in der Hand halten.

Der Schilderung der Ereignisse dieses ersten Kriegsabschnittes ist mit Absicht ein größerer Raum gewidmet worden, um dadurch für die späteren Arbeiten eine Unterlage zu schaffen, auf der sich die weiteren Kriegsjahre natürlich entwickeln. Dem Leser soll durch die Schilderungen, die auch die Einzelheiten berühren, eine möglichst anschauliche Darstellung eines Seekrieges an der Front, der als Stellungs= und Minenkrieg gegen einen starken aber schwerfälligen Gegner geführt wurde, gezeigt werden.

Die deutsche Marine hat in der Ostsee während der Kriegsjahre unter dem Oberbefehl des Großadmirals Heinrich Prinz von Preußen still und ohne viel Aufhebens, standhaft und zäh ihre Pflicht getan, sie hat dem Vaterlande Entscheidendes erhalten und erkämpft. Möge dieser Band dazu beitragen, jene Taten dem Volksempfinden näherzubringen und unseres Volkes Dankbarkeit wecken für die vielen Tapferen, welche auch auf diesem Meere ihre Treue für Kaiser und Reich mit dem Tode besiegelten und welche starben in festem Glauben an Deutschlands Größe und Zukunft.

Inhalt.

Erster Abschnitt.
Einführung.

---

1. Kriegspläne und Streitkräfte.

Über der Ostsee hat während des ganzen Weltkrieges unbestritten die deutsche Kriegsflagge geweht. Neben dem Schwarzen Meer blieb die Ostsee das einzige Meer, dessen Herrschaft Englands überwältigende See= macht sich nicht zu erkämpfen vermochte. Große Schlachten der Seestreit= kräfte sind in der Ostsee nicht geschlagen worden, trotzdem zeigt sich aber gerade auf diesem Kriegsschauplatz die Wirkung und der Wert einer Flotte besonders deutlich. Kurz bevor der Weltkrieg im Herbst 1918 zu Ende ging, lagen deutsche Kriegsschiffe im Festungsbereich des stärksten russischen Kriegs= hafens, Kronstadts, vor der Schwelle der feindlichen Hauptstadt Peters= burg. Die Ostsee war reingefegt von feindlichen Schiffen. Flotte und Landheer hatten in vorbildlichem Zusammenarbeiten die Baltischen Inseln Ösel, Moon, Dagö dem Feinde genommen, die Ålandsinseln besetzt und Finnland vom russischen Joch befreit. Die Ostsee war wie vor Jahr= hunderten zu den Zeiten der Hansa ein deutsches Meer geworden.

Der Krieg in der Ostsee von 1914 bis 1918 bietet eine Fülle abwechslungsvollen Erlebens auf jedem Gebiet der Seekriegführung. Von Kriegsbeginn an ist alles auf ihm Bewegung, Unternehmungslust und Tatendrang. Mit schwächsten Kräften wird Kühnstes gewagt und trotz mancher Rückschläge zähe am Feinde festgehalten, bis im Laufe der Jahre das allmähliche Niederringen Rußlands durch die Armee und die Gesamtentwicklung des Krieges auch der Marine in der Ostsee höhere Auf= gaben stellen. Auf örtlich begrenztem Kriegsschauplatz zeigt der Ostseekrieg, wie unter der Voraussetzung des unbestrittenen Besitzes der Seeherrschaft Heer und Flotte in gleichgerichtetem Kampfe die völlige Besiegung und Ausschaltung des Gegners erreichen.

In den strategischen Vorbereitungen des Admiralstabes der deutschen Marine vor Kriegsausbruch war zwar für die Ostsee ein gewisses Maß von Seestreitkräften im Falle eines Krieges gegen Rußland vorgesehen worden, doch hatten Zahl und Art der Schiffe je nach Zusammensetzung und Stärke der vorhandenen Gesamtstreitkräfte stets gewechselt. In einem Kriege

gegen Rußland allein wäre natürlich theoretisch die ganze deutsche Seemacht
für die Ostsee verfügbar gewesen, wenn man die Gewißheit gehabt hätte, daß
ein solcher Krieg auf Rußland beschränkt geblieben wäre. Aber schon seit
Beginn dieses Jahrhunderts bedeutete für Deutschland ein Krieg gegen Ruß=
land aller Wahrscheinlichkeit nach auch einen Krieg gegen Frankreich. Damit
hatte sich schon damals der Schwerpunkt eines zukünftigen Seekrieges in die
N o r d s e e verschoben. In dem letzten Jahrzehnt vor Ausbruch des Welt=
krieges rechnete zudem der deutsche Admiralstab bei einem Kriege gegen
Rußland und Frankreich zum mindesten mit der ungewissen und unzu=
verlässigen Neutralität Englands. Die Ostsee wurde daher in allen Kriegs=
vorbereitungen grundsätzlich als Nebenkriegsschauplatz behandelt, die Ver=
nichtung der russischen Ostseestreitkräfte nicht als Hauptziel deutscher See=
kriegführung angesehen. Ähnliche Gedankengänge finden sich auch in einer
Denkschrift des Chefs des Admiralstabes, Admirals v. Pohl, im Winter
1913 über den Kriegsfall Dreibund gegen Zweiverband in folgenden
Ausführungen: „Das Vorhandensein einer ungeschwächten, schlagfertigen
deutschen Flotte halte ich für das sicherste und zugleich unbedingt not=
wendige Mittel, um ein nachträgliches Eingreifen Englands in einen
Festlandskrieg, sei es als Schiedsrichter, sei es mit Waffengewalt, zu ver=
hindern. Eine schlagbereite Flotte ist für uns in dieser Richtung viel
wichtiger, als die unter Umständen teuer zu erkaufende V e r n i c h t u n g
der r u s s i s c h e n Flotte. Wir müssen uns, solange sich die allgemeine
politische Lage in Europa nicht wesentlich verschiebt, in diesem Kriegsfall
mit dem U n s c h ä d l i c h m a c h e n der russischen Flotte, als kleinerem
Erfolg, begnügen"[1]). Gelegentlich der Darstellung der Ereignisse auf dem
Ostseekriegsschauplatz wird zu beurteilen sein, ob und unter welchen Vor=

---

[1]) Vgl. dazu folgende Ausführungen aus Band I, Nordsee, Seite 20, Zeile 22 von
oben: „Immerhin sind auch hiervon abweichende Gedankengänge zeitweilig erwogen
worden." So äußerte sich der Chef des Admiralstabes sich persönlich noch am 25. Juli
1914 folgendermaßen zu dieser Frage: „Bleibt England neutral, so bin ich trotz der
sehr wichtigen Aufgaben in der Nordsee dafür, zunächst mit Rußland vollständig auf=
zuräumen und hierzu so viel Kräfte, vor allem leichte, einzusetzen, wie dafür erforderlich
sind. Mit dem Rest und den in der Ostsee freiwerdenden Schiffen usw. werden dann
die Aufgaben in der Nordsee durchzuführen sein.
   „Gegen die Bevorzugung des westlichen Kriegsschauplatzes spricht:
   „1. daß alles vermieden werden muß, was England irritieren und veranlassen
könnte, gegen uns Partei zu ergreifen,
   „2. daß ein sichtbarer Erfolg nur in der Ostsee erreicht werden kann,
   „3. daß zu schwache Streitkräfte in der Ostsee zu einem Mißerfolg führen können.
   „Diese Gedanken sind schon früher von Admiral v. Pohl in ähnlicher Form aus=
gesprochen worden, ohne daß er jedoch auf ihre praktische Durchführung gedrungen
hätte; sie wurden von anderen Seeoffizieren nicht geteilt."

ausſetzungen eine Vernichtung der ruſſiſchen Oſtſeeflotte überhaupt möglich geweſen wäre. Unſer Hauptgegner ſtand immer in der Nordſee, dort fiel in einem Seekriege die Entſcheidung. Es war deshalb militäriſcher Grund= ſatz, in der Nordſee ſo ſtark wie möglich zu ſein und die Oſtſee nur als Nebenkriegsſchauplatz anzuſehen. Eine Teilung der vorhandenen Streit= kräfte, um g l e i c h z e i t i g Nord= und Oſtſee zu decken, wurde für falſch gehalten und im Frieden auch nicht vorbereitet. Im Verband der Hochſee= ſtreitkräfte waren vielmehr alle kampfkräftigen und verwendungsbereiten Schiffe für die Nordſeekriegführung zuſammengefaßt.

Aus dieſen Gründen war nicht zu vermeiden, daß dem Oſtſeekriegs= ſchauplatz bei Ausbruch eines Krieges mobilmachungsmäßig zunächſt nur wenige, militäriſch nicht wertvolle, ältere Schiffe und Verbände zugeteilt werden konnten. Im Sommer 1914 ſtanden für eine Kriegführung in der Oſtſee gemäß der Kriegsgliederung der Seeſtreitkräfte die in Tabelle 3 auf= geführten Streitkräfte als „Küſtenſchutzdiviſion der Oſtſee" und „Hafen= flottille Kiel" zur Verfügung. Es war dies das Höchſtmaß, auf das der deutſche Seebefehlshaber in der Oſtſee bei planmäßiger Durchführung der mobilmachungsmäßigen Friedensvorarbeiten im Falle eines Krieges gegen England, Rußland und Frankreich zunächſt rechnen konnte. Wie weit eine Verſtärkung dieſer Streitkräfte durch die nach der Mobilmachung zunächſt als Zuwachs für die Hochſeeſtreitkräfte beſtimmten Linienſchiffe, Kreuzer, Tor= pedoboots= und Minenſuchverbände der Reſerve= und Neuformationen zu erwarten war, hing ganz allein von der Entwicklung der Kriegslage in der Nordſee ab. Von Anfang an mußte ſich die deutſche Kriegsleitung in der Oſtſee darüber klar ſein, daß ſie ſich bei unſern allgemein für einen Zwei= frontenkrieg zur See nicht ausreichenden materiellen und perſonellen Mitteln mit dem begnügen müſſe, was in der Nordſee nicht zu gebrauchen oder überflüſſig war. Über den Geſechtswert und die militäriſchen Eigen= ſchaften dieſer für die „Küſtenſchutzdiviſion der Oſtſee" und die „Hafen= verteidigung Kiels" vorgeſehenen Schiffe und Fahrzeuge geben die An= gaben der beigefügten Gliederung in Tabelle 3 Auskunft. Es iſt daraus erſichtlich, daß die meiſten Schiffe und die überwiegende Zahl der Fahr= zeuge außer Dienſt waren und nach ihrem Ausrüſtungszuſtand erſt mehrere Tage nach Ausſpruch der Indienſtſtellung fahrbereit ſein konnten. Abgeſehen von den Kleinen Kreuzern „Magdeburg" und „Augsburg" waren alle Schiffe veraltetes Material von ſehr geringem Kampfwert. Eingefahrene Minenſuch= und Torpedobootsverbände waren nicht dabei, die Torpedoboote von verſchiedenen Stellen des Schulbetriebes zuſammengeholt. Minenſuchverbände mußten aus Fiſchdampfern erſt ge= bildet werden, Unterſeeboote waren nur drei des älteſten Typs zugeteilt.

Das Flugzeugmaterial und die Ausbildung des Personals in diesem Dienst
steckte noch in den ersten Anfängen und war in ihrem Wert militärisch zu=
nächst sehr gering einzuschätzen. Das Personal der Seestreitkräfte bestand auf
allen Schiffen zum größten Teil aus Reservisten und war daher bei Kriegs=
beginn nicht auf der Höhe der Gefechtsausbildung der Hochseestreitkräfte.
Die Gefechtsbereitschaft der Schiffe mußte erst durch Erledigung der Waffen=
und Fahrübungen hergestellt werden. Ein Vergleich mit den als Gegner
in Betracht kommenden russischen Seestreitkräften zeigt, daß diese materiell
und personell sehr viel zahlreicher, stärker und kriegsbereiter waren. Eine
kurze Zusammenstellung der verfügbaren deutschen und der später noch
ausführlicher zu behandelnden russischen Streitkräfte in der Ostsee ergibt
folgendes Bild:

August 1914	Gr ß= tampf= schiffe	Linien= schiffe	Panzer= kreuzer	Geschützt= Kreuzer	Kleine Kreuzer	Zerstörer		U-Boote
							neuere	ältere	
russisch .	2	4	5	4	—	1	62	12
deutsch .	—	—	-	—	7[1])	3	6	3

[1]) Davon 5 Kleine Kreuzer älteren Typs.

Über die möglichen und voraussichtlichen Folgen einer solchen Unter=
legenheit in der Ostsee war man sich im Admiralstab der Marine vor
Ausbruch des Krieges auch durchaus klar. Man gab sich auf deutscher
Seite keinen Täuschungen darüber hin, daß bei einer russischen Seekriegs=
führung, die auch nur ein bescheidenes Maß von Unternehmungslust und
militärisch richtiger Denkweise besaß, mit der Preisgabe der östlichen Ostsee
und dem zeitweiligen Verlust von Pillau und Danzig als Stützpunkten ge=
rechnet werden müsse. Bei dem voraussichtlichen Stärkeverhältnis mußte
man unter Umständen bei einer ungünstigen Entwicklung des Krieges schon
zufrieden sein, die Stellungen bei Rügen zu halten und die westliche
Ostsee mit der Kieler Bucht und Kiel vor russischem Einbruch zu schützen.
Diese Gedankengänge haben eine gewisse Ähnlichkeit mit denen des
Großen Generalstabes. Hier lag bei allen Operationsvorarbeiten für einen
Zweifrontenkrieg ebenfalls der Schwerpunkt im Westen, während im Osten
unter ungünstigen Umständen auch mit einem teilweisen Einbruch der
Russen in Deutschland gerechnet wurde. Es muß aber ausdrücklich betont
werden, daß irgendein ursächlicher Zusammenhang dieser Gedanken zwischen
Admiralstab und Generalstab n i ch t bestanden hat. Der Admiralstab hatte
stets die Gegnerschaft Englands, der Generalstab die schlagartige Nieder=
werfung Frankreichs im Auge.

Der deutsche Admiralstab sah daher in seinen Kriegsvorarbeiten die Aufgabe der für die Ostsee verfügbaren Streitkräfte darin, russische An= griffsabsichten auf deutsche Häfen und deutsche Küsten nach besten Kräften zu stören, die Russen möglichst lange über die deutschen Kräfteverhältnisse im unklaren lassen und durch die Kühnheit der ersten Unternehmungen nach Kriegsausbruch unsere wirkliche Schwäche in der Ostsee zu ver= schleiern. Ob man damit Glück haben und ob nicht die russische Kriegs= leitung schon vorher das Spiel durchschauen und sich in ihren Absichten nicht stören lassen würde, lag im Dunkel der Zukunft. Es war von deutscher Seite beabsichtigt, sofort nach Kriegsausbruch möglichst aus den vorgeschobenen Bereitschaftsstellungen, Pillau oder Danzig, einige kurze Vorstöße gegen die russischen Stützpunkte und erreichbaren russischen Seestreitkräfte anzusetzen, um in Verbindung mit gleichzeitigen Minenunternehmungen die Unternehmungslust der Russen zu hemmen und ihre Kriegsvorbereitungen zu stören. Je nach Lage der allgemeinen Entwick= lung auf dem Nordseekriegsschauplatz wollte man dann g e l e g e n t l i c h mit stärkeren Streitkräften gegen die russische Flotte vorgehen, die Ostsee freihalten und durch eine Blockade des Finnischen Meerbusens eine russische Offensivtätigkeit nach Möglichkeit überhaupt verhindern. Die russische Ost= seeflotte in einer Freiwasserschlacht zu schlagen und zu vernichten, war ein Wunsch, auf dessen Erfüllung man in Einschätzung der voraussichtlichen russischen Strategie kaum rechnete. Eine Vernichtung der russischen Flotte in der Ostsee, sofern sie zu Beginn des Krieges überhaupt möglich gewesen wäre, hätte auch im Rahmen des Ganzen keinen entscheidenden Erfolg für den Verlauf des Krieges bedeutet. Weder wirtschaftlich noch poli= tisch hätte ein entscheidender deutscher Erfolg zur See in der Ostsee dem Kriege eine andere Gestalt gegeben. Ebenso wie England nur auf dem Wasser, so war Rußland nur auf dem Lande zum Frieden zu zwingen. Die neutralen Uferstaaten der Ostsee hielt auch nach einer Vernichtung der russischen Ostseemacht die unberechtigte Furcht vor der e n g l i s c h e n Flotte in ihrer Englands Interessen unterwürfigen Haltung. Der Ausgang des Kampfes in der Nordsee entschied über alle Meere. Die deutsche Flotte konnte in der Ostsee wohl durch Zusammenarbeiten mit der Armee den Landkrieg gegen Rußland beschleunigen, aber allein nichts Entscheidendes erreichen. Ein großzügiges Zusammenwirken mit der Armee hätte aber eine Umformung und langjährige Vorbereitung unserer gesamten, nur auf einen Kontinentalkrieg eingestellten Armeekriegspläne zur Voraus= setzung gehabt. Ob dann das Ergebnis solcher Untersuchungen für ein Vorgehen in dieser Weise entschieden hätte, ist schwer zu beurteilen. Der Schutz der westlichen Ostsee, des Hauptkriegshafens Kiel und seiner

Zugänge gegen Einbruch englischer und russischer Streitkräfte war im übrigen die Voraussetzung jeder deutschen Kriegführung in der Ostsee. Dieser Schutz war daher zunächst nach Möglichkeit sicherzustellen. Wie weit unter Berücksichtigung der vorhandenen Streitkräfte dann noch Mittel für andere Kriegsaufgaben übrigblieben, mußte sich durch den Verlauf des Krieges ergeben. Eine Schädigung oder Unterbindung des russischen Handels in der Ostsee konnte ohne weiteres als Nebenzweck der Kriegführung angesehen werden, da man sich darüber klar war, daß die Handelswege Rußlands nach Dänemark, Schweden, Norwegen und England durch den Sund fast ungefährdet überwiegend innerhalb der Hoheitsgewässer der neutralen Uferstaaten bis zur Bottensee gingen und daher eine wirksame Bedrohung nur dort möglich war. Viel wichtiger erschien der Schutz des eigenen lebhaften Handelsverkehrs nach und von den bedeutenden Ostseehäfen.

Alles in allem schien die Aufgabe, die in einem Kriege dem Befehlshaber der deutschen Seestreitkräfte in der Ostsee zufiel, keine dankbare. Große selbständige Kriegsziele fehlten. Er war mit seinen für Angriff und Verteidigung in gleicher Weise unzureichenden Streitkräften von Anfang an mit dem Verlauf der Ereignisse auf dem Nordseekriegsschauplatz verbunden. Er konnte dauernd gehemmt werden durch die seine Kriegführung zum mindesten nicht erleichternde Überlegung, daß jeder Ausfall von Streitkräften in der Ostsee kaum zu ersetzen war, da die Mittel der Hochseestreitkräfte aus der Nordsee wohl vorübergehend, aber niemals länger für die Ostseekriegführung zur Verfügung gestellt werden konnten. Dieser Abhängigkeit der Ostseekriegführung von der Nordsee hatte auch der deutsche Admiralstab in der vorbereitenden Regelung der Befehlsverhältnisse im Falle eines Krieges Rechnung getragen. Zunächst sollten nach den Mobilmachungsvorarbeiten Sommer 1914 die für die Ostsee vorgesehenen Küstenschutzverbände dem Chef der Marinestation der Ostsee in Kiel unterstellt werden. Sobald aber größere Teile der Hochseestreitkräfte für eine gelegentliche Kriegführung in die Ostsee abgegeben wurden, sollte in diesen Fällen der in der Ostsee jeweilig älteste Seebefehlshaber über alle Streitkräfte den Befehl auf dem Wasser übernehmen. Ob dann dieser Seebefehlshaber die befohlenen Operationen nach den Weisungen der Kriegsleitung durchführen, dem Chef der Marinestation der Ostsee oder dem Chef der Hochseestreitkräfte unterstellt werden sollte, war im Frieden n i c h t festgelegt und sollte erst später entschieden werden. Diese beabsichtigte Befehlsregelung entsprach unzweifelhaft dem Charakter der Ostsee als Nebenkriegsschauplatz, der Stärke und den Aufgaben der für die dortige Kriegführung mobilmachungsmäßig bereitgestellten Mittel und vor allem dem für jede Organi-

sation im Kriege ausschlaggebenden Hauptgesichtspunkt, der klaren Ab=
grenzung von Verantwortung und Befehlsbefugnissen.

Über die Befehle, die der Chef der russischen Ostseestreitkräfte vom
Marinegeneralstab in Petersburg im Falle eines Krieges gegen Deutsch=
land für die Verwendung seiner Streitkräfte erhalten, hatte die deutsche
Kriegsleitung im Sommer 1914 keinerlei zuverlässige Nachrichten. Aus
dem Stand der Kriegsbereitschaft der russischen Flotte, ihrer Verteilung
auf die russischen Stützpunkte während der Sommermonate 1914 hatte
man sich in Berlin ein ungefähres Bild von ihrer voraussichtlichen
Kriegsverwendung machen können. Der deutsche Admiralstab rechnete
damit, daß die russische Flotte in der Ostsee, gestützt auf ihre starken
Stellungen im Finnischen Meerbusen, sich im allgemeinen auf die strate=
gische Defensive beschränken würde, daß aber bei dieser strategischen Defen=
sive häufige, kurze Vorstöße gegen die deutschen Küsten wahrscheinlich wären.
Selbst bei geringer Einschätzung des russischen Unternehmungsgeistes zur
See war man darauf gefaßt, daß die Russen nach anfänglichem, ihrer
Natur entsprechendem sehr vorsichtigen Vorwärtstasten doch mit der Zeit
die wirkliche Schwäche und Unterlegenheit der ihnen gegenüberstehenden
deutschen Seestreitkräfte in der Ostsee erkennen und dann in ihren Unter=
nehmungen mutiger werden würden. Die Friedensverteilung ihrer Torpedo=
boote in Libau und ihres Minengeschwaders in Helsingfors ließ mit größter
Wahrscheinlichkeit darauf schließen, daß in den russischen Kriegsplänen
die möglichst baldige Durchführung eines offensiven Minenkrieges an den
deutschen Küsten lag. Darauf deutete auch ein bekannt gewordenes Wort
des russischen Flottenchefs in der Ostsee, Vizeadmirals v. Essen, hin, das
er anläßlich einer Besichtigung der Minenschiffe gesprochen hatte: „Ich hoffe,
daß das Geschwader der Minenschiffe in Zukunft zusammen mit den übrigen
Schiffen der Flotte von der Defensive zur offensiven Tätigkeit übergehen
wird." Über Vorbereitungen und Absichten einer russischen Truppen=
landung an der deutschen Küste war dem Admiralstab Zuverlässiges n i c h t
bekannt. Es war allerdings hiervon in der Presse des In= und Auslandes
vor dem Kriege verschiedentlich die Rede; auch sind Überlegungen über eine
russische Landung an der pommerschen Küste mit englischer Unterstützung
in der Fachliteratur zu finden. Nach den von uns in dieser wichtigen Frage
angestellten militärischen Untersuchungen ist eine Landung größeren Stils
an der pommerschen Küste nach den örtlichen Verhältnissen wohl möglich,
sie konnte aber nach unserer Ansicht nur ausgeführt werden, wenn vorher
Deutschland zur See eine vernichtende Niederlage erlitten hätte. Hiermit
brauchten wir aber selbst dann nicht zu rechnen, wenn Engländer und
Russen vereint auftraten. Zur See ist ein Zusammenarbeiten von Flotten

verschiedener Nationen besonders schwierig. Bei den außerordentlichen Gegensätzen in diesem Falle war ein solches Zusammenarbeiten aber nicht zu fürchten. Eine russische Landung an der pommerschen Küste hätte außerdem einen Erfolg der russischen Landarmee zur Voraussetzung haben müssen.

Die Stärke und Gliederung der russischen „Seestreitkräfte des Baltischen Meeres" oder, wie andere Bezeichnungen lauteten, der russischen „Ostsee- oder Baltischen Flotte" im Sommer 1914, ist aus Tabelle 4 ersichtlich. Von den Linienschiffen waren die erst im Sommer 1914 aus dem Neubauverhältnis zur Flotte getretenen Schiffe des „Gangut"-Typs, „Gangut" und „Sewastópol", die beiden stärksten und kampfkräftigsten Einheiten.

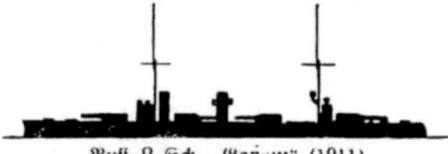

Russ. L. Sch. „Gangut" (1911)

Länge	167,5 m
Wasserverdrängung	23 400 t
Schnelligkeit	23 sm
Armierung	12-30,5, 16-12 cm, 4 Tpd.-R.
Besatzung	1100

Sie hatten eine Bauzeit von fast sieben Jahren hinter sich. Verschiedene Mängel, wie zu schwach gebaute Schiffskörper und ungünstige Schiffsformen beeinträchtigten ihre Leistungsfähigkeit. Trotz günstiger Artillerieaufstellung war ihr Gefechtswert daher nur etwa dem unserer „Helgoland"-Klasse gleichzusetzen. Für eine Frontverwendung kamen sie nach Erledigung der notwendigsten Probefahrten und einer kurzen Ausbildungszeit kaum vor September 1914 in Frage. Von den vier älteren Linienschiffen besaßen nur „Andréi Perwoswánnü" und „Imperator Páwel I." einen Gefechtswert, der etwas unter dem der „Helgoland"-Klasse stand. Der Wert der russischen Panzerkreuzer war durch

S. M. L. Sch. „Helgoland"

Länge	166,5 m
Wasserverdrängung	22 800 t
Schnelligkeit	21 sm
Armierung	12-30,5, 14-15 cm, 6 Tpd.-R.
Besatzung	1100

ihre niedrigen Geschwindigkeiten erheblich beeinträchtigt, doch war dabei zu berücksichtigen, daß aller Voraussicht nach ihre Verwendung in einer Freiwasserschlacht von der russischen Leitung nicht beabsichtigt war. Die Panzerkreuzer der „Baján"-Klasse hatten mit Rücksicht auf die Schärenfahrwasser der russischen und schwedischen Küste ihre geringen Abmessungen erhalten und waren dort für die Verwendung ihres geringen Tiefgangs wegen sehr geeignet. Dagegen war ihnen selbst unsere alte „Prinz Heinrich"- und „Friedrich Carl"-Klasse[1]) an Geschwindigkeit fast gleich, an Artillerie aber erheblich überlegen. Die beiden älteren Panzerkreuzer „Gromobói" und „Rossija" waren besser bestückt, aber schlecht gepanzert,

––––––––––
[1]) Siehe Angaben Karte 10.

während ihre Geschwindigkeit für neuzeitliche Anforderungen ungenügend war. Nur der Panzerkreuzer „Rjúrik", der als Flottenflaggschiff Verwendung finden sollte, besaß neben ausreichender Geschwindigkeit eine kräftigere Artillerie und war etwa unserem „Blücher"[1]) gleichwertig. Von den neuesten Kleinen Kreuzern sollten „Murajeff Amurski" und „Admiral Newelski" im Herbst 1914 zur Flotte treten. Sie waren nach dem Vorbild unserer Kleinen Kreuzer der Städte-Klasse bei Schichau in Danzig gebaut und stellten die einzig brauchbaren Kleinen Kreuzer dar, über welche die russische Ostseeflotte verfügte. Die noch annähernd vollwertigen geschützten Kreuzer „Oleg" und „Bogatyr" befanden sich den größten Teil des Jahres als Schulschiffe im Ausland und kamen daher praktisch für die Ostseekriegführung nicht in Frage. Bei Kriegsausbruch befanden sie sich aber zufällig, oder bereits unter Berücksichtigung der politischen Lage, in den heimischen Gewässern. Die übrigen vorhandenen geschützten Kreuzer waren veraltet. Von den Minenschiffen der Streuminenabteilung besaßen nur „Amúr" und „Jenísséi" die verhältnismäßig hohe Geschwindigkeit von 17 Seemeilen, während die übrigen nur 13 Seemeilen liefen. Die Minenausrüstung des einzelnen Schiffes betrug 400 Minen. Die drei älteren Schiffe der Abteilung waren umgebaute, früher voll getakelte Panzerkreuzer. Das Aussehen von „Wólga" gab die Möglichkeit, sie im Ernstfalle als Handelsschiff verkleidet bei Unternehmungen zu verwenden. Die vorhandenen Torpedobootsverbände bestanden zum größten Teil aus älteren vom Ausland gelieferten Booten. Sie entsprachen in ihrem Materialwert ungefähr den gleichaltrigen deutschen Booten, doch war ihre Artillerie der unserer Boote überlegen. Die zwölf im Sommer 1914 in Ablieferung befindlichen Torpedobootszerstörer, die einen Teil der im Jahre 1912 in Auftrag gegebenen Lieferung von 36 Booten darstellten, waren sehr groß, entsprechend schnell und stark bestückt und unseren 1914 neuesten Torpedobooten erheblich überlegen. Die russischen Unterseeboote in der Ostsee waren durchweg ältere Boote, nach russischer Einteilung 2. und 3. Klasse, während über die im Sommer 1914 in Bau befindlichen zwölf Boote 1. Klasse der Lieferung 1912 noch nichts bekannt war. Die vorhandenen Boote waren nur für die engere Küstenverteidigung brauchbar. Außer diesem im Sommer 1914 bereits in Dienst befindlichen Schiffsbestand hatte die russische Ostseeflotte für die nächsten zwei Jahre noch einen erheblichen Zuwachs an Schiffen und Fahrzeugen zu erwarten, mit dessen planmäßiger Fertigstellung innerhalb der festgesetzten Bauzeiten bei einem Kriege zu rechnen war. Eine erhebliche Abkürzung der Bauzeiten war sogar in diesem Falle nicht unwahrscheinlich. Es handelte sich noch um zwei Linienschiffe der „Gangut"-

---

[1]) Siehe Angaben Karte 1

Klasse, deren Fertigstellung Frühjahr 1915 in Aussicht genommen war,
ferner um vier Linienschiffskreuzer 1. Klasse, deren Bau 1916 vollendet
sein sollte. Von Kleinen Kreuzern lagen noch vier auf Stapel, Fertig=
stellung ebenfalls 1916 geplant, von Zerstörern waren für 1915 und 1916
je zwölf zur Ablieferung in Bau, von Unterseebooten 1. Klasse lagen zwölf
auf Stapel. Diese im Sommer 1914 in Bau befindlichen Schiffe stellten
daher einen erheblichen Zuwachs an Stärke und einen sicheren Ersatz für
veraltete oder durch den Krieg in Verlust geratene Einheiten dar, während
die russischen Werften darüber hinaus noch für nach Kriegsausbruch zu
vergebende Vermehrungsbauten Platz hatten.

Die Kriegsbereitschaft der russischen Ostseeflotte im Sommer 1914 war
gut. Wie aus der Gliederung ersichtlich, waren die Schiffe nach ihrem Bereit=
schaftszustand in aktive Flotte, erste und zweite Reserve eingeteilt. Während
der Sommermonate von April bis November waren alle drei Klassen voll in
Dienst und mußten innerhalb von etwa 24 Stunden kriegsbereit sein. Ein
Unterschied in dem Stand der Gefechtsausbildung zwischen den das ganze
Jahr voll in Dienst befindlichen Schiffen der aktiven Flotte und den im Winter
zum Teil nur mit Mannschaftsstämmen in Dienst bleibenden Schiffen der
ersten und zweiten Reserve war natürlich vorhanden. Die Schiffe der aktiven
Flotte behielten auch im Winter ihre volle Ausrüstung, Besatzung und
Munition an Bord und sollten 24 Stunden nach erhaltenem Befehl kriegs=
bereit in See gehen können. Für die Torpedoboots= und Unterseeboots=
verbände waren die gleichen Befehle maßgebend. Wie weit diese hohen
militärischen Anforderungen an die Kriegsbereitschaft der Verbände in
Wirklichkeit unter dem Einfluß von Instandsetzungsarbeiten, Übungszeiten
und Beurlaubungen herabgesetzt wurden, war nicht vorauszusehen. Auf
jeden Fall mußte ein Gegner damit rechnen, daß die russischen Ostseestreit=
kräfte während der hauptsächlich für die Kriegführung in der Ostsee in Frage
kommenden Sommermonate jederzeit voll verwendungsbereit waren. Die
Waffenausbildung der Schiffe entsprach im allgemeinen durchschnittlichen
kriegsmäßigen Anforderungen. Die Geschütze der seit 1912 bewilligten
Einheiten waren sämtlich nach englischen Modellen hergestellt worden, des=
gleichen das Torpedomaterial. Die Munition, Visiereinrichtungen, Feuer=
leitungsapparate, Scheinwerfer und Meßgeräte wurden ebenfalls aus dem
Ausland bezogen. Die Schießleistungen der russischen Ostseeflotte waren
zwar in den letzten Jahren vor dem Krieg ohne Rücksicht auf Kosten er=
heblich gefördert worden, wurden aber doch von unseren Seeoffizieren als
noch nicht auf gleicher Höhe mit der deutschen Schießausbildung stehend
angesehen. Die Verwendung der Torpedowaffe auf den russischen Torpedo=
booten und Schiffen war nicht durchgebildet. Eine Nachtverwendung von

Torpedobooten war nicht so planmäßig wie in unserer und der englischen Marine betrieben worden. Für die russischen Torpedobootsverbände lagen allerdings auch andere Verhältnisse vor, indem im Winter die Eisbildung in der Ostsee Torpedobootsverwendung ausschloß, im Sommer die „weißen Nächte" dieser hohen Breiten Massenangriffe bei Nacht aussichtslos machten, so daß für eine kriegsmäßige Verwendung bei Nacht nur wenige Wochen im Frühjahr und Herbst übrigblieben. Die Torpedoboote waren daher mehr als Waffe der Tagschlacht, vor allem in Abwehr feindlicher Torpedoboots=angriffe gedacht und dafür auch durch ihre starke Bestückung vorbereitet worden. Eine neuzeitigen Grundsätzen entsprechende taktische Verwendung der Schiffs=Torpedo=Waffe in der Linie war in der russischen Marine an=scheinend bis 1914 noch nicht praktisch erprobt worden. Das Torpedo=material der damals in Dienst befindlichen Schiffe entsprach auch nicht den hierbei zu stellenden Anforderungen. Außerdem waren die Verbände für derartige Übungen noch zu klein.

Im Minenwesen stand die russische Marine auf Grund ihrer Er=fahrungen im Kriege gegen Japan und eingehender Friedensarbeit voll auf der Höhe und hatte unzweifelhaft, sowohl im Material wie auch in ihrer Ausbildung in kriegsmäßiger Verwendung dieser Waffe, einen großen Vorsprung vor allen anderen Marinen. Minen sollten im Kriege von den Kleinen Kreuzern, den Streuminenschiffen der Streuminenabteilung, den Torpedobooten und besonderen, kleineren Minenfahrzeugen gelegt werden. Bemerkenswert war die starke Minenausrüstung von 80 Minen für jedes Boot, welche die neueren Torpedobootszerstörer erhalten hatten. Erstrebt wurde von der russischen Flotte im Falle eines Krieges gegen Deutschland in erster Linie eine Angriffstätigkeit der Streuminenabteilung an den deutschen Küsten. Sommer 1914 hatten nur „Amúr" und „Jeniséi" eine für solche·Unternehmungen eben ausreichende Geschwindigkeit, doch kamen für diese Zwecke als Minenträger auch die neueren Torpedobootszerstörer und Kleinen Kreuzer in Frage. Eine Verwendung von Minen war aber vom russischen Marinegeneralstab auch defensiv zur Vorbereitung eigener Stellungen durch Legen von Verteidigungssperren innerhalb des Finnischen Meerbusens gedacht, hinter deren Schutz die russischen Seestreitkräfte je nach den Umständen den Kampf anzunehmen oder ihm auszuweichen ge=dachten. Hierfür waren alle Streuminenschiffe einschließlich der drei alten Schiffe des Geschwaders und der „Wólga" geeignet, da bei einem operativen Zusammenarbeiten mit dem eigenen Gros in diesen Gewässern, in denen geschützte Häfen in geringer Entfernung stets erreichbar waren, ihre mangel=hafte Geschwindigkeit nicht hinderte. Es war dagegen nicht anzunehmen, daß das Streuminengeschwader außerhalb des Finnischen Meerbusens in tak=

tischem Zusammenhang mit dem Gros auf hoher See Verwendung finden
würde.

Nach den bis Mitte 1914 über die russische Unterseebootsverwendung
vorhandenen Angaben war bei den russischen Unterseebooten in der Ostsee
wegen zu geringer Geschwindigkeit und ungenügender Signalmittel der
Boote mit einem planmäßigen, taktischen Zusammenarbeiten im Verbande
der Flotte nicht zu rechnen. Die geringe Seeausdauer und die schlechte
Bewohnbarkeit der 1914 in der Front befindlichen russischen Unterseeboote
gestatteten es nur, das einzelne Boot für kürzere Zeit auf einer Wartestellung zu verwenden. Fernunternehmungen kamen nicht in Frage. Über
Schießausbildung und Ausbildungszustand der Boote war nichts Besonderes bekannt, doch mußte man bei dem großen Interesse des russischen
Offizierkorps für alle technischen Waffen zum mindesten mit einem durchschnittlichen Stand der Ausbildung rechnen. Das russische Marineluftfahr-
wesen entsprach dem damaligen Entwicklungszustande der Flugwaffe. Es
war in Angelegenheiten der Küstenverteidigung dem Küstennachrichten-
wesen für die offensiven Aufgaben der Flotte dem obersten Seebefehlshaber unterstellt. Die russischen neuen Kleinen Kreuzer sollten Einsetz-
vorrichtungen für Flugzeuge erhalten. Mitte 1912 war eine Flugversuchs-
station für die Marine in Petersburg gegründet worden, im Herbst
1913 in der Ostsee die erste Seeflugstation der Front in Libau, die
mit neuen Flugzeugen ausgerüstet wurde. Ein Flugzeugstützpunkt
ohne ständige Besetzung mit Flugzeugen wurde 1913 in Narwa eingerichtet, die Einrichtung einer weiteren Anzahl von Seeflugstationen
an der Ostseeküste war beabsichtigt. Luftschiffe waren in der russischen
Marine 1914 nicht vorhanden, es wurde ihnen auch kein besonderes Interesse geschenkt, da dem Flugwesen für Aufklärung und Küstenverteidigung
die größere Bedeutung zugemessen wurde. Die Entwicklung des Flug-
zeugmaterials war Anfang 1914 durch Ankauf eines Großflugzeuges, Typ
Ssikorski, Bestellung mehrerer weiterer Flugzeuge dieser Art, Ausschreiben
eines Wettbewerbs für große Wasserflugzeuge und durch Bewilligung
größerer Geldmittel für Versuche tatkräftig in die Hand genommen worden.
In der russischen Marine dachte man sich die Weiterentwicklung des Flug-
zeugmaterials in der Weise, daß man ein kleines, leichtes Flugzeug zur
Mitnahme auf Schiffen, Unterstützung der taktischen Aufklärung und
Artilleriebeobachtung, sowie ein sehr großes, schweres Flugzeug bauen
wollte, das zur Lösung selbständiger Aufgaben in der Fernoffensive und
bei der strategischen Aufklärung Verwendung finden könnte. Im Kriegsfall
war daher damit zu rechnen, daß die russischen Flugzeuge vorläufig in erster
Linie von der Seeflugstation Libau aus aufklären würden, da sie besonders

günstig zur Anmarschrichtung eines von Westen kommenden Gegners lag und das Gebiet bis Danzig ohne Schwierigkeiten beherrschte.

Das Personal der russischen Marine wurde vor Ausbruch des Krieges 1914 nicht unterschätzt, zumal den Russen gute soldatische Eigenschaften zugesprochen werden müssen. Es erreichte zwar nicht das berufliche Können und den inneren Wert des Personals der übrigen großen Marinen, hatte sich aber, nachdem die Folgen des verlorenen Krieges gegen Japan und die Nachwehen der Revolution von 1905 in mehrjähriger, ernster, innerer Arbeit beseitigt worden waren, von 1911 ab in Geist, Mannszucht und Leistungen dauernd gebessert. Sein Mangel bestand in erster Linie in dem Fehlen eines langjährigen, gut ausgebildeten Berufspersonals, das 1911 durch Gründung von Schiffsjungenschulen ge= schaffen werden sollte. Die langen Winterliegezeiten und die Schwierigkeit, während der Wintermonate in der Ostsee die Schiffe zu Übungen in See zu halten, beeinträchtigte naturgemäß auch den Ausbildungsstand des Per= sonals. Die berufliche Ausbildung und See=Erfahrung des russischen Offizierkorps stand 1914 noch nicht voll auf der Höhe. Die Gründe lagen, wie bei dem Unterpersonal, vor allem in zu geringer Seefahr= zeit innerhalb großer seegehender Verbände. Es herrschte in der Marine außerdem ein erheblicher Offiziersmangel, der sich in erster Linie an Bord bemerkbar machte. Er betrug 1913 von 2185 etats= mäßigen Stellen 568 Köpfe. Im übrigen war aber auch in dem Offizierkorps seit 1911 unzweifelhaft ein neuer Geist und ernsteres Streben zu merken, dem der nicht zu unterschätzende Wert wirklicher Kriegserfahrung eines großen Teils der Offiziere zugute kam. Die seit 1911 an der Spitze der russischen Marine stehenden Führer waren nach Kräften bestrebt, das Offizierkorps in Geist, Berufskenntnissen und Dienst= auffassung zu einer hohen Stufe militärischen Könnens zu erziehen. Nach dem verlorenen Krieg gegen Japan hatte man in Rußland zum Wieder= aufbau der Marine junge, energische, im Krieg bewährte Offiziere in die leitenden Stellungen gebracht, da das Versagen der Marine zum großen Teil seinen Grund im Fehlen von Frische und Verantwortungsfreudigkeit bei dem in den leitenden Stellen damals überalterten Seeoffizierkorps gehabt hatte. Chef der russischen Seestreitkräfte des Baltischen Meeres war bei Ausbruch des Krieges 1914 Vizeadmiral v. Essen, der allgemein als besonders tüchtiger Seeoffizier und bester Führer der russischen Marine galt. 54 Jahre alt, und bereits seit 1908 in seiner Stellung, hatte er sich bemüht, die Ausbildung und den Geist der ihm unterstellten Verbände zu heben. Im russisch=japanischen Krieg hatte er als Komman= dant des Linienschiffes „Ssewastópol" das Schiff als einziges vor der Ein=

schließung in Port Arthur gerettet und sich auch weiter im Kriege durch
Tatkraft und Verantwortungsfreudigkeit ausgezeichnet. Von ihm war
daher eine frische unternehmungsluftige Kriegführung zu erwarten. Der
Chef der Linienschiffsbrigade, Kontreadmiral Baron Ferfen, war 56 Jahre
alt und im rufsisch-japanischen Kriege dadurch hervorgetreten, daß er sich
mit dem Kreuzer „Ifumrud" nicht der Kapitulation Nebogatows angeschlossen hatte. Seine Führereigenschaften wurden nicht hoch bewertet. Der
Chef der Kreuzerbrigade, Kapitän 1. Ranges Kolomeizow, war bei Kriegsausbruch 47 Jahre und im Krieg gegen Japan dadurch bekanntgeworden,
daß er sich bei der Verfolgung durch die Japaner als Torpedobootskommandant nicht wie sein Rottenführer, auf dessen Boot sich der Flottenchef
Admiral Rojestwenski befand, kapituliert hatte, sondern nach Wladiwostok
durchgebrochen war. Große taktische Erfahrungen in der Leitung von
Verbänden in offener Seeschlacht konnte man von den rufsischen Admiralen
der Baltischen Flotte nicht voraussetzen, dazu war ihr Schiffsmaterial in
den dem Kriege vorangehenden Jahren zu klein gewesen und auch die
anderen Verhältnisse in der rufsischen Marine zu schwierig, um Flotten-
ausbildung großen Maßstabes treiben zu können. Sie waren unzweifelhaft
in dieser Hinsicht den Führern der deutschen Flotte erheblich unterlegen.
Anderseits besaßen sie aber alle Kriegserfahrung und hatten in leitenden
Stellungen unter den schwierigsten Verhältnissen das durch die Revolution
und ihre Folgen zerrüttete Perfonal der rufsischen Marine in wenigen
Jahren wieder auf einen durchschnittlich ausreichenden Stand von Berufs-
ausbildung und Mannszucht gebracht.

Alles in allem entsprach daher die rufsische Marine in der Ostsee
Sommer 1914 den ihr in einem Kriege bevorstehenden Aufgaben in Stärke,
Ausrüstung und Ausbildung durchaus. Bei der Entwicklung der politischen
Lage seit 1905, seitdem England durch die Neuverteilung seiner Flotten den
Aufmarsch zur See offensichtlich gegen Deutschland eingeleitet hatte, kam
für die rufsische Flotte in der Ostsee in einem Kriege gegen Deutschland als
Gegner voraussichtlich nur der geringe Teil der deutschen Flotte in Frage,
der in der Nordsee, dem Hauptkampfplatz gegen England und Frankreich,
entbehrt werden konnte. Auch in dem für Rußland ungünstigen Fall, daß
England in einem deutsch-rufsischen Kriege neutral blieb, konnte die rufsische
Marineleitung darauf rechnen, daß Deutschland bei der Unsicherheit einer
solchen englischen Neutralität kaum seine gesamten Streitkräfte für die
Kriegführung in der Ostsee einsetzen würde. Aber auch gegenüber einem
zeitweise mit seinen Gesamtseestreitkräften in der Ostsee kriegführenden
Deutschland war Rußland mit seinen 1914 in der Ostsee vorhandenen
Mitteln imstande, eine sichere Verteidigung seiner Stellungen

und Küſten im Finniſchen Meerbuſen durchzuführen. Wurde aber der für
Rußland günſtigſte und nach der allgemeinen politiſchen Lage ſeit 1912
immer wahrſcheinlicher werdende Fall Wirklichkeit, daß England in einem
Kriege zwiſchen Dreibund und Zweiverband ſofort auf die Seite des letz=
teren trat, ſo ſtand der ruſſiſchen Seemacht in der Oſtſee eine e r h e b l i ch e
m i l i t ä r i ſ ch e   Ü b e r l e g e n h e i t auf allen Gebieten gegenüber den
deutſchen Seeſtreitkräften und Stützpunkten auf dieſem Kriegsſchauplatz
zur Verfügung.

2. Aufmarſch und Operationsbefehl.

Der Chef der Marineſtation der Oſtſee, Vizeadmiral Bachmann, hatte
bereits am 27. Juli 1914 auf perſönlichen Befehl Seiner Majeſtät des
Kaiſers, der an dieſem Tage vormittags von der Nordlandreiſe nach Kiel
zurückgekehrt war, Sicherungsmaßnahmen für die Zugänge zur Kieler
Bucht nach Oſten angeordnet, um die auf dem Rückwege von Norwegen
auf dem Marſch durch die Belte nach Kiel befindlichen Verbände der Hoch=
ſeeflotte gegen etwaige ruſſiſche Angriffe zu ſichern. Der ausgegebene
Sicherungsbefehl ordnete eine möglichſt unauffällige Bewachung der Kieler
Bucht nach Oſten bis zum Oſtausgang des Fehmarn=Belt an. . Etwa
in Sicht kommende ruſſiſche Streitkräfte ſollten nur gemeldet werden, jede
feindſelige Handlung war ausdrücklich nur in Abwehr eines offenſichtlichen
Angriffs, im beſonderen des Minenlegens, geſtattet. Es wurde vom Kaiſer
im damaligen Zeitpunkt ausſchließlich mit einer r u ſ ſ i ſ ch e n Gefahr gerechnet, an ein Eingreifen Englands jedoch nicht gedacht. Man ſtand namentlich unter dem Eindruck, daß auf See eine Kriegseröffnung durch einen
ruſſiſchen Torpedoboots=Nachtangriff auf die Flotte ſtattfinden könne,
ähnlich wie im ruſſiſch=japaniſchen Kriege bei Port Arthur. Aus dieſem
Grunde genügte auch die Bewachung des Fehmarn=Beltes. Am 27. Juli
11.15 Uhr vorm. traf der Kleine Kreuzer „Magdeburg" in ſeiner Be=
wachungsſtellung öſtlich von Fehmarn=Belt Feuerſchiff die beiden fran-
zöſiſchen Kriegsſchiffe „La France" und „Jean Bart", welche den Präſi-
denten Poincaré auf der Rückreiſe von Stockholm nach Dünkirchen ge-
leiteten und mit 18 Seemeilen Fahr Kurs in den Großen Belt nahmen.
Nach dem Eintreffen der Hochſeeflotte in Kiel am 29. Juli· wurde die
Sicherung der Kieler Bucht eingeſchränkt und die Streitkräfte bis vor den
Hafen zurückgezogen. Am 30. Juli 1914 erhielt der Chef der Marine=
ſtation der Oſtſee den Allerhöchſten Befehl zur Anordnung der Maßnahmen
für „Sicherung"[1]), am 31. Juli den Befehl zum Ausſpruch der Maßnahmen

---

[1]) Allgemeine Sicherungsmaßnahmen für die Häfen und die Küſte.

für den Zustand der „drohenden Kriegsgefahr"[1]) und am 1. August den
Mobilmachungsbefehl. Die Sicherung des Kieler Hafens und der Kieler
Bucht in der Spannungsperiode vom 27. Juli bis zum Ausspruch der Mobilmachung war durch die dem Stationskommando zu Schul- und Versuchszwecken unterstehenden Schiffe „Wittelsbach", „Magdeburg", „Danzig",
„Panther" ausgeführt worden. Die Hochseestreitkräfte hatten für diese Tage
den Kleinen Kreuzer „Rostock" und die II. Torpedobootsflottille zur Verfügung gestellt. Für einen nennenswerten Widerstand kamen diese Streitkräfte nicht in Frage. Seeflugzeuge, die am schnellsten und sichersten die
Aufklärung in den Belten und nach Osten hätten durchführen können,
waren im Ostseegebiet am 2. August 1914 auf den Flugstationen in Kiel
vier und in Putzig zwei Stück vorhanden. Ein englischer oder russischer
überfallartiger Vorstoß in die Kieler Bucht vor der Kriegserklärung nach
Art des japanischen Torpedobootsangriffs gegen Port Arthur in der Nacht
vom 8. zum 9. Februar 1904 hätte in dieser Spannungsperiode trotz der
schwachen deutschen Bewachungskräfte aber n i c h t mit Erfolgsaussichten
rechnen können, da alle wertvollen Schiffe innerhalb der Friedrichsorter
Enge in Kiel unter sicherem Schutz lagen und die Bewachungsstreitkräfte
bei den sehr hellen, ruhigen Nächten genügten, jeden anmarschierenden
Gegner bei den schmalen Zufahrtsstraßen sicher rechtzeitig zu melden.
Mit der Ausrüstung der für die „Küstenschutzdivision der Ostsee" bestimmten
Schiffe (siehe Tabelle 3) wurde am 31. Juli durch die Werften gemäß
Mobilmachungsplan begonnen. Diese Schiffe lagen mit Ausnahme von
„Thetis", „Gazelle", „Freya", „Undine" und einer Hilfsminensuchdivision,
die in Danzig, und einer Hilfsminensuchdivision und vier Blockschiffen, die
in Swinemünde ausrüsteten, sämtlich auf der Werft in Kiel. Verwendungsbereit waren davon am 31. Juli 1914 nur „Augsburg", „Magdeburg",
letztere aber nur mit e i n e r Turbine, „Panther" und vier Torpedoboote.
„Augsburg" und „Magdeburg" wurden am 31. Juli auf unmittelbaren
Befehl des Chefs des Admiralstabes abends nach Neufahrwasser vorgeschoben und sollten dort weitere Befehle abwarten. „Augsburg" hatte
100 Minen an Bord genommen. „Panther" und die Torpedoboote sicherten
die Kieler Bucht.

Die für den Ostseekriegsschauplatz mobilmachungsmäßig beabsichtigte
Befehlsregelung wurde im letzten Augenblick geändert, indem Seine Majestät der Kaiser den Generalinspekteur der Marine, Großadmiral Heinrich
Prinz von Preußen, am 30. Juli 1914 zum Oberbefehlshaber der Ostseestreitkräfte ernannte. Die Streitkräfte der „Küstenschutzverbände der Ostsee"

---

[1]) Vorbereitende Mobilmachungsmaßnahmen.

wurden ihm unmittelbar unterstellt. „Teile der Hochseestreitkräfte, die im Verlauf des Krieges zu Operationen auf dem Ostseekriegsschauplatze entsandt würden", sollten ebenfalls unter den Befehl des neugeschaffenen Oberbefehlshabers der Ostseestreitkräfte (abgekürzte Dienstbezeichnung O. d. O.) treten. Damit waren der Stationschef der Marinestation der Ostsee und der Chef der Hochseestreitkräfte in dem zu erwartenden Kriege an der Kriegführung in der Ostsee unmittelbar nicht mehr beteiligt. Vizeadmiral Bachmann behielt als Stationschef und Gouverneur der Festung und des Reichskriegshafens Kiel den örtlichen Schutz und die Verteidigung des Hafens und seiner Zugänge. Eine klare Abgrenzung zwischen seinen Pflichten und denen des Oberbefehlshabers der Ostseestreitkräfte in bezug auf die Außenverteidigung Kiels in den Belten, die nur mit den jetzt dem Oberbefehlshaber unterstehenden Fahrzeugen der „Küstenschutzdivision der Ostsee" durchgeführt werden konnte, wurde in gegenseitigem Benehmen zwischen Stationschef und Oberbefehlshaber vorgenommen. Die plötzliche Schaffung dieser neuen Dienststelle durch das Marinekabinett unmittelbar vor Kriegsausbruch entsprach nicht den Ergebnissen der Vorarbeiten für den Krieg, die eine strenge und dauernde Abhängigkeit des Ostseekriegsschauplatzes vom Nordseekriegsschauplatz und den dort zu vereinigenden Gesamtstreitkräften ergeben hatten. Durch die Schaffung eines dem Chef der Hochseestreitkräfte gleichgestellten Seebefehlshabers in der Ostsee war jetzt organisatorisch die Möglichkeit gegeben, daß die Aufgaben dieses Kriegsschauplatzes nicht mehr im Rahmen einer bloßen Küstenverteidigung oder in ihrer Abhängigkeit von der Nordseekriegführung, sondern für sich allein betrachtet und vertreten würden. Da es aber bei den im ganzen für einen Seekrieg nach zwei Seiten unzureichenden Mitteln von vornherein feststand, daß die Kriegsleitung beiden Kriegsschauplätzen nicht gerecht werden konnte, war die Gefahr vorhanden, daß die Nordseekriegführung dadurch beeinträchtigt und in die ganze Seekriegführung eine gewisse Unruhe hineingetragen würde. Es spielte dabei auch das Dienstalter des Oberbefehlshabers der Seestreitkräfte in der Ostsee als Großadmiral eine Rolle, dem die zur Verfügung stehenden ganz unbedeutenden Streitkräfte in keiner Weise entsprachen. Ein weiterer Nachteil der neugeschaffenen Stellung war, daß bei der geringen Zahl von Schiffen für den Oberbefehlshaber und seinen Stab kein Flaggschiff zur Verfügung stand, von dessen Kommandobrücke aus die Unternehmungen in See hätten freizügig geleitet werden können. Dies fiel für einen Kriegsschauplatz, der wie die Ostsee in einem Zweifrontenkrieg von beiden Seiten bedroht werden konnte, besonders ins Gewicht, da dort die Anwesenheit des Oberbefehlshabers je nach der Kriegslage bald im äußersten Osten oder Westen notwendig werden konnte.

Mit Rückſicht auf die zunächſt höhere Einſchätzung der den Belten drohenden
engliſchen Gefahr wählte der Prinz zu ſeinem dauernden Standort Kiel
und leitete dort von Land aus den Krieg zur See gegen Rußland.

Die Nachteile dieſer Befehlsregelung wären an ſich nicht ſo erheblich ge=
weſen, wenn der für die Seekriegführung als Berater des Kaiſers ſinngemäß
verantwortliche Chef des Admiralſtabes ſämtlichen Behörden der Marine
gegenüber bei Kriegsausbruch eine anerkannte Autorität und überragende
Stellung gehabt hätte. Aber auch eine ſtillſchweigend von der Front zu=
geſtandene Befehlsleitung im Kriege, wie ſie ſich der Generalſtab des Feld=
heeres durch die Perſönlichkeiten ſeiner Chefs ſeit den Erfolgen von 1866
und 1870 geſchaffen hatte, beſaß der Chef des Admiralſtabes der Marine
bei Ausbruch des Krieges noch nicht. Unter Übernahme der Geſamtverant=
wortung für die Seekriegführung nach den Richtlinien des oberſten Kriegs=
herrn hätte daher der Chef des Admiralſtabes von Kriegsbeginn an den
Frontbefehlshabern gegenüber klar zum Ausdruck bringen müſſen, daß in
ſtraffer Befehlsform der Krieg von ihm ſtrategiſch geleitet und den Be=
fehlshabern auf den einzelnen Kriegsſchauplätzen nur weitgehende
Selbſtändigkeit in der Ausführung der von der Seekriegsleitung er=
teilten Befehle gelaſſen würde. Dies erfolgte erſt im Auguſt 1918, als
Admiral Scheer die Geſchäfte des Chefs des Admiralſtabes übernahm. Daß
es nicht früher geſchah, hat ſich auf dem Oſtſeekriegsſchauplatz, der in ſeinen
materiellen Mitteln nicht ſelbſtändig und daher auf Zuteilung von anderen
Kriegsſchauplätzen angewieſen war, im Verlauf des Krieges beſonders nach=
teilig bemerkbar gemacht. Durch dauernde Kompromiſſe und Verein=
barungen zwiſchen den gleichgeordneten Dienſtſtellen wurde auszugleichen
verſucht, wo von e i n e r Stelle hätte b e f o h l e n werden müſſen.

In der r u ſ ſ i ſ c h e n O r g a n i ſ a t i o n der Befehlsleitung für die
Marine hatte man im Kriege gegen Japan dieſe Folgen einer nicht klar ab=
gegrenzten und auf zu viele nebeneinander gleichgeordnete Stellen ver=
teilten Verantwortung bereits kennengelernt und daher nach 1905 die Or=
ganiſation der Marine grundlegend geändert. Es gab im Sommer 1914 in
der ruſſiſchen Marine nur eine e i n z i g e dem Kaiſer als oberſten Kriegs=
herrn verantwortliche Dienſtſtelle in der Perſon des Marineminiſters
Admirals Grigorowitſch, dem als „Oberbefehlshaber der Flotte und des
Marineweſens" alle Kommando= und Verwaltungsbehörden unterſtanden.
Dazu gehörten vor allem auch die Chefs der Seeſtreitkräfte in der Oſtſee und
im Schwarzen Meer. Dieſen Chefs der Seeſtreitkräfte waren wiederum im
Bereich ihres Kriegsſchauplatzes ſämtliche Feſtungen, Häfen und Werften
unterſtellt. Es war daher organiſatoriſch bereits im Frieden der Gefahr der
inneren Reibung zwiſchen gleichgeordneten Behörden und Perſönlichkeiten.

die noch immer in allen Kriegen eine hemmende und die Sache schädigende
Rolle gespielt hat, soweit wie möglich vorgebeugt. Auch die besten Organi=
sationen werden anderseits immer versagen, wenn keine Persönlichkeiten
vorhanden sind, die sie mit Leben und Willen erfüllen. Wo die stärkste
Persönlichkeit ist, wird daher auch die entscheidende Stelle in der Organi=
sation sein, und eine ihrer Verantwortung bewußte Personalbesetzung muß
dementsprechend kunstvoll nach diesem Gesichtspunkt auswählen.

An Nachrichten über russische Schiffsbewegungen und Sicherungs=
maßnahmen während der letzten Julitage 1914 hatte der deutsche Admiral=
stab am 29. Juli den Frontstellen folgendes mitgeteilt: „Ostseeflotte,
Linienschiffbrigade, außer einem noch nicht kriegsbereiten Schiff in Helfing=
fors. Kreuzer Aufenthalt unbekannt. Fünf neuere Unterseeboote in Reval,
die sechs älteren in Libau. Aus mehreren Häfen werden Kriegsvorberei=
tungen gemeldet. Leuchtfeuer in Riga und Helsingfors gelöscht. Ob auch
die anderen Häfen, ist noch nicht bekannt. Minen liegen aus vor Düna=
münde, wahrscheinlich auch in anderen Häfen. Schärenfahrwasser Hangö—
Helsingfors für Handelsverkehr gesperrt." Diese wenigen Angaben boten
immerhin ein Bild, das mit den bei Ausbruch des Krieges voraussichtlich
zu erwartenden russischen Operationen übereinstimmte. Zu ihrem Ver=
ständnis und ihrer Bewertung muß aber die Zahl der der russischen Ostsee=
flotte zur Verfügung stehenden Stützpunkte kurz betrachtet werden. Jede
Seemacht gründet sich auf Stützpunkte und Seestreitkräfte. Beide sind von=
einander abhängig und ergänzen sich gegenseitig. Seestreitkräfte können
daher ihre Aufgaben im Kriege nur voll erfüllen, wenn ihnen Stützpunkte
zur Verfügung stehen, die durch ihre geographische Lage, ihre Ausrüstungs=
möglichkeiten und militärischen Verteidigungsanlagen dafür geeignet sind.
Bei einer weitsichtig durchdachten Marinepolitik wird sich daher immer
zwischen der Auswahl von Kriegshäfen und Stützpunkten und den Richt=
linien für die strategischen Aufgaben der Flotte im Kriege ein klarer Zu=
sammenhang erkennen lassen. Der russische Marinegeneralstab hatte in
den Jahren v o r dem Kriege gegen Japan die Schaffung einer starken
Ostseeflotte gegen Deutschland geplant. Damals war Libau, der süd=
lichste der deutschen Küste am nächsten gelegene russische Hafen, zu
einem modernen, stark verteidigten Kriegshafen ausgebaut worden. Als
Rußland, nachdem es den Krieg gegen Japan verloren hatte und seine
Seemacht durch die Japaner und die Revolution im eigenen Lande ver=
nichtet worden war, 1909 den Wiederaufbau seiner Flotte begann, mußte
es sich in seinen Plänen bei der Anlage von Stützpunkten in der Ostsee und
seinen Kriegszielen auf diesem Kriegsschauplatz Beschränkung auferlegen.
Der Ausbau der deutschen Flotte hatte nämlich inzwischen einen solchen

2*

Vorsprung gewonnen, daß Rußland zunächst mit den ihm zur Verfügung
stehenden Mitteln seine früheren Ziele in der Ostsee nicht aufrechterhalten
konnte.

Die russische Marineleitung zog aus diesen Tatsachen folgerichtig die
entsprechenden Schlüsse. In bitterer Kriegserfahrung war es ihr an Port
Arthur und Wladiwostok klar geworden, daß Stützpunkte nur dann Be=
rechtigung haben, wenn sie durch ihre Verteidigungsanlagen, ihr Hinter=
land und ihre Verbindungen mit der Heimat so widerstandsfähig angelegt
sind, daß sie nach menschlichem Ermessen auch im längsten Kriege ihre
Aufgaben für die eigenen Seestreitkräfte erfüllen können. Auf Grund
dieser Erfahrungen wurde in der Ostsee Libau, das unter den veränder=
ten Verhältnissen sich in einem Kriege mit Deutschland nicht hätte halten
können, als Hauptkriegshafen der Ostseeflotte aufgegeben und seine Befesti=
gungen abgebaut. Seine Beibehaltung als Stützpunkt für Torpedoboots=
streitkräfte blieb bestehen. Aus den gleichen Überlegungen trat der Ausbau
der militärischen Anlagen in dem Gebiet des Rigaschen Meerbusens zurück.
Um so stärker vereinigte dagegen die russische Marineleitung von 1909 ab
alle Mittel und Kräfte zu einem einheitlichen starken Ausbau ihrer geogra=
phisch an sich schon so überaus günstigen Stellung im Finnischen Meer=
busen (siehe dazu Karte 1). Dieser Meerbusen bietet durch seine natürliche
Lage und durch die Beschaffenheit seiner Küstenformen eine besonders
starke Verteidigungsstellung. Die Länge seines Fahrwassers von Kron=
stadt bis zur Linie Hangö—Moonsund beträgt 210 Seemeilen, seine durch=
schnittliche Breite nur 30 Seemeilen. Zahlreiche kleine Inseln und die aus=
gesprochene Schärenform seiner nördlichen Küste mit ihren vielen Buchten
und kleinen Einschnitten bietet gegen einen eindringenden Feind aus=
gezeichnete Angriffsstellungen für Torpedoboote und Unterseeboote. Für
Unterseebootsangriffe ist zudem besonders günstig, daß die Boote überall bis
dicht an die Küste heran genügend tiefes Fahrwasser haben. Anderseits ge=
statten es die Wassertiefen in weitestem Maße, Netze und Minen zur Abwehr
feindlicher Einbruchsversuche mit Unterseebooten zu verwenden. Bei den
geringen Entfernungen ist außerdem stets eine sichere und leichte Beob=
achtungsmöglichkeit durch Flugzeuge gegeben. Das Operationsgebiet des
Finnischen Meerbusens ist daher für eine russische Seekriegführung, die
sich in der Ostsee auf die Verteidigung beschränken wollte, von be=
sonderem Wert. Ein Angreifer traf dort auf Widerstände, die noch um
vieles stärker als bei den Dardanellen waren und deren Überwindung
daher ohne Einsatz stärkster Seestreitkräfte als völlig aussichtslos be=
zeichnet werden mußte. Durch die an den Küsten des Finnischen Meer=
busens angelegten Stützpunkte wurde aber gleichzeitig auch die Landes=

hauptstadt Petersburg und damit der größte russische Handelshafen geschützt. Riga, der nächstgrößere Handelsplatz, stand durch seine geographische Lage und den Zugang, den er durch den Moonsund im Rücken der Inseln Dagö und Ösel mit dem Finnischen Meerbusen hatte, mittelbar ebenfalls unter dem Schutz der dort vorhandenen Machtmittel. Das gleiche war im Norden für den Bottnischen Meerbusen der Fall, wo der in diesem Seegebiet verkehrende schwedisch-russische Handel durch den nörd-lichen Torhüter des Finnischen Meerbusens, die Alandsinseln, gedeckt wurde. Damit war durch die Anlagen im Finnischen Meerbusen auch ein wichtiger Nebenzweck von Stützpunkten, der gleichzeitige Schutz der Haupt-handelsstraßen und wichtigsten Verkehrshäfen, erfüllt.

Den Kern der russischen Verteidigungsanlagen im Finnischen Meerbusen bildeten Kronstadt und die Kronstädter Bucht. Kronstadt war bis zum Jahre 1914 der dauernde Stützpunkt für die Linienschiffe und Panzerkreuzer der russischen Ostseeflotte, die dort ihre einzige Dockgelegenheit hatten. Die Haupt-artillerieverteidigung Kronstadts bestand, abgesehen von den Batterien der Insel Kotlin, auf der Kronstadt liegt, in den starken ganz modernen Land-befestigungen an beiden Ufern der Kronstädter Bucht. Ein Niederkämpfen dieser Befestigungen von See aus, ein Eindringen in die Bucht von Kron-stadt und eine Einnahme Kronstadts durch feindliche Seestreitkräfte kam unmittelbar zunächst überhaupt nicht in Frage. Kronstadt und die Kron-städter Bucht wurden aber noch durch eine 160 Seemeilen im Finnischen Meerbusen vorgeschobene Befestigungslinie, die durch die beiden Häfen Reval und Helsingfors als Flügelpunkte gebildet wurde, gedeckt und verteidigt. Der Hafen von Reval war 1912 als Hauptstützpunkt der Balti-schen Flotte in Aussicht genommen. Man hatte daher dort mit der Anlage eines neuzeitlichen Erfordernissen genügenden Kriegshafens für 8 Linien-schiffe, 4 Panzerkreuzer, 36 große Torpedoboote und 12 Unterseeboote be-gonnen. Gleichzeitig hatte man den auf mehrere Jahre veranschlagten Bau der Festung „Kaiser Peter der Große" in Angriff genommen, die sämtliche Befestigungsanlagen Revals und der vorgelagerten Inseln um-fassen sollte. Bei Ausbruch des Krieges 1914 war Reval noch im Ausbau begriffen, besaß noch nicht genügende Hilfsmittel für eine dauernde Versorgung großer Schiffe und kam nur als Stützpunkt für Torpedo-boote und Unterseeboote in Frage. Die Befestigungen waren noch nicht voll verwendungsbereit und wurden erst während des Krieges fertig. Reval war für die russische Ostseeflotte der am weitesten im Finnischen Meerbusen nach Westen vorgeschobene befestigte Kriegshafen. Er gab den russischen Seestreitkräften im Kriege in Verbindung mit den an der gegen-überliegenden Nordküste des Finnischen Meerbusens befindlichen Befesti-

gungen von Helsingfors und den das dazwischen liegende Seegebiet sper=
renden Minenfeldern einen starken Rückhalt bei der Abwehr eines in den
Finnischen Meerbusen eindringenden Angreifers. Der Hafen von Reval
hatte ferner vor Kronstadt den großen militärischen Vorteil verhältnis=
mäßiger Eisfreiheit, da er in normalen Wintern bis auf die Monate
Januar, Februar von Eis ungehindert blieb. Helsingfors (Swea=
borg), der nördliche Punkt der Verteidigungslinie Reval—Helsing=
fors, war im Juli 1914 ein befestigter Kriegshafen zweiter Klasse.
Er wurde als Haupthafen und dauernder Stützpunkt für Torpedoboote
benutzt. Der geräumige Hafen war durch starke, auf den vorgelagerten
Inseln errichtete Befestigungen und durch Minensperren gut geschützt. Zur
besseren Verwendung der auf Helsingfors sich stützenden Torpedoboots=
streitkräfte war 1911 der Ausbau und die Befestigung von drei anderen
Punkten westlich Helsingfors, im Schärengebiet südlich von Ekenäs,
südlich von Ingo im Baröfund und bei Porkala=Udde in Angriff ge=
nommen und gerade vor dem Kriege vollendet worden. Die Torpedo=
boote sollten sich an diesen Punkten aus einer schwimmenden Basis
von Kohlen=, Werkstatts= und Vorratsschiffen, die sich ihrerseits wieder auf
Helsingfors stützte, ausrüsten. Die Eisverhältnisse waren in Helsingfors
n i c h t günstig, da im allgemeinen die Schiffahrt von Mitte Dezember bis
Mitte April durch Eis geschlossen wurde. Ein weiterer Nachteil für seine
militärische Verwendung lag in dem Mangel an Reparaturmöglichkeiten
und in dem Vorhandensein nur einer einzigen brauchbaren Einfahrt für
große Schiffe. Trotzdem kam der Hafen, solange der Ausbau von Reval
nicht beendet war, im Kriegsfall als wichtigster Nebenstützpunkt für die
größeren Schiffe der Baltischen Flotte in Betracht. Er hatte wie Reval
durch Lage und Kampfmittel eine große Bedeutung als Rückhalt für
russische Seestreitkräfte bei Offensivstößen gegen eine den Finnischen Meer=
busen blockierende oder angreifende feindliche Flotte. Unternehmungen
eines Gegners in das Innere des Finnischen und auch des Bottnischen
Meerbusens blieben immer stark gefährdet, solange hier noch kampfkräftige
russische Streitkräfte standen.

Eine noch weiter nach außen vorgeschobene Verteidigungslinie des
Finnischen Meerbusens war im Kriegsfalle an seinem Eingang zwischen
Hangö und Kap Tachkona an der Nordspitze der Insel Dagö beabsichtigt.
Befestigungen waren im Juli 1914 auf den Landpunkten dieser Linie noch
nicht angelegt, doch war eine starke Verteidigung des dazwischenliegenden
Seegebietes durch Minensperren, auf die sich vor dem Finnischen Meer=
busen aufklärende russische Seestreitkräfte vor einem überlegenen Feind
jederzeit zurückziehen konnten, vorbereitet. Gleichzeitig bildeten die Ålands=

inſeln im Norden und die bei Beginn des Krieges noch unbefeſtigten Inſeln Dagö und Öſel im Süden einen militäriſch wertvollen Flankenſchutz gegen jeden feindlichen Blockade- und Einbruchsverſuch.

Die Bedeutung des Rigaſchen Meerbuſens für eine offenſive ruſſiſche Kriegführung wurde durch die rückwärtige Lage des einzigen großen Hafens Riga und des ihm vorgelagerten Stützpunktes Dünamünde ſtark gemindert. Größer war ſein Wert für eine auf den Finniſchen Meerbuſen geſtützte defenſive Kriegführung, da ein Vorgehen feindlicher Streitkräfte über den Rigaſchen Meerbuſen hinaus nach Norden ohne Bindung dort vorhandener Streitkräfte nur möglich war, wenn der Gegner bewußt eine ſtarke Gefährdung ſeiner rückwärtigen Verbindungs- wege durch Torpedoboote und Unterſeeboote mit in Kauf nehmen wollte. Bei Ausbruch des Krieges war der vom Finniſchen zum Rigaſchen Meer- buſen führende Zufahrtsweg, der Moonſund, nur für Fahrzeuge bis zu 4,6 m Tiefgang paſſierbar, kam daher für Linienſchiffe und Kreuzer nicht in Frage. Die Eisverhältniſſe im Rigaſchen Seegebiet waren ungünſtig, feſtes Eis bedeckte gewöhnlich von Mitte November bis April den Meer- buſen. Noch weiter ſüdlich an der ruſſiſchen Küſte lag der am weiteſten vorgeſchobene ruſſiſche Kriegshafen Libau. 1914 war er Stützpunkt für Torpedo- und Unterſeeboote. Bei den geringen Entfernungen von Libau nach den deutſchen Häfen, Pillau 122 Seemeilen, Neufahrwaſſer 140 See- meilen, Swinemünde 275 Seemeilen, Kiel 400 Seemeilen, boten ſich für dieſe Waffe von Libau aus die günſtigſten Erfolgsausſichten. Für Linien- ſchiffe und Panzerkreuzer war der Hafen damals nicht benutzbar, da die Tiefe der Hafeneinfahrten nur das Einlaufen von Schiffen unter 8 m Tief- gang ermöglichte. Starke Befeſtigungen waren nicht mehr vorhanden. Für jede deutſche Offenſive gegen den Finniſchen Meerbuſen hatte Libau eine ausgeſprochene Flanken- und Rückenſtellung. Ohne Bindung der dort liegenden Seeſtreitkräfte blieb ein Vordringen deutſcher Schiffe in den nördlichen Teil der Oſtſee und gegen den Finniſchen Meerbuſen gefährdet. Von allen ruſſiſchen Kriegshäfen hatte Libau die günſtigſten Eisverhältniſſe, da ſeine Zufahrt und der Hafen ſelbſt faſt immer während des ganzen Winters durch Eisbrecher offengehalten werden konnten.

Die ruſſiſche Küſte verfügte ferner über ein gut angelegtes Netz von Stationen für den Küſtennachrichtendienſt. Ihre Lage, Zahl und Aus- rüſtung an den ruſſiſchen Oſtſeeküſten genügte bei Kriegsausbruch den militäriſchen Anforderungen. Von Wichtigkeit für das Zuſammen- arbeiten der Seeſtreitkräfte mit der Küſtenverteidigung war, daß das ruſſiſche Küſtennachrichtenweſen dem Flottenchef in militäriſcher Hinſicht bereits im Frieden unterſtand. Der Sicherungsdienſt vor den ruſſiſchen

Küsten und Häfen war auch sonst auf Grund der Erfahrungen, die man mit seinem Versagen vor Port Arthur im Kriege gegen Japan gemacht hatte, gut eingerichtet. Die russische Regierung hatte mehrere Jahre vor dem Kriege in der Ostsee die Zollgrenze von 3 auf 12 Seemeilen von der Küste hinausgeschoben, um die Handhabung des Sicherungs= und Beob= achtungsdienstes vor den Häfen bereits in großer Entfernung von den Küsten zu ermöglichen. Durch diese Maßnahme wurde der Finnische Meerbusen in seinem größten Teile ein russisches Hoheitsgewässer. Die Besetzung der russischen Zollfahrzeuge mit militärischem Personal und das stete Vorhandensein einer Anzahl kleinerer Kriegsfahrzeuge in allen Kriegshäfen gestattete die Einrichtung eines Wach= und Sicherungsdienstes in kürzester Zeit. In Zeiten der Spannung mußte daher stets mit einem erhöhten Wachdienst vor den russischen Häfen gerechnet werden.

Die sämtlichen russischen Stützpunkte in der Ostsee waren in ihrer Lage und Einrichtung überwiegend für eine defensive Kriegführung be= stimmt und geeignet. Für eine Verteidigung bildeten die in den drei Ab= schnitten, Helsingfors—Reval, Eingang zur Kronstädter Bucht und Kron= stadt, angelegten Befestigungen und Stützpunkte zusammen mit den im Eingang zum Finnischen Meerbusen beabsichtigten Minensperren zwischen Hangö und Tachtona ein einziges starkes Festungsgebiet. Ein Durch= brechen dieser Stellungen bedeutete für einen Angreifer den Einsatz seiner sämtlichen Seekriegsmittel und war auch dann noch ein Unter= nehmen, dessen Gelingen bei einem tatkräftigen Verteidiger mehr als un= wahrscheinlich zu bezeichnen war. Dieser Ausbau des Finnischen Meer= busens ermöglichte es aber außerdem der russischen Flotte, einer feindlichen Blockade des Meerbusens durch kräftige, bei den günstigen geographischen und militärischen Verhältnissen viel Erfolg versprechende Vorstöße zu begegnen. Auch eine offensive russische Seekriegführung aus dem Finnischen Meerbusen heraus gegen die deutschen Küsten hatte durch den Flankenschutz, den die der Kernstellung des Finnischen Meerbusens vorgelagerten Ålandsinseln sowie die Inseln Ösel und Dagö, das Gebiet des Rigaschen Meerbusens und der Kriegshafen Libau allen Unterneh= mungen dieser Art gewährten, die besten Aussichten.

Durch die ganze Länge der Ostsee, 770 Seemeilen von Kronstadt und dem Finnischen Meerbusen getrennt, lag in der innersten Ecke der west= lichen Ostsee der Hauptkriegshafen der deutschen Marine, Kiel. Die deutsche Marineleitung hatte bei dem weiteren Ausbau der Flottengesetze im letzten Jahrzehnt vor Kriegsausbruch die Ostsee als Nebenkriegsschauplatz be= trachten müssen, da sich der Schwerpunkt unserer Seerüstung unter dem Druck der politischen Lage immer mehr in die Nordsee verschoben hatte.

Im Sommer 1914 waren daher die in der Ostsee vorhandenen deutschen Stützpunkte und Befestigungen ungefähr noch in dem gleichen Zustand, in dem sie einige Jahrzehnte früher unter anderen militärischen Voraus= setzungen und maritimen Stärkeverhältnissen für den Krieg und die Verteidigung der deutschen Ostseeküsten gegen Rußland gebaut worden waren. Kiel, der stärkste deutsche Stützpunkt in der Ostsee, gleichzeitig das Osttor des Kaiser=Wilhelm=Kanals, entsprach im allgemeinen personell und materiell den militärischen Anforderungen und war so ausgestattet, daß es als Liege= und Ausrüstungshafen für unsere sämtlichen Seestreitkräfte genügte. Seine Verteidigungs= und Schutzanlagen waren zum Teil nicht der Neuzeit entsprechend, namentlich galt dies von den Befestigungen und ihrer Artillerie. Für einen Krieg gegen Rußland war Kiels Lage wegen seiner zu großen Entfernung von den russischen Küsten sehr un= günstig. Der Aufmarsch von dort aus zu Unternehmungen gegen die russi= schen Stützpunkte war zu lang und erschöpfte die Brennstoffvorräte bis zum Eintritt in feindliches Gebiet bereits so erheblich, daß ein Ansetzen von Unternehmungen von Kiel aus nicht zweckmäßig erschien. Kiel war daher für die Ostseekriegführung gegen Rußland nur ein weit hinter der Front liegender Werft= und Übungsplatz, nicht aber ein strategisch brauch= barer Stützpunkt. Kiels weite Entfernung von der russischen Küste war aber anderseits sein bester Schutz gegen feindliche Unternehmungen, für die der Hafen und seine Bucht, als Herz des militärischen Ausrüstungs= und Übungsgebietes für alle vorhandenen und neu in Dienst tretenden Schiffe und Verbände, ein besonders verlockendes Angriffsziel darstellte. Es kam hinzu, daß Kiel der einzige deutsche Ostseehafen war, in welchen infolge der günstigen Tiefenverhältnisse moderne Kampfschiffe größten Tiefgangs einlaufen und sicher vor Unterseebootsangriffen liegen konnten. Die nach Osten gegen Rußland vorgeschobenen natürlichen Verteidigungslinien Kiels und der Kieler Bucht waren die Enge des Fehmarn=Belt und die Linie Gjedser—Darsserort. Hier konnte ein weiteres Vordringen des Feindes nach Westen wirksam durch Minensperren bis zum Eintreffen starker See= streitkräfte aufgehalten werden.

Danzig=Neufahrwasser war unter diesen Verhältnissen derjenige deutsche Stützpunkt in der Ostsee, der zunächst durch seine Lage am besten als Aufmarschplatz gegen Rußland geeignet erschien. Die Widerstands= kraft der Befestigungsanlagen von Neufahrwasser konnte als aus= reichend gegen Beschießungen von See aus bezeichnet werden. Die übrigen Verteidigungsmittel des Hafens waren gegen einen modern ausgerüsteten Gegner recht schwach. Der Hauptnachteil des Hafens bestand in seiner geringen Tiefe, die Sommer 1914 nur Schiffen bis 7 m das Einlaufen in Neufahrwasser gestattete, so daß seine Benutzung für Linienschiffe und Panzerkreuzer zunächst nicht in Frage kam, namentlich dann nicht, wenn sie durch Unterwassertreffer einen erhöhten Tiefgang hatten. Maßnahmen für einen örtlichen Schutz der auf Neufahrwasser-Reede liegenden Schiffe durch Balkensperren und Netze gegen Unterseeboots- und Torpedobootsangriffe waren Sommer 1914 nicht getroffen. Die Anlagen der Werft in Danzig, die in den Jahren vor dem Kriege aus- schließlich für den Bau von Unterseebooten Verwendung gefunden hatten, waren 1914 für die Bedürfnisse stärkerer Seestreitkräfte nicht eingerichtet. Es fehlte an ausreichenden Reparatur- und Ausrüstungsmöglichkeiten für große Schiffe und Torpedoboote. Zwar war außer der Kaiserlichen Werft noch eine große Werft von Schichau dort; aber auch dort konnten große Schiffe nicht docken.

Von Libau nach Danzig beträgt die Entfernung nur 140 Seemeilen, so daß es den dort liegenden russischen Streitkräften, vor allem den Torpedo- booten, leicht sein konnte, Danzig durch Minenunternehmungen anzugreifen, oder bei großem Offensivgeist der russischen Führung durch Seestreitkräfte sofort beschießen oder blockieren zu lassen. Danzig bot für die Russen insofern ein verlockendes Angriffsziel, als dort die acht Küstenpanzerschiffe der „Sieg- fried"-Klasse und zwei Kleine Kreuzer im Mobilmachungsfalle ausrüsten sollten, so daß es für die Russen nahe lag, diesen Zuwachs für die deutsche Flotte zu verhindern. Danzig hatte daher unter der Voraussetzung, daß genügende Streitkräfte in erforderlicher Anzahl in der Ostsee nicht ver- fügbar waren, die Nachteile eines zu weit vorgeschobenen Stützpunktes. Pillau, noch 20 Seemeilen östlicher und der russischen Küste näher ge- legen als Danzig, war ein guter Stützpunkt für kleinere Schiffe bis zu 6 m Tiefgang. Seine Befestigungen genügten, um ihre Hauptaufgabe, Sicherung des Hafens gegen Benutzung durch den Feind und Verhinde- rung eines Angriffs auf Königsberg, zu erfüllen. Pillau teilte mit Danzig- Neufahrwasser den Nachteil seiner geringen Entfernung von den russischen Hauptstützpunkten und war als Aufmarschhafen wegen seiner beschränkten Hilfsmittel nicht geeignet. Beide Plätze, Danzig wie Pillau, hatten im Frieden für den deutschen Ostseehandel eine erhebliche Bedeutung, da Danzig an dritter und Pillau an fünfter Stelle stand, so daß auch aus diesem Gesichtspunkte im Kriegsfalle offensives Vorgehen der Russen gegen beide Plätze angenommen werden konnte. Die deutschen Küsten der mittleren Ostsee von der Pommerschen Bucht und von Swinemünde aus nach Osten waren mit ihren beiden Häfen im Falle eines Krieges gegen Rußland mehr oder minder auf sich allein angewiesen. Danzig und Pillau glichen zwei weit vorgeschobenen Postenstellungen, die darauf gefaßt sein mußten, je nach der Unternehmungslust des Gegners, früher oder später den ersten Angriff des Feindes abzuhalten. Für Verteidigung und Angriff war die Ostsee östlich von Swinemünde bis Danzig wenig für die deutsche Kriegführung geeignet. In dieser Schwäche lag ein großer strategischer Nachteil, auf welchen sich auch die Möglichkeiten einer russischen Landung stützten, wenn es den Engländern gelang, die deutsche Hochsee-flotte zu vernichten oder doch völlig festzulegen.

Dagegen boten die geographischen Verhältnisse des westlichen Teils der mittleren Ostsee im Gebiet westlich der Insel Bornholm einer deutschen Ver-teidigung besonders gute örtliche Bedingungen. Die dort vorhandenen Häfen Swinemünde, die Gewässer um Rügen und Saßnitz und im südlichen Teil der Ostsee Warnemünde, Wismar und Travemünde, waren für eine Ver-teidigung dieses Gebietes durch kleinere Fahrzeuge, Torpedoboote und Unterseeboote sehr brauchbar. Swinemünde war unter Hinzurechnung der Hilfsmittel von Stettin ein sehr brauchbarer Stützpunkt für leichte Streit-kräfte und für Schiffe bis 7 m Tiefgang. Die im Sommer 1914 vor-handenen Küstenbefestigungen und übrigen Verteidigungsanlagen waren stark genug, um eine wirksame Beschießung durch den Feind zu verhindern. Als Handelshafen nahm Swinemünde mit Stettin die erste Stelle unter den deutschen Ostseehäfen ein, so daß sein Schutz im Verlauf eines Krieges für unsere Wirtschafts- und Handelsinteressen in der Ostsee von größter Bedeutung war. Die Gewässer um Rügen boten bei einer Bedrohung Swinemündes und einem Auftreten des Feindes in der Pommerschen Bucht ebenfalls für Torpedoboote und Unterseeboote sehr günstige Tätigkeitsgebiete. Das Seegebiet zwischen Rügen und der pom-merschen Küste war den Booten sowohl von Westen her durch das Stral-sunder Fahrwasser, als auch von Osten her durch die Greifswalder-Oie, zu-gänglich. Für feindliche Streitkräfte war das Fahrwasser, das nur mit ortskundigen Lotsen befahren werden kann, unbenutzbar. Seine Lage zu den voraussichtlichen Angriffs- und Blockadestellungen russischer Streitkräfte in der östlichen Ostsee war ungemein günstig, da die Entfernung nach der Danziger Bucht höchstens 180 Seemeilen, nach Swinemünde in die Pom-mersche Bucht nur 20 Seemeilen betrug. Saßnitz konnte außer von Torpedobooten auch von Kleinen Kreuzern bis zu 7 m Tiefgang benutzt werden. Es war jedoch ohne Verteidigungsanlagen, daher gegen jeden feindlichen Angriff ungeschützt. Über Ausrüstungs- und Reparaturmöglich-keiten größeren Umfangs verfügte es nicht. Das gleiche war auch bei den übrigen, in der südlichen Ostsee gelegenen Stützpunkten Warnemünde, Wismar und Travemünde der Fall, die nur als Liegehäfen für leichte

Streitkräfte Wert hatten. Befestigungen oder Verteidigungsanlagen be=
fanden sich dort nirgends.

Zusammengefaßt ergibt sich, daß der militärische Wert der in der
Ostsee Sommer 1914 für eine Seekriegführung gegen Rußland vorhandenen
deutschen Stützpunkte nicht groß war. Für ein offensives deutsches Vorgehen
gegen die russischen Stellungen im Finnischen Meerbusen, oder die Durch=
führung einer längeren Blockade des Finnischen Meerbusens waren alle
deutschen Häfen in der Ostsee wegen ihrer zu großen Entfernungen von der
feindlichen Küste und ihrer mangelnden Ausrüstungsmöglichkeiten wenig
geeignet. Für eine defensive deutsche Seekriegführung gegen Rußland
waren die in der östlichen Ostsee vorhandenen Häfen Danzig und Pillau
reichlich schwach. Der westlich von Bornholm liegende engere Teil der
Ostsee bot dagegen für die deutsche Kriegführung günstigere Verhältnisse,
da dort Swinemünde und die Stützpunkte in den Gewässern um Rügen
für eine Verteidigungs=Kriegführung besonders geeignet waren. Wurden
die deutschen Streitkräfte noch weiter nach Westen zurückgedrängt, bildeten
in der südlichen Ostsee noch die Engen bei Gjedser und im Fehmarn=Belt
günstige Stellungen für eine Sicherung der Kieler Bucht und Kiels. Eine
Erschütterung dieser Linien konnte nur eintreten, wenn gleichzeitig starke
englische Seestreitkräfte eine Bedrohung Kiels und einen Einbruch in die
Ostsee durch den Großen Belt versuchten. Kiel war dann wie Kon=
stantinopel von Bosporus und Dardanellen, von zwei Seiten be=
droht. Verglichen mit den russischen Stützpunkten in der Ostsee, waren
die deutschen Stützpunkte, was die Geeignetheit ihrer geographischen Lage
für eine offensive oder defensive Kriegführung betraf, ungefähr gleich ein=
zuschätzen. In Stärke der Befestigungen und Verteidigungsanlagen, sowie
in Ausrüstungs= und Reparaturmöglichkeiten lag dagegen ein erheblicher
Vorteil auf russischer Seite.

Die Einschätzung des voraussichtlichen Einflusses der geographischen
Lage des Gegners auf die Kriegführung, die Beurteilung seiner Streit=
kräfte und Stützpunkte unter Berücksichtigung der eigenen Verhältnisse
bildet die Grundlage, aus der sich die Ziele der Kriegführung entwickeln,
wie sie im Operationsbefehl zum Ausdruck kommen.

Am 31. Juli 1914 hatte der am Tage vorher ernannte Ober=
befehlshaber der Ostseestreitkräfte, Großadmiral Heinrich, Prinz von
Preußen, in Berlin vom Chef des Admiralstabes der Marine, Admiral
v. Pohl, den Operationsbefehl für den Ostseekriegsschauplatz erhalten
und war dann mit seinem Stabe nach Kiel zur Übernahme seiner Dienst=
geschäfte gefahren. Der Stab setzte sich zusammen aus Kapitän zur See

Heinrich als Chef des Stabes, Korvettenkapitän Westerkamp, Kapitän=
leutnants v. Iyßka und Hermann Gercke als Admiralstabsoffizieren.
In diesem Stab besaß Kapitänleutnant Gercke, der bis dahin im Ad=
miralstab der Marine an den Vorarbeiten für den östlichen Kriegs=
schauplaß beteiligt gewesen war und die russische Sprache vollkommen
beherrschte, eine besonders genaue Kenntnis des Gegners, der auf dem
Ostseekriegsschauplaß vorhandenen Verhältnisse und bevorstehenden Kriegs=
aufgaben.

Der Operationsbefehl für den Oftfeekriegsfchauplaß:

„Seine Majestät befehlen für die Kriegführung in der Ostsee:

1. Die Hauptaufgabe der Kriegführung ist, die etwaige Offensive der
   Russen soviel als möglich zu stören. Daneben ist die Kieler Bucht
   gegen englische und russische Streitkräfte zu sichern und der feind=
   liche Handel in der Ostsee zu schädigen.

2. Minenunternehmungen gegen die russische Küste sind möglichst
   bald nach Kriegsausbruch anzusetzen.

3. Die vorübergehende Entsendung von Teilen der Hochseestreitkräfte
   zur Führung eines Schlages gegen die russische Flotte bleibt nach
   Maßgabe der Kriegsereignisse vorbehalten.

4. Der Handelskrieg ist gemäß Prisenordnung zu führen.

Auf allerhöchsten Befehl
gez. v. P o h l."

Dieser Befehl entsprach in seinen Aufgaben, die er für die Krieg=
führung in der Ostsee dem Oberbefehlshaber der Ostseestreitkräfte stellte,
in allen Punkten den Vorarbeiten und Überlegungen, die im Admiralstab
der Marine für den Kriegsfall gegen Rußland im Frieden angestellt
worden waren. Wir haben in den vorhergehenden Betrachtungen ein
Bild von den Stärkeverhältnissen der beiden Gegner, den geographischen
Eigenheiten und militärischen Möglichkeiten des Kriegsschauplaßes ge=
wonnen, so daß sich der Inhalt und die Forderungen des Operations=
befehls logisch aus den früheren Ausführungen ergeben. Der Admiralstab
war sich darüber klar, wie schwer mit den vorhandenen Streitmitteln die
Kriegführung in der Ostsee einem auch nur mittelmäßigen Gegner gegen=
über werden mußte. Der Operationsbefehl schränkte daher auch die Haupt=
aufgabe, die Offensive der Russen zu stören, durch den Ausdruck „soviel als
möglich", entsprechend ein. Wie weit sich die im Nachsaße des ersten
Punktes gleichzeitig geforderte Sicherung der Kieler Bucht bei den vor=
handenen Streitmitteln mit der Hauptaufgabe vereinigen ließ, mußte die
Kriegsentwicklung zeigen. Diese Forderung war die Vorbedingung für

Erfüllung der Hauptaufgabe, da eine Störung der russischen Offensive nur möglich war, wenn die Kieler Bucht und damit der Rücken der nach Osten operierenden deutschen Streitkräfte dauernd gesichert blieb. Ausdrücklich wurde der Oberbefehlshaber durch den dritten Punkt des Operations= befehls auf die Abhängigkeit seiner Kriegführung in der Ostsee von dem Verlauf der Kriegsereignisse auf dem Nordseekriegsschauplatz aufmerksam gemacht. So faßt der Operationsbefehl in seinen Sätzen noch einmal die ganzen Verhältnisse auf dem Ostseekriegsschauplatz und die dar= aus entwickelten Richtlinien für die deutsche Kriegführung zusammen. Ge= staltung und Bewährung war von dem Verhalten des Feindes abhängig und konnte sich nur durch den Verlauf des Krieges als richtig oder falsch erweisen. Von vornherein wurden aber die höchsten Anforderungen an Entschlußkraft des prinzlichen Oberbefehlshabers gestellt, wenn er auch nur einen Teil dieses Operationsbefehls erfolgreich mit den ihm zur Verfügung gestellten Kräften ausführen wollte.

Zweiter Abschnitt.
Die Kriegsereignisse vom 2. August 1914 bis Mitte März 1915.

---

3. Kriegsausbruch und Eröffnung der Feindseligkeiten.

Im deutschen Mobilmachungsbefehl war als erster Mobilmachungstag Sonntag, der 2. August 1914, bezeichnet worden. Gleichzeitig hatte aber der Oberbefehlshaber der Ostseestreitkräfte aus Berlin die Anweisung er= halten, daß die Offensive nicht ohne besonderen Befehl ergriffen werden dürfe. Deutschland wollte von sich aus die Feindseligkeiten nicht beginnen, sondern abwarten, bis Rußland durch eine offensichtliche Kriegshandlung sich als Angreifer zu erkennen gäbe. Bis zum letzten Augenblick hoffte die Reichsleitung den Krieg vermeiden zu können. Dieses Abwarten war für die deutsche Kriegführung in der Ostsee nicht günstig. Dort, wo zuerst bei der politischen Leitung der Entschluß zum Kriege vorhanden ist, die mili= tärischen Stellen frühzeitig Freiheit des Handelns erhalten, bieten sich Möglichkeiten militärischer Anfangserfolge, die für den weiteren Verlauf eines Krieges von großer Bedeutung werden können. Ein warnendes Beispiel für jedes militärische Zaudern, sofern die Unabwendbarkeit eines

Krieges einmal feststeht, hatte im russisch-japanischen Kriege der überraschende Torpedobootsangriff der Japaner gegen die vor Port Arthur
liegenden russischen Schiffe und seine Folgen für das russische Geschwader
gegeben. Bei dem in der Ostsee 1914 herrschenden Stärkeverhältnis bedeutete für die deutsche Kriegführung ein abwartendes Verhalten zu Beginn
des Krieges einen schweren Nachteil, da gerade auf diesem Kriegsschauplatz
Anfangserfolge durch möglichst sofortiges Handeln nach der Kriegserklärung
zur Abwehr der russischen Übermacht notwendig waren, und auch in den
Absichten der deutschen Seekriegführung gelegen hatten. Großadmiral
Prinz Heinrich sah sich nunmehr gezwungen, seine bereits an die in Neufahrwasser liegenden Kleinen Kreuzer „Augsburg" und „Magdeburg" am
1. August erteilte Anweisung, „nach dienstlicher Kenntnis vom Kriegsausbruch keinen weiteren Ausführungsbefehl für die Erledigung der befohlenen
Aufgabe abzuwarten", dahin abzuändern, „daß auch in diesem Falle erst
auf besonderen Befehl zum Vorgehen gewartet werden müsse". Der Staatssekretär des Reichs-Marine-Amts, Großadmiral v. Tirpitz, ersuchte, um
dieser Ungewißheit ein Ende zu machen, in der Nacht vom 1./2. August
1914 den Staatssekretär des Auswärtigen Amts, v. Jagow, um sofortige
schriftliche Mitteilung, „ob die Operationen gegen Rußland nunmehr beginnen sollten und ob dementsprechend die Bekanntgabe der Kriegserklärung
gegen Rußland an die Marine erfolgen könne." Auf die umgehende Antwort: „Infolge der Überschreitung unserer Grenzen durch russische Truppen
befinden wir uns im Kriegszustand mit Rußland. Euerer Exzellenz beehre
ich mich ergebenst anheimzustellen, die hierdurch etwa erforderlich gewordenen militärischen Maßnahmen zu treffen", unterrichtete der Chef des
Admiralstabes am 2. August 7.57 Uhr Vm. den Oberbefehlshaber der Ostseestreitkräfte von dieser Sachlage. Gleichzeitig wurde durch den Chef des
Admiralstabes der gebotenen Eile wegen unmittelbar über die Funkenstation Danzig folgender Befehl an „Augsburg" und „Magdeburg" gegeben: „Kriegszustand mit Rußland. Feindseligkeiten eröffnen. Vorgehen
nach Plan. Admiral."

In den Vorarbeiten des Admiralstabes war in der Ostsee ein Vorstoß
gegen Libau unmittelbar nach Kriegsbeginn in Aussicht genommen, da
eine Minenunternehmung der in Libau vermuteten russischen Torpedobootsstreitkräfte gegen die deutschen Küsten zunächst am wahrscheinlichsten
gehalten wurde. Diese sollten nach Möglichkeit verhindert oder gestört
werden. Die Ausarbeitung des Planes und die Auswahl des Schiffes hatte
in den Händen des Stabes der Marinestation der Ostsee gelegen. Es kam
von den im Kriege zur Verfügung stehenden Kreuzern der „Küstenschutzdivision der Ostsee" nur S. M. S. „Augsburg" dafür in Frage, da sie in

diesem Verband der neueste Kreuzer mit der höchsten Geschwindigkeit war. Hohe Geschwindigkeit war aber unerläßliche Vorbedingung für eine Erfolg versprechende Durchführung. Die Teilnahme des Kleinen Kreuzers „Magde= burg", Kommandant Korvettenkapitän Habenicht, an dieser Unternehmung, wurde erst am 1. August befohlen, nachdem das Schiff bei Bekanntgabe der „drohenden Kriegsgefahr" vom Admiralstab dem Verband der „Küsten= schutzdivision der Ostsee" zugeteilt worden war. S. M. S. „Magdeburg" trat für die Dauer der Unternehmung gegen Libau unter den Befehl des Kommandanten der „Augsburg", Kapitän zur See Andreas Fischer. Beide Kreuzer waren am 1. August 5 Uhr Nm. auf Neufahrwasser=Reede eingetroffen. Vor dem Auslaufen aus Kiel hatte der Kommandant der „Augsburg" vom Stationschef, Vizeadmiral Bachmann, den schriftlichen Operationsbefehl für diese Unternehmung erhalten. Der Befehl enthielt als Aufgaben: Minenlegen vor Libau, Beschießung der militärischen Anlagen Libaus, Aufklärung am Feind und lautete in den Hauptpunkten wörtlich folgendermaßen:

„1. Angriffsobjekt ist Libau.

2. Nachdem die Minen geworfen sind, ist Libau zu beschießen.

3. Sollten Sie nach erfolgter Kriegserklärung auf dem Weg nach Libau oder vor Libau mit russischen Torpedobooten oder Minenschiffen zu= sammentreffen, so haben Sie diese unverzüglich anzugreifen. Über= legenen russischen Streitkräften ist auszuweichen.

4. Nach Beschießung Libaus versuchen, über den Aufenthalt russischer Seestreitkräfte sich Aufklärung zu verschaffen. Es ist für die Kriegs= leitung von Wichtigkeit, zu erfahren, ob mit einem offensiven Vor= gehens seitens Rußlands gerechnet werden muß und gegen welchen Teil der deutschen Küste sich eine etwaige Offensive richten wird. Dieser Dienst ist so lange auszudehnen, als Ihr Kohlenvorrat es ge= stattet. Dauernde gute funkentelegraphische Verbindung mit einer deutschen Küstenstation außerordentlich wichtig.

5. Ist keine der Ihnen gestellten Aufgaben nach Lage der Verhältnisse an der russischen Küste lösbar, so sollen Sie nach der westlichen Ostsee zurückkehren. Auf dem Rückmarsch ist der feindliche Handel nach Kräften zu schädigen."

Dieser Befehl wurde am gleichen Tage vom Oberbefehlshaber der Ostseestreitkräfte, unter dessen Befehl die Kreuzer inzwischen getreten waren, noch dahin ergänzt, „daß ein Teil der 100 von „Augsburg" genom= menen Minen statt vor Libau, vor dem Westausgang des Rigaschen Meer= busens geworfen werden sollte". Diese Abänderung erfolgte aus den Über= legungen heraus, daß Libau nach den letzten Nachrichten von russischen

Streitkräften völlig entblößt und daher wenig Aussicht sei, russischen Schiffen durch die vor Libau zu werfenden Minen erheblichen Abbruch zu tun. Über die Lage bei der russischen Ostseeflotte war am 1. August durch einen in Swinemünde aus Libau angekommenen Dampfer bekannt ge= worden, daß die russischen Schiffe aus Libau bereits vor einigen Tagen nach Reval in See gegangen wären. Die Unterseeboote hätten als letzte am 30. Juli mit einem Transportschiff den Hafen verlassen. Arsenal und Werkstätten seien verlassen, die Kohlenvorräte der Werft in Brand gesteckt, die Flugzeuge seien am 30. Juli nach Norden weggeflogen, unter ihnen ein Großkampfflugzeug. Die Flugzeugschuppen seien abgerissen, der Hafen völlig leer und nur noch einige kleine Bagger vorhanden. Der Dampfer hatte am 31. Juli 10 Uhr Vm. den Hafen durch die südliche Einfahrt ver= lassen, ohne etwas von Minensperren bemerkt zu haben. Diese Angaben, deren Hauptpunkte an „Augsburg" übermittelt wurden, hatten den Ober= befehlshaber zu einer Abänderung des an „Augsburg" und „Magdeburg" von der Ostseestation erteilten Befehls bestimmt.

„Augsburg" und „Magdeburg", die am Abend des 1. August auf ein Telegramm des Admiralstabes, „daß russische Angriffe auf die Schiffe in Neufahrwasser heute nacht nicht ausgeschlossen seien", von der Reede in den Hafen eingelaufen waren, erhielten am 2. August 8.15 Uhr Vm. den bereits früher erwähnten Befehl des Admiralstabes zur Eröffnung der Feindseligkeiten. Um 9.30 Uhr Vm. liefen beide Kreuzer aus. „Magde= burg" hatte vom Kommandanten „Augsburg" Anweisung erhalten, »die Durchführung des Minenlegens der „Augsburg" artilleristisch zu unter= stützen und unter Umständen während dieser Zeit allein gegen einen Feind vorzugehen«. Beide Schiffe steuerten zunächst einen Punkt 17 Seemeilen westlich von Libau an, den sie um 6 Uhr Nm. er= reichen wollten (siehe Karte 5). Es wehte mäßiger Wind aus Nordwest, Seegang war gering, Himmel stark bewölkt, die Sichtigkeit infolge diesigen Wetters zeitweise herabgesetzt. Kapitän zur See Fischer hatte die Absicht, sich mit den beiden Kreuzern über Libau hinaus zu ziehen, bis Libau etwa Ostsüdost peilte, dann kurz darauf zuzulaufen, Minen zu werfen und die Beschießung zu beginnen. Nach der Beschießung sollte mit Westkurs und 20 Seemeilen Fahrt ein vorher mit „Magdeburg" vereinbarter Treff= punkt angesteuert werden. Die Minen wollte der Kommandant der „Augs= burg" mit 20 Seemeilen Fahrt werfen, dagegen die Beschießung des Hafens mit kleiner Fahrt durchführen und dabei nicht näher als 6 See= meilen (11,1 km) an die Küste herankommen. Diese bereits vor Beginn der Unternehmung dem Kommandanten der „Magdeburg" übermittelte Absicht, die Minen mit der für das Auslegen einer Minensperre ungemein

hohen Fahrt zu werfen und sich bei der Beschießung an der Grenze der
Reichweite der Geschütze (10,5 cm L/45) zu halten, scheint unter dem
Eindruck besonders starker von russischer Seite zu erwartender Artillerie=
gegenwirkung und vor dem Hafen angenommener Minensperren und
Unterseeboote gefaßt worden zu sein. Diese Auffassung erwies sich als irrig.
Zwar hatten alle in den letzten Julitagen von russischer Seite eingekom=
menen Nachrichten übereinstimmend die Räumung Libaus gemeldet,
doch konnte wohl mit einer gewissen Artillerieverteidigung und mit
Minensperren gerechnet werden, zumal auf der Höhe von Libau
5.40 Uhr Nm. „Augsburg" einen Funkspruch des Oberbefehlshabers
erhielt, „Liegeplatz Libau Feuerschiff im Umkreise von 5 Seemeilen
minenverdächtig". Die Mitteilung eines deutschen Dampferkapitäns
aus Libau war die Veranlassung zu diesem Funkspruch gewesen. Um
7 Uhr Nm. gab Kapitän zur See Fischer für „Augsburg" den Befehl zum
Minenwerfen (siehe Karte 5), der von 7.5 Uhr bis 7.30 Uhr Nm. aus=
geführt wurde. Er berichtet dann über die folgenden Ereignisse in seinem
Kriegstagebuch: »Unterdessen wird in Libau, welches wegen Diesigkeit
unsichtbar ist, eine große Rauchwolke mit Blitzen und hellen Wölkchen
gesehen. Signal von „Magdeburg": „Wir werden beschossen", Antwort:
„Aufschläge abwarten". Bei Sichten der Rauchwolke Befehl erteilt, be=
schleunigt alle Minen zu werfen. „Augsburg" nimmt nach Wurf der
letzten Mine die Führung. Winkspruch an „Magdeburg": „Drauf los!" Ich
nehme an, daß russische Schiffe aus dem Hafen auslaufen und daher auf
dem Kurs recht darauf zu Minen nicht zu erwarten sind. Irrtum, daß
Große Kreuzer auslaufen. Die feindlichen Aufschläge bleiben aus. Schiff
geht auf Position zur Eröffnung der Beschießung. Ein heller Feuerschein
an Land wird zum Zielpunkt bestimmt, bis Stadt und Hafen klar zu sehen
sind. Ein vor dem Hafen liegender großer Dampfer brennt oder wird in
Brand geschossen. Bald gehen auch an anderen Stellen der Alexander=
stadt Flammen hoch. Von 7.55 Uhr Nm. bis 7.57 Uhr Nm. Feuerpause.
Es wurden vorwiegend Kurzschüsse beobachtet. Ich lasse das Signal
„dem Führer folgen" heißen und drehe näher auf den Hafen zu, um das
Feuer mit der Steuerbordartillerie aufzunehmen. Die Entfernung betrug
11 200 bis 12 600 m. Große Explosion an Land. Treffer wurden sicher
im Hafen und an Land beobachtet.« — „Augsburg" hatte insgesamt 280,
„Magdeburg" 140 Schuß verfeuert, davon ungefähr 20 v. H. zu kurz.
Es waren die ersten deutschen Granaten in dem nun beginnenden See=
kriege, die hier unter der Leitung des Artillerieoffiziers der „Augsburg",
Oberleutnants zur See Graßmann, verschossen wurden. 8.08 Uhr Nm.
wurde das Feuer eingestellt.

Wie schwer es unter dem Eindruck erster kriegerischer Unter=
nehmungen für die Beteiligten ist, sich ein Bild von den wirklichen Vor=
gängen zu machen, läßt dieser Tagebuchauszug deutlich erkennen. „Augs=
burg" und „Magdeburg" standen von vornherein unter der vorgefaßten
Meinung erheblicher russischer Gegenwirkung. Sie haben die an Land plötz=
lich aufzuckenden Explosionswolken, die wie Mündungsfeuer und Pulver=
schwaden aussahen, und die, wie später klar wurde, von den eigenen Zerstö=
rungen der Russen herrührten, für feindliches Geschützfeuer gehalten, das den
Kommandanten „Augsburg" zum beschleunigten Werfen seiner sämtlichen
Minen veranlaßte. Die Täuschung über das Auslaufen feindlicher Schiffe
aus dem Hafen war dadurch entstanden, daß in allen drei Hafen=
einfahrten von den Russen größere Dampfer und Fahrzeuge versenkt
waren, die mit Masten, Schornsteinen und zum Teil auch Aufbauten aus
dem Wasser ragten. Diese Tatsache war „Augsburg" unbekannt.
Bei den sehr ungünstigen Sichtigkeitsverhältnissen, Feuerschein und
Brandwolken im Hafengebiet, konnten diese Fahrzeuge wohl als aus=
laufend und dementsprechend als Kriegsschiffe angesehen werden. Die nach
dem Kriegstagebuch von „Magdeburg" um 8.12 Uhr Nm. während
der Beschießung vom Marsausguck gemeldeten feindlichen Torpedoboote
können nur erregter Kriegsphantasie zugeschrieben werden, da in Wirk=
lichkeit keinerlei russische Kriegsfahrzeuge in Libau anwesend waren.
Feindliche Flieger wurden nicht beobachtet, so daß die Angaben über
Räumung Libaus durchaus bestätigt erschienen. Bei der großen Explosion
an Land handelte es sich um die Sprengung des großen Munitionsdepots
im Kriegshafengebiet durch die Russen, wobei riesige Munitionsmengen
verloren gingen. Mit Rücksicht auf angenommene Minensperren war ein
Herangehen der Kreuzer an den Hafen unterblieben, da der Einsatz der
beiden Schiffe zu dem zu erreichenden Erfolg in keinem Verhältnis
gestanden hätte. Die Beschießung des Hafengebietes hatte daher nur eine
moralische Wirkung. Das Vorschicken der beiden Kreuzer ohne jede Minen=
sicherung mußte aber gewagt werden, weil eine Begleitung durch alte
Torpedoboote nur eine Hemmung der schnellen Kreuzer in ihrer Be=
wegungsfreiheit bedeutet hätte und dem Oberbefehlshaber neuere Torpedo=
boote zu diesem Zeitpunkt nicht zur Verfügung standen.

Der Minenvorrat von „Augsburg" war vor Libau aufgebraucht und
daher die Ausführung des zweiten Teils des Auftrages, die Minen=
verseuchung am Westausgang des Rigaschen Meerbusens, nunmehr un=
möglich geworden. „Augsburg" lief, gefolgt von „Magdeburg", nach Be=
endigung der Beschießung mit Nordkurs von Libau ab und ging während
der Nacht vom 2./3. August nach Westen in Richtung auf die Insel Born=

holm. Der Kommandant beabsichtigte nach Maßgabe der Kohlenvorräte vom 3. August ab in diesem Teile der Ostsee Handelskrieg zu führen und in der Nacht von 3. auf 4. August nördlich und südlich von Bornholm mit „Augsburg" und „Magdeburg" eine Sicherungsstellung einzunehmen. Durch das Minenwerfen vor Libau war eine Schädigung des Feindes nicht eingetreten und auch in Zukunft wenig wahrscheinlich, da nach dem Erscheinen der Kreuzer unzweifelhaft von den Russen mit Minen vor dem Hafen gerechnet wurde. Irgendwelche Nachrichten über den Feind hatte die Unternehmung nicht erbracht. Die Schiffe selbst waren bisher nur in Libau vom Feinde gesehen worden, eine weitere Beunruhigung der russi= schen Küste hatte nicht stattgefunden. Eine solche Beunruhigung oder Schädigung des Feindes gerade in den ersten Tagen an verschiedenen Stellen der Küste war aber ein weiterer und sehr wichtiger Zweck der Unternehmung. Der Kommandant der „Augsburg" mußte im Sinne seines Auftrages in Richtung auf den Rigaschen oder Finnischen Meerbusen vor= stoßen und versuchen, den Feind zu schädigen, Nachrichten über die russi= schen Streitkräfte zu bekommen, oder sich zum mindesten an möglichst vielen Stellen der russischen Küste bemerkbar zu machen. Durch das Zu= rückgehen nach Westen bis auf die Höhe von Bornholm wurde aber nun die Danziger Bucht und Danzig russischen Angriffen freigegeben. Der Hauptteil der Aufgabe blieb unerledigt.

Am 2. August 8 Uhr Nm. war im Schloß in Kiel als erste Meldung von „Augsburg" folgender Funkspruch angekommen:

„1. Habe Minen gelegt. (Folgt Ortsangabe[1]).

2. Bombardiere Libau,

3. Libau brennend,

4. Bin im Gefecht mit feindlichen Kreuzern."

Der Oberbefehlshaber der Ostseestreitkräfte in Kiel nahm nach dieser Meldung an, daß der gegen Libau bestimmte Teil der Aufgabe im ganzen gelöst sei, daß aber die Lösung der weiteren Aufgabe von dem Ausgang des Gefechts mit feindlichen Kreuzern abhängig blieb. Erst nach Tagen ergab die mündliche und schriftliche Berichterstattung, daß die Libau=Auf= gabe taktisch in nicht glücklicher Weise erledigt war. Sie ergab ferner, daß die navigatorisch höchst ungenaue Sperrangabe für lange Zeit alle Ent= schließungen des Oberbefehlshabers und seiner Unterführer im Osten er= schwerte. Unsere Unsicherheit in dieser Beziehung war ein Vorteil für die Russen.

Der Prinz und sein Stab warteten nach Eingang des Funk=

---

[1] Quadrate im Seegebiet 5 bis 20 Seemeilen vor Libau Hafen (siehe Karte 5).

spruchs der „Augsburg" in begreiflicher Spannung auf weitere Nach=
richten von den beiden Kreuzern, denen die von der ganzen Marine glühend
beneidete erste Unternehmung gegen den Feind beschert worden war. Als
diese ausblieben, wurde 12 Uhr mitternachts an „Augsburg" und „Magde=
burg" das Ersuchen um sofortige weitere Nachrichten gefunkt. Darauf traf
in der Nacht vom 2./3. August 1.40 Uhr Vm. von der Funkenstation
Danzig die Antwort ein, daß beide Kreuzer auf Anruf nicht antworteten.
Später wurde festgestellt, daß der Funkspruch auf „Augsburg" wohl auf=
genommen, aber nicht beantwortet worden war. Am folgenden Tage, am
3. August 9.40 Uhr Vm., kam dann beim Oberbefehlshaber die erste Stand=
ortsmeldung von „Augsburg" an, die den Standort 6 Uhr Vm. etwa auf
der Höhe von Kolberg angab. Aus der um 6 Uhr Nm. des gleichen Tages
eintreffenden Standortmeldung von „Augsburg" und „Magdeburg" und
der Nachricht, daß sie die Nacht vom 3. zum 4. August im Gebiet um
Bornholm zu stehen beabsichtigten, entnahm man beim Oberbefehlshaber,
daß es beiden Kreuzern gelungen sei, auf westlichen Kursen vom Feinde
abzustehen. Großadmiral Prinz Heinrich überlegte nun, ob man die beiden
Schiffe sofort nach der westlichen Ostsee zur Verstärkung des dortigen
Sicherungsdienstes zurückzuziehen oder sie zu weiteren Unternehmungen an
der russischen Küste und zum Schutze der Danziger Bucht im Osten belassen
solle. Um diese Zeit, am 3. August in den Nachmittagsstunden, stand nach
einer Drahtmitteilung des Admiralstabes der Krieg gegen England vor
der Tür, und die Sorge für den Schutz der Kieler Bucht und Kiels trat
immer stärker an den Prinzen heran. Er entschied sich aber trotzdem
zunächst für die Belassung der beiden Kreuzer an der russischen Küste und
begründete dies in seinem Kriegstagebuch durch folgende Überlegungen:
»Der Bestimmung des Operationsbefehls für den Ostseekriegsschauplatz,
die etwaige Offensive der Russen soviel als möglich zu stören, wird am
besten dadurch entsprochen, daß die russische Küste beunruhigt wird. Eine
Lähmung der russischen Offensive ist dadurch zu erwarten, daß Rußland
über die Stärke der deutschen offensiv vorgehenden Streitkräfte im un=
klaren ist. Die Störung der russischen Offensive ist wichtiger als die an sich
sehr wünschenswerte Verstärkung der Bewachungsstreitkräfte in der west=
lichen Ostsee durch Heranziehung von „Augsburg" und „Magdeburg".
Zur Not kann der Sicherungsdienst in der westlichen Ostsee noch weiter
mit den Torpedobooten ausgeübt werden, wenigstens so lange, bis die
Nachrichten über die Beziehungen zu England noch ernster werden.«
Diese Überlegungen, die sich verantwortungsfreudig für das Positive
und Offensive des Operationsbefehls, die Schädigung des Feindes, ent=
schieden, statt die an sich mit vielen Gründen zu rechtfertigende Notwendig=

keit der Verteidigung der Kieler Bucht in den Vordergrund zu stellen, führten am 3. August 11.30 Uhr Nm. über Funkenstation Danzig zu folgendem Befehl an „Augsburg" und „Magdeburg": „Ab 4. August ver= schiedene Stellen an der feindlichen Küste gleichzeitig beunruhigen. Ein= schießen Leuchttürme, Signalstationen, kein Einsetzen gegen feindliche Schiffe. Kohlen auffüllen, schiffsweise von Mittwoch, den 5. abends an in Danzig. Billige Ihr bisheriges Verhalten. Ostseebefehlshaber." Der Schlußsatz wäre in dem Telegramm nicht enthalten gewesen, wenn der Oberbefehlshaber nicht noch unter dem Eindruck der Gefechtsmeldung der „Augsburg" gestanden hätte. Es stellte sich später heraus, daß auf „Augs= burg" ein höchst bedauerlicher, unentschuldbarer Fehler in dem Funken= raum untergelaufen war. Die Wirklichkeit entsprach daher nicht der Meldung. Als der funkentelegraphische Befehl des Prinzen am 4. August 2.20 Uhr Vm. auf „Augsburg" eintraf, standen die beiden Kreuzer in der Nacht vom 3./4. August in der vorerwähnten Sicherungsstellung bei Bornholm. Der Kommandant der „Magdeburg" wollte den funkentelegra= phischen Befehl des Oberbefehlshabers sofort ausführen und den nächst= gelegenen Leuchtturm an der russischen Küste, Pappensee, ansteuern, da bei dem Kohlenvorrat des Schiffes und der weit westlichen Stellung des Kreuzers dies das einzig noch zu erreichende Angriffsobjekt an der russi= schen Küste war. Er meldete dies funkentelegraphisch „Augsburg", die aber wieder durch ein Mißverständnis bei der Entzifferung dieses Tele= gramms verstand, daß „Magdeburg" wegen Kohlenknappheit sofort Swinemünde anlaufen müsse. Kapitän zur See Fischer glaubte nun eben= falls auf die sofortige Ausführung des prinzlichen Befehls, die für „Augs= burg" wegen Brennstoffknappheit praktisch wohl auch nicht allzuviel mehr ergeben hätte, verzichten zu müssen, und lief daher auch mit „Augsburg" nach Swinemünde ein. Die Wahl Swinemündes statt Danzigs, zumal gegen den ausdrücklichen Befehl, war wenig glücklich, da von Swinemünde der Anmarsch zur russischen Küste sehr groß war und der Verwendungsbereich am Feinde dadurch entsprechend kleiner wurde. Ferner lagen in Danzig vier kleine Kreuzer der „Küstenschutzdivision der Ostsee" in Ausrüstung, deren Abfahrt nach Kiel in den ersten Augusttagen in Aussicht stand und deren Schutz und Begleitung in Frage kommen konnte. Am 4. August 1 Uhr Nm. kamen beide Schiffe in Swinemünde an, nachdem sie insgesamt nur etwas länger als 48 Stunden in See ge= wesen waren. Von hier meldete Kapitän zur See Fischer dem Ober= befehlshaber, daß die Kreuzer nach Ergänzung der Kohlenvorräte zur Ausführung des ihm in der Nacht vom 3. und 4. August erteilten Befehls klar seien. Unterdessen war aber am Nachmittag des 4. August in Kiel beim Oberbefehlshaber die dringende Mitteilung des Admiralstabes von der nahe bevorstehenden Kriegserklärung Englands eingetroffen. Nicht allein diese Nachricht, sondern auch die Notwendigkeit, den Kommandanten „Augsburg" persönlich zu hören, bewogen den Prinzen, die beiden Kreuzer beschleunigt nach Kiel zu rufen. Sie liefen am 4. August 10 Uhr Nm. aus Swinemünde aus. In der Nacht vom 5./6. August wurden sie auf dem Rückwege nach Kiel in der Vorpostenlinie bei Gjedserriff=Feuerschiff verwandt, am 6. August 10 Uhr Vm. lief „Augsburg" in Kiel ein, einen Tag später, nach Beendigung des Vorpostendienstes, „Magdeburg".

Die Durchführung der Unternehmung der beiden Kleinen Kreuzer gegen Libau hatte sich in der Wirklichkeit wesentlich anders abgespielt, als man sie sich im Admiralstab und bei dem Stationskommando der Ostsee gedacht und vorbereitet hatte. Die Unternehmung gegen Libau war militärisch kein Erfolg geworden. In der deutschen Öffentlichkeit dagegen wurde sie als erste Tat frischen Offensivgeistes der Marine begeisternd aufgefaßt und hatte gewirkt. Eine Schädigung des Feindes hatte dabei auch mittelbar stattgefunden, indem die Russen in ihrer Kopflosigkeit in Libau sehr erhebliche, für ihre Kriegführung wichtige Werte, Kohlen, Munition und Teile der Hafenanlagen vernichtet und durch Sperrung der Hafeneinfahrten sich selbst dieses Stützpunktes begeben hatten. Nachrichten über den Feind waren nicht mitgebracht worden und die Verantwortungsfreudigkeit der Leitung hatte sich nicht belohnt gemacht. Der Zweck der ganzen Unternehmung war anscheinend von ihrem Führer nicht voll erkannt worden. Deutlich waren bei dem Personal der Kreuzer die Mängel in der Signalausbildung zutage getreten, die bei Schiffen, deren Dienst bisher vorwiegend in Fahrten für Schul= und Versuchszwecke bestanden hatte, nicht überraschen konnten. Wie weit die Unternehmung den gewünschten moralischen Eindruck auf den Feind gemacht hatte, ließ sich einwandfrei nicht feststellen. Es lagen keine Anzeichen dafür vor, daß die Russen sich durch diesen Vorstoß in etwa beabsichtigten Operationen hatten stören lassen. Es war vielmehr wahrscheinlich und wurde durch die Nachrichten, die man in den ersten Augusttagen von deutschen Dampfern über das Verhalten der russischen Ostseestreitkräfte erhielt, auch bestätigt, daß die russischen Ostseestreitkräfte sich gleich mit Kriegsausbruch unter Aufgabe von Libau, zunächst auf ihre Stellungen im Finnischen Meerbusen zurückgezogen hatten. Nach den eingegangenen Nachrichten war die russische Flotte in den ersten Augusttagen in Helsingfors und Reval versammelt und hatte als Vorpostenlinie Streitkräfte bis zum Eingang des Finnischen Meerbusens auf der Höhe von Hangö vorgeschoben. Vermutlich war den Russen die große Anzahl der in Danzig, Kiel und der Kieler Bucht in Aus-

rüstung und Übungen befindlichen Schiffe bekannt, die in Wirklichkeit
aber alle sofort nach ihrer Fertigstellung in die Nordsee geschickt wurden,
deren Anwesenheit aber in der Ostsee in der ersten Augustwoche sicherlich
eine lähmende Wirkung auf die russische Seekriegführung und etwa be=
absichtigte Offensivunternehmungen ausgeübt haben dürfte. In Verbin=
dung hiermit hat das Vorgehen der beiden Kreuzer gegen Libau, das sich
russische Vorsicht sicherlich nur in Anlehnung an einen starken Rückhalt
größerer Streitkräfte hat vorstellen können, den von uns gewünschten und
nur sehr viel nachhaltiger gedachten Eindruck gemacht.

4. Die Sicherung der Kieler Bucht.

Als Großadmiral Prinz Heinrich am 31. Juli in Kiel die Leitung
der bis dahin vom Stationschef der Ostseestation getroffenen Anordnungen
für den Küstenschutz der Ostsee und die Sicherung Kiels und der Kieler
Bucht übernahm, standen ihm bis zum Ausspruch der Mobilmachung nur
S. M. S. „Panther" und vier Torpedoboote, sowie „Sleipner" und „Car=
men" zur Verfügung. Alle Kreuzer, bis auf die in Vorbereitungsstellung
nach Neufahrwasser vorgeschobene „Augsburg" und „Magdeburg", waren
noch in Danzig und Kiel auf den Werften in der Ausrüstung begriffen und
wurden frühestens am 4. August fahrbereit. Sie hatten dann aber erst die
notwendigsten Fahr= und Schießübungen zu erledigen, da sie mit Reservisten
besetzt waren, denen die nötige Ausbildung noch fehlte. Der gesamte
Sicherungsdienst der westlichen Ostsee und der Schutz der Kieler Bucht
wurde vom Oberbefehlshaber der Ostseestreitkräfte durch Befehl vom
2. August 1914 seinem einzigen Unterbefehlshaber, dem Chef der Küsten=
schutzdivision der Ostsee, Kontreadmiral Mischke, übertragen. Admiral=
stabsoffizier dieses Verbandes war Korvettenkapitän, Frhr. v. Paleske.
Der Chef der Küstenschutzdivision sollte nach dem Befehl des Oberbefehls=
habers die westliche Ostsee gegen Überraschungen sichern, insonderheit den
Hafen von Kiel, Bewachungslinien einrichten bei Gjedser und am Süd=
ausgang des Großen Belt; zur Beobachtung des Sundes sollten Fahr=
zeuge nach Osten bis in die Linie Möen—Trälleborg vorgeschoben werden.
Die Verwendung von Minensperren behielt sich der Oberbefehlshaber
selbst vor, die vier Hilfsstreuminendampfer und die beiden Unterseeboote
blieben ihm daher unmittelbar unterstellt.

Aber nicht nur eine Bedrohung von Osten durch russische Seestreit=
kräfte kam für Kiel in Betracht, sondern sehr viel näher und unmittel=
barer war es Angriffen ausgesetzt, die aus der Nordsee her von englischen
Seestreitkräften durch die Belte vorgetragen und angesetzt werden konnten.

Hiergegen war es geographisch und militärisch lange nicht so geschützt, da eine militärisch sichere Verteidigungsstellung für Kiel und die Ostseeein= gänge gegen Angriffe von Norden, am besten schon im Skagerrak oder möglichst weit nördlich in den Fahrwassern der Belte und des Sundes hätte liegen müssen. Über diese Fahrwasser fehlte uns aber, da sie zum Teil in den neutralen Hoheitsgewässern Dänemarks und Schwe= dens lagen, die volle militärische Gewalt. Nur der Südausgang des Kleinen Beltes war im deutschen Hoheitsgebiet und konnte daher ohne weiteres gesperrt werden, dagegen waren uns bei dem in erster Linie als Fahrwasser für große Schiffe in Frage kommenden Großen Belt nur Ab= wehrmaßregeln am Eintritt in die südliche Ostsee innerhalb deutscher Hoheitsgewässer möglich, desgleichen beim Sund. Die Verteidigung von Kiel mußte daher, wenn man nicht dauernd weit vorgeschobene Beob= achtungslinien im Kattegat und Skagerrak halten oder durch vollkommene Sperrung aller Fahrstraßen in Belten und Sund sich von vornherein über die Rechte des neutralen Dänemarks und Schwedens hinwegsetzen wollte, stets damit rechnen, daß in einem Kriege mit England feindliche Streitkräfte mit dem Ziele des Einbruchs in die Ostsee überraschend an den Südeingängen der Belte und des Sundes auftraten. Vor allem drohte diese Gefahr von feindlichen Unterseebooten und Torpedobooten. Kontreadmiral Mischke verfügte über die eingangs erwähnten unbedeutenden Streitkräfte, die nur für einen Beobachtungs= und Meldedienst in Frage kamen und auch dafür nur notdürftig, da nicht einmal sämtliche Torpedoboote eine Funksprucheinrichtung hatten. Flaggschiff des Befehlshabers war bis zum 6. August das Torpedoboot „Sleipner", von da ab der Kleine Kreuzer „Amazone". In den ersten Augusttagen wurde der Fehmarn=Belt durch das Kanonenboot „Panther", der Südausgang der beiden Belte und des Sundes durch Torpedoboote gesichert. Mehr war mit den vorhandenen Streitkräften nicht zu leisten. Die Minendampfer rüsteten unterdessen in der Kieler Werft aus. „Prinz Waldemar" war am 2. August, „Prinz Adalbert" am 3. August und „Deutschland" am 4. August verwendungs= bereit, „Prinz Sigismund" dagegen erst am 14. August. Die Unterseeboote „U 3" und „U 4" lagen vom 2. August ab verwendungsbereit in Kiel. Durch Flugzeuge der Seeflugstation Holtenau bei Kiel wurde die Aufklärung zum ersten Male am 3. August unterstützt, an welchem Tage ein Flugzeug den Großen Belt und Kleinen Belt bis in die Höhe der Insel Samsö aufklärte. Weiter reichte damals ihre nutzbare Flugstrecke noch nicht, und erst die sofort in den ersten Augusttagen von dem Kommandeur der Marine= fliegerabteilung in Kiel, Fregattenkapitän Gygas, in Angriff genommene behelfsmäßige Anlage von Flugstützpunkten in Hadersleben und Flens=

burg ermöglichte es, die Flugzeuge zur Aufklärung weiter nach Norden bis ins Kattegat zu verwenden. Eine Flugzeugaufklärung nach Osten von Putzig oder Warnemünde aus nach der russischen Küste war zunächst wegen Mangel an verwendungsbereiten Flugzeugen nicht durchführbar. Die Maßnahmen zum Schutz des Reichskriegshafens Kiel, das Klarmachen der Hafenschutzsperren, der Befestigungen, die Einrichtung des Sperrwach=dienstes für den Durchfahrdienst bei den Minensperren und der Schutz des Kaiser=Wilhelm=Kanals gehörten zu den Aufgaben des Stationschefs der Ostseestation als gleichzeitigen Gouverneurs der Festung Kiel. Ihm unter=stand für den Wasserdienst die „Hafenflottille Kiel". Vizeadmiral Bach=mann blieb auch weiterhin Immediat=Befehlshaber und war nicht dem Oberbefehlshaber der Ostseestreitkräfte unterstellt, obwohl dies für die Dauer des Krieges zweckentsprechend gewesen wäre, da dann im Falle einer Bedrohung Kiels die Verteidigung in e i n e r Hand gelegen hätte. In den ersten Kriegsmonaten war außerdem angeordnet, daß der Chef der Hochseestreitkräfte, sofern er bei Verschärfung der Kriegslage persönlich mit Teilen der Hochseestreitkräfte in die Ostsee käme, dort an Stelle des Oberbefehlshabers der Ostseestreitkräfte den Befehl auf dem Wasser führen solle. So lag in der Befehlsregelung in der Ostsee eine gewisse Kompli=ziertheit, die sich aus der plötzlichen Ernennung eines Oberbefehlshabers der Ostseestreitkräfte erklärte. Es verdient aber hervorgehoben zu werden, wie Stationschef und Oberbefehlshaber der Ostseestreitkräfte, ihre Stäbe eingeschlossen, durch verständnisvolles Entgegenkommen die Schwierig=keiten dieser Kompliziertheit praktisch vermieden und sich nur von den ge=meinschaftlichen Zielen der großen Sache leiten ließen.

Als am 2. August nachmittags Großadmiral Prinz Heinrich vom Admiralstab der Marine in Berlin die Mitteilung erhielt, daß schon in der Nacht vom 2./3. August auf überraschende Unternehmungen englischer Streitkräfte gerechnet werden müsse und auch weitere Nachrichten über Bewegungen englischer Flottenteile eintrafen, die darauf hindeuteten, daß englische Operationen von Norden nicht ausgeschlossen seien, wurden die für die Sicherung der westlichen Ostsee verfügbaren Seestreitkräfte neu verteilt. Während bisher der Oberbefehlshaber bei seinen Maßnahmen zunächst mit einer Gefahr von Osten gerechnet hatte, erschien ihm jetzt der Beginn feindlicher Operationen von Norden und Durchbruchsversuche englischer Streitkräfte durch die Belte in die Ostsee auf Grund der vom Admiralstab übermittelten Nachrichten nicht unwahrscheinlich. Der Chef der Küstenschutzdivision erhielt daher Befehl, die Bewachung der Belte möglichst nach Norden vorzuschieben, und ließ darauf eine Torpedoboots=rotte die Linie Hjelm—Seelandsriff und ein Torpedoboot die Korför=

Passage im Großen Belt nördlich der Insel Sprogö besetzen. „Englische Schiffe sollten beim Sichten gemeldet und vor ihnen Fühlung gehalten, Feindseligkeiten dagegen vorläufig vermieden werden." Die Sicherung nach Osten im Fehmarn-Belt und gegen den Sund in der Linie Möen—Trälleborg blieb in ihrer alten Form bestehen. Die Minendampfer „Prinz Waldemar" und „Prinz Adalbert" mit einer Minenausrüstung von zu-sammen 243 Minen wurden nach Beendigung ihrer Ausrüstung in eine Bereitschaftsstellung außerhalb des Kieler Hafens am Eingang zum Fehmarn-Sund vorgeschoben und waren dort bereits vom 3. August ab klar. Am 4. August nachmittags traf dort auch Minenstreudampfer „Deutschland" mit 200 Minen verwendungsklar ein. Die Unterseeboote „U 3" und „U 4" erhielten Befehl, am 3. August vormittags einen Vorstoß in den Südeingang des Großen Belts zu machen, um dort von den dänischen Küstenstationen gesehen und dem Feinde gemeldet zu werden. Die Verwen-dung von Minen und die Demonstration der beiden Unterseeboote waren die einzigen Mittel, die dem Oberbefehlshaber der Ostseestreitkräfte zur Abwehr und zum Aufhalten eines feindlichen Durchbruchsversuches am 2. August zur Verfügung standen. Die ihm unterstellten schwimmenden Streitkräfte kamen für einen Widerstand nicht in Frage, die in der Ostsee aus dem Verbande der Hochseestreitkräfte in Ausrüstung und Übung begriffenen Schiffe der Reserveformationen waren in der Mehrzahl noch nicht gefechts-bereit. Minensperren allein, ohne entsprechende starke Bewachung, die dem Feinde ein Räumen oder Durchbrechen unmöglich machte oder zum mindesten erschwerte, verbürgten aber nur ein Aufhalten, nicht ein Ab-schlagen eines energischen Angreifers. Die Prinz Heinrich zur Verfügung stehenden Streitkräfte waren für eine ausreichende Bewachung der Minen-sperren nicht stark genug. Die Sperren hätten daher zweckmäßig möglichst weit in die Belte nach Norden vorgeschoben werden müssen, um ein recht-zeitiges Herüberkommen von Hochseestreitkräften aus der Nordsee in die Ostsee durch den Kaiser-Wilhelm-Kanal zu ermöglichen und den nach Süden vordringenden Feind wenigstens bis zur Ankunft von Verstärkungen aus der Nordsee an den Sperren aufzuhalten. Je weiter nördlich man daher die Belte sperrte, um so sicherer waren Kiel und die Kieler Bucht geschützt. Die dem Prinzen unterstellten Minendampfer waren aber mit ihren 13 Seemeilen Geschwindigkeit viel zu langsam und unzureichend be-waffnet, um sie selbständig außerhalb der Kieler Bucht operieren lassen zu können. Außerdem waren sie als Handelsschiffe in ihren Minenwurf-einrichtungen so ungünstig eingerichtet, daß das Minenlegen vier Stunden vom Legen her ersten Mine bis zur letzten dauerte. Zudem zwang die geringe, dem Oberbefehlshaber bei Kriegsausbruch zur Verfügung stehende

Gesamtminenzahl zu sparsamster Verwendung und geographischen Beschränkung der Sperren auf wenige Stellen, wo mit der geringsten Zahl
ein Höchstmaß militärischer Sicherheit geschaffen werden konnte.

Besonders schwierig für den Großadmiral war aber die Bestimmung
des Zeitpunktes, zu dem der Befehl zu einer Sperrung der Belte mit
Minen gegeben werden sollte. Für die rechtzeitige Erteilung dieses Befehls,
der nur auf Grund einwandfreier Nachrichten über das Eindringen englischer Streitkräfte in die Belte erfolgen durfte, war die Frage der Nachrichtenübermittlung von der Front zum Sitz des Oberbefehls im Kieler
Schloß von ausschlaggebender Bedeutung. Das Fehlen eines seegehenden
Flaggschiffes für Oberbefehlshaber und Stab trat daher schon hier in die
Erscheinung. Für die erste Meldung eines Durchbruchsversuches kamen
nur die Torpedoboote der Bewachung in der Linie Hjelm—Seelandsriff in
Frage. Die funkentelegraphische Meldung dieser Boote über ein Vordringen
feindlicher Streitkräfte nach Süden war aber bei den unzulänglichen funkentelegraphischen Verbindungen erst zu erwarten, wenn die Boote nach
Süden bis auf die Höhe der Insel Romsö vorgelaufen waren. Erst dann
konnte funkentelegraphisch mit dem im Aarösund liegenden „Panther“
und über diesen als Wiederholer mit der Funkenstation Bülk bei Kiel
verkehrt und von da aus die Meldung telephonisch dem Oberbefehlshaber
im Schloß übermittelt werden. Es verging daher auch im günstigsten Falle
schneller und ungestörter Meldung des Beobachtungsbootes eine erhebliche Zeit, bis der Oberbefehlshaber unterrichtet war. Eine Zeit, die allein
schon bei den geringen vom Feinde zu durchlaufenden Entfernungen eine
rechtzeitige Außenverteidigung Kiels unter Umständen in Frage stellen
konnte. Es ist auf diese technischen Einzelheiten der Nachrichtenübermittlung hier näher eingegangen worden, weil sie die Grundlage für die Entscheidungen des Oberbefehlshabers in den ersten Augusttagen bildeten bei
Beantwortung der Frage, zu welchem Zeitpunkt und an
welcher Stelle die Belte im Notfalle gesperrt werden
müßten. Es ist aus vorstehendem ersichtlich, daß allein die einwand-
freie Übermittlung der Nachricht von dem Eindringen englischer Streitkräfte in die Belte eine erhebliche Zeit dauerte. Zu dieser Zeit mußte dann
aber noch der Anmarsch der Minendampfer und die Dauer des Auslegens
der Sperren, die mehrere Stunden betrug, hinzugerechnet werden. Wollte
man daher auch nur eine gewisse Sicherheit haben, so mußten die Belte
sofort gesperrt werden, sobald man auf Grund der allgemeinen politischen Lage mit einem Vorgehen gegen die Ostsee rechnen konnte.

Die Verantwortung für den Schutz der Kieler Bucht war durch den
Operationsbefehl dem Oberbefehlshaber der Ostseestreitkräfte übertragen

worden. Solange daher Großadmiral Prinz Heinrich in dieser Frage keinen bestimmten B e f e h l durch den Chef des Admiralstabes erhielt, mußte er allein den Zeitpunkt und die entsprechenden Maßnahmen bestimmen. Am 2. August wurden daher auf das Telegramm des Admiral= stabes über die Zuspitzung der Lage mit England die früher erwähnten Anordnungen in der Ostsee getroffen. In seinem Kriegstagebuch stellt der Oberbefehlshaber bei dieser Gelegenheit Überlegungen über die Zahl und Lage der zur Sperrung des Großen Belts unter den vorliegenden Ver= hältnissen in Frage kommenden Minensperren an. „Es stehen zur Erwä= gung eine Sperre in der Linienrichtung Kjelsnor=Leuchtturm—Albuen= Leuchtbake, im Südausgang des Großen Belt. Ferner eine zweite Sperre in der Linienrichtung Westermarkelsdorf=Leuchtturm in Südost miß= weisend, Länge 8 Seemeilen, östliches Ende Westermarkelsdorf=Leuchtturm in Südost mißweisend 7,3 Seemeilen entfernt." Der Oberbefehlshaber bezeichnet in seinen Vorüberlegungen selbst die erste Sperre als sehr wirk= sam, „die aber nur dann ihren Zweck erfüllen könne, wenn sie an beiden Seiten dicht oder ganz an die Fahrgrenze herangehe und dadurch auch zum Teil in dänischen Hoheitsgewässern liege". Er bemerkt aber aus= drücklich, „daß das Legen dieser Sperre möglichst lange verschoben werden solle, bis weitere Nachrichten vom Admiralstab einträfen". Die Sperrung des Kleinen Belts war ohne Schwierigkeit in seinem südlichen Ausgang innerhalb der deutschen Hoheitsgewässer möglich und wurde dem= entsprechend vorbereitet. Die Sperrung des Sundes kam, da der Sund für große Schiffe als Fahrwasser zu flach war und der Anmarsch von seinem Südausgang nach Kiel reichlich 100 Seemeilen betrug, nicht so brennend in Frage. Diese Sperrung war beabsichtigt durch zwei Sperren, die eine zwischen Gjedserriff=Feuerschiff und Darsserort=Leuchtturm, die andere in der Richtung Fehmarn=Belt=Tonne—Hyllekrog=Leuchtturm.

Am 3. August 12 Uhr mittags erhielt der Oberbefehlshaber der Ostsee= streitkräfte vom Admiralstab das Telegramm: „Kriegserklärung von England kann in kürzester Frist erfolgen." Er mußte sich daher von jetzt ab jederzeit zu schnellen Entscheidungen über seine weiteren militärischen Maßnahmen bereithalten. Es ist bereits eingehend ausgeführt worden, weshalb das Abwarten eines tatsächlichen Einbruchs englischer Streitkräfte in die Belte militärisch unmöglich war. »Die Langsamkeit der Hilfsstreuminen= dampfer „Prinz Waldemar" und „Prinz Wilhelm", ihre Schwerfälligkeit beim Legen der Minen, die Ungewandtheit mit der Funkentelegraphie zwingen dazu, Vorbereitungen von langer Hand zu treffen und eine vielleicht lästig werdende Festlegung in den Kauf zu nehmen, so überlegt der Prinz am 3. August im Kriegstagebuch. Am 3. August abends traf eine Mit=

teilung des Admiralstabes ein, daß die dänischen Hauptfahrwasser im
Sund von den Dänen durch Minen gesperrt wären und als Durchfahrt
zwischen Nordsee und Ostsee im Sund nur die zum Teil im schwedischen
Hoheitsgebiet liegende Flintrinne noch offen sei (siehe dazu Karte 2). Die
Sicherung des Sundes konnte daher bei den Maßnahmen des Oberbefehls=
habers noch weiter zurücktreten, da die Flintrinne nur für Fahrzeuge bis
6 m Tiefgang benutzbar und bei Nacht ein für fremde Streitkräfte un=
passierbares Fahrwasser darstellte. Die Flugzeugaufklärung war zu diesem
Zeitpunkt noch kein zuverlässiges Mittel der Aufklärung in der Ostsee und
daher auch keine Unterstützung für die Entscheidungen des Prinzen. Am
3. August morgens hatte zwar ein Flieger den Großen und Kleinen Belt
aufgeklärt und vom Feinde frei gefunden, am selben Tage erhielt aber der
Oberbefehlshaber erst um 11 Uhr Nm. eine weitere Flugzeugmeldung,
daß die Belte frei seien, und bemerkt dazu, „es ist fast wertlos, daß man
von einem bereits um 5.30 Uhr Nm. aufgeflogenen Flieger erst um
11 Uhr Nm. erfährt: vom Feind nichts gesehen. Die Meldungen hätten
vor Dunkelheit hier sein müssen". Am 4. August erhielt der Kommandeur
der Seefliegerabteilung, Fregattenkapitän Gygas, vom Prinzen den Befehl,
ein Flugzeug nachmittags gegen Norden aufklären zu lassen und das Er=
gebnis bis 3 Uhr Nm. zu melden. Der Kommandeur meldete am Nach=
mittag, „daß der 3 Uhr Nm. entsandte Flieger abgestürzt sei und er die
Verantwortung nicht übernehmen könne, die jungen, noch nicht ganz aus=
gebildeten Flieger mit den schwierigen Maschinen loszulassen". So war
gerade dies, bei dem Mangel an brauchbaren Seestreitkräften für den
Prinzen besonders wichtige schnelle Aufklärungs= und Meldemittel, in
diesen ersten Tagen nach Kriegsausbruch noch nicht zuverlässig verwendbar.
Um so mehr zwang verantwortungsvolle Überlegung, f r ü h z e i t i g die
Sicherungsmaßnahmen für die Kieler Bucht zu treffen. Ein Durchbruch
feindlicher Streitkräfte durch die Belte hätte gerade zu Beginn des Krieges
eine völlige Umgestaltung unserer beabsichtigten Kriegführung herbei=
führen können. Man denke dabei nur an eine Verstärkung der russischen
Ostseeflotte durch englische Seestreitkräfte oder an die Folgen eines Fest=
setzens der Engländer in den dänischen Gewässern für unsere allgemeine
Seekriegführung und unsere Lage in der Ostsee.

Am 4. August 6 Uhr Nm. traf in Kiel folgender dringender Fern=
spruch vom Admiralstab ein: „Kriegserklärung mit England nahe bevor=
stehend. Englische Schiffe und Zerstörer gestern abend von Dover aus=
gelaufen." Vor Eingang dieses Telegramms hatte der stellvertretende
Chef des Admiralstabes, Kontreadmiral Paul Behncke, am gleichen
Nachmittag in einem Ferngespräch mit dem Ersten Admiralstabsoffizier

des Prinzen, dem Oberbefehlshaber der Ostseestreitkräfte zur Unter=
richtung etwa folgendes über die Berliner Auffassung der Lage und
unser politisches Verhältnis zu Dänemark übermitteln lassen[1]): „Es
ist im Admiralstab eine Note verfaßt worden, die der dänischen Re=
gierung überreicht werden soll, sobald uns der Krieg von England erklärt
worden ist. Die Dänen werden in dieser Note gefragt, ob sie sofort den
Großen Belt wirksam mit Minen gegen b e i d e kriegführende Parteien
zu sperren beabsichtigen. Stimmen sie zu, so würde schon durch diese
Minen der Belt gesperrt sein. In diesem Falle ist außerdem von
den Dänen zu erwarten, daß sie durch ihre Unterfee= und Torpedoboote die
Minensperren verstärken. Es soll also versucht werden, die Dänen zu ver=
anlassen, die Neutralität der Gewässer gegen b e i d e Kriegführenden auf=
rechtzuerhalten. Es ist möglich, daß die Dänen nicht auf diesen Weg
eingehen, weil die dänischen Durchfahrtsgewässer nach den internationalen
Verträgen jederzeit für den Verkehr offen bleiben sollen. In diesem Fall
würden wir ihnen erklären, daß wir uns aus militärischen Gründen vor=
behalten müssen, uns selbst mit Minen und mit der Kriegführung den
Schutz zu schaffen, den wir bei dieser Kriegslage nötig haben. Von der
Antwort der dänischen Regierung auf unsere Note wird es abhängen,
wozu wir uns entschließen. Der Oberbefehlshaber der Ostsee wird von
dem Ausfall unseres Vorgehens sofort benachrichtigt werden. Erwünscht
ist es jedenfalls, daß wir unsere Sperren militärisch so wirksam wie möglich
legen, daß wir aber, soweit es irgend geht, die territoriale Hoheit der
dänischen Gewässer dadurch nicht berühren. Daran soll grundsätzlich
festgehalten werden, soweit es ohne militärischen Nachteil für uns möglich.
Die Hauptsache ist, daß die Minen so wirksam wie möglich gelegt
werden und sich auch gegen Aufräumen verteidigen lassen. Diese ganze
Mitteilung dient dem Zweck, daß der Oberbefehlshaber sich darüber klar
werden soll, wenn die nähere Benachrichtigung kommt, in kürzester Frist
die Minensperren an den Orten, die er für geeignet halte, zu werfen.
Dies ist um so notwendiger, als die Kriegserklärung sehr bald, vielleicht
noch heute abend, erfolgen kann." — W ä h r e n d d e r B e s p r e c h u n g
dieser Mitteilungen des stellvertretenden Chefs des Admiralstabes im
Stabe des Großadmirals in Kiel, traf aus Berlin die Nachricht ein, daß
„Kriegszustand mit England bestehe". Diese Nachricht drängte den Prinzen
zur Entscheidung, vor allem, da bereits im Laufe des Nachmittags eine
allerdings unbestätigte Nachricht vom Admiralstab der Marine im Schloß
eingegangen war, daß bereits am 2. August englische Schiffe im Skagerrak
gesichtet worden wären und im Anmarsch seien.

[1]) Stenographische Niederlegung eines Ferngespräches.

Der Oberbefehlshaber der Ostseestreitkräfte konnte einer solchen Mitteilung des stellvertretenden Admiralstabschefs aus Berlin nur unter-
richtende Bedeutung beimessen. Einen klaren Befehl, daß aus
politischen Gründen die Hoheitsrechte Dänemarks bis auf weiteres selbst
unter Inkaufnahme des größten militärischen Risikos streng geschont werden
müßten, hatte er nicht bekommen. Die Telegramme in der Zeit vom
2. bis 4. August, die die Entwicklung der Lage gegen England immer
verschärfender darstellten, waren ihm vom Chef des Admiralstabes ohne
Stellungnahme oder Mitteilung der Berliner Auffassungen der Lage
übermittelt worden. Für ihn war daher der Operationsbefehl, „die Kieler
Bucht gegen englische und russische Streitkräfte zu s i c h e r n", noch unein-
geschränkt gültig. Er traf daher als an Ort und Stelle militärisch v e r -
a n t w o r t l i c h e r Befehlshaber den Entschluß, den Großen Belt sofort
auch innerhalb der dänischen Hoheitsgewässer wirksam zu sperren, und erließ
am 4. August 6.45 Uhr Nm. folgenden Befehl an den Chef der Küstenschutzdivision der Ostsee, Kontreadmiral Mischke:

„1. Sie werden mit der Minensicherung der Kieler Bucht gegen
Norden und Osten beauftragt und begeben sich unverzüglich an
Ort und Stelle.

2. Der Große Belt ist in der Nacht vom 4. zum 5. August nach
Eintritt völliger Dunkelheit zwischen Kjelsnor und Albuen zu
sperren. Vor Eintritt der Morgendämmerung muß auch die
bisher unter Fakkebjerg vorgesehene Durchfahrt gesperrt sein.

3. Die Beobachtungsstellung auf der Linie Seelands-Riff—Hjelm ist
so lange zu halten, als es ohne Exponierung der Boote möglich
ist. Festsetzung der Rückkehr der Boote nach Ihrer Bestimmung.

4. Es ist vorzusehen, den Vaagösund im Kleinen Belt am
5. August während des Tages zu sperren. Für die Ausführung
ergeht besonderer Befehl.

5. Der Sperrschutz nach Osten soll möglichst lange hinausgeschoben
werden. Ausführung erst auf meinen besonderen Befehl."

Nachdem dieser Befehl ausgegeben war, fand am gleichen Tage um
10 Uhr Nm. nochmals ein Ferngespräch des stellvertretenden Chefs des
Admiralstabes der Marine und des Chefs des Stabes des Prinzen über die
Frage der Sperrung der Belte statt. In diesem Gespräch wurde dem
Oberbefehlshaber erneut die Wahrung der dänischen Neutralität mit Rücksicht auf die große politische Tragweite einer möglichen offensichtlichen
Neutralitätsverletzung aufs dringendste e m p f o h l e n, aber auch jetzt
kein entsprechender B e f e h l gegeben oder die Verantwortung abgenommen. Um diese Zeit waren die Vorbereitungen zur Sperrung bereits

im Gange und nicht mehr rückgängig zu machen. Großadmiral Prinz Heinrich führt hierzu in seinem Kriegstagebuch aus: „Der Oberbefehlshaber war ſich über das Für und Wider des Entſchluſſes, den Großen Belt ganz zu ſperren, mithin auch däniſche Hoheitsgewäſſer mit Minen zu belegen, vollſtändig klar. Angeſichts der großen Verantwortung, die er für die Sicherheit der Kieler Bucht und die dort ihre Ausbildung betreibenden Schiffe trägt und angeſichts der ſehr großen Schwerfälligkeit ſeines Streu= minenapparates konnten die unterrichtenden Mitteilungen des Admiral= ſtabes einen Einfluß auf ſeine Entſchließungen nicht haben, ſolange ſie ſich nicht auf einen klaren Befehl der Kriegsleitung ſtützten."

Von einem militäriſchen Befehlshaber in der Heimat können in erſter Linie nur militäriſche Überlegungen bei der Ausführung der ihm erteilten Befehle vorausgeſetzt werden. Die Abwägung der Gefährdung poli= tiſcher Intereſſen bei der Durchführung militäriſcher Maßnahmen iſt Auf= gabe der Kriegsleitung, die in Fühlung mit den politiſchen Reichsſtellen den Geſamtüberblick über den Krieg beſitzt. Von ihr aus müſſen daher rechtzeitig k l a r e B e f e h l e über Einſchränkung militäriſcher Anordnungen aus Gründen politiſcher Überlegungen getroffen werden. Die Kriegsleitung muß dann aber auch mit ihren Befehlen die volle Verantwortung für die entſtehenden militäriſchen Folgen übernehmen. Einen Frontbefehls= haber durch Überlegungen politiſcher Natur zu beunruhigen, kann ſehr leicht zu einer Hemmung der Entſchlußkraft führen und große militäriſche Nachteile zur Folge haben, für die dann eine Stelle der anderen die Ver= antwortung zuſchiebt. Je klarer der Admiralſtab von Kriegsbeginn an ſeine leitende Stellung durch Übernahme der Verantwortung und ent= ſprechende Befehlsführung zu erkennen gab, um ſo ſchneller hätte er ſich in der Front die ihm zunächſt fehlende Autorität verſchafft. Eine Gelegen= heit hierzu war in bezug auf die Oſtſeekriegführung in dieſem Falle bereits gegeben. Es wird in einem ſpäteren Abſchnitt noch darauf zurückgekommen werden, wie dieſe Sperrung der Belte auf die geſamte Kriegführung ein= gewirkt hat. Die vom Prinzen befohlene Sperrung des Großen Belts wurde unter perſönlicher Leitung Kontreadmirals Miſchke an Bord „Sleipner" durchgeführt. Am 5. Auguſt von 2.35 Uhr Vm. bis 5.22 Uhr Vm. legten die Hilfsſtreuminendampfer „Prinz Waldemar", Kommandant Kapitän= leutnant Aßmann, und „Prinz Adalbert", Kommandant Kapitänleutnant Spieß, zwiſchen Kjelsnor und Albuen=Feuerturm eine Minenſperre ohne Sperrlücke, in Form eines ſtumpfen Winkels mit nach Südoſt gerichtetem Scheitelpunkt, 243 Minen (ſiehe Karte 2). Teile der Sperre lagen in däniſchen Hoheitsgewäſſern. S. M. S. „Panther" und „Carmen" wurden zur Bewachung der Sperre befohlen. Am 5. Auguſt 7.45 Uhr Nm. wurde

auf Befehl des Oberbefehlshabers durch das Torpedoboot „S 127" mit
12 Minen am Südausgang des Kleinen Belts eine Minensperre zwischen
Linie Assens-Schornstein—Aarö-Nordbake in der Fahrrinne gelegt (siehe
Karte 2). Diese Sperre lag ausschließlich in deutschem Hoheitsgebiet und
wurde von „S 127" bewacht. Durch diese Maßnahmen war die deutsche
Sperrung des Kleinen und Großen Belt durchgeführt.

Der Chef des Admiralstabes in Berlin veranlaßte, als er am
5. August 11 Uhr Vm. die Meldung des Oberbefehlshabers der Ostsee=
streitkräfte von der erfolgten Sperrung der Belte erhielt, durch das Aus=
wärtige Amt eine entsprechende Erklärung des deutschen Gesandten in
Kopenhagen an die dänische Regierung. Der Gesandte sollte dabei das
Bedauern der deutschen Regierung aussprechen, daß die in Aussicht
stehende Antwort der dänischen Regierung auf die deutsche Note, daß sie
die freiwillige tatsächliche Sperrung der dänischen Gewässer übernehme,
nicht abgewartet worden sei. Diese Antwort und Zusicherung der dänischen
Regierung traf beim Auswärtigen Amt am 5. August nachmittags durch
das Telegramm des deutschen Gesandten aus Kopenhagen ein: „Effektive
Sperrung des Großen Belts und des dänischen Teils des Öresund und
Kleinen Belt durch Dänemark sofort übernommen." Gleichzeitig gab der
dänische Gesandte in Berlin am 6. August im Auswärtigen Amt folgende
amtliche Note ab: „Dänemark wird in deutsch-britischem Kriege absolute
Neutralität beobachten. Um diese Neutralität aufrechtzuerhalten und
Kriegsoperationen von dänischen Küstengewässern fernzuhalten, sowie die
Verbindung zwischen den Landesteilen zu sichern, hat die dänische Regie=
rung beschlossen, die dänischen Küstengewässer im Sund, Großen und
Kleinen Belt mit Minen abzusperren." Die dänische Sperrung des Großen
Belts durch Dänemark erstreckte sich östlich und westlich der Insel Sprogö,
und zwar östlich von den Untiefen bei Halskov bis zur Insel Sprogö und
westlich von Knudshoved bis Sprogö. Diese nördliche Sperrung war über
das ganze Fahrwasser ausgedehnt. Eine zweite dänische Minensperre lag
in der tiefen Rinne im Osten vom Vengeance-Grund, südlich von Korsör
im Großen Belt. Die dänische Sperrung des Kleinen Belts war im Baagö=
sund, östlich der Insel Baagö, durchgeführt worden, die Sperrung des
Sundes durch Minensperren im Holländer=Tief, Königstief und den Drog=
den, damit nur die Zufahrten nach Kopenhagen deckend. Alle Sperren
waren so gelegt, daß größere Schiffe nicht passieren konnten, bezogen sich
aber nicht auf Handelsschiffe, für die ein Lotsendienst zum Passieren der
Sperren eingerichtet wurde. Dänemark betrachtete ein Eindringen fremder
Streitkräfte in diese Gebiete als eine Neutralitätsverletzung und war ge=
willt, mit den Waffen sich dagegen zu verteidigen.

Der Oberbefehlshaber der Ostseestreitkräfte erhielt auf Grund dieser Verhandlungen mit Dänemark durch den Chef des Admiralstabes am 7. August den Befehl, eine Benutzung dänischer Hoheitsgewässer von jetzt ab unbedingt zu vermeiden, ferner einen Lotsendienst zum Passieren der im Großen und Kleinen Belt ausgelegten deutschen Minensperren durch Handels= schiffe einzurichten. Der Großadmiral ordnete daraufhin sofort die Zurück= ziehung des Torpedobootes bei der Insel Hjelm an, das durch den Sund und die Flintrinne zurückkehrte. Als Bewachungsfahrzeuge an der Lange= lands= und Baagösund=Sperre wurden vier dem Oberbefehlshaber vom Admiralstab der Marine zugeteilte bewaffnete Fischdampfer verwandt, die zusammen mit Hilfsstreuminendampfer „Prinz Adalbert" und Torpedoboot „T 94", Korvettenkapitän v. Rosenberg, als Leiter des Bewachungs= und Lotsendienstes an den beiden Sperren am 9. August zur Verfügung gestellt wurden. Die, wegen ihrer grundlegenden Wichtigkeit für die ganze Krieg= führung in der Ostsee, hier ausführlich behandelte Sperrung der Zufahrten zur Ostsee und zur Kieler Bucht bedeutete für uns eine vorläufige Sicherung gegen überraschende feindliche Einbruchsversuche. Sie ließ aber von jetzt ab auch der deutschen Kriegführung außer dem Kaiser=Wilhelm=Kanal für größere Schiffe nur das Fahrwasser der Feuerrinne westlich Baagö und des Kleinen Belts zur Verbindung mit der Nordsee offen. Die Durch= führung dieser militärischen Maßnahmen hatte gezeigt, wie stark sich bereits bei Beginn des Seekrieges politische Überlegungen und Rücksichten in der Ostseekriegführung bemerkbar machten und vor welche verantwortungs= vollen Entscheidungen sie die Leitung stellten. Durch schnellen Entschluß war mit der deutschen und dänischen Sperrung der Belte in der ersten Augustwoche die Lage in der Ostsee nach Westen so weit geklärt und ge= sichert, daß die Tätigkeit gegen den Hauptgegner im Osten, die r u s s i s c h e Ostseeflotte, wieder aufgenommen werden konnte. Für die Durch= führung von Unternehmungen an der russischen Küste war eine Sicherung der Kieler Bucht für den Prinzen unerläßliche Vorbedingung. Diese Sicherung beschränkte sich aber auf das unbedingt erforderliche geringste Maß. Eine nicht so verantwortungsfreudige deutsche Führung hätte nach Lage der Verhältnisse in der Ostsee mit guten Gründen die Notwendigkeit der Verwendung a l l e r Mittel für eine auch dann noch nicht unbedingt gewährleistete Sicherung der Kieler Bucht stets in den Vordergrund stellen können.

5. Die beiden Unternehmungen des Kontreadmirals Mischke in der östlichen Ostsee vom 9. bis 20. August 1914.

Das Ende der ersten Mobilmachungswoche, der 9. August, be= zeichnet einen Abschnitt in der Kriegführung der Ostsee. Ohne das Vor= handensein fester, friedensmäßig eingearbeiteter Stäbe und Schiffsver= bände hatten die von verschiedenen Dienststellen gekommenen Schiffe und Fahrzeuge für die neuen Zwecke zusammengefaßt und kriegsbereit gemacht werden müssen. Gleichzeitig mit dieser Ausbildungs= und Organisations= arbeit war bereits gegen Libau eine Unternehmung durchgeführt und im Westen die Kieler Bucht gegen drohende Einbruchsversuche gesichert worden. Es war eine große Arbeit, die in der Ostsee in dieser ersten August= woche von Führern, Stäben und Besatzungen geleistet worden ist. Nun war eine Grundlage geschaffen, und Großadmiral Prinz Heinrich konnte sich ausschließlich seinen Kriegsaufgaben widmen. Die Zahl seiner verwendungsbereiten Streitkräfte hatte sich unterdessen vermehrt. Die in Danzig ausgerüsteten Schiffe „Freya", „Gazelle" und „Thetis" waren ohne Zwischenfall am 8. und 9. August in Kiel eingetroffen und konnten nach Erledigung der zur Ausbildung notwendigen Übungsfahrten zwischen 21. und 24. August verwendungsbereit sein. Der Mangel an Streitkräften hatte es nicht möglich gemacht, diese noch nicht gefechts= bereiten Schiffe auf ihrer Fahrt von Danzig begleiten und schützen zu lassen, so daß ihre glückliche Ankunft in Kiel den Oberbefehlshaber einer ernsten Sorge enthob. In Danzig waren nur noch die acht Küstenpanzer= schiffe der „Siegfried"=Klasse zurückgeblieben, deren Ausrüstung und In= dienststellung unter das Kommando der Hochseestreitkräfte aber erst am 10. August angeordnet wurde. In Kiel hatte ferner der Kleine Kreuzer „Amazone", trotzdem seine Ausbildungsfahrten erst am 22. August be= endet sein sollten, bereits am 6. August als Flaggschiff des Kontreadmirals Mischke den Dienst in der Bewachungslinie der Kieler Bucht übernommen. Die Torpedoboote hatten durch drei ganz neue Boote, „V 186", „V 25", „V 26", einen Zuwachs erhalten, der es ermöglichte, bei zukünftigen Unter= nehmungen wenigstens diese drei Boote mit verwenden zu können, da alle übrigen in Kiel vorhandenen Boote für Offensivzwecke nicht mehr ge= eignet waren. Diese Vermehrung war um so erwünschter, als das Torpedoboot „S 143" am 4. August nach einer Kesselexplosion in der Vorpostenlinie bei Gjedser bei dem Versuch des Wegschleppens bei Gjedser=Riff=Feuerschiff gesunken war. Es waren dabei die ersten Verluste auf dem Ostseekriegsschauplatz mit 20 Toten zu beklagen gewesen. Von den Minensuchverbänden war am 7. August die Hilfs=

minensuchdivision Swinemünde in Dienst gestellt, die von Neufahr=
wasser folgte erst nach Ausrüstung der entsprechenden Fischdampfer am
3. September. Für Unternehmungen mit den Kreuzern kamen beide Ver=
bände wegen ihrer unzureichenden Geschwindigkeit nicht in Frage, sie waren
aber für den Minensuchdienst an der deutschen Küste und vor den östlichen
Ostseehäfen bestimmt und geeignet. Die für die Verwendung der Streit=
kräfte in der östlichen Ostsee, vor allem der Torpedoboote, wichtige Ver=
sorgungsstelle Swinemünde war vom 7. August ab fertig eingerichtet und
verfügte über genügende Kohlen= und Ölvorräte, so daß sie eine wesentliche
Unterstützung der Kriegführung in der mittleren und östlichen Ostsee, die
sich bis dahin ausschließlich auf die Hilfsmittel von Danzig hatte stützen
müssen, darstellte. Die Sicherung der Kieler Bucht hatte in den Tagen der
Spannung vor und nach der Kriegserklärung Englands bis zum 7. August
sämtliche Streitkräfte des Prinzen notwendig für den Dienst in der Kieler
Bucht gebraucht. Für offensive Unternehmungen standen dem Prinzen
daher in der ersten Augustwoche keine Streitkräfte mehr zur Verfügung.
Sein bereits am 2. August gestellter Antrag, ihm den in Kiel liegenden
Panzerkreuzer „Blücher" und die mit der Ausrüstung fertigen Linien=
schiffe des IV. Geschwaders zur Offensive gegen die russische Flotte zu
unterstellen, hatte der Chef des Admiralstabes abgelehnt, „da die Lage
auf dem Nordseekriegsschauplatz dringend erfordere, alle Streitkräfte dort
zusammenzufassen".

Großadmiral Prinz Heinrich war daher erst nach dem 8. August in
der Lage, eine neue Unternehmung gegen die Russen anzuordnen, und hatte
dies auch bereits mit seinem Stabe erwogen. Am 7. August erhielt der
Oberbefehlshaber folgendes Telegramm aus Berlin, das sich in dem gleichen
Gedankengang bewegte: „Ich halte eine kräftigere Betätigung gegen die
Russen für dringend erwünscht und im Vertrauen auf die Schnelligkeit der
zur Verfügung stehenden Kreuzer und Torpedoboote für möglich. Der
Chef des Admiralstabes." — Den Inhalt seiner Antwort auf dieses
Telegramm des Admirals v. Pohl gibt der Oberbefehlshaber in seinem
Kriegstagebuch mit folgenden Ausführungen an: „Dem Admiralstab
schriftlich geantwortet, daß der Oberbefehlshaber zur Zeit hierzu nicht
in der Lage ist; er muß warten, bis Danziger Schiffe hier sind. Aus=
bildung in Funkentelegraphie der nicht zur Flotte gehörigen Schiffe un=
zureichend. Sicherung der Kieler Bucht im Vordergrund wegen Übungen
der Reserve=Formationen. Schwierige Verhältnisse materieller und per=
sönlicher Art. Admiralstab erkennt nicht, in welchem unzureichenden
Bereitschaftsverhältnis die Schul= und Versuchsschiffe sich im Frieden
befunden haben." — Die Lage beim Feinde war am 9. August unver=

ändert die gleiche wie bei Kriegsausbruch. Von den Russen hatte
man in der Ostsee außerhalb des Finnischen Meerbusens nichts gesehen
oder gehört. Libau war anscheinend völlig aufgegeben, da nicht einmal
Flugzeugaufklärung von dort gegen die deutsche Küste beobachtet worden
war. Die russische Flotte lag immer noch nach den übereinstimmenden Nach=
richten vieler aus Kronstadt und den russischen Ostseehäfen inzwischen an=
gekommener neutraler Dampfer in Reval und Helsingfors. Eine Minen=
sperre war, wie zu erwarten, zwischen Helsingfors und Reval ausgelegt,
vorgeschobene Seestreitkräfte sicherten als Vorpostenlinie den Eingang zum
Finnischen Meerbusen zwischen Hangö und Kap Tachkona. Auf jeden
Fall war daraus für die deutsche Führung zu entnehmen, daß überraschende
Unternehmungen mit Erfolgsaussichten, wie sie vielleicht zu Beginn des
Krieges möglich gewesen wären, durch Angriffe auf die i n n e r h a l b des
Finnischen Meerbusens befindlichen Streitkräfte und Stützpunkte jetzt kaum
mehr ausführbar waren. Vorstöße mit unseren stark unterlegenen Streit=
kräften konnten auf einen Gefechtserfolg mit russischen Schiffen nur unter
besonders günstigen Verhältnissen rechnen. Bessere Aussichten boten
sich in der Ostsee nur in der Verwendung von Unterseebooten, von
denen aber voll leistungsfähige dem Ostseebefehlshaber nicht zur Ver=
fügung standen. Das erreichbare Ziel dieser Vorstöße konnte in erster
Linie nur in der Aufklärung über das Verhalten des Feindes und die Be=
wegungen seiner Streitkräfte bestehen. Dafür waren zwei Kleine Kreuzer
„Augsburg" und „Magdeburg" dank ihrer guten Geschwindigkeit ver=
wendbar. Diese Geschwindigkeit war aber auch ihr e i n z i g e r Rückhalt,
denn im übrigen mußten sie ihre Unternehmungen ohne den Schutz einer
rückwärtigen Aufnahmestellung an der feindlichen Küste entlang, flankiert
durch Libau und den Rigaschen Meerbusen, über große Seeentfernungen
von ihrem Ausgangspunkt und nächsten Stützpunkt Danzig aus durch=
führen. Meist ohne Minen= und Unterseebootssicherung, stets ohne Luft=
aufklärung, waren alle diese Unternehmungen Stöße ins Ungewisse, bei
denen der Faktor K r i e g s g l ü c k erheblich in Rechnung gestellt werden
mußte. Die Berechtigung für diese Unternehmungen lag jedoch darin, daß
man erwarten konnte, den passiv veranlagten Gegner zum mindesten im
Anfang zu verblüffen, ihn in seiner Unternehmungslust zu lähmen und ihn
möglichst lange über unsere Lage und unsere Schwäche in der Ostsee zu
täuschen. Diese Kriegführung verlangte aber auf deutscher Seite bei
Führern und Stäben ein Draufgehen und einen Wagemut, der sich nicht
von vielen Überlegungen über zahlenmäßige Stärkeverhältnisse beeinflussen
ließ, sondern sich auf den festen Glauben des Gelingens stützte; sie
verlangte aber anderseits von der Leitung, daß sie auch bei anfänglichen

Erfolgen die wahren Verhältniffe nicht aus dem Auge verlor und nicht vergaß, daß das materielle Übergewicht auf diefem Kriegsfchauplatz durch= aus auf ruffifcher Seite war. Gerade die Untätigkeit und reine Defenfive der Ruffen zu Kriegsbeginn, die vielleicht auf einem wohl erwogenen Plan beruhte, konnte eine ungeduldige und unternehmungsluftige Führung zu immer kühner werdenden Unternehmungen locken, die den Ruffen in ihren ausgezeichneten Verteidigungsftellungen nur erwünfcht fein konnten, da dadurch für fie eine Schädigung des Gegners mit ihrer Hauptwaffe, der Mine, aber auch dem Unterfeeboot, nur erfolgverfprechender und leichter wurde.

Diefe Lage führte am 8. Auguft zu folgendem Operationsbefehl des Oberbefehlshabers der Oftfeeftreitkräfte für den Chef der Küftenfchutz= divifion:

»Der Chef der Küftenfchutzdivifion wird mit „Augsburg", „Magde= burg", „V 25", „V 26" und „V 186" zu einer vorausfichtlich längeren Unternehmung nach der öftlichen Oftfee detachiert. Verftärkung durch weitere Kreuzer vorbehalten. Aufgabe:

1. Schädigung der feindlichen Streitkräfte mit der Maßgabe, daß Einfatz der Kreuzer gegen überlegene Schiffe zunächft zu ver= meiden ift.
2. Beobachtung und Fühlung halten an feindlichen Streitkräften, die offenfiv gegen uns vorgehen wollen. (Siehe 1.)
3. Verwendung von Offenfivminen in feindlichen Gewäffern.
4. Beunruhigung der feindlichen Küfte und des feindlichen Handels.
5. Eindruck aufrechterhalten, daß die öftliche Oftfee von uns ge= halten wird.«

Während der Zeit der Abwefenheit des Kontreadmirals Mifchke, der für diefe Unternehmung am 8. Auguft feine Flagge auf S. M. S. „Augs= burg" fetzte, wurde die Sicherung der Kieler Bucht nach Often und die Beob= achtung des Südausganges des Sundes dem Kommandanten S. M. S. „Amazone", Korvettenkapitän Horn, übertragen, der mit „Sleipner" und drei Torpedobooten das Gebiet zwifchen 13° 30′ Oft und der Linie Möen— Plantagenet=Grund fichern follte. Die Leitung des Sperrdienftes an den Zugängen zur Kieler Bucht behielt der Kommandant S. M. S. „Panther", Korvettenkapitän Förtfch. „Panther", der wie bisher im Fehmarn=Belt blieb, ftanden für fofortiges Werfen der im Notfalle beabfichtigten Sperre zwifchen Fehmarn=Belt=Tonne und Hyllekrog=Leuchtturm die Streuminen= dampfer „Prinz Waldemar" mit 148 und „Deutfchland" mit 200 Minen zur Verfügung. Korvettenkapitän v. Rofenberg wurden Streuminen=

dampfer „Prinz Adalbert"[1]) ohne Minenausrüstung und die Fischdampfer
zur Sicherung der Sperren unterstellt. Die Unterseeboote „U 3" und „U 4",
zu denen als drittes Boot ein für die norwegische Regierung auf der Ger=
mania=Werft bei Kriegsausbruch im Bau befindliches Unterseeboot mit der
Bezeichnung „U A" gekommen war, blieben in ihrem bisherigen Unter=
stellungsverhältnis unmittelbar unter dem Oberbefehlshaber in Kiel.

„Augsburg" mit Kontreadmiral Mischke, „V 186"', Kommandant Ka=
pitänleutnant Ehrhardt, „V 26", Kommandant Korvettenkapitän Willeke,
liefen am 9. August 8 Uhr Vm. von Kiel nach einem Punkt südlich Bornholm
aus, um sich dort mit dem von Swinemünde kommenden Kleinen Kreuzer
„Magdeburg" und „V 25", Kommandant Korvettenkapitän Wieting, zu
vereinigen[2]). Um 7 Uhr Nm. wurde der Treffpunkt erreicht und nach einer
Sitzung auf „Augsburg", wo der Admiral seine Absichten für die Durch=
führung der Unternehmung erläuterte, 9 Uhr Nm. mit 13 Seemeilen der
Vormarsch nach dem Finnischen Meerbusen südlich Bornholm und Gotland
zur Vermeidung von Minengefahr über Wassertiefen von 100 m an=
getreten. Kontreadmiral Mischke beabsichtigte, da genaue Nachrichten über
die feindlichen Streitkräfte n i ch t vorlagen und ein Vorstoß deutscher Streit=
kräfte nach dem Finnischen Meerbusen bisher noch n i ch t erfolgt war,
möglichst Fühlung mit feindlichen Streitkräften zu gewinnen und gleich=
zeitig durch Zeigen der deutschen Flagge an verschiedenen russischen Küsten=
orten Beunruhigung hervorzurufen. Eine Beschießung feindlicher Küsten=
plätze beabsichtigte er nicht, dagegen eine Beschießung des Leuchtturms und
der Küstensignalstation von Dagerort auf der Insel Dagö und des Leucht=
turms auf der Schären=Insel Bengtskär am Nordeingang des Finnischen
Meerbusens. Außer an der russischen sollte auch an der schwedischen Küste
die Flagge gezeigt werden, um durch das Erscheinen deutscher Seestreit=
kräfte an diesen Punkten die Beherrschung des Seegebietes zu betonen.
Minenverwendung beabsichtigte der Admiral bei dieser Unternehmung nicht.

Der Vormarsch verlief zunächst ohne Zwischenfall. Vom 10. August
6 Uhr Nm. ab wurde ungefähr auf der Höhe der Nordspitze Gotlands mit
18 Seemeilen Fahrt ein Punkt 30 Seemeilen westlich von Dagerort auf
Dagö angesteuert, der bei Hellwerden am nächsten Morgen erreicht werden
sollte. Es wurden Befehle für die Nacht und den nächsten Morgen, an
dem der Admiral eine Beschießung der Signalstation und des Leuchtturms
Dagerort beabsichtigte, ausgegeben. Während der Nacht sollte vom
10./11. August in einer Aufklärungslinie mit Schiffsabstand 3 Seemeilen

---

[1]) Nicht zu verwechseln mit dem Panzerkreuzer „Prinz Adalbert".

[2]) Für diese Unternehmung, wie für alle übrigen im August 1914 in der Ostsee
durchgeführten Vorstöße siehe Karte 5.

gedampft werden: „Magdeburg" Backbord querab von „Augsburg", die drei Torpedoboote an Steuerbord von „Augsburg". Der Admiral befahl für den Fall, daß eine feindliche Aufklärungslinie angetroffen würde, diese n i ch t z u d u r ch b r e ch e n, das F ü h l u n g h a l t e n am Feinde sollten dann allein die Kreuzer übernehmen. Die Annäherung an die Küste Dagös war in der Zeit von 1 Uhr Vm. bis zur Morgendämmerung beabsichtigt. Die Torpedoboote „V 25" und „V 26" sollten dazu als Minensuchrotte vor einem Kreuzer herfahren, während der andere Kreuzer zur Sicherung nach Westen und Norden vorstoßen sollte. Für die Nacht war verschärfte Kriegs= wache befohlen, im übrigen besondere Aufmerksamkeit bei Tage und bei Nacht auf feindliche Unterseeboote. Auf dem Weitermarsch wurden am 10. August 8 Uhr Nm. russische Funksprüche deutlich gehört, so daß an der Art des Tones feindliche Streitkräfte in der Nähe zu vermuten waren. Die See war ruhig, fast windstill, Mondschein und gute Sichtigkeit. Um 10.40 Uhr Nm., als sich der Verband auf der Linie Dagerort—Gotska Sandö befand, meldete „Magdeburg" durch Funkensignal: „Feindliche Torpedo= boote sind durchgebrochen." Kurz vorher glaubte „Augsburg" an Steuer= bord in Nordwesten auf anscheinend große Entfernung zwei schräg nach unten gerichtete schwache Scheinwerfer gesichtet zu haben. Der Komman= dant „Augsburg" drehte darauf zu, die Scheinwerfer wurden anscheinend gelöscht, feindliche Schiffe aber nicht erkannt. Ob das Licht über= haupt von Scheinwerfern herrührte, war auf „Augsburg" nicht sicher. „Magdeburg" machte am nächsten Morgen folgende Meldung über ihre Beobachtungen, um ihr vorstehendes Signal zu erläutern: »Um 10.30 Uhr Nm. glaubte der Kriegswachleiter Steuerbord voraus einen Lichtschein zu sehen. Etwa gleichzeitig meldete die Funkenstation feindlichen Funkenverkehr. 10.33 Uhr Nm. kam die Meldung, feind= licher Funkenverkehr wird sehr laut. 10.34 Uhr Nm. wurde ein abgeblen= detes Fahrzeug erkannt, alarmiert und „Augsburg" gemeldet. Es ließ sich jetzt ausmachen, daß es ein oder zwei Torpedoboote sein mußten. Es wurden anscheinend mit einer großen Morselaterne Erkennungssignale gemacht. „Magdeburg" drehte ab und verringerte die Fahrt. Es war noch zu beobachten, daß das Boot ebenfalls drehte, bis es in der Längsrichtung eingesehen wurde, wodurch es feststand, daß es sich um ein Vier=Schornstein= boot handelte. Im gleichen Augenblick verschwand das Boot im Schorn= steinrauch des Schiffes. „Magdeburg" ging jetzt mit äußerster Kraft auf Kurs SzO, um aus der Luvstellung herauszukommen, und drehte dann wieder auf den Vormarschkurs NNO½O. Kurze Zeit darauf machte „Augsburg" recht voraus Erkennungssignal und gab den Befehl: Kurs SSW½W, Fahrt 20 Seemeilen.« —

Auf die Meldung vom Sichten der angeblichen Scheinwerfer befahl
Kontreadmiral Mischke sofort Gegenkurs SSW¼W und steuerte mit
20 Seemeilen nach Süden. Eingefahrene Flottenkreuzer hätten auf den
Feind zugedreht, aber bei zwei bisher nur zu Schul- und Versuchszwecken
verwendeten Kreuzern mit Kommandanten, die noch nicht die Kreuzer-
schulung der Flotte durchgemacht hatten und die sowohl untereinander, als
auch mit ihren Begleittorpedobooten nicht eingefahren waren, ist diese Maßnahme erklärlich. Dieses Abdrehen vom Feinde fand später nicht die Billigung des Oberbefehlshabers der Ostsee und führte bei der nächsten Unternehmung zu einem Befehl, der den Führer am Feinde in seinen Bewegungen
stark beschränkte. Als Begründung für seinen Entschluß führt Kontreadmiral
Mischke in seinem Kriegstagebuch aus: »Es konnte angenommen werden,
daß auf der Linie Dagerort—Gotska Sandö eine feindliche Vorpostenlinie
ausgelegt war. Da der Rigasche Meerbusen mit der freien Durchfahrt
nördlich Lyserort sich im Rücken von „Augsburg" und „Magdeburg" befand,
so durfte keinesfalls der Vormarsch weiter nach Norden fortgesetzt werden,
ohne über die Absichten und das Vorhandensein feindlicher Torpedoboote
und unter Umständen anderer Streitkräfte eine Sicherheit zu haben. Der
Kurs SSW¼W wurde bis Hellwerden gesteuert, dann auf die Küste von
Gotland gehalten zur Feststellung des genauen Bestecks bei Farö und von
dort mit Kurs N¼O und 17 Seemeilen Fahrt nach der vermeintlichen
feindlichen Vorpostenlinie, um diese aufzurollen.« — Entsprechend diesen
Überlegungen, machte der Verband um 1.30 Uhr Vm. am 11. August wieder
kehrt, steuerte Farö-Feuer an und ging 2.30 Uhr Vm. auf N¼O, um die
vermutete feindliche Vorpostenlinie zu suchen. Leider waren um diese Zeit
die Heizölvorräte der deutschen Torpedoboote bereits so weit verbraucht, daß sie die Unternehmung nicht weiter fortsetzen konnten, sondern
nach Danzig zurückgeschickt werden mußten. Die Boote sollten nach Ergänzung ihrer Vorräte den Küstenschutz an der deutschen Küste von Memel
bis Hela bis zur Rückkehr der beiden Kreuzer ausüben. Der frühzeitige Ausfall der Torpedoboote bedeutete für den Führer eine erhebliche Schwächung
und Beeinträchtigung der ganzen Unternehmung. Torpedobootsverwendung
und Minensuchen war nicht mehr möglich, und es blieb den Kreuzern nicht
einmal im Falle eines Minen- oder Unterseeboots-Treffers ein Begleitboot
zur Übernahme der Besatzungen. Trotzdem ließ aber der Wunsch nach Erfüllung der Aufgabe den Führer die Unternehmung fortsetzen. Von der
vermuteten feindlichen Vorpostenlinie wurde bei dem Absuchen des Gebietes
zwischen Gotska Sandö und Dagö bei Tagesanbruch am 11. August nichts
gefunden. Bei den um diese Jahreszeit herrschenden Sichtigkeitsverhältnissen wäre auch eine Überraschung wenig wahrscheinlich gewesen, und

unterlegene russische Streitkräfte hätten sich rechtzeitig nach dem Finnischen Meerbusen zurückziehen können.

Nach dem Absuchen des Gebietes der vermuteten Vorpostenlinie steuerte Kontreadmiral Mischke mit den beiden Kreuzern unter Abände= rung seiner früheren Absichten zunächst den Feuerturm auf der Schären= Insel Bengskär an. Am 11. August 11.32 Uhr Vm. wurden der Leuchtturm und das Leuchtturmhaus von „Augsburg" und „Magdeburg" kurze Zeit beschossen. Der Verband nahm dann Westkurs auf die schwedische Küste in Höhe von Stockholm. Auf dem Wege zur schwedischen Küste wurde Verkehr nicht beobachtet. Um 5.25 Uhr Nm. wurde Almagrundet=Feuer= schiff passiert und von dort in einer Entfernung von 5 Seemeilen von der schwedischen Küste nach Süden bis nach Landsort, dem Südeingang der Stockholmer Schären, mit 17 Seemeilen Fahrt gelaufen, um in diesem Gebiet die deutsche Flagge zu zeigen. Auch hier ruhte die Schiffahrt völlig. Nur zwei Segelschiffe wurden unter der schwedischen Küste ge= sichtet, die beiden einzigen Handelsfahrzeuge, die der Verband auf seiner dreitägigen Fahrt bis jetzt angetroffen hatte. Anscheinend spielte sich der Verkehr mit Rußland bereits innerhalb der Schärenfahrwasser und der schwedischen Hoheitsgrenze ab und durchquerte nur bei Nacht die schmale Bottensee. Hier mag erwähnt werden, daß der in den deutschen Kriegs= plänen in Verbindung mit dem Handelskrieg vorbereitete Kabelkrieg in der Ostsee zunächst nicht zur Durchführung gelangte. Nach Kriegsausbruch wurde die Rücksicht auf die Interessen der Neutralen in der Ostsee, vor allem Dänemarks, höher eingeschätzt als der militärische Vorteil der Kabel= schneidungen für unsere Kriegführung und dem Oberbefehlshaber der Ostseestreitkräfte entsprechende Anweisung erteilt. Da Rußland durch die Landverbindungen über Finnland und Schweden in der Ostsee von den Kabeln verhältnismäßig unabhängig war, hätte auch ein Schneiden dem russischen Nachrichtendienst keine besonderen Nachteile gebracht. Am 11. August 8 Uhr Nm. steuerten „Augsburg" und „Magdeburg" von Landsort Kurs nach der Nordspitze von Dagö, wo der Leuchtturm von Dagerort am 12. August 4 Uhr Vm. zusammen mit der in der Nähe liegen= den Signalstation auf Kap Ristna von „Magdeburg" kurz beschossen wurde, während „Augsburg" unterdessen nach Westen und Norden sicherte. Außer verstärktem Funkenverkehr mehrerer russischer Funken= stationen wurde auch an diesem Tage von den Russen nichts gesehen oder gehört. Nach der Beschießung lief Kontreadmiral Mischke mit den Kreuzern im Laufe des Tages wieder nach der schwedischen Küste zurück und dann westlich Gotland an Wisby vorbei und an der Ostküste Ölands entlang nach Memel, wo am 13. August 10 Uhr Vm. die Vereinigung mit den drei

Torpedobooten stattfand. Auf dem Rückweg hatten die Kreuzer noch einen schwedischen und einen norwegischen Dampfer angehalten, sonst aber nichts erlebt. In Memel trat an den Admiral die Aufforderung heran, durch eine Beschießung der an der russisch=deutschen Grenze liegenden russischen Wach= stationen eine weitere Beunruhigung der Stadt zu verhindern. Der deutsche Grenzschutz gegen Rußland war nur schwach mit Truppen besetzt, und daher hatten in den letzten Tagen kleinere russische Trupps wiederholt Vor= stöße in Richtung auf die Stadt unternommen. Kontreadmiral Mischke folgte diesem Ersuchen, steuerte mit den beiden Kreuzern an der Küste entlang bis nördlich der deutschen Grenze und ließ 1.50 Uhr Nm. durch „Augsburg" nördlich Nimmersatt bei Polangen feindliche Grenzwachen und einige Kasernements auf russischem Gebiet beschießen. Er lief dann nach Neufahrwasser zurück, wo die Schiffe am 13. August 8 Uhr Nm. ein= trafen und bis zum 15. August 5 Uhr Nm. zur Kohlen= und Material= ergänzung sowie zur Erholung der Besatzungen im Hafen blieben.

Die viertägige Unternehmung des Chefs der Küstenschutzdivision hatte nicht die erhoffte militärische Klarheit über den Feind gebracht, weil der Gegner sich völlig zurückhielt. Die angenommene russische Bewachungs= linie zwischen Gotska Sandö und Dagö hatte sich nicht bestätigt. Vielleicht hatte es sich bei der Beobachtung von „Magdeburg" in der Nacht vom 10. zum 11. August nur um ein zufälliges Zusammentreffen mit patrouil= lierenden russischen Torpedobooten gehandelt. Eine größere Aufklärungs= linie wäre sonst wohl am nächsten Morgen entdeckt worden. Die Be= schießung der Leuchttürme und Signalstationen war zwar ausdrücklich be= fohlen, es wäre aber vielleicht zweckmäßiger gewesen, solche Einrichtungen, die auf kleinen Inseln lagen, wie Bengtskär, in der Nacht durch Überfall aufzuheben, wie das auch tatsächlich später mehrfach geschehen ist. Die Beschießungen hatten nur den Wert, die Russen, die sich auf See nicht zeigten, auf eine offensive Tätigkeit deutscher Streitkräfte aufmerksam zu machen und in dem Glauben zu erhalten, daß so etwas nur geschehen könne, wenn stärkere Streitkräfte das Unternehmen stützten. Diese kleinen Unternehmungen trugen aber erheblich dazu bei, Offiziere und Mann= schaften schnell den veränderten Verhältnissen des Krieges anzupassen. Die Länge dieser Vorstöße, sowohl zeitlich als räumlich, brachte für alle Be= teiligten erhebliche Strapazen durch die scharfen Kriegswachen mit sich. Aber diese Anstrengungen wirkten, selbst wenn das Wetter schlecht war, moralisch erfrischender als das hoffnungslose Warten auf den Feind in den Flußmündungen, wie dies in der Nordsee der Fall war. Im übrigen war die Unternehmung des Chefs der Küstenschutzdivision eine Bestätigung für die Richtigkeit der bisherigen Annahme geworden, daß die russische

Ostseeflotte sich auf ihre Stellungen im Finnischen Meerbusen zurück=
gezogen habe und anscheinend auch bis auf weiteres dort passiv ver=
harren wolle.

Nachdem Großadmiral Prinz Heinrich von Preußen die Meldung des
Chefs der Küstenschutzdivision über die Rückkehr des Verbandes nach
Danzig und die Durchführung seiner ersten Unternehmung in der östlichen
Ostsee erhalten hatte, entschloß sich der Oberbefehlshaber — wie er in
seinem Kriegstagebuch am 15. August 1914 ausführt — „eine o f f e n s i v e
M i n e n u n t e r n e h m u n g gegen den Finnischen Meerbusen anzusetzen,
um die Russen auch weiterhin dort festzuhalten, ihnen Verluste beizubringen
und einer etwa geplanten Offensive ihrerseits zuvorzukommen". Da gleich=
zeitig die Nachricht vom Admiralstab der Marine eintraf, daß die Russen
bei der Insel Nargön eine Minensperre über den Finnischen Meerbusen
gelegt hätten, deren Durchfahrtslücke sich südlich von Nargön befände, sollte
die beabsichtigte Sperre diese Lücke nach Möglichkeit verschließen. Es wurde
daher am 15. August für eine neue Unternehmung folgender Befehl an
Kontreadmiral Mischke und an den Kommandanten des noch in Kiel
liegenden Hülfstreuminendampfers „Deutschland", Kapitänleutnant Franz
Claaßen, erteilt:

»1. N a c h r i c h t e n v o m F e i n d : Eine russische Minensperre
liegt in der Höhe von Nargön über den Finnischen Meerbusen.
Sperrlücke für große Schiffe südlich von Nargön. Mit russischer
Torpedobootslinie am Eingang zum Finnischen Meerbusen muß
gerechnet werden.

2. S p e r r b e f e h l : Es ist mit 200 Minen bei 100 m Minenabstand
eine Sperre zu legen auf dem Kurse NNO mißweisend Südende
der Sperre nach eigenem Ermessen auf einen Punkt zwischen
59° 29′ Nord, 24° Ost und 59° 29′ Nord und 24° 9′ Ost. Tiefen=
stellung der Minen 3 m. Die Sperre ist bei N a c h t u n b e o b =
a c h t e t zu werfen.

3. Zur Erledigung der Aufgabe steht der Hilfstreuminendampfer
„Deutschland" mit 200 Minen zur Verfügung.

4. Nach dem Werfen der Minen ist der Hilfstreuminendampfer
„Deutschland" zu entlassen. Er begibt sich nach Danzig, nimmt dort
200 Minen von Hulk „Prinzeß Wilhelm" und wartet weitere Be=
fehle ab.«

Als Erläuterung dieses Befehls wird im Kriegstagebuch des Ober=
befehlshabers ausgeführt, „daß der für das Minenlegen gewählte Streisen
nicht näher an Nargön herangelegt worden sei, um das Unbemerktbleiben
der Unternehmung in Anbetracht der um diese Jahreszeit noch sehr kurzen

Nächte zu erleichtern. Anderseits sollte aber auch die Sperre wegen der Tiefenverhältnisse des dortigen Seegebiets nicht weiter als befohlen von Nargön abbleiben". In diesem Operationsbefehl des Oberbefehlshabers war dem Chef
der Küstenschutzdivision k e i n e F r e i h e i t mehr in der Ausführung der
Unternehmung gelassen, die dem Frontbefehlshaber eine Abweichung von
dem Befehl ermöglicht hätte. Kontreadmiral Mischke wäre nach dem Wort-
laut dieses Befehls eigentlich zu wörtlicher Ausführung ohne Einschränkung
gezwungen gewesen. Der Befehl des Prinzen setzte eine russische Torpedobootslinie Hangö—Odensholm voraus. Durch diese Vorpostenstellung, die
nach Lage der Dinge als stark angenommen werden mußte, sollten die
schwachen deutschen Streitkräfte ein langsames, sehr auffallend aussehendes
Minenschiff[1]) durchbringen und dann noch 30 Seemeilen weit in den
Finnischen Meerbusen hineingeleiten. Gleichzeitig sollte aber das Minenlegen u n b e o b a c h t e t vom Feinde geschehen. Es lag demnach in der
Aufgabe ein Gegensatz, der bei der Durchführung in die Erscheinung
treten mußte. Auf einen Unterschied in der Kriegführung der Ostsee und
Nordsee in der Auffassung der beiden Seebefehlshaber sei hier hingewiesen. In der Nordsee wurden alle Minenunternehmungen auf dem
Gedanken der Überraschung aufgebaut und ohne jede Vorfühlung mit
ganz auf sich angewiesenen kleinen Verbänden schneller Schiffe durchgeführt.
In der Ostsee waren die Verbände zu diesen Vorstößen etwa gleich stark
wie in der Nordsee, stellten aber trotzdem meist die Summe aller ver-
wendbaren Streitkräfte dar. Man setzte in der Ostsee immer alles auf
eine Karte. Vor der Minenunternehmung des Kontreadmirals Mischke
war in der Nähe der Stelle, wo die Sperre liegen sollte, vorgefühlt worden.
Eine Gegenwirkung war daher beim zweiten Vorgehen nicht ausgeschlossen.

Kontreadmiral Mischke, der seine Flagge auf „Augsburg" gesetzt
hatte, lief am 15. August 7 Uhr Nm. mit „Magdeburg" und „V 186"
aus Neufahrwasser aus, steuerte während der Nacht zur Beobachtung und
zum Küstenschutz bis auf die Höhe von Brüsterort und ankerte am
16. August 4 Uhr Vm. auf der Reede von Pillau. Mittags lief er
mit dem Verband nach Memel und ging von dort um 7.30 Uhr Nm. in
See. Am 17. August 4 Uhr Vm. stießen auf dem vom Befehlshaber befohlenen Sammelplatz, etwa 30 Seemeilen nordöstlich der Südspitze Gotlands, von Kiel Hilfsstreuminendampfer „Deutschland" und von Danzig
„V 25" und „V 26" zu dem Verbande. Kontreadmiral Mischke gab darauf
in einer Sitzung auf „Augsburg" den Kommandanten den Operationsbefehl des Oberbefehlshabers der Ostseestreitkräfte über die Minenunter-

---

[1]) „Deutschland" war der frühere Fährdampfer Saßnitz—Trälleborg.

nehmung gegen Reval bekannt und erläuterte dazu seinen eigenen Aus=
führungsbefehl. Er beabsichtigte, den Marsch nach dem Finnischen Meer=
busen mit 16 Seemeilen Fahrt anzutreten, die beiden Kreuzer sollten zu
beiden Seiten als Sicherung 20 hm vor „Deutschland" stehen, bei jedem
Schiff ein Torpedoboot. Der Hinmarsch und die Einsteuerung in den
Finnischen Meerbusen war aus Sicht von Land geplant. Das Eintreffen
an dem Punkt der befohlenen Sperre war für den 17. August 7 Uhr Nm.
festgesetzt. Ein späteres Eintreffen etwa um Mitternacht hätte vielleicht
größere Aussicht auf Erfolg gehabt, zumal das Minenlegen nach Möglichkeit
unbemerkt vom Feinde durchgeführt werden sollte. Die Kreuzer und Tor=
pedoboote erhielten daher Befehl, schon kurz vor Beginn des Minenwerfens
feindliche Streitkräfte mit allen Mitteln abzudrängen. Als Sammelplatz
wurde für den 18. August 3 Uhr Vm. Almagrundet Feuerschiff außerhalb
der schwedischen Hoheitsgrenze bestimmt. Kontreadmiral Mischke rechnete
schon bei Antritt der Unternehmung mit der Wahrscheinlichkeit, daß das
Minenlegen durch feindliche Streitkräfte gestört oder ganz verhindert werden
würde. Er gab dieser Auffassung auch in einem Sonderbefehl für Kapitän=
leutnant Claassen, den Kommandanten der „Deutschland", Ausdruck. Für
den Fall, daß das Legen der Sperre ohne Störung möglich war, wollte er
mit den beiden Kreuzern den Minendampfer an den Anfangspunkt der
befohlenen Sperre heranführen. Wurde der Vormarsch der Kreuzer durch
stärkere feindliche Gegenwirkung zum Stehen gebracht und daher ein
Werfen der Sperre vor Erreichung des beabsichtigten und befohlenen
Punktes nötig, sollte „Deutschland" auf ein Funkensignal sich nicht nach
den Kreuzern richten, sondern versuchen, nach eigenem Ermessen möglichst
von einem zu befehlenden Anfangspunkt die Minen auf einen signali=
sierten Kurs selbständig zu werfen. Griffen stark überlegene russische
Streitkräfte so frühzeitig ein, daß ein Zurückgehen des Verbandes nötig
wurde, sollte die Sperre auf dem Rückwege aus dem Finnischen Meer=
busen geworfen werden. Besonderen Wert befahl der Admiral in jedem
Falle auf eine genaue navigatorische Bestimmung der Endpunkte der
Sperre zu legen. Aus diesen Erwägungen geht unzweifelhaft hervor,
daß der Führer der Unternehmung schon am Morgen, bevor er an den
Feind kam, an das Gelingen seiner Aufgabe nur glaubte, wenn der Feind
gegen jede Kriegskunst seine eigenen Gewässer völlig unbewacht ließ oder
wenn unsichtiges Wetter die Unternehmung begünstigte.

Nach dieser Sitzung wurde am 17. August 5 Uhr Vm. bei klarem, sehr
sichtigem Wetter und ruhiger See, die für den mit 200 Minen schwer ge=
ladenen und daher topplastigen Fährdampfer sehr günstig war, mit
16 Seemeilen Fahrt der Marsch nach Norden in der vorher befohlenen

Ordnung angetreten. Um 7 Uhr Vm. kamen zwei Dampfer auf Gegenkurs in Nordwest in Sicht. Zunächst wurde von „Augsburg" der dänische Dampfer „Nordstern" ohne Ladung auf dem Wege von Petersburg über Reval nach Kopenhagen angehalten. Der Dampferkapitän teilte folgende wichtige Meldungen über die Lage beim Feinde und im Finnischen Meer= busen mit: „Auf der Fahrt von Kronstadt bis zum Feuer von Wulf am Eingang zur Revaler Bucht nichts Besonderes. Dort muß geankert werden, dann mit Lotsenhilfe weitergefahren, die Insel Nargön südlich passiert. In Reval keine Kriegsschiffe gesehen, dagegen in Höhe der Insel O d e n s = h o l m v i e r r u s s i s c h e K r e u z e r in Fahrt." Eine Bestätigung dieser Nachrichten erhielt Admiral Mischke durch einen zweiten Dampfer „Rodenes" von Reval, ebenfalls ohne Ladung nach Kristiania unterwegs. Es war ein besonders glücklicher Zufall, daß der Führer durch diese sicheren Nachrichten bereits auf dem Anmarsch rechtzeitig darüber unterrichtet war, was er am Eingang des Finnischen Meerbusens an russischen Bewachungs= streitkräften vorfinden würde. Nach diesen Mitteilungen konnte er daher schon 12 Stunden vor der von ihm gewählten Ankunftszeit am Eingange zum Finnischen Meerbusen die Lage bereits so weit übersehen, daß er zwischen Odensholm und Nargön mit einer russischen Vorpostenlinie ü b e r l e g e n e r Streitkräfte sicher rechnen müsse. Das Kriegstagebuch des Admirals enthält an dieser Stelle aber nichts, was auf eine Änderung seiner Absichten auf Grund dieser neuen Sachlage beim Feinde schließen ließe.

Am 17. August um 11 Uhr Vm., als sich der Verband in der Höhe der Nordküste Gotlands befand und mit NzO=Kurs den Finnischen Meerbusen ansteuerte, wurde heftiger, anscheinend von drei Stationen her= rührender russischer Funkenverkehr gehört. Um 2.05 Uhr Nm. kamen zwei starke Rauchwolken querab an Steuerbord in Sicht. Zwei Schiffe wurden deutlich ausgemacht, von denen das eine vier Schornsteine hatte. Da die Rauchwolken bestimmt von russischen Kriegsschiffen herrührten, gab der Admiral 2.10 Uhr Nm. den Befehl: „Klar Schiff zum Gefecht", wendete gleichzeitig zwei Strich nach Backbord, um diese Fühlungshalter abzu= schütteln. Sein Verband lief um diese Zeit nur 12 Seemeilen, da „Deutsch= land" Feuer reinigen mußte und deshalb 16 Seemeilen nicht durchhalten konnte. Um 3 Uhr Nm. wurde auf den alten Kurs zurückgedreht, da die feindlichen Schiffe mit hoher Fahrt allmählich in Richtung auf den Finni= schen Meerbusen verschwanden. Ein heftig einsetzender Funkenverkehr des Feindes ließ darauf schließen, daß die russischen Schiffe den Anmarsch des deutschen Verbandes beobachtet und gemeldet hatten. Kontreadmiral Mischke rechnete nach diesem frühzeitigen Sichten des Feindes schon jetzt

bestimmt nicht mehr damit, den Befehl des Oberbefehlshabers ausführen zu
können, da er dem Kommandanten von „Deutschland" durch Torpedoboot
um 2.30 Uhr Nm. einen Sonderbefehl überbringen ließ. Nach diesem Befehl
war beabsichtigt, falls es nicht möglich sein sollte, die Sperre vor Reval zu
legen, die Minen in der Verbindungslinie zwischen Russarö=Leuchtturm
in NzO¼O 13 Seemeilen ab und Odensholm=Feuerturm in SzW
7,5 Seemeilen ab zu werfen. Um 4 Uhr Nm. kamen am östlichen
Horizont wiederholt vereinzelte Rauchwolken in Sicht, von Schiffen
oder Fahrzeugen war aber nichts auszumachen. Kontreadmiral Mischke
setzte, ohne sich in seinen Absichten durch diese Beobachtungen stören zu
lassen, seinen Vormarsch zum Finnischen Meerbusen fort. Als der Verband
um 5.36 Uhr Nm. auf Kurs O⅝S ging, wurden wieder starke Rauch=
wolken recht voraus gemeldet. Um 6.50 Uhr Nm. stand Kontreadmiral
Mischke 15 Seemeilen südlich von Bengtsär vor dem Finnischen Meer=
busen. Als die Annäherung an die feindlichen Streitkräfte größer wurde,
befahl der Führer 7.10 Uhr Nm. erneut „Klar Schiff zum Gefecht". Es
waren um diese Zeit zwei große feindliche Kriegsschiffe mit je vier Schorn=
steinen, anscheinend Kreuzer, deutlich auszumachen und etwa fünf bis sechs
kleinere Fahrzeuge. In Nordost und Südost waren von mehreren anderen
Kriegsschiffen starke Rauchwolken sichtbar, im übrigen aber vom Krähennest
nur die Masten der Schiffe genau zu erkennen. Die Entfernung vom Feinde
betrug 185 hm. 7.30 Uhr Nm. gab der Admiral das Signal: „Torpedo=
boote sammeln." „Augsburg" verlangsamte hierzu die Fahrt, „Magde=
burg" und „Deutschland", letztere etwa 60 hm zurück, folgten in Kiel=
linie. Die Torpedoboote sammelten an Backbord von „Augsburg" in Ge=
fechtsstaffel.

Kontreadmiral Mischke, der bei der Stärke der feindlichen Vorposten=
linie ein Vordringen in den Finnischen Meerbusen nach Osten nicht mehr
für möglich hielt, gab um 7.33 Uhr Nm. funkentelegraphischen Befehl an
„Deutschland": „Minenwerfen SzW½W." „Deutschland" wiederholte dies
Signal zur Bestätigung mit dem Scheinwerfer und drehte dann nach
Steuerbord auf den befohlenen Kurs. Der Verband stand um diese Zeit
ungefähr auf der Mitte der Verbindungslinie Hangö—Kap Tachkona.
Hierauf stießen „Augsburg" und „Magdeburg" mit den Torpedobooten
östlich von „Deutschland" vor, um die Bewegungen des Minendampfers zu
verdecken und feindliche Angriffe abzulenken. Die Entfernung vom
Feinde betrug um diese Zeit nur noch 160 hm, die vom Minen=
dampfer 60 hm. Die russischen Schiffe kamen schnell näher, schwenkten auf
nördlichen Kurs und wendeten dann nach Süden. Dieser Bewegung
folgten „Augsburg" und „Magdeburg" durch Schwenken um acht Strich

nach Steuerbord, so daß beide Linien mit südlichem Kurs nebeneinander
herliefen. Um 7.43 Uhr Nm. begann „Deutschland" mit Minenlegen, Abstand des Dampfers zu dieser Zeit von „Augsburg" 50 hm. Entfernung
vom Feinde 150 hm. Die Dämmerung nahm schnell zu. 7.47 Uhr Nm.
wendete die feindliche Spitze auf „Augsburg" zu. Es entstand starke Annäherung. Vom Feinde waren auszumachen zwei Panzerkreuzer mit je
vier Schornsteinen, vermutlich „Rossija" und ein Kreuzer der „Bajan"-
Klasse, ferner ein Fahrzeug mit vier Schornsteinen, anscheinend „Nówik".
Vom Mars konnte noch ein weiteres Fahrzeug unter dem Horizont ausgemacht werden, das von Osten herankam. „Augsburg" und „Magdeburg"
schwenkten darauf um zwei Strich nach Steuerbord vom Feinde weg, Fahrt
18 Seemeilen, um nicht zu weit vom Minendampfer abzukommen. Um
7.55 Uhr Nm. wurde beobachtet, daß die russischen Schiffe nach Süden
zurückdrehten und dann Kurs auf Reval nahmen. Viele Rauchwolken
waren am östlichen Horizont deutlich auszumachen. Nach kurzer Zeit kamen
die feindlichen Schiffe aus Sicht. Der Admiral gab ein Folgen und
Fühlunghaltung auf, um „Deutschland" nicht aus dem Auge zu verlieren,
und schloß mit den Kreuzern und Torpedobooten mit 20 Seemeilen Fahrt
an „Deutschland" heran. Um 8.11 Uhr Nm. hatte der Dampfer das Minenlegen beendet und drehte auf Westkurs. Die Kreuzer und Torpedoboote
hatten unterdessen bei „Deutschland" um 8.35 Uhr Nm. gesammelt, auch
die Rauchwolken der feindlichen Schiffe kamen jetzt aus Sicht. Der Verband
steuerte in Kiellinie, die drei Torpedoboote am Schluß der Linie hinter
dem Minendampfer als Sicherung gegen einen etwa nachdringenden Feind
mit 16 Seemeilen Fahrt mit Westkurs aus dem Finnischen Meerbusen
wieder heraus. Der Horizont war um diese Zeit nach Westen sehr klar und
sichtig, nach Osten etwas verdunkelt, aber klar, nur der Himmel leicht
bedeckt. Die Lage der Sperre ist aus der Karte 5 ersichtlich. Es waren
sämtliche 200 Minen in einem Abstand von 80 m mit Tiefeneinstellung
von 3 m geworfen worden. Die Sperre lag nach der Sperrmeldung des
Kommandanten der „Deutschland" genau, mit der Einschränkung, daß um
sie herum ein Gebiet von je 2 Seemeilen nach allen Richtungen hin als unsicher angenommen werden mußte. In seinem Kriegstagebuch vom
17. August legt Admiral Mischke seine Gründe für die abweichende Ausführung des ihm vom Großadmiral Prinz Heinrich gegebenen Befehls wie
folgt nieder: „Der Befehl des Oberbefehlshabers der Ostseestreitkräfte, die
Minensperre in der Nähe Revals zu legen, konnte nicht ausgeführt werden,
da südlich Hangö bis nach Odensholm etwa vier bis sechs feindliche Kreuzer
oder Linienschiffe und eine Anzahl feindlicher Torpedoboote standen.
Nachdem der Verband so weit in den Finnischen Meerbusen vorgedrungen

war, sollte der Minendampfer n i ch t u n v e r r i ch t e t e r S a ch e zurück-
kehren. Der augenblickliche Standort des Dampfers sowie die Wasser=
tiefen zum Legen einer Sperre waren nicht ungünstig. Es wurde daher der
Befehl gegeben, eine Minensperre von der Stellung des Dampfers aus in
Richtung SzW½W zu legen." — Eine kurze Meldung über die
Ereignisse des Tages erstattete der Chef der Küstenschutzdivision an den
Oberbefehlshaber durch folgendes Funkentelegramm: „Auf dem Vormarsch
nach Osten habe Feind aufgefunden, Quadrat 112 δ Zusatzzahl 6¹), vier
Schiffe und Torpedoboote, Entfernung 150 hm. Daher habe Minen gelegt
Quadrate 94, 95, 96 δ Zusatzzahl 6²), Sperre nicht länger als 9 Seemeilen,
vom Feinde u n b e m e r k t, Minendampfer zurückkehrt Danzig."

Am Abend des 17. August und in der Nacht vom 17. zum 18. August
steuerte Admiral Mischke mit dem Verband vom Finnischen Meerbusen
nach Gotska Sandö, detachierte dort am 18. August 4.30 Uhr Vm. südöst=
lich der Insel den Minendampfer „Deutschland" nach Danzig und besprach
an Bord des Flaggschiffes mit den Kommandanten die Lage und die beab=
sichtigten weiteren Unternehmungen. Der Admiral beschloß, noch einmal
in den Eingang des Finnischen Meerbusens vorzustoßen, mit den feind=
lichen Streitkräften von neuem Fühlung zu gewinnen und sie möglichst auf
die geworfene Minensperre zu ziehen. Der Verband steuerte daher mit
NOzO=Kurs und 15 Seemeilen Fahrt zunächst den Leuchtturm von
Bengtskär an. Um 10.08 Uhr Vm. wurde ein norwegischer Dampfer auf
dem Wege von Petersburg nach Kristiania angehalten, der berichtete, daß
er in der vergangenen Nacht 11 Uhr Nm. zwischen Odensholm und Reval
zwei russische Kreuzer und Torpedoboote gesichtet habe. Es war dies eine
Bestätigung der Annahme, daß der Verband, auch wenn er in der ver=
gangenen Nacht das Minenlegen bei Reval versucht hätte, mit Sicherheit
auf überlegene russische Streitkräfte gestoßen wäre. Am 18. August
12.15 Uhr Nm. wurden die drei Torpedoboote zur Beschießung von Feuer=
turm und Signalstelle auf Kap Ristna bei Dagerort auf Dagö detachiert
und sammelten 4 Uhr Nm. nach Erledigung dieser Aufgabe wieder beim
Flaggschiff. Um 6 Uhr Nm. stand der Verband 6 Seemeilen südlich von
Bengtskär=Leuchtturm. Es war sehr sichtig, der westliche Horizont klar, nur
nach Osten der Himmel leicht bewölkt. Der Admiral gab dem ältesten Kom=
mandanten der Torpedoboote, Korvettenkapitän Wieting auf „V 25",
folgenden Befehl:

¹) Quadrat in der Mitte des Eingangs zum Finnischen Meerbusen zwischen
Hangö und Odensholm.

²) Siehe Karte 5, Lage der „Deutschland"=Sperre.

„In der Rotte geschlossen mit hoher Fahrt nach Osten vorstoßen. Kurs nördlich der Sperre wählen und möglichst feindliche
Schiffe feststellen. Nicht beschießen lassen. Den gleichen Kurs zu-
rückdampfen. Rückkehr spätestens 8 Uhr abends."

Die Boote stießen darauf mit 23 Seemeilen in die Finnischen Gewässer
vor. Die beiden Kreuzer hielten sich bis zur Rückkehr der Boote mit langsamer Fahrt südlich von Bengtskär auf. „Magdeburg", die am Nachmittage
einen norwegischen und einen schwedischen Dampfer angehalten und befragt
hatte, meldete, daß in Lappwik, einem Hafen 10 Seemeilen östlich Hangö,
15 bis 20 russische Zerstörer lägen und sich dort eine Kohlenstation befände.
11 Uhr Vm. habe der Dampfer auf der Höhe von Lappwik—Reval drei
Panzerkreuzer gesichtet, eine Minensperre liege anscheinend von Russarö-
Leuchtturm in südlicher Richtung aus. Auf diese Meldung hin rief Kontreadmiral Mischke um 6.50 Uhr Nm. die Torpedoboote sofort zurück und
lief selbst mit den Kreuzern zur Aufnahme der Boote mit 24 Seemeilen
entgegen. Korvettenkapitän Wieting meldete über den Erfolg seines gut
durchgeführten Vorstoßes, der bis 23° 15′ Ost, etwa in der Verbindungslinie von Lappwik—Odensholm geführt hatte, folgendes: „In OzS zwei
Verbände zu je drei Schiffen in zweireihiger Marschformation erkannt.
Schiffe des nördlichen Verbandes je vier Schornsteine, Rossija-Typ mit Bestimmtheit erkannt. Der südliche Verband, das erste Schiff vier Schornsteine, die beiden anderen zwei oder drei Schornsteine, nicht mit Sicherheit
erkannt. In Richtung Lappwik zwei getrennte Rauchwolken. Zwischen
Packerort und Odensholm fünf bis sechs Rauchwolken, anscheinend Torpedoboote. Nördliches Geschwader ging 6.55 Uhr Nm. auf etwa Nordwestkurs.
Boote gingen auf Gegenkurs. Südliches Geschwader steuerte etwa Westkurs
weiter. Um Schiffe des südlichen Geschwaders auszumachen, nochmals auf
NNO gegangen. Nördliches Geschwader eröffnete 7.3 Uhr Nm. das
Feuer auf etwa 100 hm. — Die ersten Schüsse russischer Kriegsschiffe auf
deutsche Seestreitkräfte. — Geschosse schlugen etwa 400 bis 800 m hinter
dem Boot ein. Mit äußerster Kraft nach Westen gedampft. Durch möglichst
große Rauchentwicklung Ziel verdeckt." — Die Boote wurden, da ihre
Kohlen und Materialvorräte zu Ende gingen, nach Danzig entlassen und
erhielten Befehl, auf dem Rückweg den Leuchtturm von Backofen, südlich
Windau, zu beschießen.

„Augsburg" und „Magdeburg" steuerten um 9 Uhr Nm. nach der
schwedischen Küste in Höhe von Stockholm, gingen während der Nacht vom
18. zum 19. August von dort mit südlichem Kurs bis zur Nordspitze von
Gotska Sandö und hielten am Vormittag des 19. August wieder auf den
für die Navigation vor dem Finnischen Meerbusen als besten Ansteue-

rungspunkt dienenden Leuchtturm von Bengtskär zu. Im Laufe des Vor=
mittag wurden noch zwei schwedische Dampfer, die von Reval und Peters=
burg kamen, angehalten. Sie bestätigten die Nachrichten von der Minen=
sperre bei Nargön und dem Aufenthalt russischer Kriegsschiffe zwischen
Odensholm und Hangö. Um 5 Uhr Nm. befanden sich die deutschen Kreuzer
wieder am Eingang zum Finnischen Meerbusen bei der am 17. August
geworfenen Minensperre und loteten von dort in Richtung auf Kap Tach=
kona an der Nordspitze Dagös eine Linie aus, die für eine etwa später
beabsichtigte Minensperre in Frage kommen konnte. Vom Feinde wurde
an diesem Tage nichts gesehen. Nur über Hangö stand eine leichte Rauch=
wolke, und starker russischer Funkenverkehr ließ erkennen, daß die An=
wesenheit der deutschen Kreuzer, vermutlich wohl von Bengtskär, gemeldet
war. 7 Uhr Nm. trat Kontreadmiral Mischke den Rückmarsch östlich Got=
land nach Danzig an, da der Kohlenvorrat der beiden Kreuzer ein längeres
In=See=Bleiben nicht mehr gestattete. Am 20. August 7 Uhr Nm. trafen
„Augsburg" und „Magdeburg" zur Kohlen= und Materialergänzung in
der Werft in Danzig ein. Die Torpedoboote waren nach Zerstörung des
Leuchtturms von Backofen bereits am 19. August abends in Danzig ein=
gelaufen.

Mit der Lage der durch den Chef der Küstenschußdivision am
17. August abends geworfenen Minensperre war der Oberbefehlshaber
und sein Stabschef nicht einverstanden. Sie erklärten beide den Ent=
schluß Kontreadmirals Mischke, die Sperre vor den Finnischen Meerbusen
zu legen, als unrichtig und erkannten die Gründe dafür nicht an. „Die
Aufgabe ist nicht im Sinne der vom Oberbefehlshaber gegebenen Anwei=
sungen ausgeführt. Die deutsche Sperre sollte den Zugang zu der Durch=
fahrt südlich Nargön abschließen und den Finnischen Meerbusen für unsere
Streitkräfte möglichst weit, d. h. bis dicht an die russische Sperre freihalten",
lautete das Urteil im Kriegstagebuch des Oberbefehlshabers. Kontre=
admiral Mischke führte dagegen in seinem Operationsbericht aus: „Die am
17. August bereits vom Mittag an bis zur Dunkelheit an meinem Verband
Fühlung haltenden feindlichen Streitkräfte 7.30 Uhr Nm. machten ein
weiteres Vordringen nach Osten unmöglich. Es handelte sich daher nur
darum, entweder das Minenlegen überhaupt aufzugeben oder die Sperre
an einem anderen geeigneteren Ort zu werfen. Ich habe mich für letzteres
entschieden, denn so, wie die Verhältnisse lagen, erschien es mir völlig aus=
geschlossen, an einem der folgenden Tage oder bei späteren Unterneh=
mungen mit dem Minendampfer unbemerkt nach Osten weiter vorzu=
bringen. Die durch den Sperrbefehl befohlene Position wäre günstigsten=
falls bei der ersten Unternehmung gegen den Finnischen Meerbusen er=

reicht worden." — Er erklärt dann ferner, warum der vom Minendampfer
7.30 Uhr Nm. erreichte Punkt als Anfang der Minensperre navigatorisch
genau bestimmbar und daher geeignet war, und bezeichnet die Lage der
Sperre als besonders günstig, weil sie, wie er bestimmt annahm, u n b e -
m e r k t vom Feinde gelegt worden sei. Er war ferner der Ansicht, daß
spätere Offensivunternehmungen unserer Kreuzer in den Finnischen Meerbusen durch die Minen in keiner Weise gestört wären, da sowohl nördlich
als auch südlich der Sperre genügend Raum zur Entwicklung der Streitkräfte bliebe. Das Verhalten des Feindes bei Einbruch der Dämmerung
am 17. August hat einen Angriff der drei Torpedoboote nach Ansicht des
Kontreadmirals Mischke völlig aussichtslos erscheinen lassen. Die Torpedoboote wären an die mit Kurs auf Reval fahrenden russischen Schiffe überhaupt nicht herangekommen. Die Möglichkeit eines unbemerkten und überraschenden Auftretens hätte gefehlt, außerdem wäre ein Ausholen zum
Angriff von vorn wegen der Enge des Seegebietes ausgeschlossen gewesen.
Die Torpedoboote wären bei einem Angriff nur zwecklos geopfert worden.
Am Abend des 18. August hätten die gleichen ungünstigen Verhältnisse für
einen Nachtangriff vorgelegen. Die Boote hätten auch bei dem an diesem
Abend unternommenen zweistündigen Vorstoß in den Finnischen Meerbusen zur Aufklärung über den Feind nicht die geringsten Aussichten für
einen erfolgreichen Angriff gehabt.

Der früher im Operationsbefehl dieser Unternehmung erwähnte Zwie-
spalt war demnach tatsächlich eingetreten. Der Befehlshaber an der Front,
Kontreadmiral Mischke, hatte, trotzdem er weit überlegenen Kräften gegen-
überstand, die Minen so gelegt, wie er es von seinem Standpunkte am Feinde
für richtig gehalten hatte. Gleichzeitig hatte er durch zwei weitere Vorstöße
bis an den überlegenen Feind heran die Aufgabe so weit erfüllt, wie sie unter
den obwaltenden Umständen erfüllbar war. Es muß dem Befehlshaber an
Ort und Stelle stets überlassen bleiben, selbständig zu handeln. Eine andere
Frage ist, ob der Entschluß des Admirals, unter diesen Umständen die Sperre
überhaupt zu werfen, gerechtfertigt erscheint. Es fällt auf, daß der Chef der
Küstenschutzdivision, der schon am Morgen des Anmarschtages, 12 Stunden
bevor er am Eingang zum Finnischen Meerbusen stehen wollte, durch die
erhaltenen Nachrichten über die Stärke der russischen Bewachungslinie bei
Odensholm genau unterrichtet war, nicht um diese Zeit schon seinen Plan
geändert hat. Er hätte vor allem, als er dann von 2 Uhr Nm. ab mit dem
Feinde Fühlung hatte und wußte, daß sein Anmarsch jetzt den Russen bekannt war, entweder die ganze Unternehmung als aussichtslos aufgeben
oder einen anderen Zeitpunkt für seine Ankunft im Eingang des Finnischen Meerbusens wählen können. Um 7 Uhr Nm. war es um diese Jahres-

zeit dort oben noch taghell, während einige Stunden später bei eintretender Dämmerung dem Verband vielleicht doch noch ein etwas weiteres Hineindringen in den Finnischen Meerbusen möglich geworden wäre. Das Verhalten der Russen später läßt annehmen, daß mit Beginn der Dämmerung die großen Schiffe aus Furcht vor Torpedobootsangriffen die Vorpostenlinie Hangö—Odensholm verlassen und weiter in den Finnischen Meerbusen zurückgegangen wären. Aus dem Zusatzbefehl für „Deutschland" vom 17. August 3 Uhr Nm. geht aber hervor, daß bereits unmittelbar nach dem erstmaligen Sichten des Feindes der Admiral den Gedanken erwogen hat, die Minen am Eingang zum Finnischen Meerbusen zu werfen. Es ist aber verständlich, daß der nach Lage der Verhältnisse richtigste Entschluß, die ganze Unternehmung aufzugeben und den Minendampfer schon am Nachmittage zurückzuschicken, für den Admiral so gut wie unmöglich war. Wie die Entwicklung später gezeigt hat, wurde ihm sogar schon das frühzeitige Legen der Sperre sehr verdacht, um so mehr wären ihm Vorwürfe bei völliger Aufgabe der Unternehmung gemacht worden. Es ist besonders bei ersten Unternehmungen für einen Frontbefehlshaber nicht leicht, klaren Befehlen gegenüber als Grund der Nichterfüllung ihre praktische Undurchführbarkeit an Ort und Stelle anzuführen. Der Befehl, der, wie früher erwähnt, mit der Absicht, daß es ein Zurück nicht gäbe, sehr eng gefaßt war, zeigt, daß bei Kriegsbeginn an der Befehlsstelle die erforderlichen Kenntnisse der Verhältnisse am Feinde und auf dem Kriegsschauplatz fehlten. Diese mußten erst erworben werden. Erst nachdem der Chef des Stabes und die Admiralstabsoffiziere durch Teilnahme an Unternehmungen vor dem Feinde die „Friktion im Kriege" selbst empfunden hatten, wurden diese Schwierigkeiten richtig eingeschätzt und in den Befehlen berücksichtigt.

Die Aussichtslosigkeit von Torpedobootsangriffen in den beiden Nächten des 17. und 18. August lenkte die Gedanken auf die Verwendung von Unterseebooten. Das Seegebiet vor und im Finnischen Meerbusen ist ein ausgezeichnetes Operationsfeld, und die zahlreichen russischen Schiffe hätten den Booten gute Erfolgsaussichten geboten. Für die Beobachtung und Absperrung des Finnischen und Rigaschen Meerbusens und das Operieren in diesen Gewässern war das Unterseeboot das geeignetste Fahrzeug. Seine Waffen mußten die Russen erfolgreicher schädigen, als es unsere nach Lage der Verhältnisse unterlegenen Ostseestreitkräfte vermochten. Auch unter Berücksichtigung des weiten Seeweges von den deutschen Stützpunkten bis zum Finnischen Meerbusen war die Verwendungsdauer unserer brauchbaren Unterseeboote bereits bei Kriegsbeginn größer als die der in der Ostsee vorhandenen Kleinen Kreuzer und Torpedoboote, die

schon nach Beendigung des Anmarsches zum Finnischen Meerbusen einen
großen Teil ihres Brennstoffvorrates verbraucht hatten.

Diese zweite Unternehmung des Chefs der Küstenschutzdivision hatte
zum erstenmal zu einem Zusammentreffen mit den feindlichen Streit=
kräften geführt und die Gewißheit geschaffen, daß die russische Ostseeflotte
sich im Finnischen Meerbusen aufhalte. Ferner war die Nachricht über
die Minensperre zwischen Nargön und Helsingfors durch verschiedene
Dampfernachrichten einwandfrei bestätigt und das Ausliegen einer Vor=
postenlinie am Eingange zum Finnischen Meerbusen, das voraus=
zusehende Vorhandensein einer Minensperre südlich Hangö, an Ort
und Stelle festgestellt worden. Das Verhalten der russischen
Streitkräfte am 17. und 18. August war nur durch auffallenden
Mangel an Offensivgeist ihrer Führung zu erklären. Sonst blieb
es unverständlich, daß die sehr viel stärkeren russischen Schiffe nichts gegen
den schwachen Verband des Kontreadmirals Mischke unternommen hatten.
Nach der amtlichen Meldung der Petersburger Telegraphenagentur hatten
die Russen unsere Schiffe zwar für die Panzerkreuzer „Roon" und „Prinz
Heinrich" und vier Kleine Kreuzer gehalten. Doch auch diesen wären sie
beträchtlich überlegen gewesen. Vielleicht haben sie aber doch die Verwen=
dung von Minen oder die Anwesenheit von Unterseebooten angenommen
oder zum mindesten gefürchtet. Auf jeden Fall war aus ihrem Verhalten
zu entnehmen, daß sie anscheinend nach strengem Befehl sich ausschließlich
auf die Verteidigung hinter ihren Sperren beschränken sollten. Die Be=
wegungen unserer Streitkräfte an den Küsten der russischen Inseln und vor
dem Finnischen Meerbusen bei dieser und der vorhergehenden Unternehmung
hätten den Russen im übrigen bei Verwendung von Minen oder Ansetzen
von Unterseebooten leicht Erfolge bringen können. Bei beiden Unterneh=
mungen waren von den deutschen Kreuzern die gleichen Punkte wie Bengtskär,
Dagerort verschiedentlich angesteuert worden. Jedes Beobachtetwerden von
den Signalstellen dieser Plätze und jede Beschießung machte natürlich unsere
Anwesenheit in diesem Seegebiet sofort bekannt und mußte die Russen im
Finnischen Meerbusen zu ganz besonderer Aufmerksamkeit und Bewachung
veranlassen. Erst nach Wochen ist bei einer Unternehmung vor dem Fin=
nischen Meerbusen das auf Bogskär befindliche russische Signalpersonal
von uns aufgehoben und die Anlagen der dort befindlichen Funkenstation,
die mit Helsingfors in unmittelbarer Verbindung stand, zerstört worden.
Auslegen von Unterseebooten auf Wartestellungen und Werfen von Minen=
sperren an diesen bekannten Markpunkten, hätten einem unternehmungs=
lustigen Feinde unzweifelhaft Erfolge gebracht. Im Verlauf des Krieges
wurden die feindliche Küste und neutrale Plätze als Hilfspunkte für die

Navigierung im feindlichen Gebiet ganz vermieden; man schaffte sich in
See seine eigenen Markpunkte nach Bedarf durch Auslegen von Torpedo=
booten. Auch von den Flankenstellungen des Rigaschen Meerbusens und
von Libau haben die Russen während des dreitägigen Aufenthalts unserer
Kreuzer vor dem Finnischen Meerbusen und in der nördlichen Ostsee keinen
Gebrauch gemacht, obwohl ein Abschneiden und Abfangen unserer zurück=
kehrenden Streitkräfte für sie leicht möglich gewesen wäre, vor allem, wo
die deutschen Streitkräfte einzeln und ohne Sicherung und fast immer am
Ende ihrer Brennstoffvorräte den Rückweg antraten.

Diese Überlegungen zeigen, welche verantwortlichen Entschlüsse der
deutsche Führer bei allen Unternehmungen fassen und welche Möglichkeiten
er dauernd bedenken mußte. Es war die Absicht des Oberbefehlshabers, die
östliche Ostsee stets unter Beobachtung zu halten, um vor allem über
jede Bewegung russischer Streitkräfte rechtzeitig unterrichtet zu sein. Der
Kleine Kreuzer „Amazone" hatte daher am 21. August 7.45 Uhr Nm. zu=
sammen mit dem Torpedoboot „T 94", Kommandant Kapitänleutnant
Saupe, Kiel verlassen mit dem Befehl, am 23. August bei Tagesanbruch die
Küstenfunkstation Libau zu zerstören und anschließend eine Beobachtungs=
stellung zwischen Gotland und der russischen Küste und zwischen 57° und
58° Nordbreite einzunehmen. Die Zerstörung der Funkenstation Libau
sollte nur durchgeführt werden, wenn sie ohne Einsatz von „Amazone" und
„T 94" durchführbar war. Der Anmarsch bis Libau verlief planmäßig.
Korvettenkapitän Horn lief mit S. M. S. „Amazone" und „T 94" von Ver=
naten=Riff=Tonne ab in etwa ¾ Seemeilen Abstand an der Küste entlang bis
50 hm südlich von Libau. Es wurde dabei festgestellt, daß die gesuchte
Funkenstation am Reinewäldchen bei Perkuhnen nicht mehr vorhanden war.
Trotzdem sich die Fahrzeuge 1½ Stunden in dem Gebiet aufhielten und in
wirksamer Gewehrschußweite von Land waren, fand nicht die geringste
feindliche Gegenwirkung statt, so daß ein neuer Beweis für die Aufgabe
Libaus als militärischer Stützpunkt erbracht war. Vom 23. August mittags
ab standen dann „Amazone" und das Torpedoboot in dem befohlenen
Überwachungsgebiet, dessen große Ausdehnung eine wirksame Beobachtung
durch nur zwei Fahrzeuge zweifelhaft machte. Bei einem Erscheinen
russischer Streitkräfte hätten zudem der langsame Kleine Kreuzer und das
veraltete Torpedoboot in ihrer weit vorgeschobenen Stellung ohne jeden
Rückhalt nur versuchen können, den Schutz der schwedischen Hoheitsgewässer
unter Gotland zu erreichen, der sich bei dem später zu schildernden Fall des
deutschen Minenschiffes „Albatros" als unwirksam erwies.

Der Verlauf der Unternehmung vor dem Finnischen Meerbusen ver=
anlaßte den Oberbefehlshaber der Ostseestreitkräfte, eine Organisations=

änderung seiner Streitkräfte dahin vorzunehmen, daß er sie entsprechend
ihrer Hauptverwendung in Streitkräfte für die Offensivunternehmungen
in der östlichen Ostsee und in solche für den Bewachungsdienst in der mitt=
leren und westlichen Ostsee einteilte und für jede Gruppe einen Flagg=
offizier beantragte, da eine g l e i ch z e i t i g e Verwendung für beide Zwecke
wegen der Ungeeignetheit einzelner Schiffe n i ch t möglich war. Die Krieg=
führung in der östlichen Ostsee, für die nur geringfügige Streitkräfte zur
Verfügung standen und die sich daher auch nur auf Unternehmungen ein=
zelner Kreuzer mit wenigen Torpedobooten erstreckte, hätte wohl auch
selbständig von Kreuzerkommandanten geleistet werden können. Dafür
kamen aber dann nur solche mit Flottenerfahrung in Betracht, die in der
Nordsee unentbehrlich schienen. Es war aber eine Folge der Schaffung der
selbständigen Kommandostelle für die Ostseekriegführung, daß sie von sich
aus ein erklärliches Ausdehnungsbedürfnis hatte. Die Sicherung der mitt=
leren und westlichen Ostsee bis zum 15° Ost=Länge behielt Kontreadmiral
Mischke als ursprünglicher Chef der Küstenschutzdivision der Ostsee. Ihm
lag wie bisher die Sicherung der Belte, des Sundes und die Bewachung
der ausgelegten, sowie die Vorbereitungen für das Auslegen weiterer Ver=
teidigungssperren ob. Hauptstützpunkt für die Küstenschutzdivision blieb
Kiel, daneben kamen für ihre Streitkräfte Warnemünde und Apenrade
in Betracht. Die Leitung der Sonderunternehmungen in der östlichen
Ostsee wurde am 21. August 1914 dem Kontreadmiral Behring übertragen.
Ihm sollten nach Bedarf Teile der dem Chef der Küstenschutzdivision unter=
stehenden Streitkräfte vorübergehend zugewiesen werden. Zunächst wurden
„Augsburg", „Magdeburg" und die drei Torpedoboote „V 25", „V 26",
„V 186" dem neukommandierten Admiral militärisch unterstellt. Als Stütz=
punkte sollten diese Streitkräfte Pillau, Danzig=Neufahrwasser und Swine=
münde benutzen. Kontreadmiral Behring erhielt die Bezeichnung „D e =
t a ch i e r t e r A d m i r a l" und war dem Oberbefehlshaber der Ostsee=
streitkräfte unmittelbar unterstellt. Als Admiralstabsoffizier wurde der
bisherige Admiralstabsoffizier im Stabe des Oberbefehlshabers, Kapitän=
leutnant Hermann Gercke, kommandiert, dessen Nachfolger im Stabe des
Prinzen später im Dezember Korvettenkapitän Betz wurde. Die dem
detachierten Admiral zugeteilten Streitkräfte blieben ihm nur für die Er=
ledigung militärischer Aufgaben unterstellt, in allen übrigen Angelegen=
heiten wurden sie in ihrem früheren Unterstellungsverhältnis belassen. Der
Hauptgrund dieser Organisation und Maßnahmen war der Wunsch, in der
östlichen Ostsee einen Führer zu haben, der, frei von allen bürokratischen
Hemmungen und Sorgen für Verwaltung und Nachschub, sich ausschließlich
seiner militärischen T ä t i g k e i t a m F e i n d e wibmen konnte. Kontre=

admiral Behring war ein Mann von hohem Wagemut und großer see=
männisch=militärischer Erfahrung, die er in seinen früheren Kommandos
als Torpedobootskommandant, Halbflottillen= und Flottillenchef dauernd
bewiesen hatte. Er kannte niemals Bedenken und hielt sich frei von zu viel
theoretischen Überlegungen, ein Führer, der das besondere Vertrauen des
Offizierkorps und der Besatzungen besaß. Dazu fand er seine glückliche
Ergänzung in dem für ihn ausgesuchten Admiralstabsoffizier, der bei vor=
züglichen soldatischen Eigenschaften ein umfassendes theoretisches Wissen
über die russische Marine und die für die Kriegführung in der Ostsee maß=
gebenden Verhältnisse besaß. Ein Zusammenarbeiten dieser beiden Per=
sönlichkeiten mußte aus der Kriegführung in der Ostsee das Höchste heraus=
holen, was überhaupt zu erreichen war[1]).

Bei den Streitkräften des Oberbefehlshabers waren ebenfalls in der
zweiten Augusthälfte noch verschiedene Veränderungen eingetreten. Am
14. August konnte als vierter Minenstreudampfer der Dampfer „Prinz
Sigismund" in Dienst gestellt werden. „Deutschland" wurde am 24. August
vom Admiralstab den Hochseestreitkräften zugeteilt und dafür Dampfer
„Rügen" als Hilfsstreuminendampfer überwiesen. Das Schulschiff „Freya"
war seit dem 11. August infolge einer Havarie während des Gefechtsdienstes
nicht mehr kriegsbereit und wurde daher am 26. August auf Antrag des
Oberbefehlshabers durch den Panzerkreuzer „Friedrich Carl" ersetzt, so daß
der Großadmiral von da ab wenigstens über e i n kampfkräftiges, wenn auch
veraltetes Schiff verfügte. „Freya" blieb als Flaggschiff des Chefs der Küsten=
schutzdivision während der Dauer der Werftreparatur noch zur Verfügung
des Oberbefehlshabers. S.M.S. „Augsburg" setzte am 23. August die Flagge
des detachierten Admirals. Die Kleinen Kreuzer der Küstenschutzdivision waren
seit dem 24. August alle mit ihren Reparaturen und Übungen fertig und
taten abwechselnd Dienst bei der Bewachung der westlichen und mittleren
Ostsee. „Damit der Geist der Besatzungen nicht in der rein defensiven
Tätigkeit im Bewachungs= und Sicherungsdienst der westlichen und mitt=
leren Ostsee auf die Dauer erlahme", befahl der Oberbefehlshaber, in Zukunft
diese Kreuzer der Reihe nach für kurze Unternehmungen gegen den Feind
in der östlichen Ostsee dem detachierten Admiral zu unterstellen. Auf diese
Weise wurde man auch dem brennenden Wunsche der Besatzungen, Ge=
legenheit zu haben, an den Feind zu kommen, gerecht. Der lähmende Einfluß
des Liegens im Hafen und des tatenlosen Wartens war hier also früh=
zeitig erkannt. Die Fischdampfer zur Bewachung der Minensperren waren

---

[1]) Kontreadmiral Behring ist später in Flandern löblich verunglückt, Kapitän=
leutnant Hermann Gercke ist als Kommandant des Unterseebootkreuzers „U 154" im
Atlantischen Ozean geblieben.

unterdessen bis auf zwölf vermehrt worden. Als erstes Luftschiff für die Ostsee war dem Großadmiral das Parsevalluftschiff „PL 6" unterstellt worden. Das Flugwesen in der Ostsee war im Laufe des August durch Anlage des neuen Flugzeugstützpunktes Köslin mit Einrichtungen zur Aufnahme von zwei Flugzeugen vergrößert worden, kam aber im ganzen für eine zuverläs= sige militärische Verwendung noch n i c h t in Frage. Am 19. August war auf der Flugstation Holtenau und Warnemünde kein Flugzeug voll brauch= bar, in Putzig ein einziges vorhanden, in der ganzen Ostsee 20 Flugzeuge. Für die Torpedoboote und Fahrzeuge der Bewachungslinie im Fehmarn= Belt und im Südausgang des Sundes war als Vorratsdampfer der Dampfer „Mannheim" ausgerüstet und nach Warnemünde gelegt worden. Die in der Kriegsgliederung vorgesehenen vier Blockschiffe lagen seit Mitte August ver= wendungsbereit in Swinemünde. Da die Russen die Hafeneinfahrten von Libau selbst durch Schiffe versperrt hatten, wurden die ursprünglich für diesen Zweck von uns vorgesehenen Schiffe für eine andere Verwendung frei. Sie sollten zunächst als Sperrbrecher dienen und erhielten Ein= richtungen zum Minensuchdienst. Die zu den Hochseestreitkräften gehörenden Küstenpanzerschiffe des VI. Geschwaders waren am 22. August für Übungen nach Kiel eingelaufen. Der Oberbefehlshaber der Ostseestreitkräfte hatte daher erst von Ende August ab alle Streitkräfte verwendungsbereit zur Verfügung, die ihm nach der Kriegsgliederung des Admiralstabes für die Ostseekriegführung zugeteilt worden waren.

6. Erster Vorstoß des Kontreadmirals Behring in den Finnischen Meerbusen vom 23. bis 28. August 1914.

Kontreadmiral Behring setzte am 23. August seine Flagge als „de= tachierter Admiral" auf „Augsburg". Großadmiral Prinz Heinrich hatte ihm mündlich Anweisungen für die Kriegführung in der östlichen Ostsee erteilt und ihm auf Grund der Erfahrungen der vom Chef der Küstenschutzdivision bereits in der östlichen Ostsee durchgeführten beiden Unternehmungen ein Bild von der Lage beim Gegner gegeben. Einen be= sonderen schriftlichen Operationsbefehl erhielt Kontreadmiral Behring nicht, da ihm der Oberbefehlshaber mit Absicht völlige Freiheit in der Durch= führung aller Operationen lassen wollte. Die allgemeinen Richtlinien waren in einer Denkschrift über „Gesichtspunkte für die Kriegführung in der Ostsee" vom 19. August niedergelegt, deren Inhalt das Er= gebnis der vergangenen Kriegswochen darstellte. Es waren darin in der Hauptsache die früher dem Chef der Küstenschutzdivision bei seinen Unter= nehmungen erteilten Anweisungen enthalten und als Wichtigstes erneut befohlen, daß ein Einsatz der Kreuzer gegen überlegene Schiffe vorläufig vermieden werden solle, bis der Ausbildungszustand der Besatzungen auf voller Höhe stände. Dagegen sollten alle feindlichen Torpedoboote und einzelne „Nowiks"[1]) sowie die feindlichen Minenleger von unseren Streit= kräften auf das energischste angegriffen werden. Unsere Kreuzer durften bei ihren Unternehmungen in der östlichen Ostsee allein und o h n e j e d e n R ü c k h a l t nur wenig an ihrer Kampfkraft und Geschwindigkeit ver= lieren, da jedes havarierte Fahrzeug leicht eine Beute des Feindes werden konnte. Admiral Behring erhielt vorläufig außer den bereits bekannten Streitkräften noch „Amazone", „Panther" und „U 3" zugeteilt, Am 24. August 6 Uhr Vm. ging „Augsburg" mit dem detachierten Admiral von Kiel aus in See. „Amazone" und „T 94", die sich seit dem 23. August in einer Vorpostenstellung bei Gotland befanden, hatten Befehl erhalten, am 25. August 7 Uhr Vm. auf einem Sammelplatz Hoborg=Feuerturm auf der Südspitze Gotlands in Nordwest rechtweisend, 15 Seemeilen ab zu stehen. Den gleichen Befehl hatten „Magdeburg", „V 25", „V 26" und „V 186", die in Danzig lagen, bekommen. „Panther" hatte bereits am 23. August 8 Uhr Nm. mit „U 3" im Schlepp Kiel verlassen und sollte auf dem vorerwähnten Sammelplatz am 25. August 12 Uhr mittags stehen. Es war das erstemal, daß in der Ostsee ein Unterseeboot offensiv verwandt werden sollte, eine Folge der Erfahrungen bei den bisherigen Kreuzerunternehmungen, welche die aussichtsreichen Möglichkeiten für diese Waffe vor und in dem See= gebiet des Finnischen Meerbusens deutlich bewiesen hatten. Großadmiral Prinz Heinrich hatte es sich, wie bei allen anderen Schiffen seines Ver= bandes, welche zum erstenmal gegen den Feind geschickt wurden, auch hier nicht nehmen lassen, sich von dem Kommandanten und der Besatzung von „U 3" persönlich vor dem Auslaufen zu verabschieden. Leider gehörte das Boot, das Kapitänleutnant Max Valentiner befehligte, einem veralteten Typ an und war nur aus diesem Grunde, da es für die Nordseekriegs= führung nicht mehr verwendbar war, der Ostsee zugeteilt worden. Das Schleppen war notwendig, um den Verwendungsbereich des Bootes am Feinde voll ausnützen zu können und Material und Personal nicht bereits vorher auf dem 600 Seemeilen langen Anmarsch von Kiel bis zum Ein= gang des Finnischen Meerbusens zu sehr zu beanspruchen.

Der Verband war planmäßig am 25. August 7.15 Uhr Vm. auf dem festgesetzten Sammelplatz vereinigt. In einer Sitzung der Kommandanten unterrichtete der Admiral seine Unterführer über seine Absicht, gemäß dem Befehl des Oberbefehlshabers in Befolgung der auch den Kommandanten

---

[1]) Nowik ist der Name eines großen Torpedobootszerstörers von 1300 Tonnen Wasserverdrängung, nach deutschen Plänen auf den Putilow-Werken gebaut.

bekannten „Gesichtspunkte für die Kriegführung in der Ostsee" offensiv
vorzugehen, um zu zeigen, daß die deutsche Flagge die östliche Ostsee hielte.
Dies könne nur bei einem gewissen Einsatz geschehen. „Würde der nicht
gewagt, so sei auch der Erfolg ausgeschlossen", mit diesen Worten faßte
Kontreadmiral Behring seine Überlegungen und Pläne zusammen. „Ama=
zone" erhielt Befehl, nach Eintreffen von „Panther" „U 3" in Schlepp zu
nehmen und es außer Sicht des Feindes, neutraler Schiffe und Küsten nach
einem Punkt Dagerort in OSO½O rechtweisend 40 Seemeilen zu schleppen
und diesen Punkt bis zum 26. August 8 Uhr Vm. zu erreichen. Nach
dem Eintreffen von „U 3" auf diesem Sammelplatz beabsichtigte der
Admiral, mit „Augsburg" das Boot zum Angriff auf die russischen
Schiffe heranzuführen. Ein in Pillau klarliegender Kohlendampfer „Ober=
präsident Delbrück" wurde funkentelegraphisch ebenfalls nach dem Sammel=
platz bei Hoborg bestellt, um für den Verband eine Kohlenergänzung in See
zu sichern und das zeitraubende Rücklaufen nach Danzig zu vermeiden.
„T 94" sollte, da es für Offensivunternehmungen nicht mehr geeignet
war, als F. T.=Übermittler bei dem ohne Funksprucheinrichtung aus=
gerüsteten Dampfer bleiben. „V 25", das noch in Danzig auf der Werft
zurückgehalten war, wurde ebenfalls zunächst nach Hoborg befohlen. Um
8.30 Uhr Vm. trat der Admiral mit „Augsburg", „Magdeburg", „V 26"
und „V 186" mit 20 Seemeilen Fahrt den Vormarsch nach dem Finnischen
Meerbusen über Bogskär an. Die hohe Fahrt war trotz des damit ver=
bundenen Kohlenverbrauchs gewählt, um die Unternehmung noch in der
Nacht vom 25. zum 26. August ausführen zu können, da eine Verschiebung
die Aussicht überraschenden Auftretens im Finnischen Meerbusen bei dem
ausgezeichneten Spionagedienst der Russen sehr gering gemacht hätte. Den
Umweg über Bogskär hielt der Admiral für nötig, um einen navigatorisch
sicheren Abgangsort für den Durchbruch zu haben. Dies war jetzt besonders
wegen der den Eingang zum Finnischen Meerbusen einschnürenden
„Deutschland"=Sperre notwendig, die sich bereits bei diesen Unternehmungen
als störend erwies. Dagerort oder einen anderen Punkt der russischen
Inseln als Abgangspunkt zu wählen, erschien dem Führer wegen der dort
vorhandenen russischen Beobachtungsstationen nicht zweckmäßig. Von
Bogskär nahm der Admiral auf Grund erhaltener Nachrichten an, daß es
von den Russen selbst zerstört sei und daher auch die dort vermutete Beob=
achtungsstation aufgegeben worden wäre. Diese Annahme traf nicht zu.

Für die Unternehmung gab Kontreadmiral Behring folgenden An=
griffsbefehl aus:

„1. Nachrichten vom Feind Torpedobootsvorpostenlinie wahrscheinlich
etwa in Linie Bengskär—Dachtona. Anscheinend dahinter Unter=

stützungsgruppen aus Kreuzern. Feindliche Linienschiffe zu Anker nachts vor Sveaborg (Helsingfors) oder westlich Nargön.

2. Ich beabsichtige, am 25. August im Laufe des Nachmittag möglichst außer Sicht des Feindes Bogskär anzusteuern und von hier aus in der Nacht vom 25. zum 26. August in den Finnischen Meerbusen vorzustoßen.

3. Beginn des Vormarsches 6 Uhr Nm. Fahrt 15 Seemeilen. Von 9 Uhr Nm. ab rauchlos. Durchbruch, wenn möglich, ungesehen durch Nordflügel der russischen Vorpostenlinie und nördlich unserer Minensperren.

4. Kreuzer und Torpedoboote sollen gesichtete feindliche Schiffe mit Torpedos angreifen.

5. Kehrtmachen 26. August gegen 1.45 Uhr Vm., Rückmarsch mit 18 Seemeilen. Auflösen 2.30 Uhr Vm. oder auf Signal. Für Rückbruch: „Magdeburg" südlich, „Augsburg" nördlich unserer Minensperre.

6. Auf dem Rückmarsch: In der Morgendämmerung und nachher in Sicht kommende feindliche Torpedoboote jagen und vernichten. Feindliche Torpedoboots-Vorpostenlinie aufrollen.

7. Sammelplatz am 26. August vormittags Dagerort in OSO½O rechtweisend 40 Seemeilen. „Amazone" und „U 3" stehen voraussichtlich von 8 Uhr Vm. an auf dem Sammelplatz in einer Aufnahmestellung. Bei schlechtem Wetter Verspätung wahrscheinlich.

8. Bei Nebel Operationen fortsetzen oder F. T.=Sonderbefehl."

Die Absicht, zunächst Bogskär anzusteuern, gab der Admiral am Nachmittage auf, als er durch ein einwandfreies astronomisches Besteck, das mit dem gegißten[1]) zusammenfiel, die unbedingte Sicherheit des Abgangspunktes auch ohne Landbeobachtung für vorhanden hielt. Tatsächlich hat auch die spätere Navigierung des Verbandes durch den Verbandsnavigationsoffizier, Korvettenkapitän Otto v. Kameke, in gutem Zusammenarbeiten mit dem Navigationsoffizier des Flaggschiffes, Kapitänleutnant Schmeidler, während der ganzen Unternehmung vorzüglich gearbeitet. Das Wetter war schon 4.30 Uhr Nm., als die Schiffe zwischen Gotska Sandö und Bogskär standen, bei ganz ruhiger See leicht diesig, so daß um diese Jahreszeit mit Einsetzen von Nebel zu rechnen war. Um 9 Uhr Nm. bei Beginn des Durchbruches in den Finnischen Meerbusen war bereits strichweise Nebel[2]). Da der Verband nach Kurs und Uhrzeit aus Sicht von Land steuern mußte, war aus navigatorischen Rücksichten kein Grund vorhanden, die Unternehmung deshalb aufzugeben. Im Gegenteil

---

[1]) „Gegißtes" Besteck ist die Standortsberechnung auf Grund der abgelaufenen Kurse.
[2]) Für diese Unternehmung siehe Karte 6.

war der strichweise Nebel für ein unbemerktes Passieren der Vorpostenlinie und weiteres Vordringen nach Osten nur günstig.

Am 25. August kurz nach 9 Uhr Nm. kam „Magdeburg", trotzdem diese
ihren Abstand vom Flaggschiff verringert hatte, im Nebel aus Sicht.
Admiral Behring steuerte mit „Augsburg" und „V 186" mit Rücksicht auf
die Navigation den festgesetzten Kurs mit der alten Geschwindigkeit ruhig
fort. Im Nebel auf „Magdeburg" zu warten, wäre seemännisch nicht
richtig gewesen, da durch Veränderung der Fahrt und der Kurse das
Besteck sich nur verschlechtert hätte und bei geringer Aussicht auf ein Finden
die Gefahr eines Zusammenstoßes oder eine Verwechslung mit dem Feinde
möglich war. An „Magdeburg" wurde jede Kursveränderung und von Zeit
zu Zeit auch der Standort des Flaggschiffes durch Funkspruch mitgeteilt. Um 11 Uhr Nm., nachdem die „Deutschland"-Sperre nördlich
passiert war, wurde der Nebel so dick, daß, wie „Magdeburg" in ihrem
Bericht schreibt, „von der Kommandobrücke aus der nach vorn auf der Back
als Ausguck stehende Offizier selbst mit dem Doppelglas nicht mehr zu sehen
war." Admiral Behring ging nach Passieren der „Deutschland"-Sperre mit
südöstlichem Kurs bis auf 5 Seemeilen an die Insel Odensholm heran
und änderte dann am 26. August 12.16 Uhr Vm. Kurs nach Osten, um
dort die feindlichen Kreuzer, die sich nach den vorhandenen Nachrichten meist
zwischen Odensholm und Packerort aufhalten sollten, zu treffen. In dem
dicken Nebel war ein plötzliches Erscheinen und damit besonders günstige
Aussichten für einen überraschenden Torpedoangriff zu erhoffen. Es war
eine kühne, starke Nerven des Führers erfordernde Fahrt inmitten feindlichen Gebiets bei Nacht und Nebel und unter besonders schwierigen navigatorischen Verhältnissen durch Minen und Untiefen. 1.3 Uhr Vm. am
26. August erhielt der Admiral den Funkspruch von „Magdeburg": „Auf
Untiefe aufgelaufen mit Kurs SOzO." Aus den weiteren Signalen erfuhr
er, daß der Kreuzer mit 15 Seemeilen Fahrt im Drehen bei der Nordspitze
von Odensholm festgekommen, der Doppelboden leck wäre und wenig Aussicht sei, das Schiff ohne fremde Hilfe freizubekommen.

Kontreadmiral Behring war sich in dieser schwierigen Lage sofort über
seine weiteren Absichten klar. Ein Abschleppen bei Nacht und Nebel
des mit 15 Seemeilen aufgelaufenen, mit der Längsseite festsitzenden
Schiffes hielt er für wenig aussichtsreich, ganz abgesehen von der Gefahr
für „Augsburg", beim Herangehen an die Strandungsstelle und bei den
Abschleppversuchen selbst festzukommen, oder dabei vom Feinde überrascht
zu werden. Da angenommen werden konnte, daß „V 26" bei „Magdeburg" war, erschien auch eine etwa notwendig werdende Bergung der
Besatzung des Kreuzers gesichert. Kontreadmiral Behring setzte daher

zunächst in der Hoffnung, vielleicht doch noch auf den Feind zu stoßen, seinen Vormarsch nach Osten fort. „Magdeburg" erhielt Befehl, die Küstensignalstation auf Odensholm, wenn nötig, durch Ausschiffung eines Landungskorps zu zerstören, um das Erkennen der Strandung durch die Russen und eine Meldung an die russischen Stützpunkte und Streit= kräfte zu verzögern. Bei dem weiteren Vorstoß im dicken Nebel nach Osten bis auf die Höhe von Baltisch=Port wurde kein Feind gesichtet. „Augsburg" und „V 186" machten daher planmäßig 1.45 Uhr Vm. kehrt und liefen den gleichen Kurs zurück. Kurz vor Hellwerden standen sie wieder auf der Höhe von Odensholm und hätten bei einem Aufklaren des Nebels schnell die Strandungsstelle erreicht. Der Admiral hielt es bei seinen weiteren Überlegungen nicht für angebracht, anzunehmen, daß „Magdeburg" sich in ihrer Navigation verrechnet habe, es konnte auch in der Navigierung auf dem Flaggschiff durch unbe= kannten Strom ein Fehler untergelaufen sein. Deshalb hatte er Be= denken, „Augsburg" ohne Nachprüfung des Schiffsorts, nachdem er fast 24 Stunden ohne eine Landpeilung gefahren war, der Gefahr auszusetzen, auf die „Deutschland"=Sperre oder auf eine Untiefe zu kommen. Er blieb daher wegen der Möglichkeit des Vertreibens, als es bei Hellwerden nicht aufklarte, sondern im Gegenteil der Nebel noch dicker wurde, nicht in der Nähe von Odensholm liegen. Er beschloß vielmehr, zunächst die Unter= nehmung fortzusetzen in der Hoffnung, in der vermuteten Vorpostenlinie Russarö—Tachkona auf feindliche Torpedoboote zu stoßen. Später wollte er in sicherer Entfernung von der deutschen Minensperre seinen Schiffsort durch zuverlässige Landpeilungen prüfen, darauf „Amazone" und „U 3" heranziehen und erst dann mit „Augsburg" zur gemeinschaftlichen Unter= stützung von „Magdeburg" zur Strandungsstelle gehen.

„Magdeburg" war, gefolgt von „V 26" am Abend des 25. August im Kielwasser der „Augsburg" gelaufen, zuerst in einem Abstand von etwa 800 m, um, falls das Flaggschiff auf Minen kommen sollte, selbst einer Minensperre noch ausweichen zu können. Als das Wetter gegen Abend mit zunehmender Dunkelheit immer diesiger wurde, schloß sie auf etwa 400 bis 500 m heran. Als kurz nach 8 Uhr dicker Nebel eintrat, kam „Augsburg" gegen 9 Uhr Nm. außer Sicht. Der Kommandant der „Magdeburg" lief, gemäß Operationsbefehl die Unternehmung bei Nebel fortzusetzen, die befohlene Fahrt von 15 Seemeilen weiter und richtete sich im übrigen nach den funkentelegraphischen Kurssignalen des Flaggschiffes. Um 11 Uhr Nm. drehte „Augsburg" nach Passieren der „Deutschland"= Sperre auf SSO½O und gab entsprechendes F. T.=Signal, das „Magde= burg" um 11.7 Uhr Nm. abnahm. Korvettenkapitän Habenicht drehte sofort auf den gleichen Kurs, hielt aber noch etwa 20 Minuten einen Strich mehr nach Steuerbord, um die in den 7 Minuten zu weit nach Osten ge= laufene Strecke wieder auszugleichen und dadurch auf den vermutlichen Kurs des Flaggschiffes zu kommen. Diese Überlegungen waren, wie die Karte zeigt, richtig. Auf diesem Kurse, der unmittelbar auf die Nord= spitze der Insel Odensholm führte, wurde von „Magdeburg" dauernd gelotet. Der Kommandant wollte auf jeden Fall 12.30 Uhr Vm. selb= ständig nach Osten Kurs ändern, auch wenn kein Signal von „Augsburg" käme, um nicht zu nahe an die Insel heranzukommen. Kurz vor 12.30 Uhr Vm. am 26. August wurde 34 m gelotet, während die beiden vorletzten Lotungen 58 und 43 m ergeben hatten. Diese Lotungen, vor allem die letzte, die eine gefährliche Annäherung des Schiffes an die Nordspitze Odensholm klar erkennen ließ, hätten ein sofortiges Abdrehen nach Back= bord zur Folge haben müssen. Um 12.30 Uhr Vm. erhielt der Kommandant die Meldung aus dem Funkenraum, daß ein Signal von „Augsburg" an= gekommen sei. Entgegen seiner Absicht, 12.30 Uhr Vm. zunächst nach Backbord zu drehen, wartete Korvettenkapitän Habenicht erst die Ent= zifferung dieses Signals, das 12.34 Uhr Vm. auf die Brücke kam, ab. Es lautete: „12.16 Uhr Vm. auf Kurs ONO½O gehen." Jetzt wurde zwar sofort mit 15 Grad Ruder nach Backbord gedreht, als aber 12.37 Uhr Vm. der Rudergänger das Anliegen dieses Kurses meldete, stieß „Magdeburg" fünf= bis sechsmal stark auf und saß mit 15 Seemeilen Fahrt auf Steinen fest. Wie sich später herausstellte, WNW mißweisend von Odensholm= Leuchtturm nur 500 m entfernt.

Es war für den Kommandanten eine verzweifelte Lage. In feind= lichem Gebiet, dicht unter der feindlichen Küste bei einer Signalstation, die sofort russische Streitkräfte herbeirufen konnte, waren die Aussichten, das Schiff schnell freizubekommen, von vornherein gering; trotzdem wurden vom Kommandanten und Ersten Offizier des Schiffes, Kapitän= leutnant Dolberg, alle Versuche zum Freikommen gemacht. Das Be= gleittorpedoboot „V 26" war bei der letzten Kursänderung der „Magde= burg" unmittelbar vor dem Auflaufen aus Sicht gekommen und stand daher zunächst für Abschleppungsversuche nicht zur Verfügung. „Magde= burg" war 1,5 m hoch auf Steine aufgelaufen und hatte etwas Schlagseite nach Backbord. Der Doppelboden der achteren Abtei= lungen war aufgerissen und voll Wasser. Alle Bemühungen, das Schiff zunächst durch Schlingern und Maschinengebrauch freizubekommen, blieben erfolglos. Nachdem 160 Munitionsbüchsen nach achtern gemannt und beide Anker mit Ketten von Bord gegeben worden waren, wurde ein neuer ebenfalls vergeblicher Versuch durch Zurückgehen der Maschinen mit

äußerſter Kraft gemacht. Inzwiſchen war gegen 1.30 Uhr Vm. mit
Gewehren von Land aus auf das Schiff geſchoſſen worden, das Feuer von
„Magdeburg" mit Maſchinengewehren erwidert, verſtummte aber nach
zehn Minuten. Da der Kommandant ſich nunmehr darüber klar war, daß
das Auflaufen von den Ruſſen bereits entdeckt ſei, wurden alle los=
nehmbaren Gegenſtände über Bord geworfen. In angeſtrengter Arbeit
wurde das Schiff vom größten Teil der Munition, ſämtlichen loſen Eiſen=
teilen, Stahlleinen, Minenſchienen, Türen der Panzertürme und der
waſſerdichten Abteilungen erleichtert. Gleichzeitig wurde der Heckanker
ausgefahren und wiederum erfolglos mit den Maſchinen äußerſte Kraft
zurückgegangen. Das Schiff bewegte ſich nicht im geringſten. Es war
unterdeſſen 8 Uhr Vm. und etwas heller geworden, ſo daß man die Steine
und den Meeresgrund an beiden Seiten des feſtgekommenen Schiffes gut
ſehen konnte. Gegen 8.30 Uhr Vm. war es dem Kommandanten von
„V 26", Kapitänleutnant Freiherr Röder v. Diersburg[1]), durch anerken-
nenswerte navigatoriſche Leiſtung gelungen, ſich in dichtem Nebel an die
Strandungsſtelle heranzufühlen und „Magdeburg" zu finden. Es wurde
ſofort mit Abſchleppverſuchen durch das Torpedoboot begonnen, die
aber ſämtlich fehlſchlugen. Inzwiſchen hatte es weiter aufgeklart, und
man ſah in einer Entfernung von 300 bis 350 m die ruſſiſche Signal=
ſtation und den Leuchtturm von Odensholm. Das Signalhaus wurde nun
mit 120 Granaten der Steuerbordgeſchütze in Brand geſchoſſen und der
Leuchtturm vollſtändig zerſtört.

Alle Verſuche, das Schiff freizubekommen, waren geſcheitert, weitere
mit den vorhandenen Mitteln ausſichtslos. Gleichzeitig waren um dieſe
Zeit, gegen 9 Uhr Vm., ſchon ruſſiſche Zeichen verſchiedener Funken=
ſtationen zu hören, ſo daß ein Erſcheinen feindlicher Streitkräfte in Kürze
erfolgen mußte. Korvettenkapitän Habenicht entſchloß ſich daher, das
Schiff zu räumen und zu ſprengen, um es keinesfalls in Feindeshand
fallen zu laſſen. Als um 9.10 Uhr Vm. der Kommandant den Befehl zum
Anſchlagen der im Vor= und Achterſchiff vorbereiteten Sprengpatronen gab,
waren plötzlich aus dem Nebel auftauchende ruſſiſche Schiffe zeitweilig von
der Kommandobrücke der „Magdeburg" aus zu ſehen. Der Erſte Offizier
ließ die Mannſchaft auf dem Achterdeck antreten, brachte drei Hurras auf
den Kaiſer aus und befahl dann: „Alle Mann aus dem Schiff, Boote zu
Waſſer." „V 26", das zur Übernahme der Beſatzung anlegen wollte,
wurde durch das Überbordſpringen der „Magdeburg"=Leute zunächſt
daran gehindert, legte dann aber, trotzdem ihm von „Magdeburg" wegen

---

[1]) Kapitänleutnant Freiherr Röder v. Diersburg fiel 1918 in der Nordſee als Chef
einer Torpedoboots=Halbflottille.

der jeden Augenblick zu erwartenden Sprengungen abgewinkt wurde, zur Rettung der noch an Bord befindlichen Besatzung mit dem Bug am Schiff an. In diesem Augenblick entzündete sich die Sprengladung im Vorder= schiff der „Magdeburg". Das Vorschiff bis zum zweiten Schornstein wurde vollständig auseinandergerissen. Die Sprengpatronen des Achter= schiffs wurden nicht angeschlagen. Kapitänleutnant Freiherr Röder v. Diersburg nahm sämtliche noch an Bord befindliche Leute über und legte dann mit dem Torpedoboot vom Schiff ab, um die wenigen noch im Wasser befindlichen Leute aufzunehmen. Der Kommandant der „Magde= burg" und sein Adjutant, Oberleutnant zur See Bender, weigerten sich, das Schiff zu verlassen[1]).

In diesem Augenblick kamen querab und Backbord achteraus vom Wrack der „Magdeburg" und von „V 26" die russischen Schiffe wieder in Sicht. Es war ein Kreuzer oder Zerstörer mit drei Schornsteinen, der aus dem Nebel auf etwa 20 bis 25 hm Entfernung auftauchte und zunächst für „Augsburg" gehalten wurde, trotzdem ließ der Kommandant des Torpedo= bootes sofort die Geschütze besetzen. „V 26" war nur mit seiner Artil= lerie gefechtsbereit, da die Torpedorohre von dem Anlegen bei „Magde= burg" her noch eingeschwenkt waren und wegen der dichtgedrängt an Oberdeck des Bootes stehenden Mannschaften des gestrandeten Kreuzers nicht so schnell bewegt werden konnten. Nachdem vor dem Drei=Schorn= stein=Kreuzer noch ein größerer Vier=Schornstein=Kreuzer zum Vorschein gekommen war, wurden die Schiffe nach Form und Farbenanstrich un= zweifelhaft als Russen, Kreuzer oder Zerstörer, ausgemacht. Kapitän= leutnant Freiherr Röder v. Diersburg ließ daher mit seinen drei 8,8 cm L/45=Geschützen Schnellfeuer auf die feindlichen Schiffe eröffnen, die noch durch einen weiteren Drei=Schornstein=Zerstörer verstärkt worden waren. Nachdem das Feuer von „V 26" eröffnet war, begannen auch die drei russischen Schiffe zu feuern. Die Verhältnisse lagen für den Gegner besonders günstig, da „V 26" annähernd auf der Stelle um 12 Strich über Süd auf Westkurs drehen mußte, um von „Magdeburg" und den Untiefen vor der Insel Odensholm freizukommen. Mit großer see= männischer Geschicklichkeit führte der Kommandant sein mit Menschen überfülltes Boot im feindlichen Feuer. Während des Drehens war er für die russischen Schiffe ein bequemes Ziel und stand in einem Hagel von Geschossen. Als das Boot endlich 30 Seemeilen Fahrt mit westlichem Kurs aufgenommen hatte, ging eine Granate dicht über das Heck hinweg und riß acht Mann über Bord. Ein Schuß hatte

---

[1]) Korvettenkapitän Habenicht und Oberleutnant z. See Bender gerieten in russische Gefangenschaft.

schon vorher die Funkentafelage unbrauchbar gemacht. Kurz darauf erhielt „V 26" einen 15 cm-Volltreffer ins Achterschiff. Die Granate schlug Steuerbord etwas über der Wasserlinie in die achtere Wach=offizierkammer ein und krepierte dort. Sie zertrümmerte dabei die Offi=ziermesse und die beiden Steuerbord-Wachoffizierkammern vollständig und beschädigte an Backbord stark die Zahlmeisterkammer und den Komman=danten-Schlafraum. Nach oben wurde das Oberdeck durchschlagen, ferner die Schottwand nach dem hinteren Turbinenraum und das Deck nach der Offizierlast. Alle in der Offiziermesse befindlichen Personen, in der Mehr=zahl die Schwerverwundeten der „Magdeburg", wurden bis auf den leitenden Ingenieur der „Magdeburg", Stabsingenieur Paul Koch, sofort getötet. Durch diesen Treffer fanden der Navigationsoffizier der „Magdeburg", Kapitänleutnant Reinhold Kunau, und der freiwillige Arzt von „V 26", Dr. Molkenbur, der mit dem Verbinden der Verwundeten beschäftigt war, den Heldentod. Im hinteren Turbinenraum waren durch diesen Schuß die Abdampfleitungen und die Bekleidung des Kondensators zerstört worden, so daß durch den ausströmenden Dampf ein Aufenthalt in diesem Turbinenraum für das Personal unmöglich wurde und die Back=bordturbine gestoppt werden mußte. Das Boot lief jetzt nur noch 23 Seemeilen, und da der Kommandant nicht wußte, wie lange er bei dem großen Dampfverlust diese Geschwindigkeit noch durchhalten konnte, gab er die Absicht, mit den inzwischen wieder verwendungsbereiten Torpedorohren einen Torpedoangriff zu machen, auf und lief mit Westkurs weiter. Die feindlichen Schiffe folgten unbegreiflicherweise nicht, sondern blieben zurück und waren beim Aufklaren des Nebels noch lange Zeit zu sehen. Das Feuer war auf beiden Seiten auf etwa 35 bis 40 hm eingestellt worden, das ganze Gefecht hatte nach Schätzung 20 Minuten gedauert. „V 26" hatte insgesamt 104 Schuß verfeuert, mehrere Treffer auf den feindlichen Schiffen beobachtet, unter anderem auf einem Drei-Schornstein=Zerstörer eine große schwarze Rauchwolke, die auf einen Treffer in die Bereitschaftsmunition schließen ließ, und eine große schwarze Rauchwolke auf dem Vier-Schornstein-Kreuzer. Um 10.33 Uhr Bm. kam an Backbord voraus „Augsburg" in Sicht, und „V 26" gab die Verwundeten, Toten und geretteten Mannschaften ab[1]).

Kontreadmiral Behring hatte in der zweiten Nachthälfte seine Absicht ausgeführt, war mit dem Flaggschiff nördlich der Sperre aus dem Finni=schen Meerbusen ausgelaufen, hatte die 50 m-Linie angelotet und

---

[1]) Die Verluste der „Magdeburg" und „V 26" betrugen 17 Tote, 17 Verwundete und 75 Vermißte, darunter außer den bereits Genannten Oblt. z. S. Paul Neumann von „V 26".

5.10 Uhr Vm. in dichtem Nebel, Russarö in NO½O 12 Seemeilen Entfernung, geankert. Sein Begleittorpedoboot „V 186" meldete um diese Zeit
Ausfall einer Turbine, so daß das Boot, nachdem es vorher noch 4 Tonnen
Speisewasser erhalten hatte, nach Danzig entlassen werden mußte. Inzwischen hatte es gegen 6 Uhr Vm. etwas aufgeklart, aber nicht genug,
um das niedrige und ziemlich weit entfernte Land der finnischen Küste
und der vorgelagerten Inseln zu sehen. Kontreadmiral Behring glaubte
aber, daß es hell genug sei, die hochgelegene Küste bei Tachkona auf Dagö
ausmachen zu können, lichtete daher 6.08 Uhr Vm. mit „Augsburg" Anker
und steuerte, während es jetzt wieder ganz dick geworden war, gut frei
westlich der „Deutschland"-Sperre nach Süden auf das Kap zu. Das Land
kam nicht in Sicht, doch glückte es dem zähen Durchhalten des Führers, eine
bei Kap Tachtona in nordsüdlicher Richtung laufende muldenförmige Rinne
zuverlässig anzuloten, die jetzt endlich die Genauigkeit der Navigierung
und des Bestecks der „Augsburg" einwandfrei bestätigte. Es wurde daher
9.14 Uhr Vm. Odensholm und die Strandungsstelle angesteuert. Um die
gleiche Uhrzeit wurde in der Ferne Donner gehört, der zunächst
für ein Gewitter, dann aber für Geschützfeuer und Explosionen in der
Richtung auf „Magdeburg" gehalten wurden. Auf diesem Kurse kam dann
bald „V 26" in Sicht. Auch „Amazone" näherte sich um diese Zeit ebenfalls im dicken Nebel der Unfallstelle. Sie hatte mit „U 3" im Schlepp
auf dem Anmarsch zu ihrer befohlenen Aufnahmestellung südöstlich von
Dagerort in der Nacht vom 25. zum 26. August die Funksprüche der
„Magdeburg" aufgenommen. In richtiger Überlegung, daß ein Abschleppen des aufgelaufenen Kreuzers doch nur bis Tagesanbruch möglich wäre, hatte sie zunächst ihren Marsch zum Sammelplatz, den sie
am 26. August 3.47 Uhr Vm. ebenfalls schon in unsichtigem Wetter
erreicht, fortgesetzt. Als sie auf ihre Standortmeldung hin bis
4.20 Uhr Vm. vom Flaggschiff keinen Befehl erhalten hatte, fragte sie bei
„Augsburg" an, ob „U 3" von ihr in die Nähe von „Magdeburg" geschleppt werden sollte. Sie erhielt als Antwort: „Hier dichter Nebel, wenn
dort sicheres Besteck, ja." Korvettenkapitän Horn hatte mit „Amazone"
in unsichtigem Wetter und Nebel ebenfalls seit zwölf Stunden kein Besteck
bekommen. Er warf daher „U 3" los und steuerte mit „Amazone" und
dem Unterseeboot zunächst zur Besteckbestimmung die Huk von Dagerort an. Unter dauerndem Loten wurde so nahe an Land heran-
gegangen, daß 9.35 Uhr Vm. der obere Leuchtturm von Dagerort
gepeilt werden konnte. Von hier aus wurde jetzt mit 10 Seemeilen
Fahrt zwischen Neckmannsgrund und Winkowa-Bank in den Finnischen Meerbusen hinein auf Odensholm zugesteuert. Auch hier zeigte

ſich ebenſo wie bei „Augsburg" und „V 26" die gute, im Frieden durch
höchſte militäriſche Anforderungen, ſelbſt den ſchwierigſten Lagen gewachſene
Navigationsausbildung unſerer Kommandanten, Navigationsoffiziere und
Steuerleute. Mit „Augsburg" wurden auf dem Weitermarſch dauernd die
Standorte gewechſelt, und 11.45 Uhr. Vm. kam das Flaggſchiff, gefolgt von
„V 26", im Nebel in Sicht. Die beiden Schiffe ſtoppten, „Amazone" erhielt
Befehl, „U 3" an „Augsburg" abzugeben, die Verwundeten, Toten und
den Reſt der Beſatzung der „Magdeburg" an Bord zu nehmen und mit
„V 26"; das für weitere Unternehmungen nicht mehr verwendungsbereit
war, nach Danzig zurückzukehren.

Kontreadmiral Behring war es ſomit gelungen, ſeine Streitkräfte
trotz des Nebels wieder zu ſammeln, und er ſtand jetzt vor dem
Entſchluß, ob er die Unternehmung aufgeben oder mit dem Flagg=
ſchiff und „U 3" am nächſten Tage fortſetzen ſollte. Er hatte nach dem
Zuſammentreffen mit „V 26" um 11.5 Uhr Vm. auf ſeinem Weg nach der
Strandungsſtelle kehrtgemacht und war mit äußerſter Kraft und weſtlichem
Kurs aus dem Finniſchen Meerbuſen herausgelaufen, um zunächſt die
Vereinigung mit der nach Oſten ſteuernden „Amazone" zu ſuchen. Nach
einem kurzen Verſuch, „V 26" allein folgen zu laſſen, hatte er ſich ent=
ſchließen müſſen, das Torpedoboot in Schlepp zu nehmen. Das Inſchlepp=
nehmen und Bergen des Bootes war geglückt, weil die Ruſſen unbegreif=
licherweiſe das Boot nicht verfolgt hatten. Hätten ſie die Tatkraft beſeſſen,
mit nur einem Kreuzer und einigen Torpedobooten „V 26" zu jagen, ſo
hätte der Admiral das Boot vorausſichtlich opfern müſſen, um mit „Augs=
burg" Freiheit des Handelns zu haben. Der Entſchluß, die Unternehmung,
die einen ſo ſchweren Mißerfolg durch den Verluſt des ſchnellſten und
kampfkräftigſten Kreuzers bis jetzt gebracht hatte, ganz aufzugeben, lag
daher nahe. Sie wäre ſchon durch die Ermüdung des Perſonals gerecht=
fertigt geweſen. Seit 17 Stunden waren Admiral und Kommandanten
unter den ſchwierigſten Verhältniſſen im dichten Nebel nicht von der Kom=
mandobrücke heruntergekommen, die Nerven durch die Ereigniſſe der Nacht
angeſtrengt und durch das ſchmerzliche Bild des im Morgengrauen über=
füllt mit Toten und Verwundeten anlegenden Torpedobootes ergriffen.
Die Mannſchaft auf Kreuzern und Torpedobooten an Deck und vor den
Feuern ſeit über 24 Stunden im angeſtrengteſten Dienſt tätig. Aber vor=
zeitiges Aufgeben einer Unternehmung, ſolange nicht alle Waffen an den
Feind gekommen und jede Möglichkeit des Erfolges ausgenutzt war, kam
für Kontreadmiral Behring und ſeinen Admiralſtabsoffizier nicht in Frage.
In ſeinem Kriegstagebuch gibt der Führer zu dieſer Zeit ſeinem Bedauern
Ausdruck, daß die großen Anſtrengungen der ihm unterſtellten Offiziere

und Mannschaften bis jetzt noch nicht den Erfolg gefunden hätten, den sie verdienten und beschließt, die Unternehmung am 27. August mit „Augsburg", „U 3" und den beiden Torpedobooten fortzusetzen. „V 25" war nämlich inzwischen aus Danzig gekommen und im Laufe des Nachmittags bei „Augsburg" eingetroffen, „V 186" hatte seine Havarie mit Bordmitteln behoben und war wieder zum Flaggschiff zurückgekehrt.

Um 5.30 Uhr Nm. im dichten Nebel detachierte Kontreadmiral Behring „Amazone" und „V 26" nach Danzig und stand mit den übrigen Streit-kräften während der Nacht vom 26. zum 27. mit wechselnden Kursen und langsamer Fahrt außerhalb des Finnischen Meerbusens südlich Bogskär auf und ab. Dem Oberbefehlshaber der Ostseestreitkräfte war im Laufe des Nachmittags der Entschluß für den 27. August zusammen mit einer kurzen Schilderung der Ereignisse der vergangenen Nacht gemeldet worden.

Großadmiral Prinz Heinrich hatte am 26. August 4.20 Uhr Vm. den ersten Funkspruch der „Magdeburg", der ihm das Auflaufen und die Not-wendigkeit sofortiger Hilfe meldete, erhalten. Wenige Minuten später war eine gleichlautende Meldung des detachierten Admirals eingelaufen, die ergänzend mitteilte, daß „Augsburg", sobald der Nebel sich verzogen, mit Abschleppversuchen beginnen wolle. Der Oberbefehlshaber der Ostseestreit-kräfte hielt als erste Maßnahme eine sofortige Entsendung stärkerer Streit-kräfte nach dem Finnischen Meerbusen für notwendig. Er war sich aller-dings von Anfang an darüber klar, daß, wenn es nicht sofort gelänge, „Magdeburg" abzuschleppen, nach Lage der Dinge überhaupt wenig Aus-sicht vorhanden sei, den Kreuzer zu retten. Er wollte aber in jedem Fall durch das Erscheinen stärkerer Streitkräfte im Finnischen Meerbusen dem Feinde vor Augen führen, „daß wir unsere Offensivunternehmungen auch trotz eines Verlustes nicht aufzugeben beabsichtigten". Dies waren seine Überlegungen, als er funkentelegraphisch 7 Uhr Vm. vom Chef der Hochsee-streitkräfte das in Kiel von der Indienststellung her noch zu Ausbildungs-übungen liegende IV. Geschwader und die beiden Panzerkreuzer „Roon" und „Prinz Adalbert" des 2. Befehlshabers der Aufklärungsschiffe zur Deckung der Streitkräfte im Finnischen Meerbusen erbat, »bis die Ange-legenheit der „Magdeburg" aufgeklärt sei«. Das Einverständnis des Chefs der Hochseestreitkräfte traf umgehend ein, und der Prinz befahl darauf 7.30 Uhr Vm. den Chef des IV. Geschwaders, Vizeadmiral Ehrhard Schmidt, den Ersten Admiralstabsoffizier dieses Verbandes, Fregatten-kapitän Weniger, und den 2. Befehlshaber der Aufklärungsschiffe, Kontreadmiral v. Rebeur-Paschwitz mit seinem Admiralstabsoffizier, Korvettenkapitän Seidensticker, zu einer Besprechung. Der Geschwader-chef hatte bereits unabhängig vom Oberbefehlshaber vom Chef der Hochsee-

ftreitkräfte die Gestellung von weiteren Kleinen Kreuzern und zwei
Torpedobootsflottillen erbeten, da er von vornherein die schwachen
Streitkräfte der Küstenschutzdivision und des detachierten Admirals zur
Sicherung seines Geschwaders bei einem Vorstoß in den Finnischen Meer=
busen nicht für ausreichend hielt. Die gleichen Überlegungen waren auch in
Berlin vom Admiralstab gemacht und ein ähnliches Ersuchen an die Flotte
gestellt worden. Im Gegensatz zu beiden Stellen hielt der Oberbefehls=
haber der Ostseestreitkräfte diese Unterstützung nicht für notwendig. Der
Chef der Hochseestreitkräfte sagte aber die sofortige Entsendung der 4. Tor=
pedobootsflottille und der Kleinen Kreuzer „München" und „Danzig"
zunächst nach Kiel zu.

Großadmiral Prinz Heinrich befahl dem Geschwaderchef, dem gleich=
zeitig alle in der östlichen Ostsee befindlichen Streitkräfte für diese Unter=
nehmung unterstellt wurden, mit dem IV. Geschwader und den beiden
Kreuzern des 2. Befehlshabers der Aufklärungsschiffe beschleunigt nach
dem Finnischen Meerbusen zu gehen. Der Verband sollte sich dort an der
russischen Küste zeigen und durch sein Erscheinen im Finnischen Meerbusen
die Russen hinter der Sperre Nargön—Porkala=Udde zurückhalten.
Von der Küstenschutzdivision wurden Vizeadmiral Schmidt noch die drei
alten Torpedoboote „T 91", „T 93", „T 94" und der Kleine Kreuzer
„Gazelle" unterstellt. Damit hatte Großadmiral Prinz Heinrich alle über=
haupt gefechtsfähigen Streitkräfte für den Vorstoß zusammengefaßt und
den Vorposten= und Bewachungsdienst in der mittleren Ostsee auf ein
Mindestmaß gesetzt. Er bat daher, da ihm Befehlsgewalt dafür nicht zur
Verfügung stand, den Admiral der Schulkreuzerdivision, Kontreadmiral
Jasper, mit der unterstellten Aufklärungsgruppe, bestehend aus den Schul=
schiffen „Hansa", „Hertha", „Vineta" und „Victoria Louise", das Gebiet
zwischen der Linie Möen—Plantagenet und Arkona—Smygehuk während
der etwa vier= bis fünftägigen Dauer der Unternehmung mit seinen
Schiffen zu bewachen. Die Umständlichkeit der Befehlserteilung trat bei
diesem ersten Fall, wo Ereignisse des Ostseekriegsschauplatzes weitere Kreise
zogen und auch auf die Nordseekriegführung einwirkten, deutlich in Er=
scheinung. Anstatt daß durch den Chef des Admiralstabes sofort auf die
erste Meldung hin das im Rahmen der Gesamtlage Erforderliche befohlen
wurde, handelten Oberbefehlshaber der Ostseestreitkräfte, Admiralstab,
Chef der Hochseestreitkräfte und Geschwaderchef voneinander unabhängig.

Der 2. Befehlshaber der Aufklärungsschiffe ging mit „Roon", Kom=
mandant Kapitän zur See v. Karpf und „Prinz Adalbert", Komman=
dant Kapitän zur See Michelsen, bereits 10 Uhr Vm. mit 16 Seemeilen
Marschfahrt in See, das IV. Geschwader, bestehend aus den Schiffen:

„Wittelsbach" (Flaggschiff), Kommandant Kapitän zur See v. Manten,
„Schwaben", Kommandant Kapitän zur See v. Kameke,
„Wettin", Kommandant Kapitän zur See Varrentrapp,
„Zähringen", Kommandant Kapitän zur See Scheidt,
„Mecklenburg", Kommandant Kapitän zur See Wilhelm Tägert,
„Braunschweig", Kommandant Kapitän zur See Freiherr v. Dalwigk
    zu Lichtenfels,
„Elsaß", Kommandant Kapitän zur See Langemak,

S. M. L. Sch. „Wittelsbach" (1900)
Länge . . . . 125 m
Wasserverdrängung . . . . . . 11800 t
Schnelligkeit . . . . 16 (18) sm
Armierung 4-24, 18-15, 12-8,8 cm, 6 Tpd.-R.
Besatzung 683

folgte nach Kohlenergänzung 1.15 Uhr Nm. mit 13 Seemeilen, der
ökonomischen Dauergeschwindigkeit, die ein Eintreffen vor dem Finnischen
Meerbusen nicht vor dem 28. August nachmittags ermöglichte. 3 Uhr Nm.
erhielt der Oberbefehlshaber der Ostseestreitkräfte die funkentelegraphische
Meldung des detachierten Admirals von der Sprengung der „Magdeburg". Wie alle Meldungen aus der östlichen Ostsee durch die Funkenstation Danzig weitergegeben, wurde sie gleichzeitig auch vom Flottenflaggschiff in Wilhelmshaven und dem auf dem Marsch nach Osten befindlichen IV. Geschwader abgenommen. Der Chef der Hochseestreitkräfte
ersuchte daraufhin den Großadmiral, auf die Gestellung der beiden Kleinen
Kreuzer und der Flottille zu verzichten, sofern sie nicht unbedingt gebraucht würden. Großadmiral Prinz Heinrich erklärte sich einverstanden,
da „die Durchführung der augenblicklichen Aufgabe mit den vorhandenen
Mitteln möglich sei". Auch bei Berücksichtigung der geringen Kriegserfahrungen widersprach aber eine Entsendung von neun älteren Kampf-
schiffen in ein von Minen und Unterseebooten gefährdetes Seegebiet an
feindlicher Küste, in Begleitung von nur drei alten und zwei modernen
Torpedobooten allen Friedensgrundsätzen. Diese Empfindungen hatte
wohl auch der Chef des IV. Geschwaders, als er gleichzeitig mit der
Nachricht von der Sprengung der „Magdeburg" vom Oberbefehlshaber
der Ostseestreitkräfte 5.40 Uhr Nm. den funkentelegraphischen Befehl
erhielt: „Halte Demonstration vor Russen bei neuer Sachlage erst
recht für unbedingt notwendig." Vizeadmiral Schmidt bemerkt nämlich

in seinem Kriegstagebuch: »Für den Vorstoß des Geschwaders in den Finnischen Meerbusen ist es nachteilig, daß „Augsburg" und die Torpedoboote nach Westen gegangen sind. Die Zugangsstraßen sind daher nicht mehr bewacht. Mit der Möglichkeit, daß in der bisher meist von uns benutzten Zugangsstraße, nördlich unserer Sperre und westlich der bei Russarö vermuteten russischen Sperre, von den Russen Minen gelegt sind, muß gerechnet werden. Ebenso damit, daß die Russen das Festkommen und Sprengen der „Magdeburg" beobachtet haben und in der Erwartung, daß dieser Ort wieder aufgesucht wird, dort Minen legen. Da das erste Ziel des Vorstoßes, Deckung des Ab= schleppens der „Magdeburg", hinfällig geworden ist, erscheint ein so beschleunigtes Eindringen in den Finnischen Meerbusen ohne bessere Siche= rung des Geschwaders nicht mehr so wichtig. Beabsichtige daher zunächst ein Zusammentreffen mit „Augsburg", um von ihr nähere Nachrichten zu bekommen, dann erst Erledigung der Aufgabe. Hierfür sind beim Ober= befehlshaber der Ostseestreitkräfte beantragt, Sperrbrecher und eine Minen= suchdivision.«

Der Oberbefehlshaber der Ostseestreitkräfte, der weder Sperrbrecher noch eine für Offensivzwecke verwendungsfähige Minensuchdivision zur Verfügung hatte, antwortete dem Geschwaderchef: „Entsendung Sperr= brecher und Minensuchdivision für Geschwader unmöglich. Beschränken Operation auf Flaggezeigen und Beunruhigungen der Küste bei Windau und Dagerort=Leuchtturm soll genügen." Inzwischen war aber auch der Chef des Admiralstabes im Großen Hauptquartier zu der Überzeugung gekommen, daß diese auf Grund der Strandung „Magdeburg" vom Ober= befehlshaber der Ostseestreitkräfte ganz plötzlich eingeleitete Entsendung eines Geschwaders durch den weiteren Verlauf der Ereignisse im Finnischen Meerbusen zu einer verspäteten und in dieser Form vielleicht gefähr= lichen Unternehmung werden könne. Die Havarie eines der ohne ge= nügende Deckung entsandten großen Schiffe durch Minen oder Untersee= boote lag im Bereich der Wahrscheinlichkeit. Danzig kam als Werft wegen der ungenügenden Tiefenverhältnisse nicht in Frage, so daß ein schwer havariertes Schiff 600 Seemeilen bis Kiel hätte geschleppt werden müssen. Hatten die Russen bis jetzt den weit unterlegenen Streitkräften des Admirals Behring kein energisches Gefecht zu liefern gewagt, so war um so weniger zu erwarten, daß sie sich einem ganzen Geschwader von Linien= schiffen a u ß e r h a l b des Finnischen Meerbusens stellen würden. Ein Eindringen i n den Finnischen Meerbusen ohne Minensuchdivisionen hätte aber den Russen voraussichtlich nur billige Erfolge gebracht. Der Einsatz entsprach daher selbst unter günstigen Umständen nicht dem Gewinn. Es kam hinzu, daß in der Nordsee immer noch auf den englischen Angriff gewartet wurde und man dort jedes selbst ältere Schiff zu benötigen glaubte. Der Oberbefehlshaber der Ostseestreitkräfte erhielt daher am 27. August 11.45 Uhr Nm. den folgenden Fernspruch vom Großen Haupt- quartier: »Seine Majestät befehlen, die Hochseestreitkräfte, die für „Magdeburg" zur Hilfe geschickt waren, zurückzusenden, wenn die Sicher- heit der „Augsburg", „Amazone" usw. dies zuläßt. Admiral.« Obwohl Großadmiral Prinz Heinrich von seinem Standpunkte aus eine Demon- stration mit größeren Streitkräften für erforderlich hielt, ließ „die kate- gorische Fassung der Allerhöchsten Anweisung" keine Einwendungen zu. Daraufhin wurden am 27. August 12.30 Uhr Vm. das IV. Geschwader, „Roon" und „Prinz Adalbert" nach Kiel zurückgerufen. Das Geschwader stand um diese Zeit bereits auf der Höhe von Sandhammar westlich Born- holm, die beiden Kreuzer an der Südspitze Ölands.

Kontreadmiral Behring war vom Oberbefehlshaber der Ostseestreit- kräfte laufend über die Maßnahmen zu seiner Unterstützung unterrichtet worden. Seine Absichten für den 27. August wurden dadurch nicht berührt, da von den zugesagten Streitkräften frühestens die beiden Großen Kreuzer in der Nacht vom 27. zum 28. vor dem Finnischen Meerbusen eintreffen konnten. Auch die Nachricht von der Rückberufung der Schiffe, die er am 27. August 2.16 Uhr Vm. erhielt, änderte seine Absicht für diesen Tag nicht. Sein Sonderbefehl für die Nacht vom 26. zum 27. August und für den 27. August an „Augsburg", „U 3", „V 25" und „V 186" lautete:

»1. Ich beabsichtige während der Nacht zuerst abzustehen und dann so rechtzeitig kehrtzumachen, daß die Höhe von Bengtskär gegen 4 Uhr Vm. am 27. August erreicht wird. Bis dahin „U 3" nach Möglichkeit im Schlepp von „Augsburg".

2. „U 3" bleibt stets klar zum Schlippen. Falls nachts Zusammen- treffen mit dem Feinde, „U 3" tauchen, unter Wasser kehrtmachen und selbständig nach Sammelplatz gehen.

3. 27. August beabsichtigt Eindringen in den Finnischen Meerbusen nördlich unserer Sperre. Wenn möglich, Ansatz von „U 3" zum Angriff auf feindliche Schiffe. Beim Passieren von Bengtskär und Hangö „U 3" möglichst gegen Sicht von Land schützen. Vormarschgeschwindigkeit 9 See- meilen, Abstand „U 3" von „Augsburg" etwa 4 Seemeilen.

4. Bei Nebel oder unsichtigem Wetter fällt die Operation aus. Sammelplatz 59° 10′ Nord 21° Ost.«

In der Nacht vom 26. zum 27. August war der Nebel noch genau so dick wie in den vorhergehenden 24 Stunden, so daß das Zusammen- fahren des Verbandes an die Aufmerksamkeit der Torpedobootskomman-

danten und des Brückenpersonals hohe Anforderungen stellte. Um
10.40 Uhr Nm. brach der Schlippschäkel, mit dem „U 3" von „Augsburg"
geschleppt wurde, und das Unterseeboot drohte aus Sicht zu kommen. Es
wurde glücklich wieder gefunden und längsseit gerufen. Der Kommandant
meldete, daß die Rudermaschine versage, das Personal stark ermüdet sei
und notwendig der Ruhe bedürfe. Man vergegenwärtige sich, daß die
Bootsbesatzung bereits seit 72 Stunden unter den ungünstigsten Wetter=
verhältnissen zu arbeiten hatte und dieses alte Boot wesentlich schlechtere
Lebensbedingungen hatte als die späteren U=Boote. Die Reparatur der
Rudermaschine und des Schlippschäkels wurde in der Nacht von „Augs=
burg" ausgeführt und das Personal des Bootes zur Erholung an Bord
genommen. Mit Tagesanbruch, 7 Uhr Vm. am 27. August, stand der
Verband südlich Bogskär und steuerte den Eingang zum Finnischen Meer=
busen an. Es hatte aufgeklart und es schien endlich ein schöner klarer Tag
zu werden, nachdem man bis jetzt zwei Nächte und einen Tag in anhal=
tendem Nebel gefahren war. Die Verzögerung in der Nacht infolge der
Havarie von „U 3" verursachte eine Änderung in den Absichten des
Admirals, da er unter diesen Umständen im Laufe des Tages nicht mehr
so weit in den Finnischen Meerbusen vorstoßen konnte, wie er ursprünglich
beabsichtigt hatte.

Bei dem Weitermarsch nach Osten, in einer Entfernung von 25 See=
meilen westlich der „Deutschland"=Sperre, kamen 2.15 Uhr Nm. recht vor=
aus zwei feindliche Torpedoboote und kurz darauf zahlreiche Rauchwolken
in Sicht. Etwas später wurde in ONO¾O eine Minenexplosion in sehr
großer Entfernung, anscheinend hinter unserer Minensperre, beobachtet.
Mit Sicherheit waren nördlich der Sprengwolke mehrere Fahrzeuge zu
sehen, deren Typ aber nicht zu erkennen war. „V 186" erhielt den Befehl,
vor dem Eingang des Moonsundes zu sichern, um bei einem Weitervor=
dringen nach Osten gegen Abschneiden durch etwa dort liegende russische
Streitkräfte geschützt zu sein. Es war im übrigen klar und sichtig, so daß
auch ein rechtzeitiges Erkennen russischer Streitkräfte, welche von Norden
her aus Hangö oder Lappwik vorstoßen konnten, möglich schien. Um
3.30 Uhr Nm. waren beim Näherkommen die zuerst gesichteten Fahrzeuge
als kleine graue Dampfer mit Schornsteinringen deutlich auszumachen.
Sie wurden als Minenleger angesprochen, die eine Sperre dicht östlich der
„Deutschland"=Sperre zu legen schienen. Dieses glaubte der Admiral aus
dem Verhalten des östlichen Fahrzeuges zu entnehmen, das, von „Augsburg"
beschossen, zunächst nach Süden um eine rote Boje herumsteuerte und erst
dann mit äußerster Kraft nach Osten lief. Es erschien aber auch nicht ausge=
schlossen, daß die russischen Minenfahrzeuge an unserer Sperre tätig waren,

die, sobald sie einmal von den Russen gefunden und bezeichnet war, durch ihre
Lage so gut in das Verteidigungssystem des Finnischen Meerbusens hinein-
paßte, daß die Russen sie dauernd liegen lassen konnten. Von 3.44 Uhr Nm.
bis 4.5 Uhr Nm. beschoß „Augsburg auf etwa 110 hm die feindlichen Minenfahrzeuge, stellte aber dann wegen zu großer Entfernung und fehlender
Beobachtungsmöglichkeiten das Feuer ein. Um 4.7 Uhr Nm. wurden im
Norden zwei große feindliche Schiffe, anscheinend Kreuzer, gesichtet, die
„Augsburg" abzuschneiden drohten. Der Admiral ging daher 4.16 Uhr Nm.
auf Gegenkurs und machte an „U 3" Scheinwerfersignal „Folgen". Dies
Signal wurde leider von „U 3" für den Befehl „Tauchen" abgelesen, so daß
das Boot erst durch ein erneutes Signal zum Auftauchen gezwungen werden
mußte, durch das unnötige Manöver aber Zeit und sehr viel elektrische Kraft
verloren hatte. Auf „Augsburg" wurde der Feind im Norden jetzt deutlich
als zwei Panzerkreuzer vom „Bajan"-Typ erkannt. Admiral Behring ging
daher zunächst mit dem gleichen Kurs weiter nach Westen, um gut frei von
unserer Sperre zu kommen. 4.46 Uhr Nm. drehte er auf die russischen
Kreuzer zu, lief ihnen mit äußerster Kraft entgegen und gab, als der
Feind etwa 180 hm entfernt war, dem im Kielwasser fahrenden „U 3"
den Befehl zum Tauchen. (Siehe Karte 7.)

Es folgte jetzt ein spannendes Gefecht, das Kontreadmiral Behring
mit „Augsburg" und „U 3" gegen weit überlegene Kräfte mit außer-
ordentlicher Ruhe durchführte. Seine Absicht war, den Feind durch
vollen Einsatz der „Augsburg" auf sich zu ziehen, ihn festzuhalten
und unterdessen dem Unterseeboot Zeit zu geben, an die nichts-
ahnenden, nur mit dem Kreuzer beschäftigten Gegner, heranzukommen.
Er lief mit Nordkurs den russischen Panzerkreuzern bis auf 130 hm
entgegen, drehte dann 5.10 Uhr Nm. auf Gegenkurs und eröffnete
in etwa 120 hm Entfernung vom Feind das Feuer, das sofort von den
Russen erwidert wurde. Die Russen dampften sorglos hinterher, auf das
Unterseeboot zu. Mit höchster Fahrt jagten sie im laufenden Gefecht die
südweststeuernde „Augsburg", die bald im Salvenfeuer der hohe Wasser-
säulen aufspritzenden 20,3 cm der beiden Kreuzer eingedeckt lag. „Augs-
burg" mußte ihr Feuer bald einstellen, um das in der Schußlinie ihrer
Geschütze auf den Feind zulaufende Unterseeboot nicht zu gefährden. Das
Feuer der Russen lag dicht vor und hinter „Augsburg" und dem im Kiel-
wasser folgenden „V 25", Kommandant Korvettenkapitän Wieting. Die
Splitter der Granaten bedeckten das Deck des Kleinen Kreuzers, den ein
einziger Volltreffer der Russen leicht hätte außer Gefecht setzen können.
Der Admiral setzte sein Flaggschiff ein, in der Hoffnung, „U 3" zu sicherem
Angriff an den Gegner heranzuführen. 5.27 Uhr Nm. drehte der Feind

plötzlich kurz ab, so daß auf dem Flaggschiff als Grund ein auch nach Be-
rechnung jetzt möglicher Angriff des Unterseebootes angenommen wurde.
Um den Feind wieder auf sich zu ziehen und „U 3" auf diese Weise noch
sicherer in Schußnähe zu bringen, gebrauchte Kontreadmiral Behring
eine Kriegslist. „Hart Steuerbord! Dampf abblasen! Ich markiere Ruder-
störung", waren seine persönlichen Kommandos, mit denen er plötzlich im
feindlichen Feuer stoppte und auf Gegenkurs drehte. Gleichzeitig ließ er
den Kondensator Dampf ausblasen, so daß „Augsburg", stilliegend in weiße
Dampfwolken gehüllt, für den Feind schwer havariert erscheinen mußte.
Die russischen Panzerkreuzer bissen daraufhin wieder an, drehten 5.32 Uhr
Nm. zurück und eröffneten von neuem auf etwa 100 hm ein lebhaftes
Feuer. Der Admiral lief nun, soweit es die Navigation gestattete, nach
Süden, bis ihn die Untiefen der Glotowa-Bank zwangen, 5.45 Uhr Nm.
auf südwestlichen Kurs abzudrehen. Das Unterseeboot mußte um diese Zeit
lange den Feind passiert haben. Die Russen schwenkten auf gleichen Kurs,
so daß ein laufendes Gefecht mit zunehmender Entfernung entstand. Das
Feuergefecht fand auf Entfernungen nicht unter 130 hm statt, die russischen
Salven lagen gut, selten weiter als 150 m vom Schiff. „Augsburg"
beantwortete jetzt wieder das Feuer, da „U 3" dadurch nicht mehr gefährdet werden konnte. Bei der weiten Entfernung aber ohne jede Er-
folgsmöglichkeit. Der Feind hatte in dem 1½stündigen Gefecht ungefähr
40 Schuß schwere Artillerie geschossen, während nur hin und wieder die
russische Mittelartillerie in Tätigkeit getreten war. 6 Uhr Nm. stellten die
Russen das Feuer ein und drehten nach Norden zurück. Der Admiral folgte,
um Fühlung zu halten und nach eintretender Dunkelheit „V 25" anzusetzen, während „V 186" wegen völliger Erschöpfung seines Brennstoffvorrates nach Rückkehr von der Bewachung des Moonsundes nach
Danzig entlassen werden mußte. Um 8 Uhr Nm. war der Feind
hinter die „Deutschland"-Sperre zurückgegangen. Es wurde daher
die Absicht aufgegeben, das Torpedoboot in das minenverseuchte Gebiet
zum Angriff anzusetzen. Die Nacht war auch sehr klar und sichtig, so daß
mit einem Erfolg kaum hätte gerechnet werden können.

Das Kriegsglück war auch an diesem Tage dem Admiral nicht hold
gewesen. Trotzdem er die russischen Panzerkreuzer in 1½stündigem
Feuergefecht hinter sich hergezogen hatte, war das Unterseeboot entweder
überhaupt nicht zum Schuß gekommen oder hatte vorbeigeschossen. Anscheinend aber hatte der Feind, als er 5.27 Uhr Nm. plötzlich abdrehte,
doch etwas Verdächtiges gesehen, da sonst für sein Verhalten keine Erklärung war. Erst am folgenden Morgen 4.16 Uhr Vm., als das Flaggschiff auf dem verabredeten Sammelplatz außerhalb des Finnischen Meer-

busens mit „U 3" zusammentraf, erhielt Kontreadmiral Behring durch die
Meldung des Kapitänleutnants Valentiner Aufklärung über die Tätigkeit
des Unterseebootes während des Gefechts. Von dem Unterseeboot waren
die Gesamtlage und der Plan des Admirals infolge mangelnder Sichtweite
und unsicherer Signalübermittlung zwischen Kreuzer und Unterseeboot
nicht sofort erkannt worden. „Augsburg" war beim Sichten des Gegners
im Norden plötzlich von den Minenfahrzeugen abgedreht und mit
höchster Fahrt auf das weit hinten folgende Unterseeboot zurückge=
laufen und hatte inmitten der ersten Salven des Gegners den Befehl
zum „Tauchen" gegeben, während sie selbst auf den Gegner zugedreht
war. „U 3" hatte zu dieser Zeit auf der Feuerluvseite von „Augs=
burg" gestanden und daher hinter dem Heck der „Augsburg" auf ihre
andere Seite herumgehen müssen. Hierbei wäre das Boot beinahe von
dem nachfolgenden Torpedoboot überrannt worden. „U 3" lief nun unter
Wasser mit äußerster Kraft zunächst zum Passiergefecht auf den Gegner
zu, entschloß sich, da der Gegner nach Steuerbord Kurs geändert hatte,
aber dann zum Buganlauf. Die russischen Schiffe fuhren jetzt an=
scheinend langsam, so daß gute Schußaussichten vorhanden waren.
Ungünstig wurde die Tiefensteuerung durch die bewegte See beein=
flußt, so daß das Boot während des Anlaufs mehrere Male ganz
aus dem Wasser kam. Unglücklicherweise war dies auch 5.26 Uhr Nm.
der Fall, als „U 3" eine Minute vor dem beabsichtigten Schuß bereits
auf 16 hm an den Feind heran war. Es wurde anscheinend von
den Russen gesehen, die daraufhin sofort abdrehten, ohne aber das
Feuer auf das Boot zu eröffnen. Kapitänleutnant Valentiner hatte vorher
noch nicht seine Torpedos gelöst, weil ihm die Entfernung zu weit ge=
wesen war und er ganz sicher hatte gehen wollen. Jetzt lief der Gegner
mit voller Fahrt recht von ihm ab. „U 3" blieb zunächst gestoppt
liegen, um das weitere Verhalten des Feindes abzuwarten. Der Strom=
verbrauch des alten Bootes war aber durch das längere Laufen mit
äußerster Kraft und die beiden Tauchmanöver so groß geworden, daß das
Boot unter Wasser nur noch im ganzen 6 Seemeilen zurücklegen konnte.
Unterdessen hatte der Gegner wieder zurückgedreht und lag gestoppt 40 hm
entfernt, eine neue Angriffsgelegenheit darbietend, wie sie günstiger kaum
gedacht werden konnte. Kapitänleutnant Valentiner entschloß sich sofort
zu einem zweiten Angriff, der aus Stromersparnis mit wenig Fahrt
durchgeführt werden sollte. Während er diesen unternahm, und die Tor=
pedorohre fertiggemacht hatte, drehten die beiden Panzerkreuzer wieder
ab, so daß er nach einiger Zeit den Versuch als aussichtslos endgültig
aufgab. Der Tiefensteurer von „U 3" war völlig erschöpft, weil dieses Boot
noch keine Tiefensteuermaschinen besaß.

Der Plan des Admirals war in erster Linie wegen der Unzulänglichkeit des unmodernen Unterseebootes mißlungen. Es hatte sich auch hier gezeigt, daß im Seekriege Erfolge gegen überlegene Gegner nur mit dem neuesten und besten Material zu erreichen sind. Die Hauptursache des Versagers war der alte Typ von „U 3", das im Jahre 1907 auf Stapel gelegt war und aus diesem Grunde der Küstenschutzdivision der Ostsee für Verteidigung der Kieler Bucht mobilmachungsgemäß zugeteilt wurde. Bei diesem Boot dauerte das Tauchmanöver noch mehrere Minuten, beim Angriff ließ es sich nur bei gutem Wetter auf Tiefe halten, da bei Dünung oder Seegang das Boot so schlecht steuerte, daß es entweder an die Oberfläche kam oder zu tief herunterging. Es besaß keine Funkeneinrichtung, und litt an vielen technischen Unvollkommenheiten, die bei den neueren Booten zum weitaus größten Teil behoben waren, ganz aber auch erst während des Krieges abgestellt werden konnten. Der Kommandant meldete daher auch, nachdem er bei seiner ersten Unternehmung gegen den Feind hauptsächlich dieser Mängel wegen nicht zum Erfolg gekommen war, daß das Boot wohl noch für kleinere Unternehmungen zum erweiterten Küstenschutz, aber nicht mehr für langdauernde Operationen zu gebrauchen sei. Eine Ansicht, der sich der Admiral durchaus anschloß und daraufhin neuere Boote beim Oberbefehlshaber beantragte[1]). Im übrigen hatte Kontreadmiral Behring aus dem Verlauf dieses Gefechtstages die Überzeugung gewonnen, daß bei dem Verhalten der Russen und den örtlichen Verhältnissen Erfolgsaussichten im Finnischen Meerbusen durch weitere Verwendung von leistungsfähigen Unterseebooten zu erhoffen wären. Am aussichtsreichsten erschien damals noch das Heranbringen von zwei Unterseebooten, jedes von einem Kreuzer geführt, die getrennt südlich und nördlich unserer Sperre im Eingang zum Finnischen Meerbusen operieren sollten. Bei einer solchen Aufstellung schien große Aussicht vorhanden, russische Kreuzer, die sowohl an der Nordküste wie auch an der Südküste des Finnischen Meerbusens vorstoßen konnten, an beiden Stellen zu fassen. Eindringlich war durch die guten Schußleistungen der russischen Kreuzer und ihre hohen Dauergeschwindigkeiten von 20 Seemeilen der deutschen Führung klar geworden, daß eine Verwendung unserer a l t e n Kreuzer im Finnischen Meerbusen n i c h t mehr möglich sei. „Augsburg" hatte sich gerade noch mit ihrem Geschwindigkeitsüberschuß die Freiheit des Handelns vor dem an Kampfkraft weit überlegenen Gegner schaffen können. „Amazone" mit 16 Seemeilen

---

[1]) Hier ist ein Beispiel gegeben, daß, wenn wir im Jahre 1907 bereits mit Massenbau von Unterseebooten begonnen hätten, wie es so oft in Laienkreisen gefordert wurde, wir im Jahre 1914 nur unbrauchbares Material gehabt haben würden.

Höchstgeschwindigkeit und alten 10,5 cm L/40-Geschützen war selbst bei
Tage durch jeden neuen russischen Zerstörer gefährdet. Diesen Kreuzer
vor dem Finnischen Meerbusen zu verwenden, war ein Wagnis gewesen, das dank der günstigen Wetterverhältnisse durch den dichten Nebel
dem Feinde verborgen geblieben und noch gut abgelaufen war, das aber
nicht wiederholt werden durfte. Kreuzer mit weniger als 20 Seemeilen
Dauergeschwindigkeit waren vor und im Finnischen Meerbusen nicht verwendbar, so daß von den Streitkräften des Oberbefehlshabers überhaupt
nur „Augsburg", allenfalls „Lübeck", hierfür in Frage kam. Kontreadmiral Behring gab daher auch „Gazelle", Kommandant Fregattenkapitän Mysing, die vom Oberbefehlshaber den Befehl erhalten hatte,
Verbindung mit dem Flaggschiff vor dem Finnischen Meerbusen zu suchen,
am 28. August 5 Uhr Vm. die Anweisung, kehrtzumachen und nach dem
Sammelplatz südlich Gotland bei Hoborg zu gehen. Der Kreuzer sollte nach
Kohlenauffüllung beim Kohlendampfer „Oberpräsident Delbrück" eine
Beobachtungsstellung zwischen Gotland und Kurland einnehmen, die Flagge
gelegentlich an der Küste Kurlands zeigen und bei gegebener Gelegenheit
den Leuchtturm von Steinort zerstören. „Amazone" wurde vom
29. August abends ab, nachdem sie zwei Tage vorher mit „V 26" in Danzig
angekommen und die Besatzung der „Magdeburg" abgegeben hatte, eine
Beobachtungsstellung im Seegebiet westlich Gotland bis nach Öland zugewiesen. „V 26" ging zur schnellen Reparatur der Gefechtsbeschädigungen
nach Stettin auf die Vulkan-Werft. Der Admiral selbst trat mit „Augsburg"
und „V 25" am 28. August 4.20 Uhr Nm. den Rückmarsch längs der Küste
Gotlands nach Neufahrwasser an. „U 3" wurde nach Kiel detachiert, da es
nur dort die notwendigen Reparaturen erledigen konnte. Am 29. August
6 Uhr Vm. lief das Flaggschiff in Neufahrwasser ein, „V 25", das Befehle
an „Gazelle" und den Kohlendampfer ausgefahren hatte, folgte 7.5 Uhr Vm.

Kontreadmiral Behring war sich darüber klar, daß die Unternehmung
trotz äußerster Aufopferung des Personals aller beteiligten Schiffe und
Fahrzeuge durch den Verlust der „Magdeburg" zu einem Mißerfolg für
uns geführt hatte. Die Russen hatten ohne ihr Zutun einen leichten Erfolg
davongetragen, der sie in der Ansicht von der Richtigkeit ihrer bisherigen
Maßnahmen der strategischen Defensive nur bestärken konnte. Fuhren sie
so fort, so zwangen sie uns, wenn wir uns nicht ebenfalls ganz passiv verhalten wollten, auch fernerhin zu Unternehmungen, bei denen unser
Einsatz bei Verwendung von Überwasserstreitkräften im Vergleich zu dem
zu erwartenden Erfolg gegen feindliche Schiffe beträchtlich hoch war.
Günstiger wurden unsere Aussichten für die Ostseekriegführung in Zukunft
bei der Verwendung von Unterseebooten. Ein verhältnismäßig geringer

Einsatz sicherte uns dann mit ziemlicher Wahrscheinlichkeit die Erreichung unseres Hauptkriegsziels in der Ostsee, die Störung russischer Offensiv= absichten. Der Oberbefehlshaber der Ostseestreitkräfte hatte dies auch auf Grund des Gefechtsberichts des detachierten Admirals klar erkannt und den gleichen Gedankengang dem Chef des Admiralstabes der Marine gegen= über ausgeführt. Er schrieb darüber wörtlich: „Die Streitkräfte, die mir nach der Kriegslage zugeteilt werden können, werden den russischen Streit= kräften i m m e r u n t e r l e g e n sein. Es ist daher notwendig, die Täuschung über die tatsächlichen Verhältnisse aufrechtzuerhalten und, wenn irgend möglich, einen Erfolg gegen die Russen mit kleinen Mitteln zu er= ringen. Ich bin der Überzeugung, daß mit U n t e r s e e b o o t e n viel zu erreichen ist, und ich bitte daher zunächst um Zuteilung von zwei neuen Offensivbooten." Der damalige Chef des Admiralstabes, Admiral v. Pohl, der nach der ersten Kriegswoche dem Oberbefehlshaber tele= graphisch eine e n e r g i s c h e Kriegführung in der Ostsee angeraten hatte, schrieb am 3. September an den Rand des Berichts über diese Unternehmung des detachierten Admirals: „Nach diesen Berichten sind die Schiffe im Finnischen Meerbusen doch mehrfach in sehr gefährlichen Lagen gewesen. Der Oberbefehlshaber in der Ostsee muß dies doch fühlen und die Schiffe n i c h t s o e x p o n i e r e n." Trotz dieser kritischen Bemerkung griff der Chef des Admiralstabes aber nicht ein, sondern überließ es dem Oberbefehlshaber der Ostseestreitkräfte, mit den unzulänglichen Mitteln seine Aufgaben fortzuführen, wobei aber naturgemäß ein weiteres Exponieren der schwachen Überwasserstreitkräfte, w e n n e t w a s e r r e i c h t w e r d e n s o l l t e, unausbleiblich war. Damit verzichtete aber tatsächlich der Chef des Admiralstabes auf eine großzügige und e i n h e i t l i c h e S e e k r i e g s = l e i t u n g auf allen Kriegsschauplätzen. Hieraus ergab sich, daß die beiden auf See führenden Frontstellen, der Chef der Hochseestreitkräfte in der Nordsee und der Oberbefehlshaber der Ostseestreitkräfte dauernd für Stärkung ihrer eigenen Kriegsmittel arbeiteten und stets ihre Selbständig= keit gegenüber dem Admiralstab energisch verfochten.

Kontreadmiral Behring hatte in seinem Gefechtsbericht über den 26. und 27. August den Oberbefehlshaber darauf hingewiesen, daß die befohlenen Offensivvorstöße bei den bestehenden Materialverhältnissen nur dann ohne zu großen Einsatz möglich wären, wenn sie einen starken Rückhalt durch kampfkräftige Schiffe in einer Aufnahmestellung hätten. Da aber mit diesem Rückhalt vorläufig nicht zu rechnen war, bat er, „diesen Einsatz, den er sich bemühen werde, so klein wie möglich zu machen, auch weiterhin wagen zu dürfen". Daß es ihm und seinem Stabe nicht an rücksichtslosem Draufgehen mangelte, hatte er bei seiner ersten

Unternehmung zur Genüge bewiesen. Großadmiral Prinz Heinrich konnte sich der Richtigkeit vorstehender Überlegungen nicht verschließen. Eine weitere Fortsetzung von Unternehmungen dieser Art, deren Aussichten bei zunehmender Initiative der russischen Führung immer geringer werden mußten, war vorläufig nicht zu verantworten. Der Verlust der „Magde-burg" wog um so schwerer, als zwei Tage später am 28. August in der Nordsee drei Kleine Kreuzer im Gefecht mit englischen Streitkräften in der Helgoländer Bucht vernichtet worden waren. Der Oberbefehlshaber gab daher Admiral Behring den Befehl, „sich vorläufig auf Beobachtung der russischen Streitkräfte an geeigneter Stelle zu beschränken und keine Offen-sivstöße in den Finnischen Meerbusen zu unternehmen". Der Prinz er-kannte aber auch die übrigen Folgerungen, die Admiral Behring aus den Ereignissen am 26. und 27. August für die weitere Kriegführung gezogen hatte, voll an. In einem längeren Bericht über die Lage in der östlichen Ostsee und die Absichten für die Kriegführung, legte er dem Chef des Ad-miralstabes seine eigene Auffassung dar. Er wies darauf hin, daß die Russen zweifellos über die Lage der „Deutschland"-Minensperre gut unter-richtet seien. Dies ginge sowohl aus den Aussagen verschiedener, vom de-tachierten Admiral während der Unternehmung befragter Dampferkapitäne, wie auch aus der Beobachtung russischer Minenfahrzeuge beim Arbeiten in der Nähe dieser Sperre, hervor. Die Wirkung der Sperre war hinfällig. Der Oberbefehlshaber fürchtete ferner, daß der Verlust der „Magdeburg" die Russen ermutigen und sie zu energischerem Vorgehen außerhalb des Finnischen Meerbusens veranlassen würde. Als Gegenmittel hielt er mög-lichst baldige Aufnahme von Vorstößen gegen die russische Küste und dafür die Zuweisung von S. M. S. „Prinz Heinrich" als zweiten Großen Kreuzer für notwendig. Sobald es die allgemeine Kriegslage gestattete, wollte der Oberbefehlshaber daher die gegen seinen Willen am 26. August von der Kriegsleitung unterbrochene Fahrt des IV. Geschwaders und der beiden Panzerkreuzer wiederholen. Er wollte dadurch den Eindruck aufrecht-erhalten, daß die deutsche Flagge die Ostsee hielte, und erhoffte von dem Er-scheinen einer größeren Zahl kampfkräftiger Schiffe an der russischen Küste einen nachhaltigen Eindruck in Rußland und in den Ostseeländern. Gleich-zeitig sollten diese Schiffe dann den Rückhalt für die weiteren Unter-nehmungen des detachierten Admirals in den Finnischen Meerbusen bilden. Dieser an sich durchaus richtige Gedanke sah als Ziel nur den Krieg gegen Rußland, während der Hauptgegner aber in der Nordsee und England war. Die Streitmittel, die Prinz Heinrich erbat, mußten der Nordsee entzogen werden, dies war aber damals ausgeschlossen. Man hätte im Gegenteil, wenn die Ostseestreitkräfte dazu geeignet gewesen und es sonst

möglich gewesen wäre, gern diese Schiffe noch zur Verstärkung der Nordsee
zugeteilt. Dies war auch die Ansicht des stellvertretenden Chefs des
Admiralstabes in Berlin, Kontreadmirals Behncke, der alle Anträge des
Oberbefehlshabers der Ostseestreitkräfte auf Verstärkung seiner Streitkräfte
durch Linienschiffe und Große Kreuzer in den ersten Kriegsmonaten ab=
lehnte. Diese Anträge forderten für die Ostsee nacheinander die Zuteilung
von „Blücher", der Schiffe des IV., V., VI. Geschwaders und der Großen
Kreuzer des 2. Befehlshabers der Aufklärungsschiffe. Die im Frieden an=
gestellten Kriegsüberlegungen, daß die Hochseestreitkräfte für den Kampf
gegen England niemals stark genug sein könnten, gerieten damit in Gefahr,
vergessen zu werden. Die unerwartete strategische Defensive der Engländer,
der auch wir eine strategische Defensive entgegengesetzt, hatte unser Verhalten
in der Nordsee bereits stark gelähmt. Es zeigte sich aber, daß bei jeder auch
nur vorübergehenden Abgabe von Schiffen aus der Nordsee an die Ostsee
eine e r h ö h t e L ä h m u n g in der Nordsee eintrat, da man sich dann sofort
zu schwach für irgendwelche Unternehmungen gegen England fühlte. Ander=
seits wurden auch Stimmen laut, Streitkräfte von der Nordsee nach der
Ostsee abzugeben, weil man dort an Stelle des dauernden Wartens auf die
Engländer eine Betätigung erhoffte. Diejenigen, die diese Ansichten ver=
traten, übersahen dabei, daß die Russen, eingekapselt im Finnischen Meer=
busen, wenn überhaupt, nur mit sehr großen Machtmitteln unter erheb=
lichen Verlusten des Angreifers, in ihren Kriegshäfen hätten erdrückt werden
können, so daß also dieser Erfolg nur durch eine längere oder dauernde
Schwächung der Nordseestreitkräfte erzielt werden konnte. Ob aber selbst
große Erfolge zur See im Osten damals auf das riesige russische Kon=
tinentalreich und auf den Kriegsverlauf im großen einen entscheidenden
Eindruck gemacht hätten, ist auch heute noch zweifelhaft. Sicher wäre aber
dabei eine Schwächung unserer Hauptflotte eingetreten, die man nicht ver=
antworten zu können glaubte. Das schloß natürlich nicht aus, bei passender
Gelegenheit zur Belebung und Anregung kurze Vorstöße von Flottenteilen
bis vor den Finnischen Meerbusen durchzuführen. Dazu hätten aber wieder
Nordsee= und Ostseekrieg e i n h e i t l i c h von einer Stelle geleitet werden
müssen. Die Ostsee blieb Nebenkriegsschauplatz, und der Wagemut und
die Opferfreudigkeit des Personals mußten dort das fehlende Material
aufwiegen.

7. Großadmiral Heinrich Prinz von Preußen mit Teilen der Hochseestreitkräfte vor dem Finnischen Meerbusen vom 3. bis 9. September 1914.

Kontreadmiral Behring war bereits nach kurzer Rast zur Kohlenergänzung und Erledigung notwendiger Arbeiten mit „Augsburg" am
30. August 6 Uhr Nm. wieder aus Neufahrwasser ausgelaufen, um „Gazelle" und „Amazone" in der Vorpostenstellung östlich und westlich Gotland
zu verstärken. Der Gedanke, die beiden Kleinen Kreuzer, die weder über
ausreichende Gefechtskraft noch Geschwindigkeit verfügten, ohne Torpedoboote in ihren weit vorgeschobenen Stellungen allein in See zu wissen, war
dem Admiral während des zweitägigen unvermeidbaren Hafenaufenthalts
nicht angenehm gewesen. „Gazelle", die am 29. August 4.20 Uhr Vm. den
Leuchtturm von Steinort beschossen und zerstört hatte, konnte wegen ihrer
veralteten Funkeneinrichtung nicht einmal dauernd aus der Vorpostenstellung unmittelbar mit Danzig verkehren, da sie Funkentelegramme auf
eine Entfernung über 120 Seemeilen zwar empfangen, aber selbst nicht
geben konnte. Am 31. August 10.15 Uhr Vm. war „Augsburg" in der
Vorpostenstellung östlich Gotland zwischen Östergarn und Windau angekommen und stand im Laufe des Tages und der folgenden Nacht zwischen
Gotland und Kurland auf und ab. „Gazelle" besetzte den westlichen Teil
des Gebietes in Anlehnung an Gotland, „Augsburg" den östlichen Teil
unter der kurländischen Küste. „Amazone" blieb in ihrer Beobachtungsstellung westlich Gotland zwischen Öland und Südspitze Gotland. Es war
bei Tage und bei Nacht klar und sichtig, vom Feinde wurde nichts bemerkt.
Am 1. September kam „V 25" als Verstärkung hinzu, ferner „T 124",
Kommandant Kapitänleutnant Wilhelm Rebensburg, der das Boot inzwischen in Kiel für das nicht mehr fahrbereite „T 102" in Dienst gestellt
hatte. Die Boote wurden in die Vorpostenlinie eingestellt, die jetzt in der
Reihenfolge „T 124", „Gazelle", „Augsburg", „V 25" das Seegebiet
östlich Gotland in Abständen von je 16 Seemeilen überspannte. Während
der Nacht vom 1. zum 2. September wollte Admiral Behring zur Aufklärung mit „Augsburg" und „V 25" nach Norden bis etwa in die Linie
Gotska Sandö—Dagerort vorstoßen. Während des Tages wurde in der
Vorpostenlinie mit langsamer Fahrt hin und her gedampft und nichts Verdächtiges beobachtet. 10.10 Uhr Nm. sahen „Augsburg" und „V 25" auf
ihrem Vorstoß nach Norden etwas nördlich Farö voraus Rauchwolken. Die
Nacht war sehr sichtig und klar, da heller Mondschein herrschte. Es wehte
ein steifer Nordwind, der eine in der Ostsee schnell aufkommende schwere

See aufgewühlt hatte, so daß die gegen die See dampfenden Schiffe durch das überkommende Wasser stark behindert wurden. Die Rauch= wolken wurden bald darauf als mit südwestlichem Kurse laufende größere Kriegsschiffe ausgemacht. Kontreadmiral Behring machte daher 10.20 Uhr Nm. kehrt, um vor dem vermutlichen Feinde Fühlung zu halten. Östlich der gesichteten Schiffe erschien später noch ein Fahrzeug, anscheinend ein großer, schneller russischer Zerstörer, vielleicht „Mówik", der mit hoher Fahrt gleichen Kurs mit „Augsburg" lief. 11.4 Uhr Nm. hatte es den Anschein, als ob dieser Zerstörer, der unterdessen von achtern aufgedampft war, in etwa 80 hm Entfernung Torpedos geschossen hätte. Er peilte zu dieser Zeit etwa 4 bis 5 Strich achterlicher als dwars an Backbord. Laufbahnen wurden aber nicht beobachtet; das Mündungsfeuer vom Pulverausstoß von Torpedorohren war einwandfrei gesehen worden. „Augsburg" leuchtete mit Scheinwerfer, der aber wegen der großen Ent= fernung nicht durchdrang. „Augsburg" drehte nun auf den Zerstörer zu, welcher kehrtmachte, und jagte ihn mit höchster Fahrt nach Norden. Hierbei kam bei der hohen Fahrt so viel Wasser über, daß die vorderen Geschütze des Kreuzers nicht gebraucht werden konnten. Der Zerstörer kam ebenso wie die feindlichen Schiffe bald darauf in nördlicher Richtung wieder aus Sicht. Die Entfernungen waren für eine genaue Beobachtung der Schiffs= arten oder für Messungen zu groß gewesen. „Augsburg" drehte 11.14 Uhr Nm. wieder auf Südkurs. Kurz darauf zeigte sich erneut ein Fahrzeug mit stärkerer Rauchfahne. „Augsburg" versuchte sich wiederum davor zu setzen. 12.50 Uhr Vm. am 2. September war das Fahrzeug als Zerstörer auszu= machen, worauf „Augsburg" auf Gegenkurs ging. Der russische Zerstörer machte darauf ebenfalls kehrt und lief mit hoher Fahrt nach Norden. Da ein Einholen aussichtslos und Schießen bei der überkommenden See sich bereits als unmöglich erwiesen hatte, ging Kontreadmiral Behring mit „Augsburg" und „V 25" auf SSW. 1.10 Uhr Vm. verschwand der russische Zerstörer wieder.

Den Rest der Nacht steuerte der Verband in der Vorpostenlinie wie am Tage vorher. Am nächsten Morgen, 6.30 Uhr Vm. am 2. September, kamen im Norden wiederum vier Rauchwolken in Sicht, von denen die beiden zunächst stehenden 8.32 Uhr Vm. als zwei Kreuzer mit drei Schorn= steinen ausgemacht wurden, während die beiden anderen in Ost und West sich verloren. Kontreadmiral Behring ging auf Südkurs und hielt mit „Augsburg" Fühlung vor dem Feinde. „Gazelle", „Amazone" und die beiden Torpedoboote wurden über den Gegner funkentelegraphisch unter= richtet. Das Wetter war sehr sichtig.

Es wehte noch immer frisch aus Norden, so daß entsprechender See=

gang stand. Der Admiral hatte berechtigte Sorge um „Gazelle", die bei
ihrer mangelnden Geschwindigkeit dem nachdrängenden stark überlegenen
Feinde gegenüber sich in ziemlich übler Lage befand. Auch „Augsburg"
durfte mit ihrer schwachen Artillerie ein Gefecht nicht annehmen, sondern
mußte sich auf ihre Geschwindigkeit verlassen. Für Torpedoboote war bei
dem klaren Wetter keine Angriffsmöglichkeit. Kontreadmiral Behring
gab 9.10 Uhr Vm. an „Gazelle" das Signal: „Nach eigenem Ermessen in schwedische Hoheitsgewässer gehen." 9.30 Uhr Vm. machte der
Feind, der inzwischen als zwei Kreuzer der „Bogatýr"-Klasse erkannt war,
plötzlich kehrt und lief mit hoher Fahrt nach NNW zurück. „Augsburg"
folgte bis 9.45 Uhr Vm. und drehte 10 Uhr Vm., als die russischen
Schiffe etwa auf der Höhe von Windau aus Sicht gekommen waren, wieder
nach Süden. Ein Grund für das mehr als vorsichtige Verhalten des Feindes
ist nicht erkennbar. Vielleicht vermutete er hinter den Kreuzern stärkere
Streitkräfte oder fürchtete, bei weiterem Vorstoß nach Süden westlich
Gotland durch deutsche Streitkräfte umgangen zu werden. Admiral
Behring hielt es auf jeden Fall jetzt für richtig, die Vorpostenlinie zurück-
zunehmen und sie weiter südlich in Höhe von Når auf Gotland in Anlehnung an die vor Libau von „Augsburg" geworfene Minensperre neu
auszulegen. Dadurch wurde auch das zu bewachende Seegebiet verkürzt.
„Gazelle" wurde an den äußersten linken Flügel gestellt, um möglichst
nahe den schwedischen Hoheitsgewässern zu sein. Es zeigt sich aus vorstehendem deutlich, daß das Verfahren, die alten Kleinen Kreuzer zur Aufklärung und Meldung eines Gegners auf so weit vorgeschobenem Posten
in See zu halten, sehr gefährlich war. Wurde ein überlegener Feind gesichtet, so konnten die Kreuzer nur durch ihre Geschwindigkeit der Vernichtung entgehen. Dazu kam, daß ihre Meldungen praktisch für die Maßnahmen des Oberbefehlshabers ohne große Bedeutung waren, weil ein
Unterstützungstrupp oder Rückhalt starker Streitkräfte in der östlichen
Ostsee nicht vorhanden war. Bis von Kiel aus Streitkräfte in dies
Gebiet geschickt wurden, vergingen mindestens 1½ Tage. Eine derartige
Kreuzeraufklärung ist nur gerechtfertigt, wenn in der Nähe so starke
Streitkräfte stehen, daß sie rechtzeitig die zurückgehenden Kleinen
Kreuzer aufnehmen und selbst den Feind angreifen können. Trotzdem
waren diese vorgeschobenen Kleinen Kreuzer von Wert, weil der Russe
sich dauernd beobachtet fühlte und dadurch vor größeren Unternehmungen
in die westliche Ostsee, die nur bei Überraschung Erfolg haben konnten,
zurückscheuen mußte.

Großadmiral Prinz Heinrich hatte die funkentelegraphischen Meldungen des detachierten Admirals über das Sichten und Verhalten der

feindlichen Streitkräfte am 2. September 3.45 Uhr Vm. und 9.40 Uhr Vm. erhalten. Sie waren für ihn eine Bestätigung seiner Ansicht, die er sich von den Folgen des Verlustes der „Magdeburg" für die Gestaltung der weiteren russischen Pläne in der Ostsee gemacht hatte. Man traute um diese Zeit der russischen Führung im allgemeinen sehr viel mehr zu, als sie in Wirklichkeit wohl jemals im Sinne gehabt hat. Es war aber ver= ständlich, daß sich die deutsche Führung in Kenntnis ihrer eigenen mate= riellen Schwäche in der Ostsee bei der großen Überlegenheit des Gegners schlecht vorstellen konnte, daß sich der Russe zur See wirklich ausschließlich nur auf die Defensive beschränken wolle. Der Gedanke war für den Ober= befehlshaber der Ostseestreitkräfte daher naheliegend, daß diese russischen Vorstöße nur den Anfang weiterer Unternehmungen gegen die deutsche Küste bildeten. Zum ersten Male waren russische Schiffe so weit außer= halb des Finnischen Meerbusens beobachtet worden, es war daher möglich, daß Libau von jetzt ab wieder als Stützpunkt von russischer Seite benutzt werden würde und eine Änderung der russischen Ostsee= kriegführung, vielleicht im Zusammenarbeiten mit englischen Plänen, in Aussicht stand. Hatten doch die Engländer fast um die gleiche Zeit, am 28. August, den Vorstoß nach der Deutschen Bucht unternommen. Groß= admiral Prinz Heinrich übermittelte daher umgehend die Meldungen des detachierten Admirals an den Chef des Admiralstabes und beantragte, „um weitere Vorstöße der Russen zu verhindern", die sofortige Unterstellung des 2. Befehlshabers der Aufklärungsschiffe, Kontreadmirals v. Rebeur= Paschwitz, mit den Großen Kreuzern „Roon" und „Prinz Adalbert". Der Großadmiral bezeichnete es ferner als dringend erwünscht, „das IV. Ge= schwader möglichst bald vor dem Finnischen Meerbusen demonstrieren zu lassen, um den Russen Lust an Unternehmungen gegen die preußische Küste zu nehmen". Bevor eine Entscheidung auf diesen Antrag eintrat, benach= richtigte er den Chef des IV. Geschwaders, Vizeadmiral Ehrhardt Schmidt, und den 2. Befehlshaber der Aufklärungsschiffe von diesen durch die Lage in der östlichen Ostsee notwendig gewordenen Anträgen und bat beide Be= fehlshaber, sich mit ihren Streitkräften in der Nähe von Kiel bereit zu halten. „Undine" erhielt Befehl, beschleunigt mit Kohlenzuladung seeklar zu machen, „T 91", „T 93" und „T 94" wurden aus der Vorpostenlinie bei Möen nach Saßnitz zur Kohlenergänzung zurückgezogen, um mit „Undine" jederzeit nach Osten geschickt werden zu können. Noch am 2. September 6.55 Uhr Nm. traf bereits als Antwort der Kriegsleitung folgendes Telegramm vom Chef des Admiralstabes ein: »IV. Geschwader soll mit gefechtsbereiten Schiffen bei weiterem Vorstoß russischer Kriegs= schiffe vorgehen. Jedoch nicht östlicher als M e m e l. IV. Geschwader muß

sich jederzeit bereithalten, sofort auf Befehl des Chefs der Hochseestreit=
kräfte nach Nordsee zu gehen. „Prinz Adalbert" und „Roon" nicht ent=
behrlich auf Nordseekriegsschauplatz." Admiral v. Pohl bemerkt hierzu
in seinen Aufzeichnungen: „Staatssekretär v. Tirpitz will durchaus
einen Großen Kreuzer (gemeint ist S. M. S. „Blücher") nach der
Ostsee haben, um die Situation dort zu bessern. Ich möchte ihn gern hin=
geben, aber dadurch wird die Nordseeflotte zu sehr geschwächt. Ich würde
es nur tun, um das IV. Geschwader nicht durch Entsendung nach Osten in
seiner Ausbildungstätigkeit zu stören, damit es möglichst bald nach der
Nordsee abgehen kann." — „Blücher" wäre zweifellos für die Ostseekriegs=
führung das gegebene Flaggschiff gewesen, da er als Schlachtkreuzer für die
Hochseeflotte an Geschwindigkeit und Artillerie zu schwach war. Anderseits
war der Standpunkt, kein Schiff vom Westen nach dem Osten zu entsenden,
bevor in der Nordsee eine Entscheidung gefallen war, durchaus den Vor=
arbeiten des Admiralstabes entsprechend. Aus diesem Grunde waren
auch alle älteren Geschwader bei Kriegsausbruch zunächst den Hochsee=
streitkräften zugeteilt worden.

Die Unterstützung durch das IV. Geschwader, die nur ein räumlich be=
schränktes Vorschieben der Streitkräfte bis auf die Höhe von Memel vorsah,
konnte aber dem Oberbefehlshaber der Ostseestreitkräfte wenig helfen. Es
war ein halbe Maßregel, die allerdings mit der ausdrücklich befohlenen
Zurückhaltung der Hochseestreitkräfte in der Nordsee im Einklange stand.
Ohne genügende Sicherung durch Torpedoboote war das Geschwader trotz
der Begrenzung des Vormarsches bis Memel nicht ungefährdet. Es
mußte berücksichtigt werden, daß die Russen, da sie das Vorhanden=
sein schwacher deutscher Streitkräfte in der östlichen Ostsee festgestellt
hatten, mit einem Anmarsch stärkerer deutscher Verbände aus der westlichen
Ostsee rechnen und diesen Minen in den Weg legen konnten. Inzwischen
waren im Hauptquartier im Laufe des Tages die weiteren Nachrichten
über die Bewegungen der russischen Schiffe, wie sie vorstehend bereits
geschildert sind, eingetroffen. — Es ist von Wert, hierzu die Über=
legungen des Chefs des Admiralstabes an Hand seiner eigenen Auf=
zeichnungen zu verfolgen: »2. September 1914. 2 Uhr Nm. Das weiterhin
bis Gotland gemeldete Vorgehen der Russen macht eine weitere Ent=
sendung von Streitkräften nach der Ostsee erforderlich. Ein Kampf in
der Ostsee, eine Beschießung von Küstenplätzen — Kolberg — muß ver=
mieden, die Ostsee freigehalten werden. Das kann nur geschehen, wenn in
der Nordsee die Kriegführung aufgegeben wird. Die Entsendung des
IV. Geschwaders nach dem Osten macht aber auch einen Schutz desselben
durch Kreuzer und Torpedoboote notwendig. Eine Rücksprache mit dem

Staatssekretär in Gegenwart des Admirals v. Müller ergibt, daß ersterer von seiner früheren Ansicht, daß alle unsere Streitkräfte in der Nordsee angesammelt werden müßten, um der englischen Flotte entgegentreten zu können, abgegangen ist. Er meint, die Lage wäre jetzt verändert; durch die Landung des englischen Expeditionskorps in Belgien wäre die II. und III. Flotte der Engländer frei und es daher für unsere Flotte viel schwieriger, zum Schlagen zu kommen. Er will daher die Kriegführung in der Nordsee aufgeben und spricht sogar für die Entsendung des III. Geschwaders in die Ostsee, da die Schiffe schwimmfähiger. Ich bemerke dazu, daß einmal die II. und III. Flotte nicht freigeworden sei; sie müßten die Kanalzugänge und die Verbindungen mit Frankreich ebenso decken wie früher. Der Entsendung des III. Geschwaders könne ich nicht zustimmen, weil es zum Schutz der Deutschen Bucht durchaus erforderlich, es in der östlichen Ostsee keinen Schutz gegen Torpedobootsangriffe habe, und man diese wertvollen Schiffe keinen Verlusten aussetzen dürfe. Ich erkläre mich bereit, „Blücher", einen kleinen schnellen Kreuzer und zwei Torpedobootsflottillen, von denen eine 8,8 cm führt, von den Nordseestreitkräften abzuzweigen und sie zum Klarhalten der Ostsee zu verwenden.«

Aus vorstehendem ist zweifellos ersichtlich, daß Admiral v. Pohl um diese Zeit noch mit einem englischen Vorstoß in der Nordsee rechnete, den die Hochseestreitkräfte geschlossen parieren müßten, und er sich daher aus diesem Grunde nicht auf eine Abgabe von Schiffen einlassen zu dürfen glaubte. Großadmiral v. Tirpitz dagegen war der Ansicht, daß ein Angriff der Engländer j e t z t   n i c h t zu erwarten sei, anderseits seien aber auch die Engländer in der Nordsee nach Durchführung ihrer ersten großen Truppentransporte über den Kanal nunmehr so gefechtsstark, daß ein Angriff unserer Flotte gerade in dieser Zeit nicht rätlich erschiene. Der Staatssekretär wollte daher v o r ü b e r g e h e n d starke Kräfte für die Ostsee hergeben, wobei er unter „starken Kräften", im besonderen die schwimmfähigen, unter Wasser besser geschützten Schiffe des III. Geschwaders im Gegensatz zu den vom Chef des Admiralstabes zur Abgabe beabsichtigten älteren, wenig sinksicheren Schiffen des IV. Geschwaders verstand[1]). Je besser aber das Material, um so geringer die Wahrscheinlichkeit eines Verlustes, während bei den unter Wasser nicht so gut geschützten Linienschiffen des IV. Geschwaders ein Torpedo- oder Minentreffer den Verlust des Schiffes zur Folge haben konnte. Großadmiral v. Tirpitz bezweckte mit dieser Kräfteverschiebung hauptsächlich, den Besatzungen der Hochseeflotte die geisttötende Zeit des Abwartens in den Flußmündungen der Nordsee zu erleichtern, den Geschwaderverbänden Gelegenheit zu Übungen

---

[1]) Vergleiche S. 136

im freien Wasser zu geben und die Anwesenheit dieser starken Verbände in
der Ostsee gleichzeitig zur nachhaltigen Einschüchterung der Russen im
Sinne des Oberbefehlshabers der Ostseestreitkräfte durch Demonstrationen
an der russischen Küste auszunutzen. Der Daseinszweck der Flotte, der
Kampf gegen den englischen Gegner, sollte dadurch keineswegs geändert
werden. Im Gegenteil sollte dieser vorübergehende Schauplatzwechsel nur
der Stärkung der Hochseestreitkräfte für ihre Hauptaufgabe in der Nordsee
dienen. Der stellvertretende Chef des Admiralstabes in Berlin, Konter-
admiral Behncke, vertrat stets den Standpunkt, die zahlreichen Forderungen
des Oberbefehlshabers der Ostseestreitkräfte auf Verstärkung seiner Streitkräfte zurückzuweisen, a l l e Schiffe gegen England bereitzustellen, in der
Nordsee die Initiative zu ergreifen und die Ostsee sich selbst zu überlassen,
bis die Macht der Ereignisse dort gebieterisch ein Vorgehen gegen die Russen
auf Kosten der Nordseekriegführung rechtfertigen würde. Soweit schien es
bis jetzt aber noch nicht gekommen. Im Gegenteil hatte die Kriegserfahrung
des ersten Monats eine Untätigkeit und Ängstlichkeit der Russen gezeigt, auf
die man vorher nicht im entferntesten gerechnet hatte. Vorstöße der Russen
bis auf die Höhe vor Windau stellten nicht die Absicht zukünftiger
Bedrohung deutscher Küsten und einer Beschießung von Danzig dar. Daß
sie vom Oberbefehlshaber der Ostseestreitkräfte entsprechend ernster beurteilt
wurden, war dagegen sein gutes Recht, da er an Ort und Stelle auf dem
Kriegsschauplatz der v e r a n t w o r t l i c h e militärische Befehlshaber war,
für die Leitung des Seekrieges traten sie aber im großen Rahmen der Gesamtkriegführung an Bedeutung erheblich zurück. Der Chef des Admiralstabes nahm, um dem Befehlshaber der Ostseestreitkräfte entgegenzukommen,
schließlich eine Mittelstellung ein und stellte dem Prinzen außer dem IV. Geschwader noch S. M. S. „Blücher", einen schnellen Kleinen Kreuzer und
zwei Torpedobootsflottillen der Hochseestreitkräfte für die Ostsee zur Verfügung. Diese Streitkräfte konnten nach damaliger Anschauung zur Not für
kurze Zeit in der Nordsee entbehrt werden. Am 3. September 2.40 Uhr Vm.
erhielt daher Großadmiral Prinz Heinrich folgendes Telegramm aus dem
Hauptquartier: »Seine Majestät der Kaiser befehlen, daß zum Freihalten
der Ostsee viertes Geschwader, „Blücher", ein schneller Kreuzer und zwei
Torpedobootsflottillen nach der Ostsee gehen. Seine Majestät befehlen, daß
Schiffe sich n i c h t M i ß e r f o l g e n aussetzen. Langsame alte Kleine
Kreuzer dürfen ohne Rückhalt nicht so weit vorgeschoben werden wie geschehen. Admiral.« Bei dem sehr energischen Vorwärtsdrängen des Prinzen
sollte der Befehl „sich nicht Mißerfolgen auszusetzen" lediglich eine Vorsichts-
maßregel bedeuten, die allerdings auch sehr leicht bei einem weniger tatkräftigen Führer lähmend hätte wirken können. In der Nordsee wurde die

Entſendung dieſer Streitkräfte nach der Oſtſee verſchieden beurteilt. Der
Flottenchef ſtand naturgemäß auf dem Standpunkt, daß grundſätzlich nichts
abgegeben werden dürfe, und daß im Gegenteil das IV. Geſchwader ſobald
als möglich in die Nordſee kommen müſſe. Anders war die Meinung auf
den Geſchwadern, die bereits das entſetzliche Warten auf einen Feind, der
nicht kam, ſchmerzlich empfunden hatten und auf eine Verwendung in der
Oſtſee drängten, weil gegen England doch nichts unternommen wurde.

Großadmiral Prinz Heinrich gab nach Eintreffen des Allerhöchſten
Befehls umgehend dem IV. Geſchwader Befehl, ſofort mit ſparſamer
Marſchfahrt nach einem Punkt ſüdlich Gotland 18° Oſt und 56° 25′ Nord
zu gehen (ſiehe Karte 1 dieſer Unternehmung). Auf dieſem Breiten=
parallel ſollte das Geſchwader bis 19° Oſt zunächſt eine Aufnahme=
ſtellung für den detachierten Admiral und ſeine Streitkräfte ein=
nehmen. Der Oberbefehlshaber wollte mit „Blücher", Kommandant
Fregattenkapitän Erdmann, und den übrigen aus der Nordſee zur Ver=
fügung geſtellten leichten Streitkräften, dem Kleinen Kreuzer „Straßburg",
Kommandant Fregattenkapitän Retzmann, der II. Torpedobootsflottille
(„S 138" bis „S 149"), Chef Korvettenkapitän Schuur, und der VI. Torpedo=
bootsflottille („V 150" bis „V 160), Chef Korvettenkapitän Max Schultz,
nachkommen und ſich am 5. September vormittags mit dem Geſchwader
vereinigen. An Stelle einer Minenſuchflottille wurden die aus der Nordſee
in Kiel eingelaufenen drei Sperrbrecher „Mecklenburg", Weſtfalen"[1]) und
„Bolivia", Führer Kapitänleutnant Hauck, nach einem Punkt in Mitte der
Verbindungslinie Ölands Norra Udde—Stora Karlsö im Seegebiet weſtlich
Gotland vorgeſchickt. Bis zum Eintreffen des Oberbefehlshabers erhielt
Vizeadmiral Ehrhard Schmidt die Leitung der Operationen in der öſtlichen
Oſtſee. Kontreadmiral Behring auf „Augsburg" wurde am 3. September
6.56 Uhr Vm. über dieſe Maßnahmen funkentelegraphiſch unterrichtet. Er
hatte aus der Vorpoſtenlinie zwiſchen Gotland und Kurland „Gazelle" am
Vormittage wegen Loſe in den Wellenlagern der Maſchine nach Danzig
zurückſchicken müſſen. Nachdem er mit dem Flaggſchiff bei Hoborg im
Laufe des Nachmittags aus dem Kohlendampfer 420 t Kohlen ergänzt
hatte, blieb er mit dem Reſt der Streitkräfte in der Bewachungsſtellung
weſtlich und öſtlich Gotland, um nach Ankunft des IV. Geſchwaders wieder
voll verwendungsfähig zu ſein. Den gleichen Befehl erhielt „Amazone"
für den 4. September, die während des Kohlennehmens in der Beob=
achtungsſtellung weſtlich Gotland durch „T 124" abgelöſt werden ſollte.
Das IV. Geſchwader verließ Kiel bereits am 3. September 8.15 Uhr Vm.
„Undine", Kommandant Fregattenkapitän Loeſch, erhielt Befehl, 2.55 Uhr

[1]) Nicht zu verwechſeln mit den Linienſchiffen „Mecklenburg" und „Weſtfalen".

Nm. aus Kiel zu dem befohlenen Sammelplaß ſüdlich Hoborg auszulaufen, „T 94" wurde als Depeſchenboot dem Geſchwader zugeteilt und von Saßniß herangezogen. Der Oberbefehlshaber ſelbſt wartete das Eintreffen des während der Unternehmung als Flaggſchiff beſtimmten Panzerkreuzers „Blücher" in Kiel ab. Er hatte inzwiſchen noch folgendes Telegramm der Kriegsleitung, das auch die Dauer der Unternehmung befriſtete, erhalten: „Sobald Sie ſämtliche verfügbaren Streitkräfte herangezogen haben, fort= fällt Beſchränkung Operationsgebiet nicht öſtlicher als Memel. Kurze Demonſtration iſt beabſichtigt bei der kurzen Friſt und ſobald als möglich zurückziehen. Admiral." Die am 3. September 6.30 Uhr Nm. aus der Nordſee in Kiel eintreffende „Straßburg", ſowie die II. und VI. Flottille liefen einzeln in der Nacht zum 4. September nach Auffüllen ihrer Kohlen= vorräte nach Oſten aus. Großadmiral Prinz Heinrich übergab vor ſeiner Abreiſe am 4. September die Geſchäfte des Oberbefehlshabers an den Chef der Küſtenſchußdiviſion. Admiral Miſchke behielt zu ſeiner Verfügung in der weſtlichen Oſtſee nur den Kleinen Kreuzer „Thetis", das Kanonenboot „Panther", die Hilfsſtreuminendampfer, vier Torpedoboote ſowie die Fiſch= dampfer und die aus Swinemünde am 29. Auguſt in Kiel eingetroffenen Blockſchiffe. Er erhielt die Ermächtigung, den Südausgang des Langeland= Beltes im Notfalle durch eine zweite Sperre zu ſchließen, ſofern er durch unbedingt ſichere Nachrichten die Gewißheit beſäße, daß feindliche Streit= kräfte von Norden her in den Großen Belt eindringen wollten. Der Fehmarn=Belt dagegen ſollte nur auf ausdrücklichen Befehl des Ober= befehlshabers, deſſen Entſcheidung dann funkentelegraphiſch eingeholt werden müßte, geſperrt werden. Um 4 Uhr Nm. ſchiffte ſich Großadmiral Prinz Heinrich mit ſeinem Stabe auf „Blücher" ein und ging zur perſön= lichen Leitung dieſer Unternehmung nach der öſtlichen Oſtſee in See.

Auf dem Marſche erhielt er 10.29 Uhr Nm. ein Telegramm aus dem Großen Hauptquartier, das die Freiheit ſeiner Entſchließungen für die be= vorſtehende Unternehmung noch weiter einſchränkte. Es lautete: „Seine Majeſtät empfiehlt Euer Königlichen Hoheit nochmals bei Opera= tionen mit größter Vorſicht zu verfahren. Einſetzen gegen über= legene Streitkräfte und minenverdächtige Fahrwaſſer ſoll vermieden werden. Admiralſtab." Dieſes einem gegen den Feind marſchierenden Befehlshaber nachgeſchickte Telegramm iſt pſychologiſch erklärlich. Man wußte im Hauptquartier, daß die Vorſtöße gegen den Finniſchen Meerbuſen im Auguſt bis an die Grenze des Wagemuts gegangen waren, ſah nun, nach= dem in der Nordſee am 28. Auguſt in der Flotte infolge ſtürmiſchen Drängens an den Feind zu kommen, erhebliche Verluſte eingetreten waren, wie Admiral v. Pohl in ſeinen Aufzeichnungen ſchreibt, „mit großer Sorge

auf diese bevorstehende Operation in der Ostsee", und in diesem Zusammen=
hange erfolgte die nochmalige Warnung an den Oberbefehlshaber der
Ostseestreitkräfte; es besteht aber kein Zweifel, daß das Telegramm über=
flüssig war und sogar schaden konnte. Beim Weitermarsch des Verbandes
nach Osten wurde das Wetter in der Nacht und am Vormittag des 5. Sep=
tember immer schlechter. Es wehte aus NzO, Windstärke 7 bis 8, teilweise
voller Sturm, so daß um 11.30 Uhr Vm. am befohlenen Treffpunkt südlich
Hoborg der Südspitze Gotlands drei Torpedoboote der VI. und ein Boot der
II. Torpedobootsflottille fehlten; ihnen waren beim Gegendampfen gegen
die hohe See die vorderen Heizräume vollgeschlagen. Die fehlenden Boote
sammelten, als es im Laufe der Nacht abflaute, bei ihren Flottillen. Alle
übrigen Streitkräfte waren auf dem Sammelplatz eingetroffen. Von den
Streitkräften des detachierten Admirals war jedoch nur „Augsburg" da. Der
detachierte Admiral hatte bereits in der Nacht vom 4. zum 5. September
die inzwischen eingetroffene „Undine" und „Straßburg" mit Genehmigung
des IV. Geschwaders zu sich in die Vorpostenstellung östlich Gotland heran=
gezogen, weil er „Gazelle" nach Danzig entlassen hatte und er außerdem
noch „V 25" zur Ölergänzung in der Nacht vom 3. zum 4. September hätte
schicken müssen. In der Nacht vom 4. zum 5. hatte er dann selbst mit dem
Flaggschiff die Vorpostenlinie verlassen, um rechtzeitig am Sammelpunkt
des Geschwaders einzutreffen. Es waren daher am 5. September morgens
außer den vorher erwähnten beiden Kleinen Kreuzern nur noch „Amazone"
und „T 124" westlich Gotland in Vorpostenstellung. Sie erhielten vom
Großadmiral Befehl, nicht nördlicher als 57° Nordbreite zu gehen. Die
drei Sperrbrecher wurden, da nach dem zuletzt eingetroffenen bindenden
Befehl der Kriegsleitung ihre Verwendung nicht mehr in Frage kam, nach
Kiel zurückgeschickt. Aus Swinemünde waren noch drei Kohlendampfer der
Versorgungsstelle zu dem vom detachierten Admiral bereits benutzten
Kohlendampfer „Oberpräsident Delbrück" bei Hoborg geschickt worden.
Aus der Elbe waren ferner zwei Lazarettschiffe angefordert. „Amazone"
und „T 124", die wegen des schlechten Wetters am 4. September ihre
Kohlenvorräte beim Kohlendampfer nicht hatten ergänzen können, mußten
nach Danzig zum Kohlen geschickt werden. „T 124" blieb während der
ganzen Unternehmung wegen Reparatur der F. T.=Anlage in Danzig,
„Amazone" traf am 7. September nachmittags wieder beim Gros ein.

Südlich Hoborg stand bei dem starken Nordostwinde am 5. September
eine so grobe See, daß eine Sitzung des Oberbefehlshabers mit dem Chef
des IV. Geschwaders und dem detachierten Admiral an Bord „Blücher"
nicht möglich war, da Torpedoboote nicht anlegen konnten. Es ließ sich
daher nicht vermeiden, daß der Verband in die Nähe der Küste unter Schutz

von Gotland dampfen mußte und daß dabei voraussichtlich seine Anwesenheit nach Rußland gemeldet wurde. Der Oberbefehlshaber versuchte
dies dadurch auszugleichen, daß die Schiffe zur Verschleierung ihres eigentlichen Reiseziels mit Südkurs von der Insel wegdampfen mußten. Großadmiral Prinz Heinrich bezeichnete in der Sitzung der Admirale und Flot-
tillenchefs an Bord seines Flaggschiffes als Hauptzweck der bevorstehenden
Unternehmung, das gesteigerte Selbstgefühl der Russen zu brechen. Unzweifelhaft habe unser Verlust der „Magdeburg" die russische Führung zu
den Vorstößen der letzten Tage bis in die Enge zwischen Gotland und Kurland angespornt. Es sollten daher nach Möglichkeit den russischen Seestreitkräften Verluste beigebracht und sie wieder in die Verteidigung gezwungen
werden, in der sie sich bis zum 27. August gehalten hätten. Nachdrücklich
wies der Oberbefehlshaber in seinen Ausführungen auf den ausdrücklichen
und mehrfach wiederholten Befehl Seiner Majestät des Kaisers hin, ein
Einsetzen gegen überlegene Streitkräfte und minenverdächtige Fahrwasser
zu vermeiden. Er setzte zum Schluß zusammengefaßt als seine Absichten
auseinander:

1. Russische Streitkräfte aus dem Finnischen Meerbusen herauszulocken, sie nach Süden zu ziehen und abzuschneiden.
2. Die Flottillen bei sich bietenden Gelegenheiten zu verwenden.
3. Leuchttürme und Signalstationen einzuschießen.
4. Durch Zeigen der ihm zur Zeit zur Verfügung stehenden Streitkräfte an möglichst vielen Punkten der russischen Küste nachhaltigen Eindruck auf die Russen auszuüben und dadurch dem detachierten Admiral seine Aufgabe in der östlichen Ostsee nach Zurückziehung der Hochseestreitkräfte zu erleichtern.

Großadmiral Prinz Heinrich erläuterte dann anschließend seine Absichten für den folgenden Tag, den 6. September. — Der detachierte Admiral
sollte ursprünglich zwischen 4 und 5 Uhr Vm. mit „Augsburg" und „V 25"
Dagerort-Leuchtturm auf Dagö beschießen und dann bis 22° 10' nach Osten
gegen den Finnischen Meerbusen vorstoßen. Gegen diesen Befehl führte
Kontreadmiral Behring aus, daß „Augsburg" leicht abgeschnitten werden
könne, wenn russische Schiffe westlich bis Bogskär vorgeschoben seien, bevor
die eigenen Streitkräfte eingreifen könnten; da außerdem nördlich Dagö
inzwischen russische Minen gelegt sein konnten, wurde von dem Plane
Abstand genommen. Als Hauptgrund der Änderung des Planes muß aber
der zweimalige Kaiserliche Befehl zur besonderen Vorsicht angenommen
werden, denn Kontreadmiral Mischke war bei seiner Minenunternehmung
mit „Deutschland" e r h e b l i c h größerer Gefahr ausgesetzt gewesen, und
der Oberbefehlshaber war damals in seinen Wünschen sogar noch weiter-

gegangen. „Blücher" marschierte mit den beiden schnellsten Linienschiffen „Braunschweig" und „Elsaß", die eine Dauergeschwindigkeit von über 16 Seemeilen durchhalten konnten, mit dem Kleinen Kreuzer „Straßburg" und der II. Torpedobootsflottille in der Nacht vom 5. zum 6. September westlich Gotland nach Norden, um an einem Punkt Grönskär=Leuchtturm in 32° rechtweisend 26 Seemeilen entfernt um 7 Uhr Vm. einzutreffen (siehe Karte 1, Weg des Verbandes vom 5. bis 8. September 1914). Hier angekommen, behielt sich der Oberbefehlshaber ein weiteres Vor= gehen nach Osten vor. Das IV. Geschwader erhielt Befehl, in der Nacht mit „Amazone", „Undine", „Gazelle" und der VI. Flottille östlich Gotland nach Norden zu gehen und um 9 Uhr Vm. auf dem westlichen Drittel der Linie Östergarn—Saritscheff=Feuerschiff aus Sicht der Insel Gotska Sandö zu stehen. Wenn möglich, sollte sich auf dem Anmarsch ein Kleiner Kreuzer morgens zwischen 4 und 5 Uhr vor Windau zeigen und von dort mit nördlichem Kurs ablaufen. Der Zusammenhang dieser Anordnungen ist leicht ersichtlich. Das getrennte Vormarschieren westlich und östlich Gotland nach Norden, mit leichten Kräften als sichernde Vorhut, verhinderte die Möglichkeit feindlicher Umgehung. Am Morgen des 6. September standen dann die beiden Streitkräftegruppen zangenförmig im Norden und Süden bereit, um aus dem Finnischen Meerbusen aus= brechende und den Lockungen der „Augsburg" nach Süden folgende russische Streitkräfte zu umklammern und ihnen den Rückweg zu verlegen. Dies vorsichtige Zurückhalten des westlich Gotland dampfenden schnellen Ge= schwaders hatte wohl seinen Grund in dem Befehl „Mißerfolge zu ver= meiden". Je weiter diese nördliche Gruppe nach Osten vorgeschoben war, um so schneller konnte sie den aus dem Finnischen Meerbusen unter Dagö auslaufenden russischen Streitkräften in den Rücken kommen. Genügte die Geschwindigkeit von „Elsaß" und „Braunschweig" nicht, um bis zum nächsten Morgen so weit nach Osten zu kommen, so war auf jeden Fall „Blücher" dazu imstande, der auch allein den voraussichtlich dort zu er= wartenden russischen Panzerkreuzern gewachsen war. Der Operations= befehl deutete selbst auf Absichten in dieser Richtung hin, indem er sich vor= behielt, „von dem 7 Uhr Vm. Punkt aus in Richtung auf Bengtskär vorzu= gehen". Diese Absicht ist jedoch nicht ausgeführt worden.

Der Vormarsch der Streitkräfte in der Nacht vom 5. zum 6. September westlich und östlich Gotland verlief planmäßig und ohne Zwischenfälle. Die Nacht war sehr sichtig und bei dem herrschenden Mondschein klar. Wind und Seegang hatten fast völlig abgeflaut, so daß auch die kleinen Streit= kräfte ohne Schwierigkeiten mitkommen konnten. Vor dem IV. Geschwader bildete der detachierte Admiral mit den ihm unterstellten Kleinen Kreuzern

und der VI. Flottille die Vorhut und lief in Aufklärungslinie etwa 10 Seemeilen vor dem Geschwader her. „Undine" zeigte sich bei Tagesanbruch
am 6. September befehlsgemäß vor Windau. Die Gruppe westlich Gotland
wurde durch die vorgeschobene „Straßburg" und die Boote der II. Torpedobootsflottille gesichert. Um 9 Uhr Vm. am 6. September war das Geschwader in der befohlenen Linie angekommen. Die Vorpostenlinie des
detachierten Admirals auf „Augsburg", bestehend aus „Gazelle", „Undine"
und „V 25" stand um diese Zeit vorgeschoben in Mitte der Verbindungslinie Gotska Sandö—Dagerort, etwa in Höhe von Kap Hundsort auf
Ösel. Kontreadmiral Behring hatte 2 Uhr Vm. die Boote der VI. Torpedobootsflottille bereits zur Kohlenergänzung nach Hoborg geschickt. Um
9 Uhr Vm. stieß er aus der Vorpostenlinie mit „Augsburg" und „V 25"
nach NOzO mit 17 Seemeilen Fahrt vor. „V 25" wurde auf Scheinwerfer-
signalweite nach Backbord herausgesetzt. Dem Chef des IV. Geschwaders
auf „Wittelsbach" und dem Oberbefehlshaber auf „Blücher" wurde der Beginn des Vorstoßes funkentelegraphisch gemeldet. Der Oberbefehlshaber
stand 9 Uhr Vm. mit seiner Gruppe Almagrundet-Feuerschiff in NW etwa
17 Seemeilen ab. „Blücher" und die beiden Linienschiffe waren mit der um
7 Uhr Vm. begonnenen Kohlenabgabe an die Boote der II. Torpedobootsflottille fertig geworden. Der Prinz steuerte auf das Signal der „Augsburg" mit NOzO½O und 14 Seemeilen Fahrt die nördliche Sperrlücke der
deutschen Sperre in Höhe von Bengtskär an, offensichtlich in dem Gefühl, jetzt
möglichst weit nach Osten gegen den Finnischen Meerbusen heranschließen zu
müssen. Um 11 Uhr Vm., als bis dahin von „Augsburg" keine Meldung
gekommen und auch sonst trotz weiter Sichtigkeit der Luft, die später den
Leuchtturm von Bogskär auf 25 Seemeilen ausmachen ließ, nichts vom
Feinde zu sehen war, entschloß sich der Oberbefehlshaber, „den Vormarsch
aufzugeben und an Ort und Stelle weitere Entwicklung abzuwarten zwecks
gemeinsamer Operation mit dem IV. Geschwader". Bezeichnend enthält
das Kriegstagebuch noch den Zusatz: »Allerdings verliert „Blücher"
damit Raum nach Osten.« Großadmiral Prinz Heinrich hielt anscheinend
um diese Zeit, wo „Augsburg" schon ziemlich weit nördlich gekommen
sein mußte, ein Zusammentreffen mit dem Feind für unwahrscheinlich.
Es war ein eigenartiger Zufall, daß kurz vor dem Entschluß des Oberbefehlshabers, den Weitermarsch aufzugeben, 10.50 Uhr Vm. „Augsburg" fast auf der Höhe von Dagerort in nordöstlicher Richtung in sehr
großer Entfernung Rauchwolken in Sicht bekommen hatte, die sich sehr
schnell in östlicher Richtung bewegten. Obwohl diese Rauchwolken mit größter
Wahrscheinlichkeit nur von einem Feind herrühren konnten, unterließ leider
Kontreadmiral Behring, ohne eine Begründung dafür in seinem Kriegs-

tagebuch anzugeben, die Meldung an „Blücher" und das IV. Geschwader.
Er setzte vielmehr seinen Marsch ruhig fort und steuerte 11.10 Uhr Vm.
mit NW=Kurs in tieferes Wasser, um das unter Dagerort als minenver=
dächtig gemeldete Gebiet zu vermeiden, ging dann 11.42 Uhr Vm. mit
NOzN=Kurs und auf 10 Seemeilen herabgesetzter Fahrt in der alten
Richtung weiter. Ob die Rauchwolken während dieser ganzen Zeit in Sicht
blieben oder von ihm nicht mehr beachtet worden sind, läßt weder sein
Kriegstagebuch, noch das der „Augsburg" erkennen. Nur das Kriegstage=
buch des Begleitbootes „V 25" berichtet, daß die Rauchwolken dauernd
gesehen wurden, da sich der Kommandant die Kursänderung seines
Führerschiffes 11.10 Uhr Vm. damit erklärt, „daß der Gegner anscheinend
nach Westen oder Süden gelockt werden solle". Um so unerklärlicher ist
das Unterbleiben dieser wichtigen F. T.=Meldung an die beiden Linien=
schiffsgruppen. Kontreadmiral Behring mußte übersehen können, daß es
dem Prinzen Heinrich unbedingt daran liegen mußte, so frühzeitig wie
möglich unterrichtet zu werden, um aus seiner sehr weit westlichen Stellung
rechtzeitig nach Osten vorstoßen zu können.

Auf jeden Fall war der Prinz 11 Uhr Vm., als er sich entschloß, nicht
weiter nach Osten vorzugehen, ohne jede Nachricht vom Sichten des
Feindes durch „Augsburg" nördlich Dagerort. Er entschloß sich daher,
zunächst mit seinem Verband auf den Leuchtturm von Bogstär zu=
zudampfen, an dem die Entfernungsmesser bereits auf 16 Seemeilen vier
große Masten erkannt hatten. Beim Näherkommen sah man, daß der
Leuchtturm an verschiedenen Holzmasten eine Antenne trug und daher eine
wertvolle Beobachtungsstation für die Russen sein mußte. Es wurde daher
der II. Torpedobootsflottille der Befehl gegeben, den Turm einzuschießen.
Der Leuchtturm wurde von den Booten der III. Torpedobootshalbflottille,
Chef Kapitänleutnant Boest[1]), mit Geschützen beschossen. Kurze Zeit nach der
Beschießung stieg aus dem Oberteil des Turmes eine anscheinend von ent=
zündetem Leuchtöl herrührende Rauchsäule hoch auf, und der Turm brannte
völlig aus; er konnte daher nicht mehr bestiegen werden, Signalbücher
und sonstige Geheimsachen wurden nicht gefunden. Die Turmbesatzung,
1 Deckoffizier, 3 Matrosen und 1 Funkengast wurden als Kriegsgefangene
mitgenommen. Sie sagten aus, daß sie seit Beginn des Krieges auf der
Station seien und angeblich seitdem noch kein russisches Kriegsschiff bei

---

[1]) Torpedoboot „S 138", Kommandant Kapitänleutnant Rudolf Schulte, Torpedo=
boot „S 139", Kommandant Kapitänleutnant v. Barendorff, Torpedoboot „S 140",
Kommandant Kapitänleutnant Vollheim, Torpedoboot „S 141", Kommandant Kapitän=
leutnant Leo Riedel, Torpedoboot „S 142", Kommandant Kapitänleutnant Lindau,
Flottillenboot „S 149", Oberleutnant zur See Hengstenberg.

ihnen gewesen wäre. Sie hätten das Sichten der deutschen Streitkräfte
noch nach Helsingfors gemeldet und dann das Zeichen für „Überfall"
gegeben. Der Oberbefehlshaber der Ostseestreitkräfte bemerkt hierzu in
seinem Kriegstagebuch, „daß es ein Fehler gewesen sei, daß man diese
wichtige Station nicht schon vor vier Wochen aufgehoben habe". Das Ansteuern und Beschießen von Bogskär läßt den Schluß zu, daß die Leitung
das Herauslocken der Russen schon zu dieser Zeit aufgegeben hatte.

Kurz nachdem der Flottillenchef die Meldung über den Erfolg der Beschießung gemacht und bei „Blücher" gesammelt hatte, erhielt der Oberbefehlshaber 12.56 Uhr Vm. den Funkspruch von „Augsburg": „Zwei
feindliche Große Kreuzer in Sicht Kap Tachkona in WNW½W etwa
22 Seemeilen ab", und kurz hinterher, 1.05 Uhr Vm.: „Die gemeldeten
feindlichen Streitkräfte steuern Süd." „Augsburg" hatte inzwischen auf
ihrem Nordkurse und weiteren Vormarsch 12.30 Uhr Vm. erneut zwei Rauch-
säulen, mit Bestimmtheit wohl von den gleichen Schiffen herrührend wie
10.50 Uhr Vm., in derselben Richtung in Sicht bekommen und beim Näherkommen als zwei Große Kreuzer mit vier Schornsteinen deutlich ausgemacht.
Daraufhin hatte dann endlich Kontreadmiral Behring die funkentelegraphische
Meldung an „Blücher" und IV. Geschwader erstattet. Großadmiral Prinz
Heinrich, der um diese Zeit etwa 20 Seemeilen südlich Bogskär stand, lief
sofort mit seiner Gruppe und der II. Torpedobootsflottille 16 Seemeilen
und ONO-Kurs, um womöglich dem Gegner noch den Rückzug durch die
nördliche Sperrlücke zu verlegen. Da „Elsaß" und „Braunschweig" nicht
mitkommen konnten, gingen „Blücher", „Straßburg" und die Flottille mit
höchster Fahrt allein vor. „Blücher" erreichte dabei zeitweise 24,5 Seemeilen Geschwindigkeit. „Straßburg" sicherte in vorlicher Stellung vor
„Blücher". Das IV. Geschwader, das die Meldung der „Augsburg" gleichzeitig mit „Blücher" erhalten hatte, ging darauf auf NO-Kurs und mit
höchster Fahrt, die zeitweilig bis 16 Seemeilen betrug, in der Richtung auf
den Standort „Augsburg", von dem es um diese Zeit etwa 70 Seemeilen
entfernt war, um den feindlichen Kreuzern den Weg nach Süden verlegen
zu können. „Augsburg" gab unterdessen fortlaufend die vorgeschriebenen
Signale als Fühlungshalter über die Bewegungen des Feindes, die bei
der außerordentlichen Sichtigkeit ohne Schwierigkeit auszuführen waren.
1.19 Uhr Nm. meldete sie: „Habe Fühlung, stehe an Steuerbord vor den
feindlichen Streitkräften, mein eigener Standort 028 δ, Zusatzzahl 6."
(Siehe Karte 1, Nebenkarte B.) 1.40 Uhr Nm.: „Feind dreht auf Nordkurs." Kontreadmiral Behring erklärte sich diese Kursänderung des Feindes
damit, daß der Feind anscheinend die starken Rauchfahnen der bei
„Blücher" stehenden Schiffe gesehen habe, die um diese Zeit bei der sehr

klaren Luft in westnordwestlicher Richtung in einer Entfernung von fast 35 Seemeilen in Sicht kamen. Diese Annahme traf zu, denn kurz darauf hatte 1.50 Uhr Nm. auch die vor „Blücher" weiter nach Osten zu stehende „Straßburg" die Rauchwolken des Feindes in SOzO gleichfalls in etwa 35 Seemeilen Entfernung in Sicht. Sie erhielt von „Blücher" Befehl, näheres festzustellen, und stieß darauf mit 22 Seemeilen nach OSO vor. 2.10 Uhr Nm. wurden von „Straßburg" in Richtung der Rauchwolken all= mählich die Masten und Schornsteine zweier Schiffe ausgemacht, die wenig später als zwei Kreuzer der „Bajàn"=Klasse festgestellt wurden. Fre= gattenkapitän Retzmann hielt von jetzt ab unter stetiger Annäherung die feindlichen Schiffe in einer Peilung von 6 Strich vorlicher als querab an Steuerbord und meldete als seitlicher Fühlungshalter ebenfalls seine Beob= achtungen an „Blücher". 3.5 Uhr Nm. gingen die russischen Panzerkreuzer, die zu dieser Zeit nach Meldung „Augsburg" nur geringe Fahrt liefen, über SO= auf S=Kurs und waren 3.50 Uhr Nm. 170 hm von „Straßburg" entfernt. Um 3.30 Uhr Nm. wurden auf „Blücher" die Mastspitzen der beiden feindlichen Kreuzer erkannt und von jetzt ab die weiteren Be= wegungen des Feindes, der unterdessen seine Fahrt vermehrt hatte, selb= ständig beobachtet. Um 3.32 Uhr Nm. machte der Gegner kehrt auf nörd= lichem Kurs, schwenkte dann 3.42 Uhr Nm. um 8 Strich nach Steuerbord und lief mit hoher Fahrt, etwa 19 bis 21 Seemeilen, mit östlichem Kurs zwischen Glotowa und Winkowa=Bank in den Finnischen Meerbusen. „Straßburg" und „Augsburg", die ihre Aufgabe als Fühlungshalter gut erledigt hatten, erhielten 3.35 Uhr Nm. vom Flaggschiff den Befehl zum Anhängen und sammelten 4 Uhr Nm. bei „Blücher". „Blücher" war unter= dessen nahe genug herangekommen und konnte um 4.17 Uhr Nm. auf 147 hm das Feuer auf den nach Osten fortlaufenden Gegner eröffnen. Da die Entfernung aber schnell zunahm, wurde 4.22 Uhr Nm. auf 178 hm Entfernung das Feuer eingestellt. Treffer waren nicht beobachtet worden. Eine Verfolgung in den Finnischen Meerbusen hinein hielt der Ober= befehlshaber entsprechend dem klaren Befehl der Kriegsleitung nicht für angängig. Das Verhalten der russischen Panzerkreuzer ließ nach Ansicht der „Straßburg", die dies „Blücher" unmittelbar nach der Beschießung 4.22 Uhr Nm. herüberwinkte, darauf schließen, daß in der Nähe der Glo= towa=Bank, also westlich der „Deutschland"=Sperre, im Eingang zum Finnischen Meerbusen, Minen lägen. Dies bestärkte den Großadmiral in seinem Entschluß, die Verfolgung aufzugeben.

Die beiden russischen Panzerkreuzer hatten anscheinend in einer Wach= stellung vor dem südlichen Eingang zum Finnischen Meerbusen zwischen Dagö und dem Südflügel der „Deutschland"=Sperre patrouilliert, hatten

„Blücher" in NW herankommen sehen und waren dann gerade noch recht=
zeitig nach Osten zurückgegangen. Ob es „Blücher" möglich gewesen wäre,
den Feind früher zu fassen, wenn er von vornherein weiter östlich gestanden,
oder wenn „Augsburg" das Sichten der Rauchwolken 10.50 Uhr Vm.,
also zwei Stunden früher als geschehen, gemeldet hätte, steht dahin,
weil die Russen sich nicht weit von dem Eingang zu sicherem Gebiet
entfernt hatten und es an dem Tage ganz außergewöhnlich sichtig
war. Die russische Führung war außerdem mit Bestimmtheit schon
aus dem seit dem 5. September in der östlichen Ostsee herrschenden
starken deutschen Funkenverkehr über die Anwesenheit erheblicher deutscher
Streitkräfte in der östlichen Ostsee unterrichtet. In den ersten Kriegs=
monaten bestand bei diesen Verbänden, die noch nicht in der strengen Funken=
disziplin der Hochseeflotte erzogen waren, ein besonders lebhafter Funken=
verkehr. Erst im Verlauf des Krieges, nachdem die Feststellung des Stand=
ortes feindlicher Streitkräfte auf Grund der Richtung aufgefangener Funk=
sprüche und deren Entzifferung weiter entwickelt worden war, wurde der
eigene F. T.=Verkehr in See überall auf das unbedingt notwendige Maß
eingeschränkt und später bei Unternehmungen fast völlig eingestellt. Es
mußte allerdings bei allen Unternehmungen mit größeren Streitkräften
in der Ostsee berücksichtigt werden, daß die Verbände meist getrennt waren
und daher ein öfterer Austausch der gegenseitigen Standorte unerläßlich
war. Es ist in diesem Zusammenhange von Belang, daß der Kommandant
der „Gazelle" die Kehrtwendung der russischen Panzerkreuzer um 1.40 Uhr
Nm. nach Norden darauf zurückführt, daß der Geschwaderchef auf „Wittels=
bach", dem Flaggschiff des IV. Geschwaders, 1.35 Uhr Nm. einen Funk=
spruch an „Blücher", „Augsburg" und „Undine" mit besonderem Anruf
für j e d e s Schiff machen ließ, der der Reihe nach beantwortet wurde, so
daß die Russen das Vorhandensein stärkerer deutscher Streitkräfte gemerkt
hätten. Abgesehen davon wird aber schon die Meldung der russischen Beob=
achtungsstation „Bogskär" rechtzeitig über Helsingfors die in See befind=
lichen russischen Streitkräfte von dem Vorhandensein deutscher Schiffe bei
dem Leuchtturm unterrichtet haben. Bei der großen Sichtigkeit konnten
daher die russischen Panzerkreuzer ruhig auf ihrer Vorpostenstellung
bleiben, bis sie einen überlegenen Feind sahen. Auf eine weitere Ver=
folgung der „Augsburg" nach Süden hätten sie sich wohl kaum eingelassen.

Großadmiral Prinz Heinrich wollte, nachdem der Feind aus Sicht ge=
kommen war, mit den unterstellten Streitkräften den Rückmarsch westlich
Gotland antreten und am folgenden Tage an Windau vorbeilaufen und dort
die Flagge zeigen. Die entsprechenden Befehle waren bereits ausgegeben,
als der Oberbefehlshaber 5 Uhr Nm. durch ein Telegramm des Admiral=

stabes: „Täglichen Finnischen Dampferverkehr Raumo—Gefle zu stören
verspricht große Wirkung" zur Änderung seiner Absichten veranlaßt wurde.
Er beschloß darauf, den detachierten Admiral mit „Augsburg", „Straß=
burg", „Gazelle" und „V 25" in die Bottensee zur Erledigung dieser
Aufgabe zu schicken. Die Kleinen Kreuzer und die II. Torpedobootsflottille
erhielten daher den Befehl, 1 Uhr Vm. am 7. September bei Svenska=Hö=
garne in NW 6 Seemeilen ab zu sammeln. Das IV. Geschwader hatte aus
den Meldungen der Fühlungshalter ersehen, daß es nicht mehr den Feind
fassen könne und hatte daher von 2 Uhr Nm. ab mit 12 Seemeilen
seinen Marsch fortgesetzt. Um 5 Uhr Nm. stand das Geschwader auf
der Höhe von Dagerort, „Braunschweig" und „Elsaß" wurden ihm
wieder zugeteilt, und es erhielt als Sammelplatz für den 7. September
8 Uhr Vm. Hufoudskär in NW 10 Seemeilen ab. „Blücher" ging zur Be=
fehlserteilung der Kleinen Kreuzer nach Svenska=Högarne. Kontreadmiral
Behring wurde am 7. September 2 Uhr Vm. vom Oberbefehlshaber von
Svenska = Högarne in die Bottensee entlassen. Der Prinz ging mit
„Blücher", „Undine" und der II. Torpedobootsflottille während des
Morgens mit langsamer Fahrt unter der schwedischen Küste entlang und
vereinigte sich an dem befohlenen Sammelplatz bei Hufoudskär mit dem
IV. Geschwader, um hier in Aufnahmestellung die Rückkehr des deta=
chierten Admirals abzuwarten. Kontreadmiral Behring hatte den Befehl
erhalten, mit „Augsburg", „Straßburg", „Gazelle" und „V 25" auf die
Mitte der Linie Gefle—Raumo zu gehen und bis 9 Uhr Nm. nach
Möglichkeit in diesem Gebiet den angetroffenen finnisch=russischen Dampfer=
verkehr zu stören. Russische Dampfer sollten, soweit ohne Verluste
von Menschenleben möglich, versenkt werden, da eine Überführung von
Prisen bei der weiten Entfernung zu dem nächsten deutschen Stützpunkt
eine zu große Behinderung und Gefährdung der eigenen Bewegungen be=
deutet hätte. Von neutralen Dampfern sollte nach englischem Vorbild jede
männliche Persönlichkeit englischer, französischer oder russischer Staatsange=
hörigkeit, die wehrpflichtig sein konnte, zunächst kriegsgefangen bis zur
endgültigen Untersuchung durch die Prisengerichte an Bord genommen
werden. Es war das erstemal, daß damit in der Ostsee eine Unter=
nehmung gegen den feindlichen Handel durchgeführt wurde. Der deutsche
Operationsbefehl für den Ostseekrieg hatte zwar auch die Schädigung
des russischen Handels als eine der wichtigeren Aufgaben der Krieg=
führung aufgeführt, dem militärischen Befehlshaber war aber sofort
nach Kriegsausbruch von der Kriegsleitung die Möglichkeit dazu durch
weitgehende Einschränkungen bei jedem Vorgehen gegen dänische und
schwedische Schiffe erschwert worden. Die Vorteile einer wohlwollenden

dänischen und schwedischen Neutralität waren unzweifelhaft auch höher ein=
zuschätzen als die mögliche Schädigung Rußlands durch eine strenge Kon=
trolle des neutralen Handels in der Ostsee. Die Kriegsleitung hatte daher
bereits Mitte August befohlen, daß schwedische Handelsschiffe in der
Ostsee nur nördlich 57° untersucht werden sollten oder wenn sie die
Ostsee durch Belte oder Sund verlassen wollten. Auch sollte nur eine
allgemeine Prüfung der Schiffspapiere stattfinden. Gegen dänische Schiffe
wurde in der westlichen Ostsee entsprechend entgegenkommend verfahren.
Wirksam war der für Rußland bestimmte neutrale Ostseehandel nur sehr
schwer zu unterbinden, da ein großer Teil der Waren durch Dänemark,
Norwegen oder Schweden auf dem Landwege und dann durch die Bottensee
über Finnland nach Rußland verfrachtet wurde. Außerdem stand dem
neutralen Handel immer der Weg innerhalb der schwedischen und dänischen
Hoheitsgewässer vom Sund durch die Ålandssee bis zur Bottensee offen.
Eine wirkliche Störung war daher, abgesehen von den ganz wenigen Stellen
wie in der Hanö=Bucht und an der Südspitze Ölands, wo die Schiffe aus
Gründen der Navigierung und zur Abkürzung gelegentlich für ganz kurze
Strecken die Hoheitsgrenzen verließen, für uns nur in dem schmalen See=
gebiet der Bottensee zwischen Finnland und der schwedischen Küste möglich.

Kontreadmiral Behring stand um 10 Uhr Vm. am 7. September auf
der Mitte der Linie Gefle—Raumo. Er ließ durch „Straßburg" und „Ga=
zelle" das Gebiet zwischen den beiden Häfen mit Ost= und Westkursen und
langsamer Fahrt bewachen. Er selbst ging mit „Augsburg" und „V 25" nach
Björneborg bei der dem Außenhafen Mäntyluoto vorgelagerten Insel Rässö
zu Anker, um die auf der Insel nach Lotsenaussage stehenden großen Pe=
troleumbehälter einzuschießen. Es war anzunehmen, daß diese Brennstoff=
vorräte für die russische Kriegführung von Nutzen waren. 2.20 Uhr Nm. bis
2.38 Uhr Nm. ankerte „Augsburg" bei Rässö. Da die Beschießung dieser Be=
hälter ohne erhebliche Gefährdung der benachbarten Gebäude, darunter eine
Kirche, nicht möglich war, wurde die Beschießung aufgegeben und in die
von „Straßburg" und „Gazelle" ausgelegte Vorpostenlinie zurückgesteuert.
Auf dem Marsch dahin kam bei Raumo ein Dampfer in Sicht, der durch
„V 25" angehalten und untersucht wurde. Es war der schwedische Dampfer
der Svealinie „Gauthiod", Heimatshafen Stockholm, auf dem Wege von
Raumo nach Gefle. Er hatte 58 männliche englische Passagiere an Bord,
von denen 34 wehrpflichtige vorläufig als kriegsgefangen an Bord ge=
nommen und an „Augsburg" abgegeben wurden. Sie kamen am 18. Sep=
tember auf Befehl des Admiralstabes wieder frei, da die Prisenordnung nur
die Gefangennahme von Personen gestattete, „die in die feindliche Kriegs=
macht eingereiht seien". Kurz darauf kam ein zweiter Dampfer in Sicht,

wie durch „V 25" festgestellt wurde, der russische Dampfer „Uleaborg" aus Helsingfors. Die gesamte Besatzung und die Passagiere, zusammen 46 Personen, darunter 12 Frauen, wurden mit ihrem Gepäck von „V 25" an Bord genommen und ebenfalls an „Augsburg" abgegeben, der feindliche Dampfer durch Artilleriefeuer versenkt. Kontreadmiral Behring gab, um rechtzeitig am 8. September 6.30 Uhr Vm. auf dem vom Oberbefehlshaber befohlenen Sammelplatz bei Kopparstenarne-Feuerschiff einzutreffen, „Straßburg" und „Gazelle" den Befehl, selbständig dahin vorzulaufen. „Augsburg" erbat und erhielt vom Großadmiral die Erlaubnis, ihres knappen Kohlenbestandes wegen, zur Ersparnis erst 7 Uhr Vm. auf dem Treffpunkt stehen zu brauchen. Pünktlich vereinigten sich am nächsten Morgen die drei Kreuzer und „V 25" bei Kopparstenarne-Feuerschiff mit „Blücher". „Augsburg" wurde von hier zur großen Kesselreinigung nach Danzig geschickt, um möglichst schnell nach Abgabe der Hochseestreitkräfte wieder als einzig leistungsfähiger Kreuzer für die östliche Ostsee verfügbar zu sein. Auf dem Rückwege sollte „Augsburg" noch die vier Kohlendampfer bei Hoborg in ihre Heimatshäfen zurückschicken. Am 8. September 10 Uhr Nm. lief „Augsburg" in die Werft in Danzig zur längeren Überholung und Liegezeit ein, nachdem sie seit Kriegsausbruch als Hauptträger der Kriegführung in der östlichen Ostsee unermüdlich in See gewesen und bei jeder Gelegenheit zur Ehre der Flagge ihre Pflicht getan hatte.

Großadmiral Prinz Heinrich hatte während der Unternehmung seines Unterführers in der Bottensee die übrigen Streitkräfte am 7. September 8 Uhr Vm. bei Hufoudstär gesammelt. Die VI. Flottille war nach Beendigung der Kohlenergänzung bei Hoborg 10.30 Uhr Vm. wieder zum Verband gestoßen, ohne „V 154", das wegen seiner durch Seegang eingedrückten Back und undichten Vorschiffes nach Wilhelmshaven geschickt worden war. Dafür mußten aber die Torpedoboote der II. Flottille jetzt erneut in See aus den Linienschiffen des IV. Geschwaders und aus „Blücher" befohlt werden. Die Schwierigkeiten einer Verwendung von Torpedobootsflottillen bei längeren Unternehmungen in einem Seegebiet 300 Seemeilen von Danzig entfernt, hatten sich unbequem bemerkbar gemacht. Bei den Ostseeunternehmungen, die stets nach Zurücklegung des Anmarsches einen längeren Aufenthalt im feindlichen Gebiet verlangten, trat die kurze Dampfstrecke unserer mit Kohlenfeuerung eingerichteten Torpedoboote besonders in die Erscheinung. Die Flottillen hatten in der Regel nur noch genügend Brennstoff für den Rückmarsch, wenn sie vor dem Finnischen Meerbusen ankamen. Die Kohlendampfer bei Hoborg waren ein Notbehelf, da sie weit zurücklagen und nur bei gutem Wetter brauchbar waren. Wie lange die Boote dabei ausfielen, zeigte die

VI. Flottille, die in der ersten Nacht an der Nordspitze Gotlands entlassen werden mußte und erst nach 30 Stunden beim Gros wieder eintraf, nachdem sie in dieser Zeit den eben aufgefüllten Kohlenvorrat fast verbraucht hatte. Die Möglichkeit einer Kohlenergänzung von den Linienschiffen hing vom Feind und vom Wetter ab. Es ist aber bezeichnend für die damals im Gegen= satz zur Nordsee in der Ostsee herrschende geringe Einschätzung der Untersee= bootsgefahr, daß man in einem in bester Reichweite für feindliche Untersee= boote liegenden Seegebiet ein stundenlanges Stilliegen großer Schiffe mit Torpedobooten längsseit ohne weiteres verantworten zu können glaubte. Dies änderte sich später, nachdem Verluste eingetreten waren, und damit wurde die Frage der Brennstoffergänzung der leichten Streitkräfte für die Anlage von Unternehmungen in der östlichen Ostsee immer wichtiger und schwieriger. Jedenfalls hat die Einschätzung der Unterseebootsgefahr bei der Kriegführung in der Ostsee in keiner Beziehung eine hemmende Rolle gespielt, obwohl die Verwendungsmöglich= keiten dieser Waffe für die Russen in der Ostsee nicht ungünstiger beurteilt werden mußten als für die Engländer in der Nordsee.

Nach Beendigung der Kohlenübernahme hatte die II. Flottille Befehl erhalten, die Funkenstation des in der südlichen Ålandsee liegenden Leuchtturms von Lagskär zu zerstören und das Marinepersonal ge= fangenzunehmen. Der Leuchtturm selbst sollte nicht zerstört werden, da er für die schwedische und deutsche Navigierung bei Unternehmungen in der Bottensee von Wert war. Die Flottille sollte danach den Haupthafen der Ålandsinseln, Mariehamn, auskundschaften und fest= stellen, ob dort feindliche leichte Streitkräfte, Minenleger oder Unterseeboote, lägen. Um 6.30 Uhr Nm. sollten die Boote, von denen „S 147" wegen warmgelaufener Lager vor der Unternehmung nach Kiel geschickt werden mußte, auf dem für den ganzen Verband festgesetzten Treffpunkt bei Svenska-Högarne sammeln. Korvettenkapitän Schuur steuerte mit den Booten um 2.40 Uhr Nm. den Leuchtturm von Lagskär von Norden an. Es war sehr sichtig und klar, kein Wind und kein Seegang. Der Flot= tillenchef schickte daher ein aus 30 Mann bestehendes Landungskorps in 10 Beibooten der Flottille unter Leitung des Oberleutnants zur See Mejer an Land zur Untersuchung der Signalstation. Diese war schon seit längerer Zeit verlassen, die Wohnhäuser waren leer, und es wurden weder Signal= bücher noch sonstiges Material gefunden. Die Flottille lief dann weiter nach Norden in die Ålandsee bis vor die Einfahrt von Mariehamn. Soweit von See aus beobachtet werden konnte, lagen im Hafen keine verdächtigen Fahrzeuge; zwischen den Schären wurden verschiedentlich Rauchwolken gesichtet. Ein Einlaufen unterblieb auf Befehl des Ober=

befehlshabers wegen Annahme von Minensperren in der Einfahrt. Die
Flottille sammelte dann 6.47 Uhr Nm. bei „Blücher", und wurde vom
Oberbefehlshaber westlich Gotland nach Kiel entlassen. Das Flaggschiff hatte
unterdessen von 2.30 Uhr bis 4.40 Uhr gestoppt, um das Depeschenboot des
IV. Geschwaders „T 94" zu beohlen. Das Geschwader selbst machte während
dieser Zeit Fahrübungen im Verband zur Ausbildung der Reserveoffiziere.
Während der Nacht vom 7. zum 8. September wurde durch die VI. Torpedo=
bootsflottille, „T 94" und die im Laufe des Tages wieder aus Danzig ein=
getroffene „Amazone" von 9.30 Uhr Nm. ab, eine Sicherungslinie zwischen
Almagrundet=Feuerschiff und Gotska Sandö ausgelegt. „Amazone" und
„T 94" sollten die Enge Gotska Sandö—Farö sichern, um feindliche Tor=
pedoboote zu melden, die etwa in der Nacht aus dem Rigaschen Meerbusen
heraus auf diesem Weg versuchen sollten, unter dem Schutze der schwedischen
Küste gegen das Gros vorzugehen. „Blücher" und die Linienschiffe standen
während der Nacht westlich dieser Linie etwa in der Mitte zwischen Got=
land und der schwedischen Küste und vereinigten sich am 8. September
6.30 Uhr Vm. bei Kopparstenarne=Feuerschiff in SzW 6 Seemeilen ab mit
den leichten Streitkräften der Vorpostenlinie und dem aus der Bottensee
zurückkehrenden detachierten Admiral.

Großadmiral Prinz Heinrich trat von hier aus mit dem IV. Geschwader,
„Straßburg", „Amazone", „Gazelle", „Undine", VI. Torpedobootsflottille,
„T 94" und „V 25" den Rückmarsch östlich Gotland an und beabsichtigte unter=
wegs die Flagge vor Windau zu zeigen. Auf dem Marsch hatte 10.15 Uhr
Vm. „Undine" Havarie der Backbord=Maschine, so daß der Kreuzer mit
der Steuerbord=Maschine allein nur 12,5 Seemeilen laufen konnte.
In der Kriegsverwendung zeigte sich bei allen alten Schiffen, die
aus dem Zwang der Notwendigkeit in die Front eingestellt wurden,
daß altes Material den Strapazen nicht gewachsen war. „Blücher" mit
„V 25" lief zu „Undine", um das Schiff im Notfall zu schützen und zu
schleppen. Die Havarie trat in der Höhe des Eingangs zum Rigaschen
Meerbusen ein, so daß ein Zusammentreffen mit feindlichen Streitkräften
noch im Bereich der Möglichkeit lag. Der Chef des IV. Geschwaders
erhielt 11.45 Uhr Vm. den Befehl, die Demonstration vor Windau zu
leiten. Er sollte den Hafen nicht beschießen, sich nur kurze Zeit davor
aufhalten und der Minengefahr wegen nicht unter die 50 m=Linie gehen,
später mit westlichem Kurse wieder aus Sicht von Land steuern. Um
6.30 Uhr Nm. wollte sich „Blücher" mit dem Geschwader südlich Windau
wieder vereinigen. Zur Erreichung dieses Treffpunktes mußte das Ge=
schwader sofort 15 Seemeilen Fahrt aufnehmen. Um 1 Uhr Nm. ließ
Vizeadmiral Ehrhard Schmidt die bis jetzt als Vorhut vor dem Verband

sichernden Kreuzer und Torpedoboote heranschließen und steuerte mit enger Sicherung auf Windau zu. „Gazelle" stand 800 m vor dem Geschwader, eine Halbflottille an Steuerbord, die andere Backbord querab von „Gazelle". „Straßburg" und „Amazone" folgten dem Geschwader in Kiellinie. Der Admiral nahm das Vorhandensein von Minen nicht an, ließ aber doch zur Sicherheit die Schiffe auf 700 m Schiffsabstand fahren. Von 2.15 Uhr Nm. bis 2.48 Uhr Nm. wurde von dem Verband mit südlichem Kurs und etwa 8 Seemeilen Abstand an Windau vorbei längs der Küste gesteuert. Da es klar und sehr sichtig war, konnte mit Sicherheit angenommen werden, daß der Verband von Land aus gut beobachtet und mit seinen vielen Torpedobooten und Schiffen in der ge= wöhnlich reichlich übertriebenen Form nach Petersburg gemeldet würde. Der Zweck der Demonstration war damit erreicht.

„Blücher", der „Undine" allein nach Danzig vorgeschickt hatte, vereinigte sich 3.30 Uhr Nm. mit dem Geschwader und trat mit den Streitkräften den Rückmarsch an. Inzwischen glaubte der Flottenchef in der Nordsee Anzeichen eines englischen Vorstoßes bemerkt zu haben. — Admiral v. Pohl schreibt dazu in seinen Aufzeichnungen vom 9. September 1914: „Vormittags melde ich Seiner Majestät, daß ich auf Ansuchen des Chefs der Hochseestreitkräfte den Oberbefehlshaber um be= schleunigte Rücksendung der aus der Nordsee detachierten Streitkräfte er= sucht habe, und bitte, nachträglich dazu die Genehmigung zu erteilen. Seine Majestät schreibt auf die Meldung: »Dann ist die Ostsee gegen einen Durch= bruch durch die Belte wehrlos. Ist das — die beschleunigte Rückkehr — nötig?« — Ich melde mich bei Seiner Majestät daher zum Vortrag an, in dem Seine Majestät die Rückkehr der Schiffe nach der Nordsee gestattet. Der Flottenchef braucht sie dort, um dem Vorstoß der Engländer entgegen= treten zu können. Auch „Blücher", da „Moltke", „Seydlitz", „von der Tann" Kondensatorreparaturen haben. Um aber die Entziehung der Nordsee= streitkräfte auszuschließen, bitte ich, drei ältere Unterseeboote nach der Ostsee verlegen zu dürfen. Er stimmt zu." — 9.46 Uhr Nm. traf vom Chef des Admiralstabes folgendes Telegramm auf „Blücher" ein: „Sämtliche nach der Ostsee detachierten Streitkräfte des Verbandes der Hochseestreit= kräfte beschleunigt nach der Nordsee schicken." Großadmiral Prinz Heinrich gab diesen Befehl an das IV. Geschwader, „Straßburg", VI. Torpedoboots= flottille weiter, löste den Verband auf und kehrte auf „Blücher" mit hoher Fahrt nach Kiel zurück. Die Streitkräfte des detachierten Admirals, „Amazone", „Undine", „Gazelle" und „V 25", wurden nach Danzig ent= lassen. „Blücher" mit „Straßburg" traf in Kiel am 9. September 6.30 Uhr Nm. ein, die Boote der VI. Torpedobootsflottille 8 Uhr Nm., das

IV. Geschwader mit „T 94" 11.30 Uhr Nm. Die früher entlassene II. Tor=
pedobootsflottille war bereits am Vormittag desselben Tages in Kiel an=
gelangt. Die von den Hochseestreitkräften zur Verfügung gestellten
leichten Streitkräfte liefen sofort nach Kohlenergänzung mit „Blücher" durch
den Kanal nach der Nordsee. Der Chef des IV. Geschwaders war zunächst
im Zweifel, ob nach dem Telegramm des Admiralstabes sein Geschwader,
das dauernd bis jetzt in der Ostsee gewesen und daher nicht nach der Ostsee
d e t a ch i e r t worden war, auch beschleunigt nach der Nordsee gehen sollte,
und bat den Chef der Hochseestreitkräfte um entsprechenden Befehl. Wenn
auch die für Reservisten vorgesehenen Schießübungen von dem IV. Ge=
schwader unterbrochen worden waren, so hatte doch die Verwendung in der
östlichen Ostsee die Ausbildung des mit Reservepersonal besetzten Geschwa=
ders außerordentlich gefördert. Vor allen Dingen fühlte sich das Personal
durch diese siebentägige Unternehmung an der feindlichen Küste sehr
gehoben. Der Hochseechef verzichtete vorläufig auf das Geschwader,
das zwar nicht mehr zur Verfügung des Oberbefehlshabers der Ostsee=
streitkräfte, aber noch zur Erledigung von Ausbildungsübungen bis Ende
September in der Ostsee blieb.

Zum erstenmal war eine Unternehmung mit Teilen der Hochseestreit=
kräfte in der Ostsee durchgeführt worden, wie es der Operationsbefehl des
Admiralstabes in Aussicht gestellt. Der Operationsbefehl hatte dabei
allerdings als Zweck „die Führung eines Schlages gegen die russische Flotte"
im Auge gehabt. Jetzt nach vier Wochen Ostseekriegserfahrung, kam dieses
Ziel nicht mehr als alleiniger Zweck in Frage. Man war sich darüber klar
geworden, daß die Russen ihre Flotte in einer Freiwasserschlacht zum
Kampf n i ch t stellen würden. Anderseits legte die deutsche Führung
keinen Wert darauf, ihre wertvollen schwimmenden Streitkräfte gegen den
Rigaschen oder Finnischen Meerbusen anzusetzen. Der kurze, bisherige Kriegs=
verlauf hatte eine ungefähre Übereinstimmung mit den vor dem Kriege
im Admiralstab angestellten Überlegungen ergeben. Die Unternehmung
des Oberbefehlshabers der Ostseestreitkräfte bewies den Russen und allen
Neutralen an der Ostsee, daß die deutsche Flotte die Seeherrschaft in der
Ostsee f e st besitze. Denn das muß immer wieder als das Ergebnis dieser
mit den s ch w ä ch st e n Mitteln in der Ostsee durchgehaltenen ersten
Kriegswochen in den Vordergrund gestellt werden, daß der deutsche Ostsee=
handel während dieser Zeit auch nicht im geringsten vom Feinde belästigt
worden ist. Eine Störung des Handels wäre dem weit überlegenen
Gegner sehr leicht gewesen. Alle Unternehmungen, die Großadmiral
Prinz Heinrich in weitester Auslegung des ihm erteilten Operationsbefehls
mit seinen ungenügenden Streitkräften im August 1914 durchgeführt hat,

haben mit Erfolg den Feind vor jeder Betätigung außerhalb des Finni=
schen und Rigaschen Meerbusens zurückgehalten. Nur bis zur Höhe von
Windau haben sich in dieser Zeit einzelne russische Streitkräfte heraus=
gewagt, trotzdem ihnen nur schwache alte Kreuzer gegenüberstanden. Keine
feindliche Mine war bis jetzt vor den Küsten und Häfen der Ostsee gefunden
worden. Der an sich schmerzliche Verlust der „Magdeburg" konnte daher
in dem Gedanken seinen Ausgleich finden, daß gerade dieser kühne Vorstoß
die Russen unzweifelhaft in dem Glauben bestärkt habe, daß sich unsere
kleinen Kreuzer bei ihren Vorstößen stets auf ein Gros starker Streit=
kräfte stützten. In dieser Auffassung muß sie die Unternehmung des
Großadmirals mit Teilen der Hochseestreitkräfte nur erhalten haben. Der
russische Nachrichtendienst war sicher gut darüber unterrichtet, daß sich in
Kiel stets starke Streitkräfte befanden, ob zur Ausbildung oder zur wirk=
lichen kriegsbereiten Verwendung war ein Nebenpunkt, dessen genaue Fest=
stellung dem feindlichen Spionagedienst nicht möglich war. Auf jeden Fall
mußte aber die russische Führung dies bei ihren Plänen berücksichtigen und
mit diesen Schiffen immer rechnen.

Die Kriegsleitung hatte den Prinzen durch ihre strengen wiederholten
Befehle, „bei der Unternehmung mit größter Vorsicht zu verfahren, sich
nicht mit überlegenen Streitkräften einzulassen und von minenverdächtigem
Fahrwasser fernzuhalten", in seiner Handlungsfreiheit völlig festgelegt.
Vielleicht wäre ohne diesen Befehl das Zusammentreffen von „Blücher"
mit den beiden russischen Panzerkreuzern anders verlaufen. Es ist aber
die Folge aller Anordnungen im Kriege, die bewußt Verluste vermeiden
wollen, daß sie in ihrer Halbheit schaden und nur Halbes erreichen.
Ein erheblicher Einsatz war an sich schon vorhanden, wenn man ein
Geschwader vor den Finnischen Meerbusen schickte, da Unterseeboote
und vor allem Minen, die beiden wahrscheinlichsten Gefahrquellen in der
Ostsee, dort stets zu erwarten waren. Wie sollte der Oberbefehlshaber den
Begriff „minenverdächtige Fahrwasser" auffassen? Besaß er wenig Ver=
antwortungsfreudigkeit, so hätte er sich nicht über Gotland hinauswagen
dürfen, weil dort in der Enge zwischen Gotland und Kurland russische
Streitkräfte erst kürzlich mit den Kreuzern des detachierten Admirals zu=
sammengetroffen waren und nun russische Minensperren liegen konnten.
Durch dies Seegebiet liefen die Anmarschwege zum Finnischen Meerbusen.
Selbst langsame russische Minenleger konnten in einer Nacht von Windau
oder dem Westeingang des Rigaschen Meerbusens aus denkbar einfach ohne
eigene Gefahr in diesen Gewässern Minenfelder legen. Beide Linienschiffs=
gruppen hatten aber auf dem Vormarsch ihren Weg nach Norden o h n e
j e d e M i n e n s i c h e r u n g zurückgelegt. Eine Sicherheit, daß k e i n e

Verluste entständen, bot diese Befehlseinschränkung für die Kriegs=
leitung nicht. Da die Kriegsleitung die Streitkräfte geschickt hatte, so mußte
sie dem Führer auch die Freiheit seines Handelns in selbständiger Aus=
legung des allgemein gültigen militärischen Grundsatzes vom richtigen Ver=
hältnis von Einsatz und Erfolgsaussichten überlassen. Die Verantwortung
am Feinde ist für einen Führer eine sehr große und darf durch einerseits
einschränkende, anderseits jede Verantwortung ablehnende Befehle einer
höheren Dienststelle nicht noch vermehrt werden.

Die Störung des Handels in der Bottensee war ein erfreuliches Er=
gebnis dieser Unternehmung, das unzweifelhaft in seinen Folgen eine
Zeitlang den Handelsverkehr zwischen Finnland, Rußland und Schweden
erheblich beeinflußt haben wird. Unsere Stellung zur See in der Ostsee
Rußland gegenüber hatte eine gewisse Ähnlichkeit mit der Englands zu uns
in der Nordsee. Wir brauchten die russische Flotte, die sich in ihren Stütz=
punkten im Finnischen und Rigaschen Meerbusen zurückhielt nicht zu
schlagen; es genügte, daß wir an der Hand unseres Kräfterückhalts
in der Nordsee imstande waren, vor der russischen Küste von Zeit
zu Zeit mit einigen starken Schiffen zu demonstrieren. Ein Eindringen in
den Finnischen oder Rigaschen Meerbusen wäre, wie bereits früher er=
wähnt, für uns nur ein Unternehmen gewesen, das ohne entscheidende
Erfolgsaussichten schwere Verluste gekostet hätte. Rußland störte aber
unsere Seekriegführung und unseren Handel fast gar nicht, wie wir es
England gegenüber durch unsere Unterseeboote und Minenkreuzer taten.
Wir hatten in der Ostsee keine Ursache, lediglich aus Betätigungseifer
oder aus Prestige den Russen den Gefallen zu tun, uns an ihren Küsten=
batterien und Minensperren die Zähne auszubeißen. Dagegen zeigten wir
trotz schwächster Streitkräfte in der Ostsee eine Energie des Handelns in
der steten Beunruhigung des Feindes, die von der Fernblockade der zahlen=
mäßig uns so unendlich überlegenen Engländer in der Nordsee vorteilhaft
abstach. Ein Zusammenwirken mit der Armee oder ihre großzügige Unter=
stützung kam in der ersten Zeit für die deutsche Seekriegführung in der
Ostsee nicht in Frage. Abgesehen davon, daß dies nicht in den Plänen des
Generalstabes des Feldheeres lag, hätte eine solche Kriegsgestaltung die
Flotte in der Ostsee für längere Zeit festgelegt und die Nordsee zu
sehr entblößt. Zudem war es wegen der jährlichen, mehrere Monate
langen Bereisung des für das Ansetzen von Armeeoperationen über
See in der östlichen Ostsee in Frage kommenden Seegebietes unmög=
lich, solche Operationen, etwa wie die Dardanellen=Unternehmung, damals
schon allein auf den Seeweg als Nachschub= und Rückzugsstraße aufzubauen.
Dazu mußte die Armee erst auf dem Lande die nötigen Grundlagen

schaffen. Als dies im Verlauf des Krieges geschehen, fand sie die Marine in der Ostsee für alle ihre Pläne bereit. Wäre ein einheitlicher Kriegsplan für Heer und Flotte von vornherein darauf ausgegangen, zuerst Rußland mit allen Mitteln niederzuwerfen, so hätte die Marine sich den höchsten Anforderungen völlig gewachsen gezeigt. Die Entscheidung hierüber lag aber nicht bei der Marine, für diese kam stets England als Hauptgegner in Betracht.

8. Verbände der Hochseestreitkräfte zum zweitenmal unter Führung des Prinzen in der östlichen Ostsee vom 19. bis 24. September 1914.

Der Grund für die beschleunigte Zurückziehung der dem Oberbefehls=haber der Ostseestreitkräfte für seine letzte Unternehmung zur Verfügung gestellten Hochseestreitkräfte war für die Kriegsleitung ein Telegramm des Chefs der Hochseestreitkräfte gewesen, „daß nach den vorliegenden Beob=achtungen und Nachrichten größere englische Unternehmungen in der Deutschen Bucht in den nächsten Tagen zu erwarten seien". Darauf hatte der Chef des Admiralstabes den entsprechenden Befehl für den Großadmiral erwirkt. Die Vermutung des Hochseechefs bestätigte sich allerdings nicht, doch war sein Drängen verständlich, da er endlich die ihm zugeteilten Verbände gesammelt und verwendungsbereit in der Nordsee haben wollte. In der Ostsee standen nach dem Fortgange des IV. Geschwaders am 15. Sep=tember dem Oberbefehlshaber, falls nur seine eigenen Streitkräfte berück=sichtigt werden, kaum verwendungsbereite Schiffe zur Verfügung. Die seit Kriegsausbruch gefahrenen Kreuzer und Torpedoboote des detachierten Admirals brauchten nach sechswöchiger ununterbrochener Verwendung dringend eine Werftüberholung und Kesselreinigung. Kontreadmiral Behring hatte daher Befehl bekommen, den unterstellten Schiffen und Torpedobooten nach der Ankunft in Danzig eine Ruhezeit von einigen Tagen zu geben und dabei die Schiffe gründlich instand zu setzen. Groß=admiral Prinz Heinrich glaubte Mitte September dies um so eher verantworten zu können, als er annahm, daß die Russen unter dem Eindruck seiner letzten Unternehmung in den nächsten Tagen sicherlich keine Vorstöße so weit nach Süden, wie am 1. und 2. September, unter=nehmen würden. Er ordnete daher auch an, daß die Bewachung der Linie Schweden—Gotland—Kurland durch die älteren Kleinen Kreuzer vor=läufig eingehen und erst dann wieder aufgenommen werden solle, wenn ein Rückhalt durch ein kampfkräftigeres Schiff nach Ankunft des Großen

Kreuzers „Friedrich Carl" in Danzig vorhanden sei. Bis dahin sollte sich Kontreadmiral Behring lediglich auf den Schutz der Danziger Bucht und den Küstenschutz bis Memel beschränken und die Zeit zu Ausbildungszwecken verwenden. Die Streitkräfte des Oberbefehlshabers hatten in der ersten Septemberhälfte eine geringe Verstärkung erfahren. Für die nach der Nordsee abgegebenen Torpedoboote „V 186" und „V 26" waren fünf Torpedoboote der Reihe „G 132" bis „G 136" den Ostseestreitkräften zugeteilt worden. Ferner hatte man die alten Boote „T 91", „T 93" und „T 94" durch „S 120", „S 123" und „S 125" ausgetauscht. Der Groß-admiral hatte die kampfkräftigeren Boote „G 132", „G 133", „G 135" und „G 136" zur 20. Halbflottille, Kapitänleutnant Ehrhardt als Halbflottillen-chef, zusammengefaßt und dem detachierten Admiral in Danzig unter-stellt. Der Rest der Ostsee = Torpedoboote wurde unter Kapitänleutnant Graf v. der Recke-Volmerstein als 19. Halbflottille dem Chef der Küsten-schutzdivision zum Bewachungs= und Vorpostendienst in der westlichen Ostsee gegeben. Der frühere Antrag des Großadmirals auf Zuteilung von zwei neuen Unterseebooten war zunächst von der Kriegsleitung abschlägig beschieden worden. Später hatte aber der Chef des Admiral-stabes auf Allerhöchsten Befehl angeordnet, daß drei ältere Unterseeboote aus dem Verband der Hochseestreitkräfte dauernd dem Ostseebefehlshaber zugeteilt würden. Es sollte damit für die Zukunft in erster Linie die fort-währende Störung der Pläne und Absichten des Hochseechefs durch Ent-sendung von Teilen der Hochseestreitkräfte in die Ostsee vermieden werden. „U 23", „U 25" und „U 26", Boote, die wegen ihres starken Kühlwasser-verbrauchs für Fernunternehmungen in der Nordsee weniger brauchbar waren, wurden daher der Ostsee zugeteilt und aus ihnen mit „D 10" als Führerboot, die 5. Unterseeboots-Halbflottille, Chef Kapitänleutnant Adam, gebildet; diese wurde dem detachierten Admiral zugeteilt und vereinigte sich in Danzig. Die Fahrzeuge der Unterseebootschule, „Vulcan", „T 27" und „U 1", wurden wieder für Ausbildungszwecke der Ostseestation zurück-gegeben. Die Werft Danzig erhielt Befehl, einen Dauerbestand von 450 Tonnen Treiböl zu halten. Reparaturwerft für die Boote blieb für größere Reparaturen ihre Bauwerft, die Germaniawerft in Kiel. Eine kriegsmäßige Verwendung dieser Boote, die mit neuen Kommandanten besetzt waren, konnte erst nach Erledigung einer kurzen Ausbildungszeit, die der detachierte Admiral in der Danziger Bucht durchzuführen hatte, in Frage kommen. Eine weitere Verstärkung stand für Kontreadmiral Behring durch die Zuteilung von „Friedrich Carl" als Flaggschiff in Aussicht. Der bis jetzt als Torpedoversuchsschiff verwandte ältere Panzerkreuzer sollte zunächst seine Gefechtsausbildung in der Kieler Bucht beendigen und dann gegen Ende September nach Danzig geschickt werden. Von den Kleinen Kreuzern waren „Augsburg" und „Amazone" wie bisher für die östliche Ostsee bestimmt und nur „Lübeck", die über ausreichende Geschwindigkeit verfügte, kam als Zuwachs in Betracht.

Da die Vorpostenlinien westlich und östlich Gotland zunächst ein-gingen, war eine verstärkte Bewachung und Sicherung der Sund—Arkona-Stellung in der westlichen Ostsee durch die Streitkräfte des Chefs der Küstenschutzdivision wünschenswert. Von diesen Streitkräften waren „Thetis" und „Undine" seit ihrer Indienststellung wegen Mängeln an Rudermaschine und Kurbellagern durch häufige Werftliegezeiten ver-schiedentlich ausgefallen, auch „Kaiserin Augusta" hatte bis jetzt wegen ihrer Unentbehrlichkeit als Artillerieschulschiff noch keine Verwendung im Bewachungsdienst finden können. Die Sicherung der Kieler Bucht hatten daher außer einem Kleinen Kreuzer meistens nur „Panther", die Minenstreudampfer und die Torpedoboote durchgeführt. Deshalb hatte auch der Oberbefehlshaber schon bei der letzten Unternehmung die Schul-kreuzerdivision als Aushilfe für die Bewachung beantragen müssen. Die Hilfsstreuminendampfer der Ostsee waren am 1. September durch den Dampfer „Hertha" vermehrt worden. Für „Prinz Waldemar" war inzwischen „Odin" in Dienst gestellt, so daß mit Anrechnung der am 4. September von den Hochseestreitkräften wieder zurückgegebenen „Deutschland" die gesamte Zahl dieser Sonderfahrzeuge jetzt sechs betrug. Auf die veränderten und verstärkten Sicherungsmaßnahmen zum Schutze der Belte und des Sundes wird später ausführlicher zurückgekommen werden.

In diesem Zeitpunkt, in welchem der verfügbare Schiffsbestand des Oberbefehlshabers der Ostseestreitkräfte besonders gering war, trat von seiten der Armee plötzlich und unerwartet eine neue Aufgabe zunächst für die Streitkräfte des detachierten Admirals an den Großadmiral heran. Am 12. September 11 Uhr Vm. erhielt letzterer den folgenden Befehl durch den Chef des Admiralstabes aus dem Großen Hauptquartier: „Russische 1. Armee ist auf dem Rückzuge nach Norden über Memel. Äußerst wichtig, russischen Rückzug von Memel und Kurischem Haff aus zu stören und Armee zu unterstützen durch Zerstörung der Schiffsbrücken über Memel-Fluß bis hinter Tilsit. Mit dem dortigen Bootsmaterial und Flugzeugen aus Putzig in gleicher Weise Überführung Danziger Truppen nach Memel unterstützen. Admiral." Großadmiral Prinz Heinrich hatte für diese Auf-gabe in Kiel k e i n e Streitkräfte zur Verfügung. Nur „U 23" und „U 25", die bereits aus der Nordsee eingelaufen waren, wurden sofort nach Danzig weitergeschickt. Im übrigen mußte Kontreadmiral Behring an Ort und Stelle nach Lage der Verhältnisse die entsprechenden Anordnungen treffen.

Sein Admiralstabsoffizier versuchte nach Eingang des Befehls des Groß=
admirals zunächst vergeblich, durch Fernsprecher mit dem Armee=Ober=
kommando der Ostarmee in Verbindung zu treten. Auch das stellvertre=
tende Generalkommando in Danzig vermochte keine Auskunft zu geben,
in welcher Weise eine Unterstützung der vormarschierenden Truppen durch
die Marine gewünscht sei. Bezeichnend ist, daß der Chef des Admiralstabes
im Großen Hauptquartier selbst vor einem Rätsel stand. Admiral v. Pohl
schreibt am 12. September in seinen Aufzeichnungen: „Ich war heute
morgen lange bei Moltke, der gestern morgen zur Front gefahren und
erst heute nacht zurückgekommen ist. Er möchte gern den Sieg im Osten aus=
genützt haben, und die Marine soll die Schiffbrücken auf der Memel zer=
stören; aber wie soll ein Boot bei dem flachen Wasser da hineinkommen?
Und auf dem Fluß selbst wird es ja von den flüchtenden Armeen abge=
schossen, ehe es an die Brücken herankommt."

Kontreadmiral Behring schickte zunächst die verwendungsbereite
„Amazone" und „S 124" noch am gleichen Tage abends nach Memel in
See. Korvettenkapitän Horn sollte sich dort über die Lage unterrichten und
dann sofort funkentelegraphische Meldung machen. „V 25" kam im Notfalle
nach Beendigung seiner Reparaturen noch für eine Unterstützung in Frage,
„Undine" und „Augsburg" waren nicht vor dem 15. September verwendungs=
bereit. Kapitänleutnant Gercke erhielt am 12. September 8 Uhr Nm. endlich
Verbindung mit dem Armeeoberkommando in Insterburg. Er teilte die
bereits getroffenen Maßnahmen mit und bat um Mitteilung von Wünschen.
Vorläufig hatte General v. Hindenburg k e i n e Befehle für die in Memel
liegenden Seestreitkräfte. Die beabsichtigte Unterstützung der Armee durch
„Amazone" und durch Aufklärung über See mit Flugzeugen der See=
flugstation Putzig stellte sich als u n m ö g l i c h heraus, da Putzig vorläufig
über kein verwendungsbereites Flugzeug verfügte. Am 13. September
7 Uhr Vm. meldete Korvettenkapitän Horn aus Memel, daß in Tilsit
bereits deutsche Kavallerie eingetroffen und die Provinz nördlich von Tilsit
frei vom Feinde sei, für Memel bestände daher keine Gefahr mehr.
Mittags traf dann vom Armeeoberkommando beim detachierten Admiral
folgender Fernspruch ein: „Auf dem Njemen=Fluß fahren feindliche
Schiffe in verschiedener Größe und Anzahl umher. Alle Maßnahmen
hiergegen werden Kapitänleutnant Gercke zugewiesen." „Amazone" erhielt
darauf vom Kontreadmiral Behring den Befehl: „Wenn möglich, mit
Booten oder Dampfern gegen die russischen Fahrzeuge auf Njemen=Fluß
vorgehen." Das Armeeoberkommando Insterburg wurde von dieser An=
ordnung unterrichtet und gebeten, von jetzt ab weitere Wünsche unmittelbar
nach Memel an den Kommandanten der „Amazone" zu richten.

9*

Es war das erstemal in der Ostsee, daß die Marine mit der Armee in gemeinschaftlicher Arbeit zusammenkam. Es waren nur kleine Hilfen, welche die Armee von der Marine hier verlangte. Später hat die Ostsee noch oft gemeinschaftliche Unternehmungen der beiden Waffen gesehen und besonders stolze Erinnerungen knüpfen sich an die im Verlaufe des Krieges von Armee und Marine in der Ostsee durchgeführten erfolgreichen Taten. Aus dem Vorgehen auf dem Njemen-Fluß wurde nichts, da Korvetten-kapitän Horn nach Rücksprache mit dem Kommandeur der Landwehr-abteilung Memel, Hauptmann der Landwehr Krause, ein Eingreifen mit Dampfern auf dem Fluß für nutzlos hielt. Dagegen rechnete der Land-wehrkommandeur mit dem Eintreffen versprengter russischer Abteilungen in Memel und bat gegebenenfalls um Unterstützung durch einen Marine-Landungstrupp, der ihm auch in Stärke von zwei Maschinengewehren und 30 Mann von „Amazone" zugesagt und zur sofortigen Ausschiffung an Bord bereitgehalten wurde. Kontreadmiral Behring war unterdessen bemüht, nach allen Kräften weitere Mittel für die Unterstützung der Armee bereitzustellen. Er beschloß, am 14. September zunächst „U 23", Kom-mandant Kapitänleutnant Erwin Weisbach, der am Abend vorher in Danzig eingelaufen war, sofort nach Memel zu schicken. Er fürchtete nämlich, daß „Amazone" in dem unbefestigten Hafen von See aus durch feindliche Schiffe gefährdet werden könnte. Gegen Angreifer von See aus konnte das Unterseeboot mit Erfolg angesetzt werden. Korvettenkapitän Horn hatte sich bis jetzt dadurch gegen einen Überfall von See geschützt, daß er „S 124" als Ausguck 15 Seemeilen querab von Pappensee hatte sichern lassen. Vom Feinde wurde nichts gesehen. Nur einmal ent-stand am 14. September 5.40 Uhr Vm. falscher Alarm dadurch, daß der Torpedobootskommandant fünf russische Torpedoboote mit südlichem Kurs in Sicht meldete. „Amazone" lief daraufhin sofort aus dem Hafen. Erst gegen 8 Uhr Vm. erkannte man auf dem Torpedoboot, das nach Norden gegen den gesichteten Feind vorgestoßen war, daß ein Irrtum, hervorgerufen durch eine Luftspiegelung, vorlag. Zur Verstärkung des Landungstrupps der „Amazone" erhielt „V 25" den Befehl, die entbehr-lichen Mannschaften der nicht verwendungsbereiten „Undine", 22 Mann und drei Maschinengewehre, am 14. September abends nach Memel zu bringen und dabei gleichzeitig „U 23" dorthin zu begleiten. Das Landungs-korps „Amazone" war unterdessen auf Bitten des Landwehrkommandeurs zur Verwendung während der Nacht um 6 Uhr Nm. in Memel aus-geschifft worden. „Amazone" und „S 124" standen während der Nacht vom 14. zum 15. September in See, etwa 25 Seemeilen von der Küste ab und liefen mit Tagesanbruch in Memel ein, um das Landungskorps wieder

an Bord zu nehmen. „Augsburg" hatte am 15. September die Kessel=
reinigung beendet und sollte sich gemäß Anordnung des Ostseebefehls=
habers bis Ende des Monats auf den Küstenschutz beschränken und dabei
gleichzeitig die Gefechtsausbildung der unterstellten Streitkräfte heben.
„D 10" und „U 25" waren am 16. September in Neufahrwasser ein=
getroffen, so daß die Ausbildung der Unterseeboote jetzt gründlich einsetzen
konnte.

In den ersten Kriegswochen hatte sich die Richtigkeit der schon im
Frieden immer betonten Tatsache bestätigt, daß nur mit gut durch=
gebildeten Schiffen, Torpedobooten und Unterseebooten Erfolge zu erzielen
seien. Dies war besonders bei den Unternehmungen in der Ostsee zutage
getreten, weil dort Personal und Material nach Lage der Verhältnisse
nicht die volle Güte des Flottenpersonals besaßen. Anderseits hatten
aber die ersten Kriegswochen den wenigen Ostseestreitkräften eine un=
gleich häufigere und vielseitigere Verwendung am Feinde gebracht,
als es in der Nordsee bis dahin der Fall gewesen war. Auch in
Zukunft mußte es sich bei der sehr geringen Zahl verwendungsfähiger
Kreuzer, Torpedoboote und Unterseeboote in der Ostsee ergeben, daß
die Einheiten dort selbständig in die Erscheinung traten und daher
auch für den Erfolg auf einen besonders hohen Stand der Ausbildung
gebracht werden mußten. Kontreadmiral Behring hatte zunächst zu be=
rücksichtigen, daß die neu gebildeten Halbflottillen noch keine Erfahrung
im Zusammenarbeiten mit Kreuzern besaßen, daß ferner ihre Schieß=
ausbildung mit Torpedos und Artillerie noch nicht auf der Höhe stand.
Diese Lücken waren durch planmäßige Arbeit in Danzig auszufüllen.
Allerdings stand, wie der Großadmiral schrieb, „die Erledigung dieser
den Erfolg sichernden Ausbildungsarbeit dem Betätigungsdrang nach
vorwärts entgegen". In der Ostsee war aber dieser Angriffsgeist dank
einer verantwortungsfreudigen Leitung und glücklich zusammenpassender
Führer und Stäbe aus sich heraus schon so stark, daß an eine wörtliche
Auslegung des Operationsbefehls nicht gedacht wurde. Dies hatte zur
Folge, daß in der Ostsee sehr bald nach Kriegsausbruch die Kampfesart
des Gegners klar erkannt und vor allem das Zutrauen des Personals zu
seinen Führern, zu seinen Waffen und zu sich selbst f r ü h z e i t i g ge=
schaffen war. Dies war ein besonderes Verdienst des Großadmirals und
seiner Kriegführung. So sehr auch auf diesem Kriegsschauplatz große Ziele
und kriegsentscheidende Aufgaben fehlten, d e r G l a u b e a n d i e ü b e r =
l e g e n e e i g e n e K r a f t h a t w ä h r e n d d e s g a n z e n K r i e g e s
i n d e r O s t s e e f e s t b e s t a n d e n.

Bevor Kontreadmiral Behring die befohlenen Ausbildungsarbeiten

in Angriff nehmen konnte, mußte er die in Memel liegenden Streitkräfte wieder zurückziehen. Er lief daher am 15. September 6 Uhr Nm.
mit „Augsburg" zur Sicherung der Linie Rixhöft—Brüsterort aus
Danzig aus und besuchte am nächsten Morgen Pillau, um von dort
nach kurzem Aufenthalt sich in See mit „Amazone" und den übrigen
Streitkräften aus Memel zu vereinigen. Auf dem Wege nach Memel
traf „Augsburg" mit „V 25" zusammen. Korvettenkapitän Wieting
meldete, daß „U 23" wegen zu hoher See und einer leichten Maschinenhavarie noch nicht aus Memel ausgelaufen sei und „Amazone" auf
der Höhe von Memel in See stände. Gleichzeitig berichtete er, daß der
Landwehrkommandeur in Memel am 17. September einen Vorstoß in
Richtung Nimmersatt—Polangen beabsichtige, und daß ihm dabei die
Unterstützung durch ein Landungskorps der Marine, wenn möglich mit
Maschinengewehren, erwünscht wäre. Kontreadmiral Behring beschloß,
selbst mit dem Flaggschiff nach Memel einzulaufen, „U 23" abzuholen
und gleichzeitig mit dem Landwehrkommandeur Rücksprache zu nehmen.
Zwischen Kontreadmiral Behring und dem Landwehrkommandeur wurde
vereinbart, daß letzterer etwa zwölf Stunden vorher funkentelegraphisch
über Danzig seine Absicht an „Augsburg" mitteilen sollte. Wenn es dann
die Verhältnisse und Übungen gestatteten, würden das Landungskorps und
die Maschinengewehre der Kreuzer nach Memel geschickt werden. Mehr
konnte der Admiral bei seinen eigenen dringenderen Aufgaben der Seekriegführung für diesen Nebenzweck nicht tun. Man war sich zu Beginn
des Krieges in der Marine noch nicht darüber klar, daß diese kleinen Landungskorps der Schiffe zwar für gelegentliche Unternehmungen im Ausland
gegen unzureichend ausgerüstete Eingeborene gut zu verwenden waren,
aber im Infanteriekampf gegen einen vollwertigen Gegner wenig brauchbar und erst nach mehrwöchiger infanteristischer Ausbildung und Schulung
mit Nutzen an Land eingesetzt werden konnten. Aber die Kriegs-
begeisterung von Offizieren und Mannschaften ließ im Anfang bei der
Marine jede Gelegenheit mit Freude ergreifen, wo die Möglichkeit vorhanden war, die Feuertaufe zu erhalten und dem Feind Mann gegen
Mann gegenüberzutreten. Trotz der nicht leichten Anforderungen, die die
Kriegführung zur See an das Personal der Marine stellte, fehlte die enge
Berührung mit dem Feinde, und man war daher geneigt, die eigenen
Leistungen, vor allem in Einwirkung auf den Krieg als Ganzes, zu gering
einzuschätzen und sich nach sichtbaren Erfolgen, wie sie die Armee an-
haltend erfocht, brennend zu sehnen. Es kam der Marine selbst, ebenso wie
der Allgemeinheit des Volkes, erst ganz allmählich im langjährigen Verlauf
des Krieges zum Bewußtsein, daß der Seekrieg zwar geräuschloser, aber

um so gewichtiger von Anfang an den Krieg entscheidend in seiner Gesamt=
heit beeinflußte.

Am 16. September 8 Uhr Vm. lief Kontreadmiral Behring mit
„Augsburg" und „U 23" aus Memel aus und begann am 17. September
6 Uhr Vm. in der Putziger Wiek mit „Amazone" Torpedoschießübungen.
„V 25", „S 124" und „Undine" wurden auf Befehl des Oberbefehlshabers
der Ostseestreitkräfte nach Kiel geschickt; „V 25" kam anschließend in
die Nordsee. Die beabsichtigten Übungen hatte Kontreadmiral Behring
in das Gebiet westlich der Linie Hela—Neufahrwasser gelegt. Die
Schiffe sollten stets bereit sein, ihre Übungen beim Herannahen des
Feindes abzubrechen. Nachtübungen wurden spätestens 11 Uhr Nm.
beendet. Ein Schutz gegen feindliche Unterseeboote durch Minen= oder
Balkensperren war nicht vorhanden. Die Sicherung der Danziger Bucht
in der Linie Hela—Kahlberg wurde daher, abgesehen von dem nicht
übenden Kreuzer, durch die Fahrzeuge der Hilfsminensuchdivision Neu=
fahrwasser, Chef Kapitänleutnant Weidgen, durchgeführt. Diese Hilfs=
minensuchdivision bestand aus sieben Fischdampfern und hatte seit ihrer
Indienststellung am 5. August 1914 die Ausbildung des ungeübten Per=
sonals auf den Dampfern im Minensuchdienst und Spezialdienst in der
Danziger Bucht durchgeführt. Die Übungen des detachierten Admirals
waren gerade im Gange, auch die 5. Unterseeboots=Halbflottille hatte ihre
Ausbildung mit den Kreuzern am 20. September begonnen, als plötzlich
durch eine neue Unternehmung der Ausbildungsdienst unterbrochen werden
mußte.

Im Großen Hauptquartier wandte sich der den erkrankten Chef des
Generalstabes des Feldheeres vertretende Kriegsminister, General
v. Falkenhayn, am 19. September an den Chef des Admiralstabes mit
dem Ersuchen, Seestreitkräfte an der kurländischen Küste zwischen Libau
und Windau demonstrieren und dort die Landung einer Brigade
vortäuschen zu lassen. Admiral v. Pohl schreibt hierüber in seinen Auf=
zeichnungen vom 19. September 1914: »Der Generalquartiermeister
v. Falkenhayn frägt bei Exzellenz v. Tirpitz und mir an, ob nicht die Flotte
eine Demonstration vor der russischen Küste ausführen könne, mit dem
Zweck, eine Landungsoperation vorzutäuschen, damit die Russen verhindert
werden, die in Nordpolen stehenden Truppen nach Galizien zu ziehen. —
Bei näherer Untersuchung stellt sich heraus, daß die Transportschiffe, die
in Stettin, in anderen Ostseehäfen und in Hamburg bereitzustellen sind
mindestens 14 Tage brauchen, um instand gesetzt zu werden. Die in
Aussicht gestellte Brigade kann daher bis dahin nicht verschifft werden.
Nachmittags 6 Uhr habe ich Vortrag bei Seiner Majestät, der sehr lebhaft

auf die Expedition eingeht und genehmigt, daß IV. und V. Geschwader, „Blücher", zwei neue Kleine Kreuzer, zwei Torpedobootsflottillen und eine Minensuchdivision von den Hochseestreitkräften unter Prinz Heinrich dazu verwendet werden. Auch das III. Geschwader kann, wenn die Großen Kreuzer wieder zurück sind, dazu verwendet werden.«[1])

Hier fällt zunächst der völlige Umschwung des Admirals v. Pohl im Vergleich zu seinen Ansichten vom 4. September auf. Die Gründe dafür waren, daß der Chef der Hochseestreitkräfte, Admiral v. Ingenohl, zwei neue Linienschiffe, „König" und „Kurfürst" vom III. Geschwader, bekommen hatte und die Ausbildung dieser beiden Schiffe im Verbande für notwendig hielt. Dies konnte aber nach Ansicht des Flottenchefs wegen der Unterseeboots= gefahr nicht in der Nordsee, sondern nur in der Ostsee stattfinden. Hierzu bemerkte Großadmiral v. Tirpitz, der dauernd zur Offensive in der Nordsee drängte: »Wenn Admiral v. Ingenohl jetzt noch eine besondere Verbandsausbildung des III. Geschwaders für notwendig hält, weil zwei neue Schiffe hinzukommen, so kann sein Wunsch, das Geschwader nach der Ostsee zu schicken, von hier aus schwer abgeschlagen werden, obwohl ich diese Verbandsausbildung für die Schlacht nicht so hoch einschätzen würde. Schwer verständlich ist mir dann aber, daß man „König" und „Großer Kurfürst" überhaupt nach Wilhelmshaven herübergeholt und die Gelegen= heit in der Ostsee seinerzeit[2]) nicht dazu ausgenutzt hat, einen wesentlich ernsteren und nachdrücklicheren Vorstoß gegen den Finnischen Meerbusen und die russische Flotte zu machen und auf dem Rückweg so viel Verbands= übung zu treiben, als erforderlich war. Damals wurde das starre Konzen= trationsprinzip als Gegengrund angeführt. Haben die Verhältnisse sich denn plötzlich so geändert?« — Hatte der Chef des Admiralstabes v. Pohl am 4. September in Übereinstimmung mit den Operationsgedanken des Admiral= stabes nur die notwendigsten und auf dem Nordseekriegsschauplatz eben ent= behrlichen Streitkräfte dem Oberbefehlshaber der Ostseestreitkräfte zur Ver= fügung gestellt, so befremdet jetzt sein Abweichen von diesen bisherigen Richt= linien um so mehr, als sich die Verhältnisse nicht geändert hatten, sondern sogar durch die außerordentlichen Begebenheiten an der Marne auf dem West= kriegsschauplatz eine energische Betätigung der Flotte in der Nordsee gerade jetzt im Rahmen der Gesamtkriegführung mehr als je erwünscht gewesen wäre. Schreibt doch Admiral v. Pohl selbst nur zwei Tage vorher am 17. September 1914: „Der Kriegsminister, der jetzt

---

[1]) Aus Aufzeichnungen und Briefen während der Kriegszeit von Admiral Hugo v. Pohl, Seite 65.

[2]) Gemeint ist die erste Unternehmung mit Teilen der Hochseestreitkräfte vom 4. bis 9. September. Siehe Kapitel 7.

Vertreter des Chefs des Generalstabes ist, fragt mich, ob es nicht möglich wäre, die englischen Transporte nach Ostende durch ein Unterseeboot[1]) stören zu lassen; ich weise ihm an Hand der Karte die Unmöglichkeit nach, ein Unterseeboot vor Ostende der vorliegenden Sände wegen zu verwenden, weise aber doch den Hochseechef auf dies Interesse der Armeeleitung mit dem Anheimgeben, ihm zu entsprechen, hin." — General v. Falkenhayn sagt hierzu in seinem Buche „Die Oberste Heeresleitung 1914—1916": „Dies (d. h. ein Zurücknehmen der Front, namentlich des Nordflügels nach der Marneschlacht) mußte um so mehr vermieden werden, als das Seegefecht von Helgoland am 28. August deutlich gezeigt hatte, daß von der Marine vorläufig eine wirksame Behinderung des englischen Seeverkehrs nicht ge= fordert werden konnte. Einen Einsatz der Flotte zur Entscheidung, mit einer Offensive in die feindlichen Gewässer, lehnte die Seekriegsleitung ab." — Manches wäre vielleicht anders gekommen, wenn in diesen schweren entscheidenden Septembertagen 1914 die Seekriegsleitung die großen Richtlinien, die Flotte und Heer in diesem Kriege gemein= schaftlich innehalten mußten, voll erfaßt, und wenn die Heeresleitung beim Vorwärtsdrängen im Westen die deutsche und die englische Flotte als die tatsächlichen Nordflügel der ganzen Kampffront rechtzeitig bei allen operativen Überlegungen mit berücksichtigt hätte. Da diese Gedanken aber hauptsächlich die Nordseekriegführung berühren, so sind sie im einzelnen dort behandelt. Für den Ostseekriegsschauplatz genügt hier, die Tatsache festzustellen, daß ohne eine Bitte des Oberbefehlshabers der Ostseestreitkräfte diesem Neben= kriegsschauplatz am 19. September plötzlich starke Teile der Hochseestreit= kräfte für eine Demonstration an der russischen Küste zur Verfügung gestellt wurden, denn Admiral v. Pohl war dem Wunsche des Generals v. Falken= hayn sehr bereitwillig nachgekommen und hatte noch am gleichen Nach= mittage die Genehmigung des Kaisers für die Unternehmung eingeholt und erhalten.

Zunächst ließ Admiral v. Pohl die vorerwähnte Requisition der Obersten Heeresleitung ohne eigene Stellungnahme telegraphisch an seinen Stellvertreter in Berlin und den Oberbefehlshaber der Ostseestreitkräfte in Kiel senden. Dem Chef des Generalstabes wurde die Bereitstellung der Brigade bereits für den 25. September in Neufahrwasser als notwendig bezeichnet, da dann schon die Ausrüstung der für die Überführung nötigen Transportflotte beendet sei. In Berlin waren im Frieden gemeinsame

---

[1]) Generaloberst v. Falkenhayn hat auf Befragen erklärt, daß es sich bei dieser Requisition natürlich um die Verwendung von möglichst allen verfügbaren Unter= seebooten der Nordsee gehandelt habe.

Pläne über Landungsunternehmungen von Armee und Marine weder im
Generalstabe noch im Admiralstabe vorbereitet worden. Nur im Reichs=
Marine=Amt hatte die Seetransportabteilung in Zusammenarbeit mit dem
Kriegsministerium eine Vorschrift über Truppentransporte über See aus=
gearbeitet. Die einzigen praktischen, kriegsähnlichen Erfahrungen in Über=
führung von größeren Truppentransporten über See waren zuletzt beim
Aufstand in Südwestafrika 1904/1905 gemacht worden. Aber hier hatte
es sich, ebenso wie bei der China=Expedition 1900, in der Hauptsache um
eine friedensmäßige Seereise und Ausschiffung ohne feindliche Gegen=
wirkung, weder vom Lande noch von der See aus, gehandelt. Über die
beiden schwierigsten Aufgaben einer gegen Minen und Unterseeboote ge=
sicherten Überführung und einer gegen voraussichtlichen starken Widerstand
geschützten Landung an feindlicher Küste, waren bisher noch k e i n e E r =
f a h r u n g e n gesammelt. Der Oberbefehlshaber der Ostseestreitkräfte
erhielt vom Admiralstab in Berlin am 19. September 7.50 Uhr Nm. ein
zunächst nur unterrichtendes Telegramm, das gleichzeitig mitteilte, daß an
Verbänden der Hochseestreitkräfte das IV. und V. Geschwader, „Blücher",
zwei neue Kleine Kreuzer, zwei Torpedobootsflottillen, davon eine armiert
mit 8,8 cm=Geschützen und eine Minensuchdivision zur Verfügung gestellt
werden sollten. Der Operationsbefehl, der am gleichen Abend 11.40 Uhr Nm.
aus dem Hauptquartier telegraphisch eintraf, lautete: „Mit genannten
Streitkräften und verfügbaren Ostseestreitkräften nach Windau gehen.
Auffällig Landung einer großen Truppenzahl vorbereiten. Brigade sobald
als möglich in Neufahrwasser einschiffen und unter Deckung nachziehen.
Transportdampfer aus Ostsee und wenn nötig Hamburg zusammenziehen.
Admiral." Gleichzeitig wurde der stellvertretende Chef des Admiralstabes,
Kontreadmiral Behncke, entsprechend benachrichtigt. — Aus dem weiteren
Telegrammwechsel ging dann hervor, daß es sich nur um ein Scheinmanöver
größeren Stils handeln sollte, bei dem zunächst von Armeetruppen
6 Bataillone Infanterie, 3 Batterien, 2 Schwadronen mit zugehörigem
Troß zur Einschiffung gelangen sollten. Trotzdem die rein militärische Auf=
gabe an sich recht gering war, so muß, da ein schnelles Zusammenarbeiten
von Armee und Marine in diesen Dingen bisher nicht stattgefunden hatte,
hier besonders betont werden, daß derartige Maßnahmen, wie das Bereit=
stellen einer großen Transportflotte, für die Marine eine Vorbereitungs=
arbeit größten Umfanges erforderte, die in keiner Weise etwa mit einem
Abtransport von Truppen mit der Eisenbahn verglichen werden kann. Da
im Verlaufe des Ostseekrieges später große Truppentransporte über See
ausgeführt worden sind, wird an der betreffenden Stelle näher darauf ein=
gegangen werden. Mobilmachungsmäßig war für eine Transportflotte

nur so viel vorbereitet, daß die Seetransportabteilung des Reichs-Marine-
Amts und die Schiffsbesichtigungskommission in Hamburg die in Betracht
kommenden Dampfer kannten, die aber unbenutzt, ohne Mannschaft und
ohne besondere Einrichtungen für Aufnahme von Truppen, Pferden, Artillerie und Ausschiffungsmaterial in den verschiedenen Häfen lagen. Es
mußten daher zunächst die Besatzungen zusammengestellt, die Schiffe entsprechend eingerichtet, gedockt und Maschinen und Kessel gründlich überholt
werden, ehe ihre Indienststellung als Truppentransporter erfolgen konnte.
Der Termin, 25. September, der dem Chef des Generalstabes für die
Bereitstellung der Truppen in Neufahrwasser vom Chef der Admiralität
zunächst gegeben war, muß daher als viel zu früh bezeichnet werden und
konnte für den geforderten Transport keinesfalls innegehalten werden.

Die Feststellungen der Seetransportabteilung des Reichs-Marine-Amts
bei den Reedereien ergaben, daß die Bereitstellung und Zurichtung der für
eine Landung in Windau erforderlichen Transportdampfer mindestens 10 bis
14 Tage in Anspruch nehmen würde, „da die Dampfer alle ohne Besatzung
auflägen, erst in Ordnung gebracht und in Dienst gestellt werden müßten".
Die Unternehmung wurde aber daraufhin nicht aufgegeben, sondern ihr
Zweck sollte jetzt auch ohne Durchführung einer größeren Landung, allein
durch eine Scheinunternehmung, erreicht werden. Dies wurde dem Oberbefehlshaber der Ostseestreitkräfte am 20. September 3.30 Uhr Nm. durch
folgendes Telegramm des Hauptquartiers mitgeteilt: „Da die zuerst beabsichtigte Landung einer Brigade in Windau infolge der Unmöglichkeit, die
erforderliche Transportflotte schnell bereitzustellen, nicht rechtzeitig angesetzt werden kann, wird sich die Operation auf eine D e m o n s t r a t i o n mit
d e n v e r f ü g b a r e n S e e s t r e i t k r ä f t e n beschränken müssen. Durch
augenfällige Maßnahmen, wie Minensuchen, Erkundungen, gegebenenfalls
auch kleine Landungsunternehmungen, wird zu versuchen sein, den Eindruck hervorzurufen, als ob in Windau eine größere Truppenlandung beabsichtigt sei und vorbereitet werde. Unterstützt wird dieser Versuch dadurch,
daß in Wirklichkeit Vorbereitungen für Ausrüstung einer größeren Transportflotte getroffen und wohl auch bald bekannt werden." — Zur Erreichung letzteren Zwecks wurde der Staatssekretär des Reichs-Marine-Amts
ersucht, eine Transportflotte für eine kriegsstarke Division so vorzubereiten,
daß sie erforderlichenfalls in kurzer Zeit verwandt werden könne. Die Vorbereitungen dazu sollten m ö g l i c h s t a u f f ä l l i g eingeleitet werden, um
frühzeitig Nachrichten vom Bereitstellen dieser Transportflotte in die aus-
ländische Presse gelangen zu lassen und damit den Feind zu täuschen. Der
Hochseechef, Admiral v. Ingenohl, schrieb auf vorstehenden, auch ihm übermittelten neuen Befehl des Hauptquartiers: „I m m e r n u r D e m o n -

strationen" und dies Gefühl drückte auch die Ansicht der ganzen Flotte
in der Nordsee aus, die in diesen Wochen sich in dem Wunsche verzehrte,
endlich an den Feind zu kommen und die Armee, die schwer an der Marne
gerungen hatte, auf See zu entlasten. Für den Hochseechef bedeutete
diese Unternehmung in der Ostsee wiederum nur eine Schwächung der
eigenen Nordseekriegführung und eine Ablenkung seiner Gedanken von
dem Hauptgegner zur See, England. Kontreadmiral Behncke trat auch
in diesem Sinne beim Chef des Admiralstabes für eine Beschränkung der
geplanten Unternehmung ein. Er wies vor allem darauf hin, daß, im Falle
die Landung doch ausgeführt würde, zur Sicherung der zahlreichen Schiffe
zwei Torpedobootsflottillen und eine Minensuchdivision nicht ausreichten.
Ferner müßte zum mindesten ein Geschwader in der westlichen Ostsee die
Sicherung der Belte und des Sundes übernehmen. Wurde überhaupt ein
Einbruch der Engländer und ein Vorgehen der englischen Flotte gegen die
Ostsee in Rechnung gestellt, so war dies am ehesten zu erwarten, wenn wir
uns in der östlichen Ostsee mit starken Streitkräften festgelegt hatten.
Kontreadmiral Behncke führte dann wörtlich aus: „Trotzdem Landung in
Windau erschwert, da Hafenkanal durch versenkte Handelsschiffe gesperrt,
scheint Ausführung Landung dort noch am leichtesten. Welche Wirkung
auf Galizien Generalstab durch Landung bei Windau erhofft, hier allerdings nicht recht erkennbar, da Entfernung von unseren ostpreußischen
Truppen nur gering. Landung im Rigaschen Meerbusen scheint von
diesem Standpunkt aus besser. Bei Eindringen in den Rigaschen Meerbusen wird Unternehmung wegen Minengefahr und Unterseebootsgefahr
aber ungleich schwieriger und gefahrbringender. Landung bei Riga selbst
wegen Befestigungen, starker Minensperren und voraussichtlich zahlreicher
Truppen nicht durchführbar." Die ganzen Vorbereitungsarbeiten dieser
Unternehmung machen den Eindruck, als ob der Chef des Admiralstabes
nur deshalb eine besondere Bereitwilligkeit dafür zeigte, weil er das
Gefühl hatte, die Oberste Heeresleitung in der Nordsee mit den Hochseestreitkräften nicht genügend unterstützen zu können und dies durch möglichst
weitgehende Mitwirkung der Marine in der Ostsee bei der Kriegführung
der Armee gegen Rußland gewissermaßen ausgleichen wollte.

Während das Bereitstellen einer Transportflotte die Unternehmung
bis Anfang Oktober verzögert hätte, waren bereits am 20. September
8.30 Uhr Nm. alle von der Kriegsleitung für die Unternehmung zur Verfügung gestellten Schiffe und Fahrzeuge der Hochseestreitkräfte in Kiel eingetroffen, um dort vor dem Weitermarsch ihren Kohlenbestand bis zur
äußersten Grenze aufzufüllen. Die Kohlenergänzung war für Schiffe
und Boote bei allen Ostseeunternehmungen besonders wichtig. Der

Troß, drei Sperrbrecher, vier Blockſchiffe und die vier Kohlendampfer „Hedwig Heidmann", „Liſſabon", „Edmund Hugo Stinnes" und „Horn-burg" waren ſchon am 19. September nach Danzig ausgelaufen. Das Lazarettſchiff „F" unter Leitung des Marinegeneraloberarztes Dr. Wie-mann war nach Swinemünde gelegt worden. Großadmiral Prinz Heinrich ſchickte noch am ſelben Abend „Graudenz", Kommandant Fregattenkapitän Püllen, gleichzeitig Führerſchiff des zweiten Führers der Torpedoboote, Kapitäns zur See v. Reſtorff, und „Stralſund", Kommandant Kapitän zur See Harder, die VI. Torpedobootsflottille und die II. Minenſuchdiviſion, Chef Kapitänleutnant Schoemann, ſofort nach Kohlenübernahme nach Danzig zur Verfügung des detachierten Admirals. Dieſe Streitkräfte ſollten dort noch einmal ihre Brennſtoffvorräte ergänzen und anſchließend für die Sicherung der nachkommenden Geſchwader verwandt werden. Die Schul-kreuzerdiviſion wurde wie das letztemal zur Sicherung der Meerengen dem Chef der Küſtenſchutzdiviſion unterſtellt. Sie bildete bei Tage eine Vorpoſtenlinie auf dem Längengrad von Arkona, in der Nacht und bei un-ſichtigem Wetter ſollte auf die Linie Möen—Dornbuſch zurückgegangen werden. Im übrigen wurde aber die Sicherung der weſtlichen Oſtſee für die Dauer der Unternehmung nicht verſtärkt. Der Panzerkreuzer „York", Kommandant Kapitän zur See Waldemar Pieper, wurde am 20. September abends an den Südausgang des Sundes vorgeſchoben und erhielt Befehl, ſich ſpäter zuſammen mit „Gazelle", die in der Vorpoſtenlinie im Fehmarn-Belt ſtand und zunächſt zur Kohlenergänzung nach Swinemünde geſchickt wurde, dem Gros auf dem Wege nach Oſten anzuſchließen. Der Ober-befehlshaber der Oſtſeeſtreitkräfte hatte beabſichtigt, mit dem IV. und V. Geſchwader am 21. September abends zunächſt nach Danzig in See zu gehen. Das IV. Geſchwader war erſt am 20. September vormittags von der Elbe aus durch den Kanal in Kiel eingelaufen. Das V. Geſchwader war wie folgt zuſammengeſetzt:

Geſchwaderchef Vizeadmiral v. Grapow,

1. Admiralſtabsoffizier Korvettenkapitän Tietze,

„Kaiſer Wilhelm II." (Flaggſchiff), Kommandant Kapitän zur See
    Kranzbühler,

„Kaiſer Barbaroſſa", Kommandant Kapitän zur See Ernſt Oldwig
    v. Natzmer,

„Kaiſer Wilhelm der Große", Kommandant Kapitän zur See Robert
    Kühne,

„Kaiſer Karl der Große", Kommandant Kapitän zur See Friedrich
    Behncke,

„Kaiser Friedrich III.", 2. Admiral und Kommandant Kapitän zur See
Begas,
„Wörth", Kommandant Kapitän zur See Hans Klappenbach,
„Brandenburg", Kommandant Kapitän zur See Most.

Das Geschwader mußte beschleunigt mit der Kohlenübernahme die Vor=
bereitungen für Ausrüstung des Landungskorps, Anbordnahme von Ge=
wehren, Pistolen, Munition und Verstärkung der Schiffsboote durch mehrere
Ruderbarkassen durchführen. Dies nur mit Reservisten besetzte Geschwader
hatte bis dahin mit der Gefechtsausbildung seiner Schiffe vollauf zu tun
gehabt und seine Mannschaften im Landungsdienst oder Gewehrschießen
n i ch t ausgebildet. Das IV. Geschwader kam für die Ausschiffung von
Mannschaften nicht in Frage, da es zur Deckung der beabsichtigten Landung
gefechtsklar bleiben sollte.

Da nachmittags bei Fehmarn eine Mine angetrieben war, und
der Oberbefehlshaber es nicht für ausgeschlossen hielt, daß sich infolge
schlechten Wetters der vorhergehenden Tage noch weitere Minen in der
Langeland=Sperre losgerissen hätten und treibend eine Gefahr für die aus=
laufenden Geschwader bildeten, befahl der Großadmiral das Auslaufen
der Schiffe auf den Morgen des 22. September. Die Kriegsleitung
aber drängte, denn am Abend vor dem Auslaufen erhielt Prinz Heinrich
ein Telegramm aus dem Großen Hauptquartier: „Seine Majestät
befehlen, Demonstration an russischer Küste soll so schnell als möglich er=
folgen. Machen Sie Mitteilung über Stand der Operation. Admiral."
Der Oberbefehlshaber änderte daher seinen Plan und beschloß, Danzig nicht
anzulaufen, sondern mit den beiden Geschwadern, „York", „Gazelle" und
der II. Torpedobootsflottille am 23. nachmittags vor Windau zu stehen.
Am Nachmittage konnte er dann die Küste und den Hafen von Windau
auf Anwesenheit feindlicher Streitkräfte und Geeignetheit für eine Landung
untersuchen und am 24. September morgens die Scheinunternehmung mit
den versammelten Streitkräften durchführen. Der detachierte Admiral in
Danzig erhielt den Befehl, mit allen ihm unterstellten Streitkräften so
rechtzeitig in See zu gehen, daß er am 23. September 10 Uhr Vm. eine
Vorpostenlinie auf 58° nördlicher Breite zwischen Farö und Westausgang
des Rigaschen Meerbusens ausgelegt habe. Die Bewachung des Westaus=
gangs sollte er besonders sicherstellen. Die II. Minensuchdivision und der
Troß unter Führung von „Amazone" sollten am 23. September auf einen
Punkt in der Mitte zwischen Südspitze Gotland und Steinort das Gros er=
warten. Nur die 5. Unterseeboots=Halbflottille wurde, da ihr Ausbildungs=
zustand eine Verwendung der Boote am Feinde noch nicht gestattete, in

Danzig zurückgelassen, um die Zeit zu Ausbildungsübungen unter Leitung des Halbflottillenchefs auf „D 10" auszunutzen. Am 22. September 7 Uhr Vm. verließen die Linienschiffe des IV. und V. Geschwaders unter Führung von „Braunschweig", auf der sich der Großadmiral mit seinem Stab diesmal eingeschifft hatte, den Kieler Hafen. Die II. Torpedobootsflottille schloß sich vor dem Hafen als Unterseebootssicherung an, 6 Uhr Nm. stießen am Ausgang des Fehmarn-Belt „Yorck" und „Gazelle" zum Verband. „Yorck" wurde sofort nördlich Bornholm mit 15 Seemeilen Fahrt zu dem Sammelpunkt für „Amazone" und den Troß geschickt, um diese Streitkräfte dort zu schützen und gleichzeitig als Rückhalt für die Vorpostenlinie des detachierten Admirals zu dienen. Während der Nacht zum 23. September steuerten die Geschwader mit 13 Seemeilen nach Osten. „Gazelle" und die II. Torpedobootsflottille bildeten 6,5 Seemeilen vor dem Gros Vorhut und Seitendeckung.

Am nächsten Morgen 7.30 Uhr Vm. kam die aus Kiel am 22. September 8.50 Uhr Vm. ausgelaufene 20. Halbflottille zum Verband. Kapitänleutnant Ehrhardt, Halbflottillenchef auf „G 133", erhielt den Befehl, in das Gebiet westlich Gotland vorzudampfen und dort zwischen Ölands Norra-Udde—Karlsö und dem Breitenparallel von Hoborg-Leuchtturm eine Beobachtungsstellung mit seinen vier Booten bis auf weiteres einzunehmen. Die II. Torpedobootsflottille wurde bis auf „S 139" und „S 141", die als Depeschenboote beim Flaggschiff blieben, um 8.15 Uhr Vm. nach Windau vorgeschickt. Die Flottille sollte 4 Uhr Nm. rottenweise aufgelöst zwischen Windau und Backofen stehen, dann mit den Booten auf Land zusteuern und durch Ausloten und Erkunden des Strandes zwischen Backofen und Zierspenck die Vorbereitungen einer Landung vortäuschen. Die Beiboote durften ausgesetzt, aber auf keinen Fall gelandet werden. Eine Rotte sollte feststellen, ob Torpedoboote und Unterseeboote im Hafen von Windau lägen und sie dann durch Geschützfeuer zerstören. Um 7 Uhr Nm. sollte Korvettenkapitän Schuur die Flottille Windau in 15 Seemeilen OzN mißweisend bei „Yorck" sammeln. Während der Nacht zum 24. September sollten „Yorck" und die II. Torpedobootsflottille als Unterstützungsgruppe hinter den Streitkräften des detachierten Admirals in der Enge östlich Gotland zwischen Östergarn und Backofen stehen und am nächsten Morgen auf der Höhe von Backofen das zur Scheinunternehmung vor Windau anmarschierende Gros erwarten. Dieser Entschluß des Großadmirals, vor der eigentlichen Demonstration sich am Nachmittage vorher mit leichten Streitkräften an der für die Landung in Aussicht genommenen Stelle zu zeigen, hatte zur Voraussetzung, daß eine Landung von Truppen tatsächlich nicht stattfinden sollte. Es mußte sonst mit Bestimmtheit damit gerechnet werden, daß die Russen ihre Aufmerk-

samkeit verdoppeln und bestrebt sein würden, von dem nur 200 km Bahn-
linie entfernten Riga Truppenverstärkung heranzuziehen. Vorbedingung
für das Gelingen einer Landung an feindlicher Küste ist stets die vollkommene Überraschung sowohl zeitlich wie örtlich.

Auf dem Weitermarsch nach dem Sammelplatz des Trosses erhielt
der Oberbefehlshaber 10 Uhr Vm. die Meldung des detachierten Admirals,
daß er mit „Augsburg", Graudenz", „Stralsund" und der VI. Torpedobootsflottille die befohlene Aufklärungslinie besetzt hielte. Die rechte
Rotte der 12. Halbflottille, Chef Kapitänleutnant Lahs, sei für die Bewachung des Rigaschen Meerbusens vorgeschoben. Von diesen drei Booten,
nämlich „V 156", Kommandant Oberleutnant zur See Stecher, „V 157",
Kommandant Kapitänleutnant Wolf v. Trotha, „V 159", Kommandant
Oberleutnant zur See Krumhaar, wurden 10.5 Uhr Vm. vier Rauchwolken,
darunter eine von einem Ölboot, bei Lyserort-Riff gesehen, die vermutlich
von russischen Torpedobooten herrührten. Sie kamen aber nicht näher und
1.33 Uhr Nm. in Richtung auf den Rigaschen Meerbusen ganz aus Sicht.
Um 11.23 Uhr Vm. trafen die 14 Linienschiffe der beiden Geschwader,
deren einzige Unterseeboots- und Minensicherung seit 8.15 Uhr Vm. aus
zwei Torpedobooten bestanden hatte, auf dem Sammelplatz südlich Gotland
mit „York", „Amazone", der II. Minensuchdivision und dem Troß — zunächst nur vier Kohlendampfer und drei Sperrbrecher — zusammen. Das
Wetter war während des Nachmarsches schön. Es wehte schwacher
westlicher Wind, der Himmel war bewölkt und die Luft sehr sichtig. Die
II. Minensuchdivision, von der vier Boote auf der Werft in Wilhelmshaven
zu Instandsetzungsarbeiten zurückgeblieben waren und die daher nur zehn
Boote zählte, erhielt den Befehl, zusammen mit „Amazone" in der Nacht
vom 23. zum 24. September eine Sicherungslinie vom augenblicklichen
Sammelplatz bis nach När-Leuchtturm auf Gotland einzunehmen und
am 24. September 6 Uhr Vm. mit „York" und der II. Torpedobootsflottille auf dem Ansteuerungspunkt für die geplante Unternehmung,
Windau in NOzO½O 28 Seemeilen ab, zu stehen. „York" sollte hier
bei einer Ansteuerungsboje die Geschwader erwarten, die II. Minensuchdivision spätestens 6 Uhr Vm. von diesem Punkt Richtung auf
Windau eine Fahrstraße auf Minen absuchen und an der Südseite
mit Fahrwasserbojen bezeichnen. Beginn und Beendigung des Minen-
suchens war von „Amazone" als Deckung des Minensuchverbandes
funkentelegraphisch zu melden. „Gazelle" sollte sich im Laufe des 23. und
in der Nacht vom 23. zum 24. September mit dem Troß, der sich am Abend
des 23. September noch um vier Blockschiffe und einen Kohlendampfer vermehrt hatte, auf der Stelle halten, am nächsten Morgen an das V. Ge-

schwader anschließen und mit diesem zusammen zum Ansteuerungspunkt bei „Yorck" marschieren. Die beiden Geschwader sollten während der Nacht in Treffen aufgelöst südlich der Linie När—Steinort stehen und bei Tages= anbruch getrennt zum Treffpunkt marschieren, wo 9.30 Uhr Vm. die Ver= einigung mit den übrigen Streitkräften zum Anmarsch auf Windau in dem abgesuchten Fahrwasser beabsichtigt war. Großadmiral Prinz Heinrich machte, nachdem „Yorck", „Amazone" und die II. Minensuchdivision in die Stellungen für die Nacht abmarschiert waren, mit dem IV. und V. Ge= schwader von 3.45 Uhr Nm. bis 5.30 Uhr Nm. Fahrübungen in der Gefechts= linie. In der Nähe hielt sich „Gazelle" mit den sieben Troßschiffen auf. Torpedoboote zur Unterseebootssicherung waren n i c h t vorhanden, eine ausgezeichnete Gelegenheit für Unterseeboote, deren Leistungsfähigkeit zwei Tage vorher in der Nordsee der Erfolg von „U 9" bewiesen hatte. Wenn man auch die russischen Unterseeboote für weitreichende Fernunter= nehmungen ungeeignet hielt, so war man doch hier nur 50 Seemeilen vor Libau und kaum 100 Seemeilen vom Westausgang des Riga=Busens entfernt. Aber so sehr in der Nordsee, namentlich im Anfang des Krieges, die englischen Unterseeboote überschätzt wurden, so gering bewertete man in der Ostsee die Unterseebootsgefahr.

Die Boote der II. Torpedobootsflottille waren unterdessen um 3.50 Uhr Nm. vor der Einfahrt vor Windau angekommen. Korvetten= kapitän Schuur hatte vier Gruppen gebildet und sie südlich von Windau bis etwa auf die Höhe von Backofen längs der Küste verteilt. Die Boote fuhren gemäß Befehl in auffälliger Weise dicht unter der Küste entlang, setzten ihre Beiboote aus und loteten. Die südlich stehende Gruppe „S 144", Kommandant Oberleutnant zur See Kagerah, und „S 145", Kommandant Kapitänleutnant Schickhardt, erhielten dabei von Land aus vom Leucht= turm Backofen in etwa 1500 m Entfernung Gewehr= und Maschinen= gewehrfeuer, und zwar wurde zunächst das ausgesetzte Beiboot von „S 145", das bis auf 500 m an Land herangekommen war und später auch die beiden Torpedoboote beschossen. „S 145" erwiderte sofort das Feuer und lief auf sein Beiboot zu. Auf „S 145" wurden durch das Maschinengewehrfeuer zwei Mann tödlich verletzt. „S 145" beschoß darauf das Leuchtturmgebäude und die Waldgrenze am Strand und brachte dadurch das anscheinend beim Leuchtturm aufgestellte russische Maschinengewehr zum Schweigen. Auf jeden Fall war erwiesen, daß die Küste in der Nähe von Windau mit Wachen besetzt sei und daher jeder Landungsversuch sofort gemeldet und damit in seinem Gelingen von vornherein in Frage gestellt werden würde. Die nördliche Torpedobootsgruppe, die Befehl erhalten hatte, festzustellen, ob im Hafen vor Windau feindliche Torpedoboote oder Unterseeboote lägen, dampfte bis unmittelbar vor die Einfahrt an die Molenköpfe. Sie meldete, daß die Einfahrt zum Binnenhafen durch drei versenkte, anscheinend russische Dampfer, völlig gesperrt sei und im Hafen nur eine Anzahl größerer und kleinerer Segler, sowie zwei größere Dampfer lägen. Um 6.30 Uhr Nm. sammelte Korvettenkapitän Schuur die Flottille bei „Yorck", um während der Nacht als Unterstützungsgruppe des detachierten Admirals in Höhe der Linie Backofen—Östergarn zu stehen. Dem Oberbefehlshaber war um 5.30 Uhr Nm. Meldung von der Beschießung der beiden Boote und der Feststellungen in Windau-Hafen erstattet worden.

Großadmiral Prinz Heinrich erhielt, nachdem er um 6.15 Uhr Nm. die beiden Geschwader für die Nacht treffenweise aufgelöst hatte, 8 Uhr Nm. folgendes Telegramm aus dem Großen Hauptquartier: „Demonstration wird großer Wert beigemessen. Zur Vorspiegelung größerer Truppenlandungen wird Armee einige Kompagnien in feldgrauer Uniform zur Verfügung stellen. Truppentransport muß von dort aus erfolgen, Schiffe sollen Truppenzahl und deren Einschiffung im Einvernehmen mit Kommandantur Danzig nach eigenem Ermessen festsetzen. Kommandantur ist von hier durch Generalstab der Armee benachrichtigt. Admiral." Dieser Befehl der Kriegsleitung zwang den Oberbefehlshaber erneut zu einer Änderung seiner Pläne. Für die Anbordnahme der Armeetruppen in Danzig kamen nur die Linienschiffe des V. Geschwaders in Betracht. Der Prinz befahl daher Vizeadmiral v. Grapow, in Neufahrwasser Armeetruppen bis zu 700 Mann einzuschiffen, da mehr als 100 Mann auf einem Schiff des Geschwaders nicht untergebracht werden konnten, um gleichzeitig die Gefechtsbereitschaft der Schiffe nicht völlig aufzugeben. Das V. Geschwader wurde 9.12 Uhr Nm. entlassen. Das Eintreffen in Danzig war am 24. September früh zu erwarten. Kurz nachdem das Geschwader entlassen war, kam vom Admiral der Schulkreuzerdivision in der westlichen Ostsee ein Funkentelegramm, daß „Vineta" 6.8 Uhr Nm. ein feindliches Unterseeboot 10 Seemeilen südöstlich Möen gesehen, ein Irrtum allerdings nicht ausgeschlossen sei. Kontreadmiral Jasper fügte hinzu, er habe daraufhin „Hansa", „Hertha" und „Vineta" nach Gjedser-Riff-Feuerschiff zurückgezogen, um dort das Unterseeboot an der engsten Stelle abzufangen, sofern es nach der westlichen Ostsee durchzubrechen versuchen sollte. Es war dies die erste Meldung, die seit Kriegsausbruch in der Ostsee über ein feindliches Unterseeboot gemacht worden war. Sie mußte, wenn sie sich bewahrheitete, einen erheblichen Einfluß auf die bisherige Kriegführung in der Ostsee zur Folge haben. Daß die

Meldung von einem Schiff mit guten Beobachtungs- und Ausguckmöglich-
keiten stammte, ließ sie glaubwürdig erscheinen. Die Maßregel des Kontreadmiral Jasper, ein Unterseeboot mit den veralteten und unter Wasser schlecht
geschützten Schulschiffen abfangen zu wollen, zeigt deutlich, wie eigenartig
die Vorstellungen von dieser Waffe zu Beginn des Krieges noch waren.
Es ist aber anderseits auffallend, auch hier wiederum zu sehen, wie verschieden um diese Zeit noch die Einschätzung und das Vorgehen gegen
Unterseeboote in Nordsee und Ostsee war. In der Nordsee beobachtete
man bereits damals den Grundsatz, zunächst alle Schiffe in die Flußmündungen in Sicherheit zu bringen und die Jagd nach dem gemeldeten
Unterseeboot Fischdampfern, Torpedobooten und Flugzeugen zu überlassen. Es wird sich auch später noch verschiedentlich zeigen, daß jeder
Kriegsschauplatz seine eigenen Methoden entwickelte, seine eigenen Kriegserfahrungen sammelte und für sich verwertete.

Auf die Entschlüsse des Großadmirals hatte diese Nachricht, die schon
am nächsten Morgen vom Chef der Schulkreuzerdivision als falscher
Alarm angesprochen wurde, keinen Einfluß. Während der Nacht vom
23. zum 24. September hatte das IV. Geschwader treffenweise aufgelöst
südlich der Linie När—Steinort auf und ab gestanden. Am 24. September
4 Uhr Vm. stieß „Gazelle" zum Verband und meldete, daß der Troß auf
dem Anmarsch zum Sammelplatz nördlich der Verbindungslinie När—
Steinort stände. Das IV. Geschwader steuerte darauf zur Vereinigung
diesen Punkt an. 5.30 Uhr Vm. erhielt Großadmiral Prinz Heinrich von
„Amazone" die Meldung, daß die II. Minensuchdivision mit dem Absuchen des für die Ansteuerung von Windau befohlenen Fahrwassers begonnen habe. Dieser Streifen sollte etwa 22 Seemeilen lang, auf zwei
Drittel der Länge 450 m, auf dem letzten Drittel, das bis auf 5000 m an
den Hafen von Windau heranführte, 1800 m breit auf Minen abgesucht
werden. Um 12 Uhr mittags waren „Braunschweig" und das Geschwader
mit dem Troß vereinigt. „Gazelle" erhielt Befehl, die Troßschiffe mit
möglichster Beschleunigung auf einen Punkt 8 Seemeilen östlich Windau-
Mole so zu führen, daß die Schiffe von Land aus gesehen und als Transportflotte gemeldet würden. Darauf sollte der Troß mit Ausnahme von zwei
Kohlendampfern für die Kohlenergänzung der Boote der II. Minensuchflottille und die Depeschenboote des Flaggschiffs auf einen Punkt Backofen
in OzS mißweisend 19 Seemeilen entfernt zurückgeführt werden, wo
das Geschwader sich 5 Uhr Nm. nach Beendigung der Demonstration
bei Windau wieder mit ihm vereinigen wollte. Das Wetter war auch an
diesem Tage recht günstig, es wehte ein schwacher südlicher Wind, der

Himmel war bedeckt und die Luft sichtig. Die II. Minensuchdivision[1]) konnte daher ihre Arbeiten schnell und rasch durchführen und ihr Chef, Kapitänleutnant Schoemann, meldete bereits 12 Uhr mittags: „Fertig, habe keine Minen gefunden.“ Das Führerboot „D 6“ hatte vor Windau ein russisches Fischerboot versenkt und die Besatzung, vier Letten, an Bord „Braunschweig“ gebracht, um sie über Windau auszufragen. „Amazone“ hatte inzwischen 10.45 Uhr Vm. mit „S 145“ den Befehl erhalten, nach Backofen zu gehen, die Küste in der Gegend des Leuchtturmes zu untersuchen und die Stellen, an denen „S 145“ am Tage vorher von Land Feuer bekommen hatte, zu beschießen. In der Nacht vom 24. zum 25. sollte der Kreuzer mit „S 145“ und „S 139“ die Bewachung des vor Windau abgesuchten Streifens übernehmen, um zu verhindern, daß die Russen das Gebiet nachträglich mit Minen verseuchten. Der Großadmiral war auf die Meldung der II. Minensuchdivision hin auf den Westflügel des ausgebojten Fahrwassers gesteuert, wo „Dorc“ als Ansteuerungsmark bei einer Boje lag. 12.13 Uhr Nm. erreichte das Flaggschiff diesen Punkt, „Dorc“ erhielt Befehl, sich an die Linie anzuhängen, die Schiffsabstände wurden auf 600 m vergrößert. Bis 2.13 Uhr Nm. dampfte das Geschwader mit langsamer Fahrt nach Anweisung des Oberbefehlshabers in dem ausgebojten Fahrwasser bis auf 50 hm an Windau heran, machte dann kehrt und lief auf demselben Wege zurück. Es war bei dem sehr klaren Wetter ein guter Einblick in die Küstenverhältnisse und in den Hafen möglich, der dem Oberbefehlshaber die Beurteilung einer Landung für größere Truppenverbände ermöglichte. Die Schiffe des Trosses, im ganzen zehn Kohlendampfer, Sperrbrecher und Blockschiffe, standen unterdessen gleichzeitig an einem Punkt etwas weiter nördlich, 6 Seemeilen von Windau entfernt, so daß sie von Land aus bis auf die Höhe vom Lyserort deutlich gesehen werden konnten. Die Boote der 2. TorpedobootsHalbflottille hatten für die Dauer des Vorbeifahrens zum Schutz des Geschwaders und des Trosses gegen russische Unterseebootsangriffe von Norden aus in der Höhe von Lepenieken, südlich Lyserort, bootsweise eine Sicherungslinie in 1 Seemeile Abstand aus

---

[1]) „D 6“, Kommandant Oberleutnant z. S. Maximilian v. Zitzewitz.
„T 30“, Kommandant Minenobersteuermann Theodor Müller.
„T 39“, Kommandant Minenobersteuermann Paul Müller.
„T 49“, Kommandant Oberleutnant z. S. v. d. Marwitz.
„T 51“, Kommandant Oberleutnant z. S. Waldemar Bender.
„T 52“, Kommandant Minenobersteuermann Schrötel.
„T 53“, Kommandant Minenobersteuermann Armgardt.
„T 54“, Kommandant Oberleutnant z. S. Tschirch.
„T 55“, Kommandant Oberleutnant z. S. Werner.
„T 57“, Kommandant Minenobersteuermann Korytkowsky.

gelegt. „Amazone" hatte von 2.5 Uhr Nm. bis 2.35 Uhr Nm. die Küste und den Leuchtturm beschossen und keine feindliche Gegenwirkung beobachtet.

Der Oberbefehlshaber war mit den Linienschiffen nach Beendigung der Demonstration mit südlichem Kurs vor Windau weggedampft, um sich am nächsten Morgen 6 Uhr Vm. zur Fortsetzung der Untersuchung und, wenn möglich, zur Ausführung einer vorübergehenden Truppenlandung an der Ansteuerungsboje des abgesuchten Streifens, die auch für die kommende Nacht von „York" bewacht werden sollte, mit dem V. Geschwader zu vereinigen. Vizeadmiral v. Grapow war am 24. September 9.45 Uhr Vm. mit dem Geschwader vor Neufahrwasser eingetroffen und hatte gemeldet, daß er 3 Uhr Nm. Neufahrwasser wieder verlassen und 6 Uhr Vm. am 25. September am Treffpunkt stehen würde. Außer 750 Mann des Ersatz-Bataillons des Infanterie-Regiments 128, Führer Major Graf v. Wengersky, hatte der Geschwaderchef zur Verstärkung aus den Besatzungen der Linienschiffe einen Maschinengewehrzug mit 14 Maschinengewehren, 1 Zug Pioniere, 1 Signalzug und eine Sanitätskompagnie bilden lassen. Die Kommandantur Danzig hatte nur Infanterie ohne Spezialtruppen zur Verfügung gestellt. Es waren dies Mannschaften, die sechs Wochen vorher eingestellt waren und eine volle Ausbildung noch nicht gehabt hatten. Eine kriegsmäßige Landung an feindlicher Küste, auch nur zu Demonstrationszwecken, läßt sich ohne besondere Vorbereitungen nicht durchführen. Für das Gelingen einer L a n d u n g ist der beabsichtigte Zweck völlig gleichgültig, und eine bloße demonstrative Absicht verringert in keiner Weise die allgemeinen Schwierigkeiten, macht aber das Mißlingen nur noch folgenschwerer.

Für die Nacht vom 24. zum 25. blieb im allgemeinen die gleiche Verteilung der Seestreitkräfte bestehen wie vorher. Die Nacht verlief, ohne daß der Feind sich bemerkbar machte; trotzdem wurde durch zwei falsche Alarmmeldungen von den Torpedobooten „S 145" und „S 139" in die Bewachungskreuzer eine gewisse Unruhe hineingetragen.

Bereits 10 Uhr Nm. hatte der Oberbefehlshaber über Danzig eine Meldung des Chefs der Küstenschutzdivision erhalten: „Deutscher Konsul aus Malmö erhielt Mitteilung, daß englische Unterseeboote heute nacht Kattegat passieren wollen." Dadurch wurden die Gedanken des Großadmirals und seines Stabes, die sich in den letzten Tagen ausschließlich mit dem russischen Gegner befassen mußten, nach Westen gelenkt und bedeutsam daran erinnert, daß der Hauptgegner und die bestimmende Größe der ganzen Seekriegführung in der Nordsee sei. Bald darauf, 11.25 Uhr Nm., sollte folgendes Funkentelegramm des Admiralstabes diese Tatsache noch schärfer betonen: „Militärattaché Stockholm an General-

stab der Armee: Nachrichtenoffizier mitteilt mir soeben: Vertrauensmann
Malmö meldet durch Telephon 5.30 Uhr Nm.: Englische Flotte sei im
Großen Belt eingelaufen, nachdem Minensperre durch alte Schiffe be=
seitigt. Admiralstab." — Der Prinz und sein Stab waren damit vor
eine sofortige Entscheidung gestellt. Man vergegenwärtige sich nur die
Lage, als der Funkenoffizier vor Mitternacht diese kurze Nachricht
dem Großadmiral überbrachte. Der Oberbefehlshaber mit zwei ver=
alteten und noch nicht voll kriegsbereiten Geschwadern mit unzu=
reichenden Aufklärungs= und Torpedobootsstreitkräften weit oben in der
östlichen Ostsee! Der Feind, wenn die Meldung stimmte, um diese Zeit
bereits am Südausgang der Belte. In der westlichen Ostsee nur schwache,
für einen nachhaltigen Widerstand nicht geeignete Streitkräfte. Im Stabe
des Oberbefehlshabers berechnete man, daß die englischen Streitkräfte
am 25. September 7 Uhr Vm. bei Kjelsnor stehen und wenn es ihre
Absicht war, zunächst IV. und V. Geschwader abzufangen, am gleichen Tage
7 Uhr Nm. das Gebiet östlich Bornholm erreicht haben konnten. Die
Kriegsleitung im Hauptquartier hatte ebenso wie Anfang August, als es
sich um die Sicherung der Belte durch Minensperren handelte, zu
der Nachricht aus Malmö dem Oberbefehlshaber k e i n e n b e s o n =
d e r e n B e f e h l gegeben, auch k e i n e S t e l l u n g g e n o m m e n.
Sie überließ dem Frontbefehlshaber am Feinde, der mitten in der Durch=
führung einer Kriegsaufgabe beschäftigt war, allein die Entscheidung und
damit auch die volle Verantwortung. 12.10 Uhr Vm. traf folgendes
Telegramm aus dem Großen Hauptquartier ein, das die bloße Weitergabe
einer Nachricht e b e n f a l l s o h n e j e d e S t e l l u n g n a h m e oder
Befehl enthielt: "Attaché Stockholm meldet: Am 24. September nach zuver=
lässiger Nachricht um 9 Uhr Vm. Unterseeboot ähnlich englischem E=Typ bei
Vinga=Insel mit südlichem Kurs, Fahrt 8 Seemeilen. Chef der Hochseestreit=
kräfte meldet hierzu auf eine Anfrage: Unterseeboote der Hochseestreitkräfte
kommen hierzu nicht in Frage. Gleichzeitig vom Hochseechef gemeldet, daß
zahlreiche Unterseeboote in Deutscher Bucht. Admiral." — Aus diesen, nun
von verschiedenen Seiten einlaufenden Nachrichten über ein Erscheinen
englischer Streitkräfte im Kattegat, deren Anwesenheit in diesem Seegebiet
seit Kriegsbeginn nicht gemeldet worden war, mußte Großadmiral Prinz
Heinrich mit einer ernsthaften Bedrohung der Belte rechnen. Er mußte
sich auch mangels jedweder Befehle der Kriegsleitung sagen, daß sofortiges
Handeln notwendig sei, da im Falle eines wirklichen Durchbruchs durch
Abwarten seine Lage sich nur verschlechtern konnte. Er entschloß sich inner=
halb weniger Minuten, die Demonstration gegen Windau abzubrechen,

mit allen Streitkräften in die westliche Ostsee zurückzukehren und zunächst die Pommersche Bucht zu erreichen.

Die Befehle wurden sofort erlassen, so daß schon um 12.26 Uhr Vm. des 25. September an den Chef der Küstenschutzdivision gefunkt wurde: „Sperre Langeland=Belt sofort legen", 1.25 Uhr Vm. an den detachierten Admiral, „Gazelle" und „Amazone": »Aufmarsch gegen Westen beab= sichtigt. Sammeln gegen 6 Uhr Vm. bei „Dorn" an der Ansteuerungs= boje«. Die II. Minensuchdivision wurde unter Zurücklassung der Bojen bei Windau sofort nach Danzig geschickt, desgleichen der Troß. Das V. Geschwader solle zunächst mit langsamer Fahrt seinen Marsch nach Norden fortsetzen. Der Prinz wollte es nicht in zu großem Abstand vor seinem Geschwader selbständig vorausschicken, da die Schiffe mit je 100 In= fanteristen an Bord in einer Seeschlacht recht behindert gewesen wären. Die 5. Unterseeboots=Halbflottille und die 20. Torpedoboots=Halbflottille erhielten Befehl, beschleunigt nach Swinemünde zu gehen, wo sie in gün= stiger Flankenstellung zu einem nach Osten vordringenden Feind waren. Um 6 Uhr Vm. am 25. September waren die Streitkräfte bei „Dorn" gesammelt, und der Oberbefehlshaber trat mit dem IV. Geschwader den Rückmarsch mit 14 Seemeilen Fahrt nach Westen an, während der detachierte Admiral mit seinen Kreuzern und den beiden Torpedoboots= flottillen Marschsicherung gegen Unterseeboote vor und seitlich des Ge= schwaders bildete. 6.10 Uhr Vm. meldete Admiral Mischke, daß die Lange= land=Sperre gelegt, die Sperrlücke geschlossen und alle in Kiel verfügbaren Streitkräfte an den Südausgängen der Meerengen zusammengezogen seien. Diese Nachricht zeigte dem Großadmiral, daß der englische Durchbruch noch nicht erfolgt und alle nach Lage der Verhältnisse von ihm zu treffenden Abwehrmaßregeln durchgeführt worden seien.

Da in den nächsten Stunden eine Gefahr für die Streitkräfte in der Ostsee nicht bestand, erhielt das V. Geschwader Befehl, kehrtzumachen und selbständig mit 12 Seemeilen Due=Odde, die Südspitze Bornholms, anzu= steuern. Am 25. September 7.50 Uhr Vm. traf vom Chef der Schul= kreuzerdivision am Sund folgender Funkspruch auf „Braunschweig" ein: »Kapitän schwedischen Dampfers „Malmö", der 24. September 9.30 Uhr Nm. Kopenhagen ausgelaufen ist, versichert, daß zu dieser Zeit in Kopenhagen von einer Einfahrt englischer Streitkräfte in den Sund oder Großen Belt nichts bekannt gegeben sei. Dänische Minensperren im Sund seien noch unversehrt gewesen.« In den nächsten Stunden wurde diese Nachricht, die als erste eine Unterlage für eine andere Beurteilung der Lage lieferte, noch durch weitere Nachrichten in gleicher Richtung bestätigt. Der Admiralstab drahtete, daß zwar nach Angaben von amtlicher dänischer Seite mit Eindringen englischer Unterseeboote in die Ostsee, in erster Linie durch die Flintrinne, stark gerechnet werden müsse, „daß aber eine größere englische Unternehmung in der Ostsee nach dänischer Ansicht nicht bevorstände". Gleichzeitig drahtete der Militärattaché aus Stockholm, daß nach aufgefangenem Funkentelegramm die englische Flotte in der Nacht vom 24. zum 25. mit Unterseebooten in das Kattegat einzulaufen beabsichtigt habe. Über ein Einlaufen der englischen Flotte in den Großen Belt sei aber nichts bekannt, und es bestehe die Möglichkeit, daß die Meldung über die Unterseeboote allein zutreffend sei. Alle diese widersprechenden Meldungen wurden geklärt durch eine Meldung des Chefs der Küstenschutzdivision um 2.35 Uhr Nm., daß Flugzeuge bei einer Aufklärung im Großen Belt bis nördlich Korsör keine feindlichen Streitkräfte gesichtet hätten. Diese Nachricht fand ihre Bestätigung durch die gleichzeitige Mitteilung eines dänischen Dampfers am Sund, der am 25. September morgens Kopenhagen verlassen und von der Anwesenheit englischer Streitkräfte in den dänischen Gewässern nichts gesehen oder gehört hatte. Großadmiral Prinz Heinrich war sich daher bereits am Nachmittag des 25. September darüber klar, daß das Telegramm des Admiralstabes falscher Alarm auf Grund eines unzutreffenden Gerüchtes gewesen sei[1]).

Trotzdem hielt der Oberbefehlshaber seinen Plan, nach der westlichen Ostsee und Kiel zurückzugehen, aufrecht, weil er den Eindruck gewonnen hatte, daß eine Landung bei Windau zu Demonstrationszwecken, wie er sie zunächst für den 25. September im Auge gehabt hatte, besser unausgeführt bliebe. Er hatte durch eigenen Augenschein sich von der Ungeeignetheit des Hafens von Windau für eine Truppenausschiffung überzeugt. Der Hafen war an der Mündung des Flusses unmittelbar vor der Stadt durch versenkte russische Dampfer gesperrt. Nach Angaben der von

---

[1]) Über die Entstehung dieses Gerüchtes und seine Weitergabe nach Berlin berichtete später der Marineattaché in Stockholm, Kapitän z. S. v. Fischer-Lossainen, am 16. Oktober 1914: „Die Nachricht über Forcieren des Großen Belts stammt vom Vertrauensmann des Generalstabes in Malmö und hat nach der jetzt fertiggestellten Untersuchung folgenden Ursprung: Ein Landsturmmann, der zwischen Malmö und Falsterbo stationiert war, telephonierte nach Trälleborg, daß er fremde Kriegsschiffe beobachtet habe. Von Trälleborg wurde die Nachricht dem Vertrauensmann weitergegeben, dieser fragte daraufhin bei einem Geschäftsfreund an, der das „gangbare" Gerücht bestätigte. Als dann auch der Glöckner einer Kirche östlich Trälleborg berichtete, er hätte zwei bis drei anscheinend englische Fahrzeuge gegen Bornholm steuernd gesehen, fühlte sich der Vertrauensmann veranlaßt, dem Nachrichtenoffizier des Militärattachés in Stockholm Meldung zu erstatten. Wer aus dem Sund den Großen Belt gemacht und in zwei bis drei Fahrzeugen die englische Flotte erkannt haben will, hat die Untersuchung nicht ergeben."

„D 6" gefangen genommenen Fischer waren die Molen des Hafens etwa 2 m breit und an der Oberkante ungefähr 2 m über Wasser. Die Aus=schiffung selbst einer geringen Zahl von Truppen an der ungefähr 1500 m langen Südmole mußte daher sehr lange dauern, da nur etwa drei Leute nebeneinander die Mole passieren konnten. Die Nordmole kam für eine Ausschiffung von Truppen überhaupt nicht in Betracht, da die Wassertiefen zum Längsseitgehen zu unsicher und sie außerdem nicht zum Begehen ein=gerichtet war. Es waren daher empfindliche Störungen der Ausschiffung und starke Verluste während des Passierens der Südmole unausbleiblich, sobald die Russen auch nur wenige Maschinengewehre im Walde nördlich und südlich vor Windau in Stellung gebracht hatten. Damit war aber nach den Erfahrungen der Torpedoboote bei Backofen sicher zu rechnen. Außer=dem trat der Wald besonders nördlich Windau erheblich näher an die Küste und an die Stadt heran, als die Seekarte und die Generalstabskarte dieser Gegend vorher hatten erkennen lassen. Die Verhältnisse für die Ver=teidigung der Küste und die Störung der Landung lagen daher für den Feind sehr viel günstiger, als es nach den Karten den Anschein gehabt hatte. Die Reede von Windau war zudem gegen Winde von Nordost über West und Süd völlig ungeschützt, so daß auch schon bei mäßigen Winden aus diesen Richtungen ein Ausbooten der Truppen sehr bald unmöglich werden mußte. Die Jahreszeit war aber anderseits zu weit vorgeschritten, um noch auf längere Dauer windstillen und ruhigen Wetters in diesen nördlichen Gegenden rechnen zu können.

Aber abgesehen von den örtlichen Schwierigkeiten einer Ausschiffung und Landung von Truppen an dieser Stelle war dem Großadmiral vor allem die gefährdete Lage einer glücklich an Land geworfenen Truppe klar. Die sichere Durchführung einer Landung hängt in erster Linie davon ab, ob es der ersten Truppe möglich ist, sich einen Brückenkopf zu schaffen und ihn so lange zu behaupten, bis genügende Unterstützung da ist. Es handelt sich bei jeder Landung darum, wer zuerst mit überlegenen Truppen an der Landungsstelle ist, der mit Verstärkung heraneilende Gegner oder die Truppen und Artillerie an Land werfende Transport=flotte. Welche ungewisse Größen dabei für letztere das Wetter und feindliche Gegenwirkung auf dem Wasser darstellen, leuchtet ohne weiteres ein. Großadmiral Prinz Heinrich hatte die Überzeugung, daß auch bei einer vorübergehenden Landung einiger Kompagnien Infanterie diese erheblich gefährdet seien, weil ihre unbedingt notwendige mittelbare Unter=stützung durch die Artillerie der Seestreitkräfte bei der Gestaltung der Küste in Windau und ihrer Umgebung sehr bald aufhören mußte. Die Durch=führung der ihm aus dem Hauptquartier noch vor dem Rückmarsch zuge-

gangenen telegraphischen Anregung: „Zur Sicherung der Landungs=
truppen bei Windau scheint es ratsam, die Eisenbahn soweit als möglich
landeinwärts zu zerstören", war ganz ausgeschlossen und zeigte von einer
völligen Verkennung der Verhältnisse. Der Oberbefehlshaber hielt sich
daher auch verpflichtet, die Kriegsleitung dringend vor einer Weiterver=
folgung dieses Landungsplanes zu warnen, da er das Wagnis einer mit
ungenügenden Mitteln und ungenügenden Vorbereitungen unternommenen,
selbst kleinsten Landungsunternehmung für ganz unverhältnismäßig groß
hielt. In einem Telegramm an das Hauptquartier ging der Oberbefehls=
haber sofort nach seiner Ankunft in Kiel ausführlich auf alle diese Punkte
ein, da er ihre Kenntnis für weitere Entschließungen der Kriegsleitung über
Landungsunternehmungen an der russischen Küste von größtem Wert hielt.

Die Kriegsleitung hatte dem Großadmiral im Laufe des 25. Sep=
tember keine weiteren Nachrichten gegeben. Auf seine Meldung in der
Nacht über das Abbrechen der Unternehmung gegen Windau und den
von ihm angeordneten Aufmarsch der Streitkräfte nach Westen hatte
sie erst 5.7 Uhr Nm. ihr Einverständnis gedrahtet. Der Chef des Admiral=
stabes im Großen Hauptquartier hatte in der Nacht zum 25. September
durchaus unter dem Eindruck gestanden, daß die Nachricht aus Malmö
stimme, und daher in erster Linie dafür gesorgt, daß aus der Nordsee fast
die gesamten verwendungsbereiten Streitkräfte beschleunigt durch den
Kanal in die Ostsee geschickt würden. Großadmiral Prinz Heinrich richtete
auf dem weiteren Rückmarsch die Bewegung seiner Streitkräfte so ein, daß
er selbst mit dem IV. Geschwader nördlich Adler=Grund, das V. Geschwader
südlich davon Arkona ansteuerte, um dort die Verbände zu sammeln. Eine
am 25. September 5.25 Uhr Nm. eintreffende Flugzeugmeldung, die den
Großen Belt auch nördlich Korsör frei von feindlichen Streitkräften ge=
funden hatte, schuf die Gewißheit, daß eine Einbruchsgefahr englischer
Streitkräfte nicht mehr bestand. Der Weitermarsch in der Nacht vom
25. zum 26. September verlief ohne weitere Störungen. Am 26. September
4.53 Uhr Vm. traf die Nachricht des Admiralstabes ein, daß ein in Goten=
burg angekommener schwedischer Dampfer fünf englische Panzerkreuzer
mit je einem Unterseeboot im Schlepp in der Richtung auf das Skagerrak
habe fahren sehen. Auch auf Grund anderer Nachrichten sei das Vor=
handensein von englischen Unterseebooten in Belten und Sund wohl
möglich. Um 6 Uhr Vm. wurde planmäßig Arkona mit den gesamten
Streitkräften erreicht und der Weitermarsch nach Kiel fortgesetzt.
11.30 Uhr Vm. entließ der Oberbefehlshaber „Augsburg" und „Amazone"
nach Swinemünde. Der detachierte Admiral erhielt Befehl, möglichst bald
aus Swinemünde auszulaufen und die Ausbildungsübungen mit der

20. Torpedoboots-Halbflottille und der 5. Unterseeboots-Halbflottille in der Danziger Bucht fortzusetzen. „Friedrich Carl", „Lübeck" und „U 26" sollten sofort nach Beendigung der Gefechtsausbildung in Kiel nach Danzig geschickt werden. Die II. Minensuchdivision, die vier Blockschiffe und drei Sperrbrecher in Danzig erhielten Befehl, den Marsch nach Kiel unter der deutschen Küste anzutreten. In der östlichen Ostsee blieben daher nur die Streitkräfte des detachierten Admirals. Am 26. September 5 Uhr Nm. traf Großadmiral Prinz Heinrich mit seinen Streit=kräften im Kieler Hafen ein. Die auf den Schiffen des V. Geschwaders mitgeführten Armeetruppen wurden dort ausgeschifft. Die von der Nordsee für die Unternehmung zur Verfügung gestellten Hochseestreitkräfte wurden von der Kriegsleitung bis auf die Schulkreuzerdivision und eine Torpedo=bootsflottille, die zunächst dem Oberbefehlshaber der Ostseestreitkräfte be=lassen wurden, wieder zurückgezogen.

Hatte die Unternehmung bei Windau auch keinen militärischen Erfolg gezeigt, so brachte sie doch wertvolle Lehren und Erfahrungen über Durchführung von Landungsunternehmungen. Ferner trat durch sie die Frage eines Einbruchs der Engländer in die Belte, die dauernd Kriegs=leitung und Oberbefehlshaber der Ostseestreitkräfte beunruhigt hatte, ein=mal sehr handgreiflich in Erscheinung und zwang zu Maßnahmen, die der Wirklichkeit durchaus entsprachen. Ein Urteil über die Gestaltung der Kriegslage in einem solchen Falle war daher jetzt sehr viel besser möglich als vorher, wo es sich immer nur um mehr oder weniger theoretische Überlegungen gehandelt hatte. In vorliegendem Falle hat es sich auf englischer Seite wohl nicht um die Absicht gehandelt, mit starken Überwasser=streitkräften in die Ostsee einzudringen. Wahrscheinlich war es ein Versuch, Unterseeboote durch Belte oder Sund zu bringen und dazu Zeit und Gelegenheit zu erkunden. Die Scheinunternehmung vor Windau war als solche gelungen. Ihr Eindruck auf den Gegner war aber klein und stand nicht im Verhältnis zu den Anstrengungen des Personals und Materials, sowie zu dem großen Einsatz auf deutscher Seite. Die amtliche russische Telegraphenstelle meldete am 29. September aus Petersburg: „Zu Anfang des Krieges zeigten sich mehrere Male feindliche Schiffe vor Windau. Am 23. September 4 Uhr Nm. näherten sich 18 Torpedoboote und ein Kreuzer ziemlich nahe der Küste, und gleichzeitig sah man ein deutsches Torpedoboot vor dem Leuchtturm von Backofen etwa 18 Werst westlich von Windau. Das feindliche Torpedoboot setzte Beiboote aus, um zu loten, die sich aber mit großen Verlusten durch das auf sie eröffnete russische Artilleriefeuer wieder zurückzogen. Das Torpedoboot beschoß darauf den Leuchtturm und entfernte sich. Am 24. September zeigten sich

38 deutsche Fahrzeuge, davon 9 große Kriegsschiffe und 7 Transportdampfer vor Windau. Sie beschränkten sich auf einige Bewegungen und
entfernten sich später in südlicher Richtung. Ein Torpedoboot nahm ein
Fischerboot und zerstörte das Boot, nachdem die Leute an Bord genommen
waren." — Diese Meldung läßt von der Vermutung einer etwa bevorstehenden Landung nichts erkennen. Einen Einfluß auf die russische
Truppendislokation hat sie, soweit bekannt, nicht ausgeübt. Es kann auch
nach dem, was wir im Laufe des Krieges von der Einrichtung und Schnelligkeit des russischen Nachrichtennetzes erfahren haben, damit gerechnet werden,
daß den Russen die wirkliche Stärke der eingeschifften Truppen und die
ganze Absicht unserer Unternehmung rechtzeitig bekanntgeworden ist.
Außerdem war bei der geringen Zahl der Transportdampfer leicht zu
ersehen, daß es sich nicht um ein starkes Landungsunternehmen handeln
konnte. Die Russen, die ferner 36 Stunden vorher durch Erscheinen der
Torpedoboote an ihrer Küste bei Backofen aufmerksam geworden waren,
hatten Zeit genug gehabt, um ihre Aufmerksamkeit und Abwehrmaßregeln
zu verstärken.

Es kann nur als ein günstiger Umstand bezeichnet werden, daß es
durch die Ereignisse im Westen nicht zu der vom Oberbefehlshaber der
Ostseestreitkräfte für den 25. September beabsichtigten vorübergehenden
Ausschiffung von Infanterie gekommen ist. In dieser Auffassung waren sich
außer dem Großadmiral auch die beiden Geschwaderchefs und sämtliche
Kommandanten einig. Ihre Kriegstagebücher enthalten übereinstimmend
die Ansicht, daß jede solche Unternehmung nur zu einem Rückschlage geführt
haben würde. So schrieb Kapitän zur See Ernst Oldwig v. Natzmer, Kommandant des Linienschiffes „Kaiser Barbarossa": „Die Stärke der von der
Armee gestellten Landungsabteilung von 700 jungen Ersatzleuten mit sechswöchiger Ausbildung genügte für die Unternehmung nicht. Die Verstärkung durch etwa 200 Mann des V. Geschwaders litt unter den Mängeln
der Ausrüstung und Ausbildung, Reservisten ohne Schießübungen und
ohne infanteristische Ausbildung. Es fehlten Kochgeschirre, Feldflaschen,
Tornister und Zelte. Für die Führung war erschwerend das Fehlen von
Generalstabskarten. Die Aufgabe war zunächst als Scheinlandung vorgesehen. Später wurde sie dahin erweitert, daß die von Windau ausgehende
Eisenbahn möglichst weit im Land zerstört werden sollte. Hierdurch wäre
eine Zerstückung des kleinen Landungskorps notwendig geworden, da der
Rückzug gedeckt bleiben mußte. Es war aber auch nicht damit zu rechnen,
daß Windau, eine Stadt von 20 000 Einwohnern, unbesetzt war oder blieb.
Nach allem war nicht anzunehmen, daß die vielleicht glücklich unter dem
Schutz der Schiffe gelandeten Soldaten ohne Widerstand in die Stadt oder

in das Land eindringen, und noch weniger, daß sie ohne große Verluste wieder zurückgezogen werden konnten. Es hätte sich wahrscheinlich ergeben, daß zur Aufnahme das gesamte Landungskorps des V. Geschwaders hätte an Land geworfen werden müssen, um den Rückzug zu decken." — Diesem Urteil schloß sich Vizeadmiral v. Grapow, der Geschwaderchef, an. Auch Großadmiral Prinz Heinrich wies in seinem ausführlichen Bericht über die Unternehmung besonders darauf hin, daß die ihm zur Verfügung ge= stellten Landungstruppen der Armee und des V. Geschwaders in gleicher Weise auch für eine Scheinlandung unzulänglich gewesen wären. Die Er= fahrungen, welche Großadmiral Prinz Heinrich aus dem Verlauf der ab= gebrochenen Unternehmung zog und dem Hauptquartier übermittelte, waren eine wertvolle Unterlage für jede zukünftige Beurteilung von Landungs= unternehmungen. Es war schon damals vorauszusehen, daß bei einer günstigen Gestaltung des Landkrieges im Osten die Frage von gemeinsamen Unternehmungen von Heer und Flotte an der Ostseeküste in Zukunft erneut in Erscheinung treten würde. Der Oberbefehlshaber wies vor allem darauf hin, daß ihm für eine Landung statt der kurländischen Küste ein Platz im Rigaschen Meerbusen am geeignetsten erschiene, da er dort die örtlichen Verhältnisse für bei weitem günstiger hielte.

Es hatte sich ferner gezeigt, daß besonders starke Seestreitkräfte für jede solche Unternehmung zur Verfügung stehen mußten und daß die diesmal vorhandenen in Wirklichkeit für die Durchführung der Aufgabe nicht genügt haben würden. Bei der Unternehmung vor Windau waren nur der Westeingang zum Rigaschen Meerbusen und das Gebiet westlich und östlich von Gotland durch schwache Streitkräfte bewacht worden. Das Hauptausfallstor der russischen Ostseeflotte, der Finnische Meerbusen, war während der ganzen Unternehmung von uns nicht beachtet worden. Bei jeder größeren Landung, die allein schon eine Bindung starker Seestreit= kräfte zum örtlichen Schutz der Truppenausschiffung verlangte, wäre aber die Aufstellung einer so starken Streitmacht vor dem Finnischen Meerbusen notwendig gewesen, daß der Ausbruch russischer Seestreitkräfte zur Be= unruhigung und Störung der Landung auf jeden Fall ausgeschlossen blieb. Ferner mußte nach Ansicht des Großadmirals der Befehlshaber bei der Wiederholung einer solchen Unternehmung über mindestens die doppelte Zahl von Torpedobootsflottillen und Minensuchdivisionen verfügen. Zwei Torpedobootsflottillen waren, wie der Oberbefehlshaber in seinem Bericht ausführte, bei den seltenen Gelegenheiten der Kohlenergänzung in See von Kohlendampfern nicht ausreichend. Es kam also mit einem Worte als prak= tische Erfahrung dieser Unternehmung darauf hinaus, daß eine Wieder= holung fast unsere gesamten Seestreitkräfte der Nordsee entziehen würde.

Damit hatte dieser Fall bewiesen, was man auch schon auf Grund der friedensmäßigen Überlegungen und nüchterner Beurteilung unseres Kräfte= verhältnisses festgestellt hatte, daß **wir eben entweder nur in der Nordsee oder Ostsee wirksam den Seekrieg führen konnten.** Worauf die Wahl fallen mußte, ergab sich von selbst. Die in der Ostsee vorhandene deutsche Seeherrschaft zu erhalten, blieb dort unser Ziel. Aber gerade deshalb durfte nie vergessen werden, daß diese See= herrschaft nur in der Nordsee entschieden wurde und wir daher in der Nordsee **nicht stark genug** sein konnten, um in der Ostsee das Bestehende nicht einzubüßen. Diese beiden Unternehmungen mit Teilen der Hochseestreitkräfte im September in der Ostsee, denen ein großes Kriegs= ziel gefehlt hat, und von denen die letztere unverhältnismäßig stark an= gelegt war, haben die Nordseekriegführung unmittelbar geschwächt und geschädigt.

Die bei den Kriegsvorarbeiten im Frieden theoretisch gefundene Ansicht von der Abhängigkeit der Ostseekriegführung von den Ereignissen des Nordseekriegsschauplatzes hatte gerade die letzte Unternehmung deutlich gezeigt. Es war eine seestrategisch denkbar schwierige Lage, als den Großadmiral vor Windau die Nachricht von dem bevor= stehenden Einbruch der englischen Flotte in die Belte erreichte. Ob die Nachricht richtig war oder nicht, ob englische Absicht oder nur ein auf russische Veranlassung hin zu unserer Ablenkung ausgestreutes Gerücht, war dabei gleichgültig. Ob ein Eindringen der englischen Flotte in die Ostsee als für uns günstig oder nicht anzusehen war, darüber wird später ausführlicher gesprochen werden. Aber auch wenn wir uns einer in die Ostsee eingedrungenen englischen Flotte gegenüber an sich in einer taktisch vorteilhaften Lage glaubten, so war doch in diesem Fall unsere Kräfte= zersplitterung und vor allem der Standort der beiden alten Geschwader so weit im Osten besonders ungünstig. Man erkennt daraus aber auch, welche großen Schwierigkeiten uns, den zahlenmäßig weit Unterlegenen, eine tatkräftige englische Seekriegführung hätte machen können. Durch ernsthaft vorgetäuschte Einbruchsversuche in die Belte und den Sund hätte sie, verbunden mit gleichzeitigen russischen Vorstößen in die mittlere Ostsee, die sogar bis zur Beschießung von deutschen Küstenplätzen hätten führen können, stets starke Teile unserer Streitkräfte in die Kieler Bucht und vor die Belte und den Sund gezogen. Um so leichter hätte dann die englische überlegene Seemacht unsere Nordseeküste und die Flußmün= dungen bedrohen und sperren können. Daß England zu Beginn des Krieges, wo es die Wirkung seines Wirtschaftskrieges noch nicht so sicher übersehen konnte, jedes energische Vorgehen, welches auf Ost= und Nordsee g l e i ch z e i t i g drückte, unterließ, zeigt, wie hoch es die Kampfkraft unserer zahlenmäßig weit unterlegenen Flotte damals einschätzte, wie wenig seine Flotte vom Angriffsgeift Nelfons besaß, und wie fehr die Sorge um die Truppentransporte die englifche Admiralität gefeffelt hielt. Lieber wählte die englifche Seekriegsleitung eine jahrelang dauernde wirtfchaftliche Erdrofflung, als im Kampf der Waffen schnell die Entfcheidung zu fuchen. Verglichen mit der Zurückhaltung auf englifcher Seite, treten unfere Oftfee= kriegführung und die kühnen Unternehmungen der schwachen Streitkräfte des Großadmirals erft in die richtige Beleuchtung.

Der Admiralftab hatte, wie bereits erwähnt, dem Oberbefehlshaber nur das alarmierende Telegramm aus Malmö übermittelt, die Kriegsleitung aber k e i n e n B e f e h l dazu gegeben, ob er die Unternehmung weiter durchführen, nach Kiel zurückkehren, oder in der öftlichen Oftfee bleiben follte. Erft am nächften Tage nachmittags hatte fie ihr Einverftändnis zu dem von dem Prinzen getroffenen Entfchluß erklärt. Was Admiral v. Pohl getan, wenn der Oberbefehlshaber mit feinen Streitkräften n i ch t nach Kiel zurückgekehrt wäre, fondern womöglich die Landung durchgeführt und fich infolge ruffifchen Widerftandes dort oben mit feinen Streitkräften feftgelegt, fteht dahin. Auch hier hatte die Kriegsleitung wieder, wie in der Frage der Belt=Sperrung, die Verantwortung für folgenfchwere, militär= politifche Entfcheidungen, dem felbftändigen Urteil des Befehlshabers am Feinde überlaffen, dem die ganzen Zufammenhänge und der Überblick der Zentrale nicht zur Verfügung ftanden. Großadmiral Prinz Heinrich mußte dies Verfahren empfinden und erhob auch bei Admiral v. Pohl Ein= fpruch. Dies ift um fo mehr zu beachten bei einem Führer, der, wie der Prinz, im bisherigen Verlauf des Krieges oft genug Proben feiner Ver= antwortungsfreudigkeit gegeben hatte, der außerdem durch Stellung und Geburt über mehr als das durchfchnittliche Selbftändigkeitsgefühl eines Frontbefehlshabers verfügte. Aber auch ihm erfchien bereits damals diefe Art der Seekriegsleitung, die fich in entfcheidenden Fragen oft nur als Übermittlungsftelle von Nachrichten aufzufaffen fchien, unrichtig und für die Führung des Krieges bedenklich. Darüber hinaus zeigt die Unter= nehmung deutlich den Mangel planmäßiger Zufammenarbeit zwifchen Oberfter Heeresleitung und Admiralftab zu diefer Zeit. Eine folche Zu= fammenarbeit beider Stellen hätte zum Verzicht auf die Unternehmung führen müffen.

9. Ostsee und englische Seekriegführung.

Im Frieden war die Frage eines Eindringens englischer Seestreit=
kräfte in die Ostsee im Falle eines Krieges Zweibund gegen Dreiverband
in den Vorarbeiten des Admiralstabes wenig berührt worden, da die Über=
legungen zu dem Schluß geführt hatten, daß eine solche Unternehmung für
die Engländer wenig aussichtsvoll und daher kaum wahrscheinlich sein
würde. In der Ostsee fehlte der englischen Flotte ein dem hohen Einsatz
entsprechendes großes militärisches Ziel. Eine Unterstützung und Ver=
stärkung der russischen Ostseeflotte durch englische Großkampfschiffe kam
wegen der ungenügenden Ausrüstungs= und Reparaturmöglichkeiten,
der schlechten Tiefenverhältnisse und wegen der Vereisung der russischen
Häfen ernstlich nicht in Betracht. Durchführung und Schutz einer zu Beginn
eines Krieges beabsichtigten Landung russischer Truppen an der Pommer=
schen Küste brauchte, wie bereits (S. 7) erwähnt, ebenfalls nicht gefürchtet
zu werden. Zur Deckung einer solchen Landung und Überführung einer
Transportflotte, die, um überhaupt Erfolgsmöglichkeiten zu haben, doch
wohl über hunderttausend Mann Truppen hätte zählen müssen, wäre die
ganze englische Flotte notwendig gewesen. Wenn Pläne und Vorbereitungen
zu einer russischen Landung mit englischer Unterstützung tatsächlich be=
standen haben sollten, so kann der Zweck auch wohl der gewesen sein,
den Russen für einen Kriegsbeginn zunächst einmal den Rücken zu
stärken. In den ersten Kriegstagen stellte sich bereits heraus, daß die
Hauptaufgabe der englischen Flotte im Anfang der sichere Transport des
englischen Unterstützungskorps nach Frankreich bildete. Dieser Sicherungs=
dienst hielt die englische Flotte zunächst in der Nordsee fest, so daß eine gleich=
zeitige Verwendung in der Ostsee wegfiel. Bei nüchterner Abwägung blieb
daher als einzig wahrscheinliche Betätigung Englands ein gelegentlicher
Einbruch l e i c h t e r Streitkräfte in die Ostsee, denen das Übungsgebiet der
Kieler Bucht und die Störung des Handels in der westlichen Ostsee vielleicht
ein dem Einsatz lohnendes Angriffsziel bieten konnten. Über diese Frage
liegt die Auffassung englischer Kreise in einer Äußerung des englischen Ge=
sandten in Stockholm, Sir Esme W. Howard, von Mitte September 1914
vor: „Die englische Flotte sei der entscheidende Faktor für die Weltmacht,
der bis über den Krieg hinaus erhalten werden müsse. Sie in die Ostsee
zu schicken, wo die Aussichten der deutschen Flotte noch viel größer seien
als in der Helgoländer Bucht, würde eine große Dummheit sein. Was die
russische Flotte in der Ostsee anbeträfe, so spiele sie in diesem Kriege die
gleiche Rolle wie die österreichische Flotte in der Adria. Sie sei von einer
übermächtigen feindlichen Flotte eingeschlossen und gezwungen, sich nicht zu

weit von ihren Kriegshäfen zu entfernen. Er wiſſe wohl, daß Schweden fürchte, England wolle den Seekrieg in die Oſtſee hineintragen. Dieſe Furcht ſei aber ganz unbegründet, ſolange eine deutſche Flotte vorhanden ſei, deren Vernichtung aber hoffentlich gelingen werde." Beſſer kann der Einfluß der deutſchen Hochſeeflotte in der Nordſee und ihre rückwirkende Rolle, die ſie für die Oſtſee militäriſch und politiſch während des Krieges geſpielt hat, nicht gekennzeichnet werden. Bemerkenswert iſt aber auch, mit welchem militäriſchen Verſtändnis der engliſche Diplomat den Zweck und die Verwendung der engliſchen Flotte und die ganze maritime Lage in der Oſtſee beurteilte, und wie er die engliſche Flotte bei ſeinen politiſchen Überlegungen als Hauptfaktor einſetzte.

Mit Kriegsausbruch änderte ſich im deutſchen Admiralſtab die Auf=
faſſung von der Möglichkeit eines engliſchen Einbruchs durch die Belte und vor allem die Einſchätzung ſeiner Folgen für unſere Seekriegführung. Anſcheinend geſchah dies unter dem Eindruck des Dreifrontenkrieges und der ſofortigen Kriegserklärung Englands, von dem man zunächſt eine abwartende Haltung angenommen hatte. Man begann eine größere engliſche Unter=
nehmung gegen die Oſtſee jetzt nicht mehr für unwahrſcheinlich zu halten, ſondern ſetzte ſie mit in Rechnung und verſuchte daher, Belte und Sund frühzeitig zu ſperren. Neue Unterlagen für dieſe Anſicht waren aber nicht vorhanden. Der v o r der Kriegserklärung Englands erlaſſene deutſche Operationsbefehl für die Kriegführung gegen Rußland hatte bereits eine Sicherung der Kieler Bucht gegen das Eindringen e n g l i ſ c h e r Streit=
kräfte vorgeſehen. Weitere Richtlinien in dieſer Frage hatte die Kriegs=
leitung dem Oberbefehlshaber der Oſtſeeſtreitkräfte auch nach dem Ein=
greifen Englands in den Krieg nicht gegeben. Großadmiral Prinz Heinrich konnte daher die Aufgabe des Schutzes der Kieler Bucht mit ſeinen für jede offenſive Verwendung aus den Belten ungeeigneten Streitkräften nur in der rein örtlichen Verteidigung der Durchfahrten durch die Belte und den Sund unter Anlehnung an Kiel ſehen. Er hatte ſofort nach der Kriegs=
erklärung Englands am 5. Auguſt die bereits bekannte deutſche Minen=
ſperrung des Langeland= und Kleinen Beltes befohlen. Auch im Admiral=
ſtabe war man der gleichen Anſicht. Nirgends findet ſich in den dortigen Aus=
führungen über den Schutz der Oſtſee gegen einen engliſchen Einbruch der Gedanke, daß die bei Kriegsbeginn beſtehende v ö l k e r r e c h t l i c h e A u f =
ſ a ſ ſ u n g v o n d e r f r e i e n D u r c h f a h r t d u r c h B e l t e u n d S u n d für die deutſche Seekriegführung nicht ungünſtig ſei und eine Verteidigung der Oſtſee in Form von Offenſivſtößen gegen engliſchen Einbruch ermögliche. Allerdings wäre jede Durchfahrt und Bewegung deutſcher Schiffe in den Belten oder im Sund beobachtet und ſofort nach England gemeldet worden

Alle Bestrebungen des Admirals v. Pohl sowie des Admiralstabes liefen im
Gegenteil von Kriegsbeginn darauf aus, die Belte und Sund-Fahrwasser
mit Hilfe Dänemarks und Schwedens zu sperren und auf ihre Benutzung
zur eigenen Kriegführung zu verzichten. Dieser Standpunkt fand damals
auch die Billigung des Staatssekretärs des Reichs-Marine-Amts, Großadmirals v. Tirpitz[1]. In einer am 7. August 1914 vom Admiralstab für
das Auswärtige Amt verfaßten Anweisung für den deutschen Gesandten
in Kopenhagen sind die wesentlichsten Gedanken dieser Absichten durch die
nachstehenden Punkte klar ausgedrückt:

> „1. Vorschlag bezweckt strenge Neutralisierung bisher offener dänischer
>   Hoheitsgewässer. Er gibt Dänemark Schlüssel zur
>   Ostsee in die Hand.
>
> 2. Wir verpflichten uns damit, dänische Aus-
>   fahrtsgewässer zu vermeiden. Wir wollen jede
>   Möglichkeit, dänische Hoheitsrechte zu verletzen, ausschließen.
>
> 3. Deutsche Kriegführung ist lediglich auf Ab-
>   wehr feindlicher Einbrüche in Ostsee gerichtet.
>   Hierfür müssen wir Sicherheit haben, daß Gegner nicht den
>   Schleier, den neutrales Durchfahrtsgebiet über seine Bewegungen
>   deckt, ausnutzen kann, um uns unvermutet zu überfallen."

Es ist hierbei, abgesehen von den grundlegenden, später zu behandelnden Einwänden gegen diese freiwillige Bindung bemerkenswert, daß
der Admiralstab, der als erstes Ziel der Nordseekriegführung dem
Hochseechef bei Ausbruch des Krieges mit England zunächst einen Kräfteausgleich durch Mittel des Kleinkriegs befohlen hatte, nicht aus diesem
Gesichtspunkte heraus auch die Frage des Einbruchs englischer Seestreitkräfte in die Ostsee betrachtet hat. Schneller und gründlicher war ein
Kräfteausgleich unter günstigen Umständen für Deutschland kaum denkbar,
als wenn die englische Flotte uns in der Ostsee auf unserem Friedens-
exerzierplatz in das Netz lief. Je weniger wir sie daran hinderten, um so
besser. Dies Vertrauen zu unseren Schiffen und Mannschaften mußte

---

[1] Großadmiral v. Tirpitz schreibt darüber in seinen „Erinnerungen" S. 323
Fußnote: Ich erwähne hier, daß wir bei Kriegsausbruch eine Abmachung mit Dänemark
getroffen hatten, wonach der Große Belt unter dänischer Gewähr für alle Kriegführenden geschlossen werden sollte. England erkannte aber das Recht Dänemarks
hierzu gar nicht an, und die schwachen dänischen Beltsperren wären, wenn die Engländer
in die Ostsee dringen wollten, unschwer überrannt worden. Diese in den ersten
Kriegstagen leider auch von mir gebilligte Abmachung wurde für uns zum
Nachteil, weil wir glaubten, die Rücksicht auf Dänemark auch im weiteren Kriegsverlauf einhalten zu sollen, während sie uns hemmte, unsere unglückliche seestrategische
Lage in der Deutschen Bucht durch Ausnutzung des Kattegats und Skagerraks zu verbessern.

zweifellos vorhanden sein. Bezeichnend für die Gesamtauffassung des
damaligen Admiralstabes ist eine Stelle in dem Bericht Admirals v. Pohl
an den Kaiser vom 8. August 1914, wo er das Ergebnis dieser Verhand=
lungen mit Dänemark wie folgt meldet: „Wir haben uns dadurch erhöhte
Sicherheit gegen den Einbruch feindlicher Streitkräfte in die Ostsee verschafft;
u n s e r e r s e i t s   a l l e r d i n g s   a u f   e i n e   O f f e n s i v e   a u s
S k a g e r r a k   u n d   K a t t e g a t   h e r a u s   v e r z i c h t e t .   D a f ü r
k ö n n e n   w i r   a b e r   u n s e r e   S t r e i t k r ä f t e   i n   d e r   D e u t =
s c h e n   B u c h t   k o n z e n t r i e r e n   und haben außerdem erreicht, daß
Dänemark sich uns stark genähert hat." — Der Hochbetrieb der heimischen
Flotten=Friedensausbildung des letzten Jahrzehnts vor dem Kriege hatte
in der Marine die formale Flottentaktik und Schießausbildung in den
Vordergrund gestellt. Die Flotte war zur Schlacht erzogen worden. Wer
die Manöver der letzten Jahre vor dem Kriege eingehend durcharbeitet, dem
wird aber auffallen, daß der Ort, an dem die Manöverschlacht geschlagen
wurde, von Jahr zu Jahr von der Jade= und Elbemündung nach Helgoland
und darüber hinaus, aber noch nicht eigentlich in die h o h e   S e e
gerückt war. Man war strategisch dem Ausbau der Flotte gefolgt und
rechnete, da das gesetzmäßige Flottenprogramm noch nicht vollendet war,
mit einem Schlagen unter Anlehnung an die Heimat, die man in der
Deutschen Bucht, etwa im Umkreis von 100 Seemeilen von Helgoland,
empfand. Mit deutscher Gründlichkeit war das Offizierkorps in den Einzel=
heiten der Taktik und Waffenausbildung, in einer Personal und Material
bis zur Belastungsgrenze anstrengenden pflichttreuen Kleinarbeit auf=
gegangen. Dabei war der weite Blick für die großen strategischen Linien
des Seekrieges noch nicht genügend entwickelt worden. Eine solche Periode
erzieht den Offizier mehr zum gehorsamen und fleißigen Soldaten als zum
genialen Führer. Als beeinflussender Unterton für die Entscheidung in der
Beltsperrung ist schließlich noch der Gedanke zu erwähnen, daß damals auf
keinen Fall Dänemark in die Reihe der Gegner treten durfte. Dazu waren
wir nach Westen und Osten schon zu stark gebunden. Jedes Befahren
dänischer Gewässer durch deutsche Streitkräfte konnte aber auch durch ein
völlig unbeabsichtigtes Versehen eines Schiffes einen Streitfall auslösen,
der Dänemark unter englischem Druck auf die Seite unserer Gegner trieb.
Diese vermeintliche Gefahr wurde ausgeschaltet, wenn wir uns selbst
gleichsam die dänischen Gewässer verriegelten. Allerdings sah auch diese
Überlegung nur das Negative und Defensive und atmete nicht Willen zur
Tat und Vertrauen zur eigenen Stärke.

Unter dem Gesichtspunkte einer starren örtlichen Verteidigung der
Ostseezugänge war daher sofort nach Kriegsausbruch der Admiralstab

durch das Auswärtige Amt an die beiden neutralen Oſtſeeſtaaten, Däne=
mark und Schweden, herangetreten. Die Verhandlungen mit Dänemark
und ihr Ergebnis ſind bereits angedeutet worden. Sie hatten zu einer um=
gehenden Annahme aller unſerer Wünſche geführt. Dieſe von Dänemark
auf unſer Erſuchen getroffenen militäriſchen Maßnahmen in Belten und
Sund waren aber nicht imſtande, uns eine ausreichende militäriſche Sicher=
heit zu bieten. Sowohl der Befehlshaber an der Front, Großadmiral
Prinz Heinrich, wie auch der Chef des Admiralſtabes waren ſich über die
Unzulänglichkeit der däniſchen Maßnahmen und Verſprechungen einig.
Der Große Belt war von Dänemark öſtlich und weſtlich von Sprogö und
öſtlich des Vengeance=Grund durch Minen geſperrt worden. (Siehe Karte 2.)
In den über das ganze Fahrwaſſer reichenden Minenſperren bei Sprogö
waren Durchfahrtslücken für die Handelsſchiffe vorhanden. Ob Bojen an
dieſen Durchfahrtslücken auslagen, war nicht bekannt, aber wahrſcheinlich
Aber auch ohne Durchfahrtsbojen war es für engliſche Seeſtreitkräfte bei
den günſtigen navigatoriſchen Verhältniſſen der Sprogö=Paſſage nicht
ſchwer, ſich hinreichende Kenntniſſe durch Handelsdampferkapitäne über
dieſe Durchfahrtslücken ſelbſt zu verſchaffen. Das ungeſperrte Fahrwaſſer
weſtlich Vengeance=Grund war aber ebenſo brauchbar wie das öſtliche, ſo
daß die däniſche Minenſperre überhaupt kaum ein Hindernis bot. Daß den
Engländern die Lage unſerer beiden eigenen Sperren, und ſämtlicher
däniſcher Sperren im Großen und Kleinen Belt und Sund genau bekannt
war, iſt als ſicher anzunehmen. Der Handelsverkehr in dieſen Gebieten
wurde Tag und Nacht aufrechterhalten; es brannten im Kattegat und an
den Eingängen zu den Belten ſämtliche Feuer. Für einen energiſchen
Gegner boten daher dieſe Minen keine großen Schwierigkeiten für den
Durchbruch nach der Kieler Bucht. Bewaffneter Widerſtand von däniſchen
Schiffen war weder zu erwarten, noch hätte er ein Hindernis gebildet.

Eine Benachrichtigung war von däniſcher Seite beim Erſcheinen
größerer engliſcher Streitkräfte in der Nähe der von den Dänen geſperrten
Gebieten zugeſagt worden, „da die däniſche Regierung in dieſem Falle den
beabſichtigten Bruch ihrer Neutralität als erwieſen annahm". Der deutſche
Geſandte, Graf Rantzau, hatte auf Drängen des Admiralſtabes dieſes Zu=
geſtändnis bei dem däniſchen Miniſterpräſidenten v. Scavenius erreicht.
Der Admiralſtab glaubte damit ein wertvolles Entgegenkommen von ſeiten
der däniſchen Regierung und eine gewiſſe militäriſche Sicherheit gegen einen
engliſchen Überfall erreicht zu haben. In Wirklichkeit hat die Weitergabe
dieſer Nachrichten im Laufe des Krieges bei verſchiedenen Gelegenheiten,
wo engliſche Streitkräfte ſich im Kattegat gezeigt und kriegeriſch betätigt
haben, niemals einwandfrei und für unſere militäriſchen Zwecke brauchbar

gearbeitet. Ob absichtliche oder unabsichtliche Unterlassung und Verzögerung von dänischer Seite vorlag, war nach Lage der Verhältnisse naturgemäß niemals zuverlässig festzustellen. Erst vom Sommer 1918 ab wurde die Marine durch einen selbständigen Marineattaché in Kopenhagen vertreten. Bis dahin war dieser Dienst gleichzeitig von dem Marineattaché für Schweden, Kapitän zur See v. Fischer-Lossainen, in Stockholm versehen worden, dem zu seiner Unterstützung seit Anfang Oktober 1916 für Kopenhagen der Hauptmann der Marine-Infanterie, v. Neergard, unterstellt war. Aber auch die beste dänische Nachrichtenübermittlung konnte langsamer sein als englische Streitkräfte, die im Großen oder Kleinen Belt durchzubrechen versuchten. Vor allem war es in den langen Winternächten möglich, die etwa 75 Seemeilen lange Strecke vom Eingang zum Samsö-Belt bis zur Kieler Bucht bei Dunkelheit zurückzulegen. Der vom Admiralstab nach langen diplomatischen Verhandlungen mit Dänemark erreichte militärische Schutz in den Belten bot daher k e i n e S i c h e r h e i t. Englische Streit= kräfte konnten, wenn ein Durchbruch bis ins einzelne vom Feinde vor= bereitet war, den Belt forcieren, bevor deutscherseits die nötigen Gegen= maßregeln getroffen waren.

Schweden hatte ebenfalls sofort nach Kriegsausbruch seine strenge Neutralität erklärt. Der Admiralstab hatte diesem Lande am 4. August zunächst die gleichen Vorschläge wie Dänemark gemacht. Maßgebend war auch hier der Gedanke des defensiven Schutzes der Ostsee gegen englische Einbrüche durch den Sund gewesen. Die schwedische Regierung ging aber im Gegensatz zu Dänemark auf unsere Wünsche n i c h t ein. Sie vertrat in ihrer Antwort vom 9. August den Standpunkt, „daß der schwedische Teil des Öresunds, namentlich die Flintrinne — das Fahrwasser zwischen der dänischen Insel Saltholm und der schwedischen Küste[1]) — i n t e r n a t i o = n a l e s F a h r w a s s e r und eine Sperrung n i c h t n u r a u s v ö l k e r = r e c h t l i c h e n, sondern vor allem auch aus t e c h n i s c h e n G r ü n d e n u n d u r c h f ü h r b a r s e i. Zunächst fehle es, da an eine solche Sperrung niemals gedacht worden sei, an Material dafür. Außerdem sei für Beob= achtungsminen die Entfernung von der Küste zu groß und Streuminen wegen der starken Strömung zu gefährlich." Stichhaltig waren diese Gründe nicht, die Ablehnung lag einfach im s c h w e d i s c h e n I n t e r e s s e. „Nur sobald Kriegsschiffe in den Sund einzulaufen drohten, erklärte sich die schwedische Regierung bereit, sämtliche Leuchtfeuer von Kap Kullen bis Falsterbo im Sund zu löschen und sämtliche Seezeichen zu entfernen." Auf das „geforderte Versprechen eines gewaltsamen schwedischen Entgegen=

---

[1]) Siehe dafür und die übrigen geographischen Angaben dieses Kapitels Karte 2.

tretens bei einem angriffsweifen Vorgehen etwaiger in den Sund ein-
dringender Schiffe" wollte fich der fchwedifche Minifterpräfident Wallenberg
n i e m a l s einlaffen und betonte dabei immer, daß bei den von ihm zu-
gefagten Sicherungsmaßnahmen ein Durchfahren der Flintrinne nicht
möglich fei. Im Kattegat und Skagerrak hatte allerdings Schweden bereits
nach Kriegsausbruch die Leuchtfeuer an feiner Küste von Kap Kullen bis
zur norwegifchen Küste gelöfcht und den Kriegsfchiffen fremder Mächte den
Zutritt zu den fchwedifchen Hoheitsgewässern innerhalb beftimmter Gebiete,
die durch Minen gefperrt waren, verboten. Admiral v. Pohl entfchied
daraufhin, vorläufig jedes weitere Drängen auf Schweden zu unterlaffen.
Es wurde daher der fchwedifchen Regierung am 9. Auguft 1914 vom Auswärtigen Amt nach Entwurf des Admiralftabes geantwortet: „Die deutfche
Regierung nimmt mit Befriedigung von der Abficht Schwedens Kenntnis,
im Sund die Feuer zu löfchen und die Seezeichen zu entfernen, fobald
Kriegsfchiffe in den Sund einzulaufen drohen. Deutfchland wird Neutralität Schwedens fo lange ftreng achten, als fie nicht von einem unferer
Gegner verletzt wird. Sollte ein Gegner jedoch gewaltfam in den Sund
eindringen, fo muß Deutfchland fich vorbehalten, für feine eigene Sicherheit
alle erforderlichen Maßnahmen felbft zu treffen. Es wird aber auch dann
beftrebt fein, fchwedifche Hoheitsgewässer foweit wie möglich zu achten." —
Der Chef des Admiralftabes glaubte Schweden entgegenkommen zu können,
da ihm der militärifche Wert der nur 7 m tiefen Flintrinne-Durchfahrt
für einen Feind nicht groß erfchien. Bei diefen Überlegungen wurde aber
nur mit dem Durchbruch f ch w e r e r feindlicher Streitkräfte in die Oftfee
gerechnet. Die Sperrung der Belte ftand aus diefem Grunde immer in
erfter Linie. Es hat fich aber im Verlaufe des Krieges gezeigt, daß die
Sperrung des Sundes und der Flintrinne mindeftens ebenfo wichtig wie
die der übrigen Fahrwaffer war.

Als fich im Laufe des Auguft der Eindruck verftärkte, daß die Zufagen
Schwedens doch nur eine fehr fchwache Grundlage für die Annahme einer
zuverläffigen Haltung bedeuteten, forderte auf Betreiben des deutfchen
Gefandten in Stockholm, v. Reichenau, das Auswärtige Amt vom Admiralftab die militärifchen Forderungen für unfere Oftfeeficherung erneut an
und nahm darauf die Verhandlungen wieder auf. Es wurde in Ausführung der militärifchen Wünfche zunächft am 4. September 1914 an Schweden
die Aufforderung gerichtet, „die Feuerfchiffe und Seezeichen in der Flintrinne fchon jetzt, ohne daß eine unmittelbare Gefahr vorläge, zu entfernen.
Die Handelsfchiffahrt follte dort nach dem Vorgang Dänemarks ebenfalls
ohne Seezeichen mit Lotfenhilfe betrieben werden". — Der weftliche Teil
diefes Fahrwaffers, der mit zwei dänifchen Leuchtbojen bezeichnet war,

ist dänisch, der östliche Teil schwedisch. Dieser letztere nimmt aber den
Hauptteil des brauchbaren Fahrwassers ein und die Kurslinie ist dort
durch zwei schwedische Feuerschiffe bezeichnet. Der Lotsendienst durch die
Rinne wurde ebenfalls von einem schwedischen Lotsenfahrzeug und schwe=
dischen Lotsen ausgeübt. Die Aufsicht über dieses Fahrwasser hatte daher
überwiegend Schweden. Ein Passieren der Flintrinne bei Nacht war nach
Entfernung der Seezeichen unmöglich. Bei Tage stand ihr Verkehr unter
der Beobachtung der deutschen Bewachungsstreitkräfte am Südausgang
des Sundes. Außerdem wurde als selbstverständlich bezeichnet, daß die
schwedische Regierung den Kriegsschiffen der Kriegführenden die Lotsen=
hilfe in den schwedischen Gewässern gemäß ihren Neutralitätsregeln ebenso
versage, wie es Dänemark getan hatte. Letztere Forderung war mehr Form=
sache, denn ihre Erfüllung hatte militärisch geringen Wert, da den Eng=
ländern aus der Handelsmarine genügend fahrwasserkundige Leute für den
Sund jederzeit zur Verfügung standen. Die schwedische Regierung ging auf
die erste und wichtigste Forderung aber n i ch t ein. Sie erklärte sich nach
Beratung im Ministerrat und Kronrat am 11. September bereit, „solche
Anordnungen zu treffen, daß, f a l l s u n d w a n n s i e e s n ö t i g
f i n d e, alle schwedischen Seezeichen, Leuchtbojen und Feuerschiffe inner=
halb von drei Stunden aus der Flintrinne beseitigt werden könnten,
nachdem die Ortsbehörden den Befehl dazu erhalten hätten". — Militärisch
war hiermit n i ch t s erreicht, und die Kriegführung blieb weiter von dem
Einschätzen der militärischen Lage am Sund durch die schwedischen Be=
hörden abhängig. Ministerpräsident Wallenberg teilte unserem Gesandten
mit, „seit Drogden und Holländisches Tief als ein innerdänisches Hoheits=
gewässer miniert worden seien und die Dänen den durchgehenden Öre=
sundverkehr nach der Flintrinne verwiesen hätten, wäre diese Durchfahrt
im August von 795 Dampfern und 400 Seglern und vom 1. bis 9. Sep=
tember 1914 von über 200 Dampfern und 100 Seglern benutzt worden. Die
Offenhaltung dieser Fahrstraße sei daher für die schwedische Seefahrt
unbedingt notwendig, solange nicht die dringende Gefahr vorläge, daß die
Feindseligkeiten zwischen den kriegführenden Mächten sich den schwedischen
Hoheitsgewässern näherten." Die schwedischen Handelsinteressen waren
demnach allein entscheidend für diese Stellungnahme der schwedischen Re=
gierung gewesen, s i e d e c k t e n s i ch a b e r m i t d e n I n t e r e s s e n
u n s e r e r F e i n d e, v o r a l l e m m i t d e n e n d e r E n g l ä n d e r.

Der Einfluß, den die für unbesiegbar gehaltene englische Flotte als
politisches Druckmittel ausübte, hat zweifellos dabei eine Rolle gespielt.
Ebenso bei Dänemark, doch war hier die Besorgnis vor Deutschland wohl
noch größer als vor England, weil die dänische Hauptstadt von Deutschland

leicht erreichbar und überdies auf dem Lande eine gemeinſame Grenze
war. Die Stärke und Bedeutung der deutſchen Seemacht wurde
von uns dagegen lediglich als Schutz der deutſchen Nordſeeküſte und
Gegendruck gegen England bewertet. Nur im negativen Sinne wurde
der mögliche Einfluß unſerer Flotte auf die nordiſchen Reiche in Rechnung
geſtellt, indem überlegt wurde, was geſchähe, wenn unſere Flotte in der
Nordſee ganz oder teilweiſe geſchlagen würde. Dadurch kam die vorſichtige
defenſive Methode des Admiralſtabes in den Sund= und Beltfragen zu=
ſtande. Sowohl bei Dänemark wie auch bei Schweden hatten wir in allen
unſeren Noten den S c h u ß gegen engliſchen Einbruch in die Oſtſee als
Zweck unſerer Vorſchläge in den Vordergrund geſtellt. Dies mußte bei dieſen
neutralen Staaten daher den Eindruck erwecken, als ob wir ein Eindringen
engliſcher Kriegsſchiffe in die Oſtſee fürchteten, was notwendigerweiſe als
Schwäche ausgelegt wurde. Unſer ſteter gleichzeitiger Hinweis auf die in
dieſem Falle eintretende Unterbindung und Störung des allgemeinen
Oſtſeehandels erhöhte dieſe Wirkung, da wir dadurch zugeſtanden, ihn auch
auf dieſem Meer gegen engliſchen Angriff nicht ſchützen zu können. Die
Wirkung unſerer Verhandlungen wird gekennzeichnet durch den Schluß
eines Berichts des deutſchen Geſandten in Stockholm: „Miniſter Wallenberg
verſicherte mir überdies wiederholt auf das nachdrücklichſte, daß Schweden
zweifellos das gleiche Intereſſe an der Vermeidung eines deutſch=engliſchen
Zuſammenſtoßes in der Oſtſee habe wie Deutſchland, und daß Schweden
deshalb ein Eindringen der Engländer durch den Sund ebenſowenig
wünſche wie wir. Wir könnten daher ganz ruhig und überzeugt ſein, daß
für alle notwendigen Vorſichtsmaßregeln Fürſorge getroffen ſei.“ Was
ſogar einzelne Schiffe als politiſche Machtmittel bedeuten, hat ſich während
des Krieges im Mittelmeer bei „Goeben“ und „Breslau“ gezeigt. Der
Verantwortungsfreudigkeit und Tatkraft des Admirals Souchon iſt es vor=
nehmlich zu danken, daß die Türkei auf unſere Seite trat und dadurch der
Krieg damals grundlegend zu unſeren Gunſten geändert wurde. Das geben
ſogar die Engländer unumwunden zu und urteilen ſtets ohne Rückſichten in
den bitterſten Worten über das Verſagen ihrer Marine an dieſer Stelle.

Der Admiralſtab übermittelte die erneut ablehnende Antwort Schwe=
dens dem Oberbefehlshaber der Oſtſeeſtreitkräfte, aber unter Weglaſſung des
Satzes, „f a l l s u n d w e n n ſ i e (die ſchwediſche Regierung) e s n ö t i g
f i n d e t“, ſo daß der Frontbefehlshaber den Eindruck einer erhöhten Be=
reitſchaft der ſchwediſchen Sundverteidigung bekommen mußte. Erſt als es
auf Grund der verſchiedenen Meldungen über Sichten von Unterſeebooten
im Skagerrak und Kattegat in der Zeit vom 23. bis 25. September wahr=
ſcheinlich wurde, daß engliſche Unterſeeboote beabſichtigten, durch die Flint=

rinne in die Ostsee einzudringen, trat der Admiralstab erneut an die dänische und schwedische Regierung heran. Dänemark verpflichtete sich sofort, „die verlangte Sperrung seiner Gewässer auch gegen Unterseeboote sicher= zustellen". Es wies dabei aber ausdrücklich darauf hin, daß diese Sperrung wirksam nur durchgeführt werden könne, wenn auch die Flintrinne durch Schweden gesperrt würde, da sie als Durchfahrt nach der Ostsee am ersten in Frage komme. Admiral v. Pohl beabsichtigte zunächst von Schweden die Sperrung der Flintrinne durch Minen zu fordern. Kontreadmiral Behncke führte dagegen aus, daß die Flintrinne befahrbar bleiben müsse, da wir uns sonst selbst den Handelsverkehr von der Ostsee mit Kopenhagen und weiteren neutralen Häfen unzulässig erschweren oder ganz abschneiden würden. Der Admiralstab ließ daraufhin am 30. September durch das Auswärtige Amt folgendes, die früheren Forderungen wiederholende Ersuchen an Schweden stellen: „Fünf englische Panzerkreuzer mit je einem Unterseeboot am 23. oder 24. Sepetember im Skagerrak gesichtet. Am 24. bei Vinga ein Unterseeboot. Am 25. anhielt englisches Unterseeboot zwischen Läsö und Anholt schwedisches Fischerboot. Am 24. englisches Unterseeboot bei Hirsholm gelandet, hat kranke Matrosen ausgesetzt, Richtung Läsö weitergefahren. Am 25. englisches Unterseeboot bei Hesselö gesichtet. Allem Anschein nach liegt Bedrohung der Ostsee durch Untersee= boote vor, da Verwendung derselben im Kattegat gegenstandslos. Da dänische Regierung Belt und den von ihr überwachten Teil des Sundes sperren will, muß bei der drohenden Gefahr der Übertragung der Feind= seligkeiten in die Ostsee eine wirksame Sicherung der Flintrinne gefordert werden. Dazu genügt Entfernung aller Seezeichen usw. in Flintrinne innerhalb des Zeitraums von einigen Stunden n i c h t , da innerhalb dieser Zeit feindliche Unterseeboote, die am Abend unbeobachtet in den Sund ein= laufen, Flintrinne selbst bei scharfer Überwachung passieren können, ehe diese Maßnahmen durchgeführt sind. Eine genügende Sicherung würde aber erreicht werden, wenn Schweden Feuer löscht und Seezeichen so weit entfernt, daß Flintrinne n u r a m T a g e , und zwar mit L o t s e n , passiert werden kann. Die Lotsen müßten unter scharfe Kontrolle schwedi= scher Regierung gestellt werden. Von Forderung einer völligen Sperrung Flintrinne auch für Passieren am Tage wird Abstand genommen in Rücksicht auf Handelsverkehr, dessen Aufrechterhaltung vorwiegend im Interesse Schwedens liegt. Während der Nacht aber muß jeglicher Verkehr durch Flintrinne unterbleiben, da sonst Ostsee dem Einbruch englischer Unterseeboote mit seinen besonders für Schweden und seinen Ostseehandel äußerst bedenklichen Folgen offensteht." — Trotz dieser Anstrengungen, die sich der deutsche Admiralstab für die Sicherung

des fchwedifchen Handels in der Oftfee gab, ging Schweden auch dies=
mal auf nichts ein, fondern beharrte auf feinem Standpunkt, „daß
Schweden als fouveräner Staat allein darüber zu entfcheiden habe, wann
feine Neutralität und fein Handel durch ein Eindringen englifcher Kriegs=
fahrzeuge in den Sund und die Oftfee gefährdet fei und Maßregeln dagegen
zu ergreifen feien." — Nach allen Vorgängen ftand jetzt kein geeignetes
Druckmittel mehr zur Verfügung, ohne daß Deutfchland fich ins Unrecht
fetzte oder feinen bisherigen Standpunkt grundlegend änderte. Der Admiral=
ftab war daher im Einverftändnis mit dem Auswärtigen Amt der Anficht,
daß es jetzt beffer fei, „weitere Schritte zu unterlaffen und fich damit zu
begnügen, fich den früher unverbindlich in Ausficht geftellten gegenfeitigen
Nachrichtenaustausch und guten Willen der fchwedifchen Regierung zu fichern."

Der Erfolg aller Verhandlungen des Admiralftabes mit Schweden war
ohne greifbares Ergebnis geblieben. Mit Dänemark war alles unferen
Wünfchen entfprechend verlaufen. Beides ift aber leicht erklärlich. Däne=
mark und feinem Handel paßte unfer Vorgehen durchaus, e b e n f o E n g =
l a n d , da die Belte als Handelswege für den englifch=dänifchen Handel
keine bedeutende Rolle fpielten. Bei Schweden war das Gegenteil der Fall.
Sowohl der fchwedifche Handel und damit die Wirtfchaftskreife des Landes,
wie auch E n g l a n d u n d R u ß l a n d , h a t t e n v e r e i n t d a s
g r ö ß t e J n t e r e f f e d a r a n , d a ß d e r O f t f e e h a n d e l d u r c h
d e n S u n d , d e r f a f t a u s f c h l i e ß l i c h E n t e n t e h a n d e l w a r
u n d b l i e b , n i c h t g e f t ö r t w u r d e . Bezeichnend für feinen Auffchwung
find die von der Regierung gegebenen Zahlen. Daher die ablehnende Stellung
Schwedens, die auch Kapitän zur See v. Fifcher in feinen die Verhältniffe
nüchtern und klar beurteilenden Berichten nur auf diefe Urfachen zurück=
führte. Es hätte unferer militärifchen Stärke zur See entfprochen und uns
bei allen Verhandlungen mit den nordifchen Staaten eine fefte Grundlage
gegeben, auf der auch unfere Diplomatie vorteilhaft hätte arbeiten können,
wenn wir u n t e r u n b e d i n g t e r W a h r u n g d e r d ä n i f c h e n
u n d f c h w e d i f c h e n H o h e i t s r e c h t e u n s v o n K r i e g s a u s =
b r u c h a n a u f d e n v ö l k e r r e c h t l i c h e n S t a n d p u n k t b e =
r e c h t i g t e r , f r e i e r u n d d a u e r n d e r B e n u t z u n g d e r
D u r c h f a h r t e n d u r c h B e l t e u n d S u n d u n d d e s S e e =
g e b i e t e s i m K a t t e g a t u n d S k a g e r r a k g e f t e l l t h ä t t e n .

Die Frage der Sperrung der Belte= und Sund=Fahrwaffer muß aber
noch unter einem anderen Gefichtspunkt unterfucht und in den Rahmen des
ganzen Seekrieges eingegliedert werden, da in diefem Kriege in allen Maß=
nahmen immer gefragt werden mußte, „w i e w i r k t e n f i e a u f E n g =
l a n d". Gegen die unficher und nur vom guten Willen abhängige Unter=

stützung Schwedens und Dänemarks hatten wir auf die Benutzung der Nordsee=Eingänge durch Kattegat und Skagerrak als zweites Ausfallstor gegen England verzichtet und unseren Hauptgegner zur See in dieser Rich= tung entlastet. Wir hatten Dänemark versprochen, das von ihm gesperrte Seegebiet mit unseren Seestreitkräften völlig zu meiden, indem wir es aus= drücklich als dänisches Hoheitsgebiet e n t g e g e n der bisher gültigen Auf= fassung von der völkerrechtlichen Freiheit der Ostseeeingänge anerkannten. Dies ging so weit, daß Admiral v. Pohl am 5. September dem Hochseechef auf eine dahingehende Anfrage antwortete: „Planmäßige Operationen in dänischen Hoheitsgewässern sind ausgeschlossen, da dänisches Hoheitsgebiet von Seestreitkräften und Luftfahrzeugen gemieden werden soll. Trotzdem können ins Kattegat abgesprengte Streitkräfte im Notfall versuchen, dänische Gewässer zu passieren, in erster Linie Kleinen Belt, in zweiter Linie Sund auf schwedischer Seite. Auf Ausliegen Seezeichen und Lotsen= hilfe ist nicht zu rechnen." Im Vergleich mit der für uns so ungünstigen geographischen Lage der Deutschen Bucht bot das bedeutend nördlicher liegende Skagerrak eine gute Stellung für Unternehmungen gegen Eng= land und seinen Handelsverkehr. Der Eingang des Skagerraks war wegen der größeren Tiefen sehr viel schwerer, zum Teil gar nicht mit Minen zu sperren. Die Möglichkeit, daß die deutsche Flotte auch d o r t auslaufen konnte, hätte die englische Flottenleitung stets in Ungewißheit gehalten und ihre Maßnahmen erschwert. Für englische Unternehmungen gegen das Skagerrak lagen Helgoland und die Deutsche Bucht in günstiger Flanken= stellung, ebenso wie umgekehrt das Skagerrak zur Deutschen Bucht, des= gleichen für Unternehmungen der Grand Fleet zur Deckung der englischen Transporte in den Englischen Kanal. Der deutsche Operationsbefehl für den Nordseekriegsschauplatz befahl ausdrücklich „unter günstigen Verhält= nissen schlagen". Diese „günstigen Verhältnisse" konnten aber aus der Skagerrakstellung wesentlich leichter entstehen als aus der Helgoländer Ecke. Gegen die Deutsche Bucht und die deutschen Flußmündungen konnte die englische Flotte die Ziele ihrer Kriegführung auch ohne Feuerkampf erreichen. Bei deutscher Beherrschung des Skagerrak und Kattegat war es dagegen wahrscheinlich, daß die englische Flotte sich einsetzen mußte. Standen nämlich der deutschen Flotte außer den freien Durchfahrten durch die Belte auch Kattegat und Skagerrak als Tätigkeitsfeld offen, so machte sie in diesen Seegebieten der englischen Flotte ein wirkliches und wichtiges Stück Seeherrschaft streitig. In der Ostsee besaß die deutsche Flotte die Seeherrschaft. Zum Kampf um dies Stück Seeherrschaft seine Flotte ein= zusetzen, schien England wegen der Stärke unserer Seemacht schon bei Beginn des Krieges aussichtslos. Diese Tatsache ist eine der großen Wir=

tungen, welche das bloße Vorhandensein unserer Marine auf die Gestal=
tung des Krieges ausübte.

Die Unterbindung des gesamten englischen Ostseehandels im Skagerrak
und Kattegat durch die deutsche Flotte hätte England aber schon
deshalb nicht dulden können, weil dieser Handel eine notwendige Lebens=
ader bildete. Durch die Sperrung der Dardanellen Ende August 1914, des
wichtigen Einfuhr= und Verbindungsweges der Entente nach Rußland,
gewann die Ostsee und die Freiheit des dortigen Handels für Rußland und
damit auch für England unmittelbar k r i e g s e n t s c h e i d e n d e B e =
d e u t u n g. Die Kriegsindustrie Rußlands, auf die Zufuhr der Alliierten
über See angewiesen, mußte an Stelle der Ostsee und Dardanellen sich
Ersatzwege suchen, die auf die Dauer doch nicht genügten und den
Zusammenbruch der militärischen Kraft Rußlands mit verursacht
haben. Den Ostseehandel beherrscht aber nur die Macht völlig, welche
die Ausgänge nach der Nordsee bis zum Skagerrak in der Hand hat.
Das zu erreichen, oder zum mindesten dauernd darum zu kämpfen,
war für uns bei Kriegsausbruch möglich. Wir brauchten Dänemark und
Schweden gegenüber nur im bewußten Gefühl unserer Flottenkraft auf
freier und dauernder Durchfahrt durch die Belte und Sund zu bestehen, um
so mehr, da die Durchfahrten völkerrechtlich frei und dieser Standpunkt
daher der natürliche war. Aber dieser Weg, der uns im Verlauf des
Krieges leichter auf die hohe See geführt hätte, wurde nicht beschritten,
sondern der deutschen Flotte die Möglichkeit freier Entfaltung ihrer Kräfte
von der Ostsee aus genommen. Wenn die deutsche Flotte bis in das
Skagerrak die Ostsee befuhr und sich nur durch Kampf dort verdrängen
ließ, hätte sie dort auch den englischen Handel empfindlich getroffen und
unterbunden, denn immer mehr wurden Schweden und Norwegen mit
ihren westlichen Häfen die großen Umschlagplätze für den lebenswichtigen
englisch=amerikanischen Verkehr nach Rußland. Durch das Abkommen mit
Dänemark und Schweden wurde unsere Handelskriegführung in der Ostsee
ausgeschaltet. Der Handel floß in den ersten Kriegsmonaten fast ungestört
durch den Sund in die Ostsee und zurück und spielte sich zur Genugtuung
Englands und seiner Verbündeten ganz frei und unbehindert von den
Häfen des Kattegats und Skagerraks aus ab. Es wurde England auf diese
Weise möglich, seinen Ostseehandel ohne Kampf, ja sogar ohne die Not=
wendigkeit eigenen militärischen Schutzes nur durch politisches Verhand=
lungsgeschick aufrechtzuerhalten und gewaltig zu entwickeln. Es ist daher
kein Wunder, daß England gegen die Abmachungen zwischen Deutschland,
Dänemark und Schweden nie Einwendungen erhoben hat. Diese Abmachun=
gen mußten ihm natürlich bekannt sein, vielleicht waren sie in stiller Mit=

arbeit von ihm gefördert und paßten so ausgezeichnet in seine Pläne, daß sich Minister v. Scavenius am 19. September 1914 in einem Schreiben an den Grafen Rantzau „über die bisherige Reserviertheit Englands in dieser Angelegenheit" nicht zu wundern brauchte. Mitte August 1914 wurde von Kopenhagen die Nachricht verbreitet, daß nach zuverlässigen Meldungen englische parlamentarische Kreise an Sir Edward Grey mit dem Verlangen herangetreten seien, Protest gegen die Sperrung des Großen Beltes durch Dänemark einzulegen. Sir Edward habe aber dieses Verlangen abgelehnt. In diesem Zusammenhange ist es eine interessante Beobachtung, wie später im weiteren Verlauf des Krieges für unsere See=kriegführung die einzigen uns gebliebenen Ausfahrtstraßen aus der Ostsee, der Sund und der Kleine Belt, immer mehr in die Erscheinung traten. Während der Offensive des Unterseebootskrieges gewannen die beiden Wege wachsend an Bedeutung für diese einzige Fernwirkung unserer See=macht. Damals änderte sich auch unter dem Zwang der Verhältnisse unsere Taktik gegenüber den nordischen Staaten, worauf später eingegangen werden wird. Es ist tragisch, daß bei Kriegsausbruch die Gedanken der damaligen Leitung sich strategisch nur in defensiver Richtung bewegten und damit auch die Ausnutzung unserer durch den Kaiser=Wilhelm=Kanal geschaffenen Zweifrontenstellung zur See gegen England von der Skagerrak=Stellung aus unmöglich gemacht haben.

Für die reine Ostseekriegführung war militärisch durch die Sperrmaß=nahmen Dänemarks in den Belten und die Vorbereitungen Schwedens auch n i c h t s S i c h e r e s gewonnen worden. Im Verlauf des Krieges wurden daher mit jedem neuen Gerücht von englischen Einbruchs=absichten die militärischen Schutzmaßnahmen Dänemarks und Schwedens geringer eingeschätzt, und Großadmiral Prinz Heinrich gab den eigenen Minensperren an den Belten und später auch am Sund immer stärkeren Halt. D e u t s c h l a n d w a r s o m i t b e i K r i e g s a u s b r u c h i n d e r O s t s e e f r e i w i l l i g z u m S t e l l u n g s k r i e g g e g e n E n g = l a n d ü b e r g e g a n g e n. Schon am 28. August und 12. September 1914 hatte der Chef des Admiralstabes aus dem Großen Hauptquartier in Telegrammen an den Oberbefehlshaber der Ostseestreitkräfte die erhöhte Möglichkeit eines englischen Einbruchs betont. Admiral v. Pohl glaubte damals, daß die Schlappen der englischen Armeen an Land die englische Flotte zu einem Ausgleich durch einen Schlag gegen die Ostsee veranlassen könnten. Da aber gerade bei einem für die Entente ungünstigen Stande des Landkrieges die englische Flotte zur Deckung der Transporte und Sicherstellung der Verbindung über den englischen Kanal nach Frankreich in der Nordsee doppelt unentbehrlich war, so konnten diese Gerüchte nur

auf Täuſchung und Beunruhigung der deutſchen Seekriegführung ab=
zielen. Die Abwehrmaßnahmen des Großadmirals gegen einen engliſchen
Einbruch in die Kieler Bucht waren im September noch die gleichen wie
kurz nach Ausbruch des Krieges. Der Chef der Küſtenſchutzdiviſion hatte,
ſoweit es die ihm unterſtellten geringen Streitkräfte ermöglichten, die
Bewachung der drei Fahrſtraßen verbeſſert. Das Auslegen einer zweiten
Minenſperre im Langeland= und Kleinen Belt, ſowie das Schließen des
Fehmarn=Beltes durch Minen waren vorbereitet. Für die Bewachung des
Sundes waren in Tagen der Spannung die Schulſchiffe der Schulkreuzer=
diviſion als Verſtärkung angefordert und in die Vorpoſtenlinie am Sund
eingeſtellt worden. Die Flugaufklärung war noch in den Anfängen und
außerdem dadurch benachteiligt, daß däniſches Hoheitsgebiet nicht über=
flogen werden durfte.

Als am 24. September 10 Uhr Nm. die Meldung des Militärattachés
aus Stockholm über das Eindringen der engliſchen Flotte in den Großen
Belt über Berlin im Hauptquartier eintraf, ſtanden Admiral v. Pohl und
Kapitän zur See Zenker zunächſt unter dem Eindruck ihrer Richtigkeit. Es
war zwar auffallend, daß dieſe Nachricht aus M a l m ö kam und man von
Kopenhagen trotz der Abmachungen mit Dänemark nichts erfahren hatte.
Trotzdem wurde aber an der Tatſache ſelbſt nicht gezweifelt. Die Maß=
nahmen des Chefs des Admiralſtabes erſtreckten ſich zuerſt auf beſchleunigtes
Herüberwerfen der Hochſeeſtreitkräfte durch den Kaiſer=Wilhelm=Kanal in
die Oſtſee. Der Hochſeechef erhielt 10.20 Uhr Nm. den Befehl, „möglichſt
viele Kreuzer, Torpedoboote und Unterſeeboote ſofort nach der Oſtſee zu
ſchicken und Maßnahmen für die beſchleunigte Durchfahrt des II. Ge=
ſchwaders durch den Kanal anzuordnen". Kurz hinterher entſchloß ſich
Admiral v. Pohl, auch das I. und III. Geſchwader Vorbereitungen für die
Kanalfahrt treffen zu laſſen. Der Oberbefehlshaber der Oſtſeeſtreitkräfte,
der mit dem IV. und V. Geſchwader vor Windau ſtand, erhielt k e i n e n
B e f e h l, ſondern nur die Übermittlung der Malmö=Nachricht. Der Chef
der Hochſeeſtreitkräfte meldete bereits am 25. September 2.27 Uhr Vm.:
»„Roon", „Prinz Adalbert", 6 Kleine Kreuzer, 3 Torpedobootsflottillen und
alle verfügbaren Unterſeeboote ſind entſandt nach der Elbe zur Kanal=
fahrt[1]). II. Geſchwader iſt auf der Elbe und 4.30 Uhr Vm. zur Kanalfahrt
klar. I. Geſchwader, III. Geſchwader und Panzerkreuzer werden klar ſein
nach Kohlen= und Munitionsabgabe in Wilhelmshaven zur Abfahrt nach
Oſtſee vorausſichtlich in vier bis fünf Tagen. „L 3" ſoll 25. September
4.30 Uhr Vm. zur Aufklärung des Beltes aufſteigen.« Aus dieſen Anord=

---

[1]) Durch den Kaiſer=Wilhelm=Kanal.

nungen und Meldungen ist ersichtlich, daß bei einem wirklichen Eindringen
der Engländer in die Ostsee die Hochseestreitkräfte zu spät gekommen wären,
um den Durchbruch noch an den Südausgängen der Belte zu verhindern.
Die kampfkräftigen neuesten Linienschiffe und Linienschiffskreuzer konnten
infolge ihres großen Tiefgangs, der auf 8,5 m herabgebracht werden
mußte, er n a c h m e h r e r e n T a g e n die Kanalfahrt durchführen und
kamen für sofortige Abwehr in der Ostsee nicht in Frage. Die Flotte oder
Teile derselben von der Nordsee aus gegen die rückwärtigen Verbindungen
etwa eingedrungener englischer Streitkräfte bei Skagen anzusetzen, wurde
anscheinend nicht erwogen. Englische Streitkräfte hätten bis zum Abend des
25. September in der Kieler Bucht nur geringe Kampfkräfte der Küsten=
schutzdivision vor sich gehabt. Erst später wären n a c h e i n a n d e r Teile
der Hochseestreitkräfte eingetroffen. In der Nordsee war zudem in den Tagen
vom 25. bis 27. September unsere Lage recht kritisch. Alle Kleinen Kreuzer,
Unterseeboote und fünf Torpedobootsflottillen auf dem Marsch oder bereits
in der Ostsee, das II. Geschwader in Brunsbüttel, das I. und III. Ge=
schwader, sowie die Panzerkreuzer bis zum 25. nachmittags damit be=
schäftigt, Kohlen und Munition abzugeben, um die Schiffe auf Kanal=
tiefgang zu bringen. Die Nachricht aus Malmö bestätigte dem Admiral=
stabe jedenfalls die Tatsache, daß der ganze Schutz der Ostsee trotz all der
Abmachungen mit Dänemark und Schweden n i c h t genügte. Aus den
Meldungen aus Kiel erhielt man dann im Hauptquartier am Vormittag
des 25. September den Eindruck, daß die Nachricht in dieser Fassung falsch
gewesen sei[1]). Es wurde jetzt angenommen, daß es sich nur um einen
Versuch gehandelt habe, englische Unterseeboote durch den Sund in die
Ostsee zu bringen. Die auf dem Marsch nach Kiel befindlichen Hochseestreit=
kräfte erhielten daher 1.30 Uhr Nm. den Befehl, nach der Nordsee zurück=
zugehen, bis auf zwei Kreuzer, zwei Torpedobootsflottillen und drei
Unterseeboote, die dem Chef der Küstenschutzdivision bis zur Rückkehr des
Oberbefehlshabers mit seinen Streitkräften nach Kiel noch zur Verfügung
bleiben sollten.

Der Chef der Küstenschutzdivision und stellvertretende Oberbefehls=
haber der Ostseestreitkräfte, Kontreadmiral Mischke, hatte in Kiel am
24. September 9.7 Uhr Nm. die Malmö=Nachricht vom Admiralstab aus
Berlin erhalten. Er faßte sofort u n a b h ä n g i g von dem ihn 10 Uhr Nm.
erreichenden gleichlautenden funkentelegraphischen Befehl des Großadmirals
auf „Braunschweig" den Entschluß, die zweite Langeland=Sperre ohne
Sperrlücke zu legen. Der Sicherheit halber ließ er sich vorher noch mit dem

---

[1]) Siehe Fußnote Seite 152.

stellvertretenden Chef des Admiralstabes in Berlin telephonisch verbinden, der die Notwendigkeit zum Sperren des Langeland-Beltes ebenfalls anerkannte. In der gleichen Nacht wurde dann 1 Uhr Vm. am 25. September durch die Hilfsstreuminendampfer „Odin", Kommandant Kapitänleutnant Aßmann, „Hertha", Kommandant Kapitänleutnant Schepke, und „Prinz Adalbert", Kommandant Kapitänleutnant Wilhelm Meißner, eine zweite Sperre in der Linie Kjelsnor-Leuchtturm—Kappel-Kirche mit 337 Minen gelegt (siehe Karte 2). Die Sperrlänge betrug 7,5 Seemeilen, die Sperre war einreihig, Tiefeneinstellung der Minen 3 m, westlichste Mine auf etwa 20 m, östlichste etwa 5 m Wassertiefe. Die Lücke wurde unter der Küste von Langeland in OSO-Richtung durch einen Sperriegel von 1,5 See= meilen Länge geschlossen. Die Tiefeneinstellung der Minen betrug hier, ebenso wie an dem östlichen Ende der großen Sperre innerhalb der 10 m= Linie, nur 2 m, um den dort vermuteten Durchbruch feindlicher Zerstörer zu verhindern. Die drei Minendampfer liefen sofort wieder nach Kiel ein, um ihre Minenausrüstung aufzufüllen, und gingen dann mit „Deutschland" und „Rügen" in eine Bereitschaftsstellung für die Fehmarn-Belt-Sperre bei Heiligenhafen. Admiral Mischke zog noch in der Nacht sämtliche in der Kieler Bucht erreichbaren Schiffe ohne Rücksicht auf ihr Unterstellungs= verhältnis zusammen. Dazu gehörte auch der noch im Ausbau auf der Werft liegende Schlachtkreuzer „Derfflinger", der zwar fahrbereit, aber weder verwendungs= noch gefechtsklar war. Die Bewachung der Belte und des Sundes wurde bis zum Morgen durch alle verfügbaren Streitkräfte verstärkt. An erster Stelle stand der Schutz des Südausganges des Großen Beltes. Hier hatten 7 Uhr Vm. am 25. September gesammelt: „Friedrich Carl", Kommandant Kapitän zur See Schlicht, „Prinz Heinrich", Kom= mandant Kapitän zur See v. Krosigk, „Hertha", „Vineta", „Kaiserin Augusta", Kommandant Fregattenkapitän Loesch, „Derfflinger", Komman= dant Kapitän zur See v. Reuter. Der Chef der Küstenschutzdivision hatte sich auf „Friedrich Carl" eingeschifft. Diese in Eile zusammengerafften Streit= kräfte hätten naturgemäß keinen großen Widerstand zu leisten vermocht. „Thetis", Kommandant Fregattenkapitän Nippe, „Berlin", Kommandant Fregattenkapitän Freiherr Friedrich v. Bülow, „S 121", „S 123", „S 125" der 19. Halbflottille und fünf Torpedoboote, die aus den Schulbetrieben der Ostseestation herausgezogen waren, wurden zur Bewachung unmittelbar südlich der zweiten Minensperre aufgestellt. Das Gros der Kreuzer be= wegte sich mit wechselnden Kursen und Fahrt etwa 5 Seemeilen südlich der Sperrlinie. Mit den eigenen Unterseebooten „U 1" „U A", „U 3", „U 4", „U 26" und den zufällig zu Übungen in der Kieler Bucht an= wesenden Booten der Hochseestreitkräfte „U 27", „U 29", „U 30" wurden durch die Führerboote „D 5" und „T 101" zwei Unterseebootslinien, die winkelförmig den Ausgang des Großen Belts sperrten, ausgelegt. Die Linien lagen bei Hellwerden am 25. September aus, die Boote lagen vor= geflutet bei Platzbojen und liefen bei Dunkelwerden wieder nach Kiel ein. Am Sund bei Falsterbo=Ref=Feuerschiff standen „Hansa", „Victoria Louise," sowie „Sleipner" und „Carmen", die zur Beobachtung der Flintrinne bis zum Breitenparallel von Falsterbo=Udde vorgeschoben waren. Am Kleinen Belt „Lübeck", Kommandant Fregattenkapitän Halm, „Panther", die Fischdampfer und der Minendampfer „Hertha". Die größte Zahl der Streitkräfte war wie ersichtlich zum Schutze des Südeingangs des Großen Belts vereinigt. Kleiner Belt und Sund traten zurück. Der Südausgang des Sundes war gegen das Durchbrechen von Unterseebooten sehr schwach bewacht. Kontreadmiral Mischke glaubte wie alle Beteiligten an einen Einbruch schwerer Streitkräfte. Erst am 25. September abends wurde die Sundbewachung auf den Funkspruch des Oberbefehlshabers auf „Braun= schweig": „Lege besonderen Wert auf baldige verläßliche Unterseeboots= sicherung vor Sund", durch „Hertha" und „Vineta", sowie die aus der Werft ausgelaufenen Torpedoboote „V 25" und „V 27" und am 26. Sep= tember 5 Uhr Vm. noch durch die III. Torpedobootsflottille („S 162" bis „G 173"), Chef Korvettenkapitän Hollmann, verstärkt. „V 25" und „V 27" wurden am Nachmittag bereits wieder zurückgezogen und die III. Torpedo= bootsflottille, die nach der Nordsee zurückkehrte, durch die bis auf weiteres dem Großadmiral unterstellte II. Torpedobootsflottille abgelöst.

Zwei verwendungsbereite Flugzeuge aus Holtenau hatten in der Nacht vom 24. zum 25. September Befehl erhalten, um 5 Uhr Vm. den Großen Belt nach Norden bis etwa Schultzgrund=Feuerschiff aufzuklären und Nachrichten vom Feinde, da die Flugzeuge mit Funkeneinrichtungen nicht versehen waren, durch mündliche Meldung bei „Panther" und dann von dort funkentelegraphisch über Signalstation Bülk an „Friedrich Carl" weiterzugeben. Ausdrücklich wurde ihnen eingeschärft, dänisches Hoheits= gebiet nicht zu überfliegen. Der Kommandant des Luftschiffes „P L 6", Oberleutnant zur See Hirsch, erhielt Befehl, zum sofortigen Aufstieg in der Halle klarzuliegen. Das Minendepot in Danzig wurde gemäß Tele= gramm des Chefs des Admiralstabes aus dem Hauptquartier angewiesen, Minen bereitzuhalten, sofern das IV. und V. Geschwader in der Danziger Bucht Schutz suchen würden. Wie früher ausgeführt, hatte Großadmiral Prinz Heinrich nicht die Absicht, sich hinter den zweifelhaften Schutz einer Minensperre in der Danziger Bucht zu begeben, sondern dampfte be= schleunigt mit seinen Geschwadern nach der westlichen Ostsee. So waren am 25. September bei Tagesanbruch von Kontreadmiral Mischke nach

Maßgabe der vorhandenen Mittel alle Vorbereitungen getroffen worden,
um einem engliſchen Einbruch in die Oſtſee zu begegnen. Trotzdem alles
ſo ſchnell gegangen war, wie es nach Lage der Verhältniſſe überhaupt gehen
konnte, waren doch zwölf Stunden verfloſſen ſeit dem Zeitpunkt, für den
der Berichterſtatter aus Malmö das Eintreten engliſcher Streitkräfte in
den Großen Belt gemeldet hatte. Es war daher um dieſe Zeit ſämtlichen
Beteiligten klar, daß entweder die engliſchen Streitkräfte ſchon hätten da
ſein müſſen, oder daß die ganze Nachricht nicht ſtimmte. Der Verlauf und
die Dauer der ganzen Vorbereitungen bewies die Richtigkeit der Überlegungen, daß bei einem energiſch durchgeführten Einbruch alle Streitkräfte, außer denen, die bereits an Ort und Stelle die Bewachung bildeten,
zu ſpät kommen würden. Die Unrichtigkeit der Nachricht wurde dann auch
9 Uhr Vm. durch die Meldung der Flugzeuge und „L 3“ beſtätigt, die von
einem Feinde nichts geſehen hatten. Im Laufe des Vormittags kamen
noch gleichlautende Dampfermeldungen hinzu. Kontreadmiral Miſchke
rechnete daher von jetzt ab ebenfalls nur noch mit der Möglichkeit vom
Durchbruch engliſcher Unterſeeboote, er entließ daher zunächſt wieder
„Derfflinger“, „Prinz Heinrich“ und „Berlin“, behielt aber im übrigen den
Bewachungsdienſt weiter in vollem Umfange bei.

Von den Hochſeeſtreitkräften traf am 25. September als erſtes Schiff
„Hamburg“ 3 Uhr Nm. mit dem Führer der Unterſeeboote in Kiel ein.
Sämtliche in der Nordſee verfügbaren neun Unterſeeboote folgten ihrem
Führerſchiff im Laufe des Nachmittags und der Nacht. Die Deutſche Bucht
war vollſtändig von Unterſeebooten entblößt. Um 8 Uhr Nm. trafen
„Roon“ und „Prinz Adalbert“, die I. und III. Torpedobootsflottille in
Kiel ein. Sie hatten 1.45 Uhr Vm. in Wilhelmshaven den Befehl für die
Oſtſee erhalten, waren beſchleunigt nach der Elbe gegangen und
10.40 Uhr Vm. in die Brunsbüttel-Schleuſe eingelaufen. Auf „Roon“ war
der 2. Befehlshaber der Aufklärungsſchiffe, Kontreadmiral v. Rebeur-
Paſchwitz, eingeſchifft, der die Leitung aller nach der Oſtſee geſandten Hochſeeſtreitkräfte übernehmen ſollte. Kontreadmiral v. Rebeur ſchreibt in
ſeinem Kriegstagebuch, „daß ihm die Sachlage in der Oſtſee bei ſeiner
Ankunft in Kiel nicht bekannt geweſen ſei und auch bis zum nächſten
Morgen um 5 Uhr Vm. nicht hätte geklärt werden können“. Genau ſo
ging es dem Führer der Unterſeeboote. Der Chef der Küſtenſchutzdiviſion
war in See, der Oberbefehlshaber auf „Braunſchweig“ im Anmarſch. Die
Unklarheit wurde dadurch erhöht, daß bereits am Nachmittag und während
der Nacht zum 26. September der Hochſeechef auf Befehl des Chefs des
Admiralſtabes ſämtliche Kleinen Kreuzer und Unterſeeboote, ſowie eine
Torpedobootsflottille, die teilweiſe noch auf dem Marſch durch den Kanal

waren, beschleunigt wieder nach der Nordsee zurückrief. Während der Nacht
25./26. und im Laufe des 26. wurde die Bewachung an den Meerengen
in der gleichen Weise aufrechterhalten. Kontreadmiral v. Rebeur ankerte
mit „Roon" und „Prinz Adalbert" im Ostausgang des Fehmarn-Belts
unter Marienleuchte, „da er bis dahin keinen Befehl bekommen hatte und
den Schiffen der Küstenschutzdivision, deren Aufgaben ihm unbekannt
waren, nicht in den Weg kommen wollte". Er hielt außerdem die zentrale
Lage seines Ankerplatzes zu Sund und Belten für günstig, um im Bedarfs-
falle schnell an jeder Stelle erscheinen zu können. Am nächsten Morgen
lief er mit beiden Schiffen zum Südausgang des Großen Beltes, am 27. vormittags gingen beide Kreuzer nach der Nordsee zurück. Die I. Torpedobootsflottille war am 26. September morgens zur Sicherung der von
Osten kommenden Geschwader in den Fehmarn-Belt geschickt worden und
war dort bis zu ihrer Rückkehr nach der Nordsee am 27. nachmittags geblieben. Vom 26. abends ab hatte der Großadmiral nach seiner Ankunft
in Kiel wieder die Leitung übernommen. Zunächst wurde von jetzt ab das
Hauptgewicht auf die Bewachung des Sundes gegen den Einbruch feindlicher Unterseeboote gelegt. Der Oberbefehlshaber behielt vom 28. September ab bis auf weiteres auf Befehl der Kriegsleitung „zur Sicherung
des Sundes und des Großen Beltes gegen Unterseeboote nur die Schulkreuzerdivision und die II. Torpedobootsflottille". Mit diesen Streitkräften
und den Schiffen der Küstenschutzdivision wurde der Bewachungsdienst in
der westlichen Ostsee von Ende September ab mit besonderem Nachdruck
durchgeführt, da der Großadmiral nach dem anscheinend ergebnislos
verlaufenen ersten Versuch der Engländer, Unterseeboote in die Ostsee hin-
einzubringen, eine Wiederholung für sehr wahrscheinlich hielt. Aus der
gleichen Überlegung heraus ließ auch der Gouverneur von Kiel, Admiral
Bachmann, das dritte Treffen der regulären Minensperre vor der Hafeneinfahrt und die dritte Torpedobatterie auslegen. Die Minen der Sperre
sollten mit ihrer Tiefeneinstellung in der ersten Reihe von 5 m, in der
zweiten von 7 m vorwiegend gegen getaucht fahrende Unterseeboote
wirksam sein.

Die örtlichen Maßnahmen zur Sperrung des Kleinen und des Großen
Belts hatten im übrigen bereits auf Grund der Ende August und Mitte
September eingetretenen Warnungen aus dem Hauptquartier teilweise
Änderungen gegenüber den kurz nach Kriegsausbruch getroffenen Vor-
kehrungen erfahren. Im Aarösund war die verschärfte Kriegsbezeichnung
durchgeführt worden. Man hatte die beiden Kriegsfeuerschiffe eingezogen,
die Außenfeuer gelöscht, ebenso die Beleuchtung der ausliegenden Tonnen.
Bei Nacht wurde daher mit einem Durchbruch auch leichter Streitkräfte

12*

kaum mehr gerechnet, bei Tage war jedoch ein Durchbruch auch von Linien=
schiffen möglich, da die Tagbezeichnung von der Friedensbezeichnung nicht
abwich. Solange am Kleinen Belt für eine Verstärkung der einen dort
ausliegenden Minensperre keine Minenfahrzeuge zur Verfügung standen,
hatte der Oberbefehlshaber Ende August vier Blockschiffe dorthin gelegt,
um bei drohendem feindlichen Einbruch das Fahrwasser vollständig durch
die innerhalb 20 Minuten mögliche Versenkung dieser Schiffe zu sperren.
Großadmiral Prinz Heinrich war sich darüber klar, daß damit ein
dauerndes, schwer zu beseitigendes Hindernis geschaffen würde, das auch
den eigenen Streitkräften, sogar im Notfalle, ein Passieren unmöglich ge=
macht hätte. Für das Passieren tiefgehender Linienschiffe und Panzer=
kreuzer wurde der Aaröfund erst Anfang Oktober auf Betreiben des
Chefs der Marinestation der Ostsee auf 9 m Wassertiefe gebracht, so daß
bis dahin unsere schweren Schiffe das Fahrwasser nicht benutzen konnten.
Später wurde beim Aaröfund der Versuch gemacht, die dortige Durch=
fahrt durch Verankerung der Blockschiffe quer zum Fahrwasser und durch
gleichzeitige Verbindung der einzelnen Schiffe untereinander mit Trossen
und Ankern zu sperren. Bei stärkerem Wind und Strom quer zu den
Schiffen versagte aber diese Sperre, die zwischen den Inseln Linderum
und Aarö quer über das dort nur 500 m breite Fahrwasser beabsichtigt
war. Der Oberbefehlshaber sah daher von ihrer Verwendung ab und erhob
keine Einwendungen, als die Blockschiffe am 30. September auf Anordnung
der Kriegsleitung außer Dienst gestellt wurden, um dafür drei neue Sperr=
brecher für die Hochseestreitkräfte auszurüsten. Die Bewachung des Aarö=
fundes und des Südausganges des Baagöfundes leitete seit Mitte Sep=
tember der Kommandant des Kanonenbootes „Panther", Korvettenkapitän
Förtfch. Es standen ihm zur Verfügung die vier Fischdampfer „Ocean",
„Langenberg", „Simon von Utrecht" und „Venus". Von diesen erhielten
die beiden letzteren Ende September Funkeneinrichtung und Einrichtungen
zur Aufstellung von je 18 Minen. Außerdem war der Minendampfer
„Prinz Sigismund" seit Ende September dem Großadmiral von der
Kriegsleitung dauernd für den Kleinen Belt zugeteilt worden. Der geringe
Minenbestand in der Ostsee bildete für den Oberbefehlshaber immer eine
schwierige Frage des Ausgleichs oder der Notwendigkeit des Verzichts.
Seit dem 19. August hatte der Prinz auf Befehl des Admiralstabes wegen
geringen Gesamtbestandes an Minen überhaupt auf Offensivunternehmun=
gen mit Minen in der Ostsee verzichten müssen[1]). Sein Minenbestand Mitte
September von 970 Minen reichte gerade aus, um im Ernstfalle die not=

---

[1]) Vergleiche dazu den Operationsbefehl des Admiralstabes, Ziffer 2 Seite 29.

wendigsten Sicherungssperren in der westlichen Ostsee legen zu können. Nach Legen der zweiten Langeland=Sperre war nur noch eine Minen= reserve von 360 Minen für die Fehmarn=Belt=Sperre und 270 für Ver= stärfung geworfener Sperren übrig. Als Hauptverteidigung des Arö= sundes wurde daher Mitte September die Anlage einer 10,5 cm=S. K.= Batterie von vier Geschützen in Mittel=Pivot=Lafette an der ersten vor= springenden Ecke südlich des Hafens vom Aarösund beschlossen und sofort in Angriff genommen, so daß sie bereits am 30. September schußflar war (siehe Karte 2), sie bestrich die Durchfahrten westlich und östlich von Linderum. Die Fahrwasserbreite ist an dieser Stelle nur 600 bis 700 m. Die Aufstellung eines fahrbaren 90 cm=Scheinwerfers sollte die Ver= wendung auch bei Nacht ermöglichen. Nebenbei war eine Verwendung zu indirektem Feuer auf das Fahrwasser der Feuerrinne und den Süd= ausgang des Baagösundes von hier aus möglich. Als Vorratsschiff für alle dem Kommandanten „Panther" unterstehenden Fahrzeuge wurde der Kohlendampfer „Adeline Hugo Stinnes" nach Apenrade gelegt.

Im Südausgang des Großen Beltes war in der Nacht vom 24. zum 25. September eine zweite Minensperre ohne Lücke gelegt worden. Zunächst beabsichtigten sowohl Kriegsleitung wie Oberbefehlshaber von Schaffung einer Sperrlücke Abstand zu nehmen, wenigstens so lange, bis die dänische Regierung nicht dringend darum ersuchte. Der deutsche Lotsendienst an der im August geworfenen nördlicheren Sperre hatte eingestellt werden müssen, so daß der Südausgang des Langeland=Beltes nunmehr völlig gesperrt und auch für den dort sehr geringen dänischen kleinen Küsten= verkehr nicht mehr passierbar war. Es wurde nur ein Warnungsdienst südlich der Sperre für nötig gehalten, der von den dort dauernd vor= handenen Bewachungsstreitfräften ausgeübt wurde. Schon am 2. Oktober trat die dänische Regierung an den Admiralstab mit dem Ersuchen heran, sofort einen Bewachungsdienst n ö r d l i c h der Sperre durch Fahrzeuge mit Handels= oder Reichsdienstflagge wieder einzurichten, ein Verlangen, das von uns angenommen und am 4. Oktober durchgeführt wurde. Die nördlich der Sperre aufgestellten Bewachungsfahrzeuge, die am 25. Sep= tember während des Auslegens der zweiten südlichen Sperre nicht recht= zeitig zurückgezogen werden fonnten, hatten auf Befehl des Oberbefehls= habers durch den Kleinen Belt die Rückfahrt antreten müssen. Trotzdem mit Rücksicht auf Dänemark die Besatzungen der beiden Fischdampfer zu diesem Zweck Zivilkleidung anlegten, die Revolverkanonen von der Back entfernt wurden und die Dampfer die Handelsflagge setzten, wurde ihnen von den dänischen Bewachungsfahrzeugen bei Sprogö zwar freundlich, aber bestimmt die Weiterfahrt verweigert. Die beiden Vor=

postenboote mußten zurückkehren und wurden unter erheblicher Gefahr
durch die Minensperre nach Süden durchgelotst. So streng waren wir
jetzt von der Benutzung dieser vor unseren Küsten liegenden Ge=
wässer ausgeschlossen. Am 9. Oktober lief ein d e u t s c h e s Fischerboot
einige hundert Meter von Kjelsnor=Leuchtturm auf eine Mine des West=
flügels der Minensperre, sank sofort, ein Mann wurde getötet, ein zweiter
verwundet und an Land gebracht. Bisher war bei der Sperre als einziger
Unglücksfall, am 29. August, ein deutsches Bewachungsfahrzeug, der Fisch=
dampfer „Gerda", auf eine Mine gekommen und gesunken, wobei der
Verlust von drei Mann der Besatzung zu beklagen gewesen war. Der letzte
Unglücksfall regte die dänischen Behörden nach den telegraphischen Be=
richten unseres Gesandten sehr auf. Ministerpräsident v. Scavenius
fürchtete eine englische Demarche und den Vorwurf, daß Dänemark wider=
rechtlich uns militärisch unterstütze. Auch der Gesandte sah die Lage als
so ernst an, „daß ihm strengste Vorkehrungen der Marine zwecks Ver=
hinderung der Wiederholung geboten erschien". Der Bewachungsdienst
wurde daher auf Befehl der Kriegsleitung so verschärft, daß nördlich der
Sperren drei Fischdampfer, je einer auf den Flügeln unter Land und einer
in der Mitte, südlich der Sperren zwei Fischdampfer und zwei Minen=
dampfer die dauernde Bewachung bildeten. Besonders kennzeichnend ist,
wie sich die englische Presse zu der ihr natürlich bald bekannten Tatsache
unserer erneuten Minensperrung im Großen Belt äußerte und wie deut=
lich zwischen den Zeilen zu lesen ist, wie sehr unser Verfahren in die eng=
lische Kriegführung hineinpaßte. So berichtete Graf Rantzau am 10. Oktober
1914: »„Morning Post" schreibt über deutsche Minensperre südlich Lange=
land=Belt und erklärt, daß sie Bruch der internationalen Regeln und der
Haager Konvention bedeutete. Droht mit Aufhebung Londoner Deklaration
und Pariser Vertrages von 1856. Dazu bringt die dänische Zeitung
„National Tidende" in der Abendausgabe heute folgendes Londoner
Telegramm ihres Korrespondenten: „Weder das Ministerium des Äußeren,
noch der dänische Gesandte haben irgendwelche offizielle Mitteilung er=
halten, daß deutsche Minen im südlichen Langeland=Belt gelegt seien, wie
es die „Morning Post" gestern behauptet. Ich kann aus allerbester Quelle
mitteilen, daß die britische Regierung nicht irgendwie daran denkt, be=
stehende Verträge auf Grund von Deutschlands zahlreichen Verletzungen
bestehender Konventionen aufzuheben. Sie wird fortfahren, die eingegan=
genen Konventionen so milde auszulegen, wie es im Verhältnis zu den
Umwälzungen des Krieges zu verantworten ist. Es ist zugleich die Absicht
der britischen Regierung, den neutralen Mächten nicht mehr Hindernisse
in den Weg zu legen, als absolut notwendig ist."« So stellte England uns

als Vertragsbrecher dar, weil wir gegen internationales Recht die Durch=
fahrten durch die Belte gesperrt hätten, sich selbst aber als den gewissen=
haften Hüter dieses Rechts, eine Rolle, die allerdings in diesem Fall recht
gut in seine Kriegführung hineinpaßte.

Auch in der Verteidigung des Sundes hatten wir infolge der diplo=
matischen Abmachungen mit Schweden militärisch nicht mehr freie Hand.
Trotzdem Ende September die Absichten der englischen Flotte, Unterseeboote durch die Flintrinne in die Ostsee zu bringen, klar erkannt worden
waren, glaubte der Admiralstab außer einer verstärkten Beobachtung noch
keine weiteren Sicherheitsmaßnahmen, wie Auslegen von Minensperren
vor dem Sundeingang, treffen zu dürfen. Die Kriegsleitung verließ sich
weiter auf die Zusicherung der rechtzeitigen Entfernung der Seezeichen in
der Flintrinne nach Gutdünken der schwedischen Regierung, trotzdem nach
Meldung des Marineattachés die Beseitigung der dort ausliegenden beiden
Feuerschiffe und Hauptbojen zum mindesten einen ganzen Tag in Anspruch
nahm und die schwedische Zusage daher praktisch wertlos war. Der Ober=
befehlshaber der Ostseestreitkräfte hielt von Ende September ab den Süd=
ausgang des Sundes unter dauernder scharfer Beobachtung. Die Leitung
am Sund erhielt der Chef der Schulkreuzerdivision. Ihm waren die
II. Torpedobootsflottille, Chef Korvettenkapitän Schuur, und die 19. Halb=
flottille, Chef Kapitänleutnant Graf v. der Recke=Volmerstein, zur Ver=
fügung gestellt. Stützpunkte der Torpedoboote waren Warnemünde und
Saßnitz. Die verfügbaren Schiffe der Schulkreuzerdivision und die
19. Halbflottille standen bei Tage in der Regel östlich von Möen mit
wechselnden Kursen auf und ab, bei Nacht wurde eine nach dem Sund zu
vorgeschobene Vorpostenlinie auf dem Breitenparallel von Gyldenlöves=
Flach zwischen 12° 30' und 13° Ost eingenommen. Die Torpedoboote der
II. Flottille wurden gruppenweise an den Südausgang des Sundes bis
zur Hoheitsgrenze vorgeschoben, das nördlichste Boot stand etwa 6 bis
7 Seemeilen vom Südende der Flintrinne entfernt, so daß bei Tage ein
unbemerktes Durchbrechen feindlicher Unterseeboote, die aufgetaucht die
Rinne passieren mußten, wenig wahrscheinlich war. Bei Nacht bildeten
die Torpedoboote zwei Bewachungslinien auf der Höhe von Falsterbo=Udde
und Falsterbo=Ref=Feuerschiff. Da immer nur eine Halbflottille (fünf
Boote) für zwei Tage auf Wache war, die andern inzwischen Kohlen er=
gänzten, konnte die Bewachung in dunklen Nächten ein unbemerktes
Durchbrechen kaum verhindern.

Zur Sperrung des Fehmarn=Beltes wurde auch weiterhin das Legen
einer Sperre in der Linie Fehmarn=Belt=Nordtonne—Hyllekrog=Leucht=
turm in Länge von 9 Seemeilen vorgesehen. Diese Sperre sollte aber erst

im äußerſten Notfalle gelegt werden und war auch am 24. September
weder vom Oberbefehlshaber, noch vom Chef der Küſtenſchutzdiviſion er=
wogen worden. Für ſie ſtanden in regelmäßiger Ablöſung zwei bis drei
Minendampfer ſtets zur Verfügung. Ihre Minenwurfbereitſchaft war
innerhalb 30 Minuten nach erhaltenem Befehl ſichergeſtellt, ſo daß im un=
günſtigſten Fall des Aufenthalts der Dampfer in Kiel nach etwa vier
Stunden die Sperre gelegt werden konnte. Sie ſollte nach einer von
Korvettenkapitän v. Roſenberg in Vorſchlag gebrachten Art, nicht wie bisher
einreihig mit gleicher Tiefenſtellung, ſondern in verſchiedenen Reihen
mit verſchiedenen Tiefeneinſtellungen gelegt werden. Der Beſtand an ver=
wendungsbereiten Flugzeugen in der weſtlichen Oſtſee war auch Ende
September noch nicht ausreichend, um die Flugzeuge zu einem regel=
mäßigen täglichen Aufklärungsmittel für die Belte und den Sund nach
Norden gebrauchen zu können. „P L 19", Kommandant Hauptmann
Stelling, wurde, da in der Nordſee nicht verwendbar, am 30. September
dem Oberbefehlshaber der Oſtſeeſtreitkräfte unterſtellt und von ihm der
Küſtenſchutzdiviſion zugeteilt. Im allgemeinen hatten Ende September die
Sicherungsmaßnahmen in der weſtlichen Oſtſee einen genügenden Abſchluß
gefunden, um die angenommene Gefahr eines überraſchenden Durchbruchs
ſchwerer Streitkräfte, mit denen in erſter Linie gerechnet wurde, etwas
ruhiger anſehen zu können. Unzureichend waren nur die Schutzmaßregeln
gegen Eindringen leichter feindlicher Streitkräfte und vor allem Unterſee=
booten durch den Sund.

Es war im Laufe des September allen im Bewachungsdienſt der
weſtlichen Oſtſee tätigen deutſchen Schiffen und Fahrzeugen klar, daß der
Verkehr neutraler Flaggen aus dem Sund nach der öſtlichen Oſtſee und
umgekehrt bedeutend zugenommen hatte. Die dem Admiralſtab in Berlin
übermittelte Anſicht des Oberbefehlshabers, „daß auch Handelsſchiffe feind=
licher Staaten unter falſcher Flagge und mit gefälſchten Papieren paſſierten
und damit die den deutſchen Schiffen und Fahrzeugen aufgetragene wohl=
wollende Behandlung däniſcher, ſchwediſcher und norwegiſcher Schiffe ſich
zunutze machten", wurde von allen in der Oſtſee in Betracht kommenden
Frontſtellen durchaus geteilt. Nördlich der Belte und des Sundes, im
Kattegat und Skagerrak, konnten wir gegen dieſen in allen Richtungen
nach und von Kopenhagen, Malmö, Gotenburg und Kriſtiania von Tag
zu Tag ſtärker werdenden Verkehr engliſcher, amerikaniſcher Schiffe und
der Handelsſchiffe der nordiſchen Staaten wegen freiwilligen Verzichtes
auf die Benutzung der Durchfahrtsgewäſſer nichts machen. Wie dieſer
Handel emporſchnellte, zeigten die Berichte der Geſandten und Marine=
attachés. So wurde bereits Mitte Auguſt von Bemühungen Englands,

sich durch Kohlenausfuhr nach Schweden Einfuhr von Lebensmitteln zu verschaffen, berichtet. Gleichzeitig wurde um diese Zeit der Handelsverkehr von Gotenburg, besonders nach Häfen der Ostküste Englands, wieder er= öffnet und die neue regelmäßige Verbindung in der Bottensee, Raumo— Gefle und Raumo—Stockholm, letztere sogar mit fünf Dampfern, ein= gerichtet. Auf dieser neuen Linie sollte vorwiegend finnischer und sibirischer Butterexport nach England geleitet werden. Ende August wurde aus Stockholm die Kohleneinfuhr aus England in vollem Gang gemeldet, und in Gotenburg machte die Wilson=Linie die Wiederaufnahme der regel= mäßigen Fahrt nach Hull und Grimsby bekannt. Auch die transatlantische Schiffahrt von Gotenburg nahm zu. Die schwedische Amerika=Mexiko=Linie beabsichtigte in den ersten Septembertagen fünf große Schiffe nach ver= schiedenen amerikanischen Häfen auslaufen zu lassen, ebenso nahmen die Johnson=Linie und Transatlantische Aktiengesellschaft ihre Fahrten wieder auf. So stellte sich unter englischem Druck und dem stillen Einfluß der englischen Seemacht, die den neutralen Staaten die Freiheit auf den Meeren verbürgte und mit allen Kräften für die Steigerung des Handels mit England und der Entente eintrat, der Seehandel der drei nordischen Staaten überwiegend zugunsten der Entente, vor allem Englands und Rußlands, ein. Großzügige Versuche, ihn nach Deutschland zu ziehen, führten zu keinem Erfolg. Nur die schwedische Erzausfuhr nach Deutsch= land, vor dem Kriege überwiegend von Luleå und Oxelösund in der nörd= lichen Bottensee nach Rotterdam und nach Emden, nahm einen bedeutenden Aufschwung. Sie wurde nach Kriegsbeginn nach Stettin und Lübeck ge= leitet. Es wird darauf noch später an anderer Stelle ausführlicher zurück= gekommen werden. Hier sei nur erwähnt, daß diese Einfuhr hochwertiger Eisenerze für unsere Stahl= und Waffenerzeugung im westfälischen Industrie= bezirk von lebenswichtiger Bedeutung war und daher ihre ungestörte Auf= rechterhaltung während der für ihre Verschiffung in Frage kommenden Monate Mai bis Oktober unbedingt sichergestellt werden mußte. Unsere Abhängigkeit auf diesem Gebiete stärkte natürlich Schwedens Stellung uns gegenüber in anderen Fragen.

In der unter der Kontrolle unserer Seeherrschaft verbleibenden Ostsee war aber durch einschränkende Befehle des Admiralstabes jede wirksame Beaufsichtigung des neutralen Verkehrs fast unmöglich. Hierüber geben die nachfolgenden Anweisungen des Oberbefehlshabers der Ostsee= streitkräfte an die Schiffe und Fahrzeuge in der westlichen und mittleren Ostsee ein ungefähres Bild: „Außerhalb neutraler Hoheitsgewässer können alle Handelsschiffe angehalten und auf Richtigkeit der Schiffspapiere geprüft

werden. Eine Nachprüfung der Musterrolle durch Befragen der ange=
tretenen Besatzung ist das beste Mittel der Kontrolle. Die nächst schärfere
Form ist die anschließende Untersuchung der Ladung auf Übereinstimmung
mit den Schiffspapieren. Diese Maßnahme soll gegenüber dänischen, nor=
wegischen und schwedischen Schiffen nur in schweren und einwandfreien
durch den Kommandanten vertretbaren Fällen zur Anwendung kommen.
Die Kommandanten müssen sich gegenwärtig halten, daß politische Gründe
für die Erhaltung der uns günstigen Neutralität Dänemarks, Schwedens
und Norwegens sprechen. Daraus folgt, daß die Prüfung der Schiffs=
papiere und das angezeigt erscheinende Befragen der Mannschaften auf
Schiffen dieser Staaten in freundlicher Form erfolgen muß." — Bei dieser
Handhabung der Handelskontrolle, die eine erhebliche Belastung der am
Sund stationierten Schiffe und Torpedoboote bedeutete, kam wenig heraus.
Verärgerung und Proteste der betreffenden Neutralen, die in der Regel
zu einem Nachgeben von unserer Seite führte, waren die Folgen, wenn
in vereinzelten Fällen Dampfer festgehalten und nach Swinemünde, wo
gegen Ende des Jahres eine Prisenuntersuchungsstelle des Admiralstabes
unter Leitung des Kontreadmirals Holzhauer eingerichtet wurde, gebracht
wurden. Dänemark war überdies bereits am 19. August ein wichtiges Zu=
geständnis in der Sicherheit seines Handels mit England gemacht worden.
Es war der erste jener vielen Fälle von Nachgeben unsererseits, das mit
der meistens später sich als unrichtig herausstellenden Voraussetzung einer
entsprechenden Gegenleistung gemacht wurde. Damals handelte es sich
um die starke dänische Lebensmittelausfuhr nach England, die im Frieden
bereits einen täglichen Wert von einer Million Kronen hatte und die durch
unsere Nordseekriegführung Dänemark gefährdet erschien. Dänemark
vertrat den grundsätzlichen Standpunkt, „daß die von uns angezogenen
Bestimmungen der Londoner Seerechtsdeklaration bezüglich Kontrebande
auf diesen Export keine Anwendung finden dürften." Sowohl der Ge=
sandte in Kopenhagen, wie auch das Auswärtige Amt befürworteten aufs
dringendste ein Entgegenkommen, da man sonst mit einem Wechsel des
angeblich deutschfreundlichen Ministeriums v. Scavenius rechnen müsse.
Die Frontstellen der Marine erhielten darauf den Befehl: „daß aus
wichtigen politischen Gründen bis auf weiteres die dänische Lebensmittel=
ausfuhr nach englischen Häfen nicht gefährdet werden solle. Dieser vor=
läufige Verzicht, dessen Änderung vorbehalten blieb, sei als ein besonderes
Entgegenkommen gegen Dänemark als notwendig erachtet, dessen Unter=
stützung wir für die Zufuhr aus den überseeischen Ländern nicht entbehren
könnten". Der Chef des Admiralstabes hatte zwar seine Bedenken über

die von ihm als „Schwäche" bezeichnete Abweichung von einem grund=
ſätzlichen Standpunkt vertreten, der Reichskanzler v. Bethmann Hollweg
aber die Kaiſerliche Entſcheidung in obigem Sinne erwirkt.

Auch auf die Bottenſee, wo ſich ein immer wachſender, unmittelbarer
ſchwediſch=ruſſiſcher Handel über Geſle—Raumo ausgebildet hatte, erſtreckte
ſich unſere wirkſame militäriſche Aufſicht faſt gar nicht. Hier waren es aber
militäriſche Gründe, und zwar die weite Entfernung dieſes Seegebietes
von unſeren Stützpunkten und die unzureichende Zahl und Eignung der
dem detachierten Admiral für die Kriegführung in der öſtlichen Oſtſee
zur Verfügung ſtehenden Streitkräfte. Wirkſam hätte die Bottenſee nur
durch Beſitznahme der Ålandsinſeln und Einrichtung von Stützpunkten
dort von uns beherrſcht werden können. Auf die Ålandsfrage wird ſpäter
im Zuſammenhange zurückgekommen werden. Hier ſoll nur ſo viel geſagt
werden, daß eine Beſitznahme der Ålandsinſeln gleich nach Beginn des
Krieges und in den erſten Kriegsmonaten in politiſcher und militäriſcher
Beziehung eine grundlegende Änderung unſerer ganzen Pläne einer
Kriegführung bedeutet hätte. Da das Schwergewicht des Seekrieges im
Kampfe gegen England lag und blieb, konnte man ſich auf ein Vorgehen
in der Oſtſee nicht einlaſſen, das, wie die Beſetzung der Ålandsinſeln, die
Möglichkeit und Gefahr mit ſich brachte, überwiegende Teile unſerer See=
ſtreitkräfte von Anfang an dauernd an die nördliche Oſtſee zu feſſeln. Die
Ålandsfrage darf daher niemals für ſich allein betrachtet werden, ſondern
zwingt in ihren militäriſchen und politiſchen Folgen zu einer rein ſach=
lichen Beurteilung im Rahmen des Geſamtkrieges und zu einer nüchternen
Überlegung über den Einfluß ihrer Verwirklichung auf die Geſamtkriegs=
geſtaltung. Der Wunſch einer Beeinfluſſung der ſchwediſchen Politik
oder einer Beaufſichtigung und Unterbindung des Handels in der Bottenſee
konnte allein einen ſolchen Schritt nicht rechtfertigen. Letzteren Zweck hätte
man auch durch Verſtärkung der Kontreadmiral Behring zur Verfügung
ſtehenden Streitkräfte erreichen können, zu deren Tätigkeit jetzt wieder
zurückgekehrt werden ſoll.

10. Kapitänleutnant Freiherr v. Berckheim verſenkt im Finniſchen Meerbuſen mit „U 26" am 11. Oktober 1914 den ruſſiſchen Panzerkreuzer „Palláda".

Kontreadmiral Behring hatte am 27. September 10 Uhr Vm. mit
„Augsburg", „Amazone", „D 10", den beiden Unterſeebooten „U 23"
und „U 25", ſowie der 20. Torpedoboots=Halbflottille den Marſch von
Swinemünde nach Danzig angetreten. Auf der Fahrt dahin, bei ſtarkem

Nordweststurm mit Windstärke 7 und 8, begegneten ihm die auf dem
Rückweg nach Kiel begriffenen Boote der II. Minensuchdivision, die vier
Blockschiffe und die drei Sperrbrecher. Nach seiner Ankunft mit dem
Verband in Danzig erhielt er ein Funkentelegramm, daß die II. Minen=
suchdivision wegen des zunehmenden schlechten Wetters auf der Höhe von
Funkenhagen kehrtgemacht habe und „T 39" und „T 50", die viel Wasser
machten, geschleppt werden müßten. Kurz hinterher kam die Meldung,
daß „T 50" von der Besatzung verlassen und querab Scholpin gesunken sei.
Der detachierte Admiral mußte sich darauf beschränken, von der Ver=
sorgungsstelle Swinemünde, die Funkenhagen am nächsten lag, Schlepper=
hilfe für die Minensuchdivision zu erbitten. Schon jetzt im Spätherbst
machten die Wetterverhältnisse der östlichen Ostsee die Seefahrt für die
kleinen Fahrzeuge sehr oft recht schwierig. Kontreadmiral Behring nahm
sofort nach der Ankunft in Danzig die durch die letzte Unternehmung unter=
brochenen Übungen mit den Booten der 5. Unterseeboots=Halbflottille und
den ihm unterstellten Torpedobooten wieder auf. Es drängte ihn, die Aus=
bildung der beiden Unterseeboote, das dritte, „U 26", erwartete er in
den nächsten Tagen aus Kiel, möglichst schnell zu Ende zu bringen, um
noch vor Eintreten der schlechten Jahreszeit einen zweiten Vorstoß in den
Finnischen Meerbusen unternehmen zu können. Seitdem er bei seiner ersten
Unternehmung die Erfolgsmöglichkeiten eines von Kreuzern richtig ange=
setzten Unterseebootsangriffes gesehen hatte, verließ ihn der Gedanke nicht,
daß eine Wiederholung einen fast sicheren Erfolg bringen müsse. Er legte
daher auch die ganzen Übungen in der Danziger Bucht im Sinne eines
Zusammenarbeitens von Kreuzern und Unterseebooten an. Die Bewachung
des Übungsgebietes gegen See wurde wiederum von den Fahrzeugen der
Hilfsminensuchdivision Neufahrwasser, unterstützt von dem nicht übenden
Kreuzer, auf der Linie Hela—Pasewark=Bake durchgeführt. Der Vorstoß
war zunächst für den 6. Oktober beabsichtigt, da der Admiral noch die
Ankunft des Kleinen Kreuzers „Lübeck" am 5. Oktober, der nach Beendi=
gung seiner Ausbildungszeit in Kiel von jetzt ab seinem Verband zugeteilt
war, abwarten wollte. „Lübeck", Kommandant Fregattenkapitän Paul
Fischer, traf am 5. Oktober in Danzig ein. Auf der Fahrt war aber
ein Kondensator leck geworden, dessen Ausbesserung zwei Tage in An=
spruch nehmen sollte. Gleichzeitig war nach den Wettermeldungen auf
bevorstehendes schlechtes Wetter zu schließen, so daß dem Admiral, der
vor allem auch noch die Ankunft von „U 26" abwarten wollte, um so stark
wie möglich für die Unternehmung zu sein, ein weiteres Verschieben um
wenige Tage für zweckmäßig hielt. Am 7. Oktober 7 Uhr Nm. traf
„U 26", Kommandant Kapitänleutnant Freiherr v. Berckheim, in Neu=

fahrwasser ein, wurde schnell über die beabsichtigte Unternehmung unter=
richtet und am nächsten Tage, Donnerstag, den 8. Oktober, 5 Uhr Vm., ging
der Verband von Neufahrwasser=Reede aus in See.

Kontreadmiral Behring und sein Admiralstabsoffizier hatten für die
Unternehmung einen in seinen Grundzügen äußerst einfachen Plan auf=
gestellt. Es war ein Gedanke, der sich auch später im Verlauf des Krieges
bei allen Unternehmungen gegen den Finnischen und später auch Rigaschen
Meerbusen in wenig veränderten Formen immer wieder findet, den Feind
an einem Punkt seiner Küste durch eine Demonstration in Unruhe zu ver=
setzen und dadurch zu versuchen, ihn aus den schützenden Minensperren
des Finnischen Meerbusens zu locken. Man überschätzte dabei, vor allem
später, sehr erheblich die Empfindlichkeit des Russen, der gegen diese von
der See kommenden Beunruhigungen stets fast völlig gleichgültig blieb.
Diesmal sollte eine bei Windau und Libau mit einfachen Mitteln vor=
getäuschte Landung diesen Zweck erfüllen und die russischen Schiffe den
im Finnischen Meerbusen vorher auf gute Wartestellungen gebrachten
deutschen Unterseebooten in die Arme treiben. Bei Windau sollte
„Amazone" mit den beiden Kohlendampfern „Oberpräsident Delbrück" und
„Ursula Fischer" im Laufe des Vormittags des 10. Oktober so nahe an
die Küste herandampfen, daß die Dampfer selbst mit dem Schiffskörper
eben aus Sicht von Land blieben, aber durch künstlich gesteigerte Rauch=
entwicklung die Anwesenheit eines Gros vortäuschen konnten. „D 10",
Kommandant Oberleutnant zur See Kiel, erhielt Befehl, mit den beiden
Dampfern so rechtzeitig aus Neufahrwasser auszulaufen, daß er am
10. Oktober 4 Uhr Vm. auf dem mit „Amazone" verabredeten Treffpunkt
vor Windau stand. An der Küste vor Libau sollte zu dem gleichen Zweck die
Hilfsminensuchdivision Neufahrwasser mit ihren sieben Fischdampfern und
den vier Kohlendampfern „Hedwig Heidmann", „Hornburg", „Annie
Hugo Stinnes" und „Lissabon" unter Führung des Kapitänleutnants der
Reserve Schranz am 10. Oktober zwischen 6 und 7 Uhr Vm. sich zeigen
Kapitänleutnant Franz Weidgen, der Führer dieser Fahrzeuge, erhielt
gleichfalls die Anweisung, so weit von Land abzubleiben, daß Zahl und Art
der Schiffe von der Küste nicht zu erkennen waren. Im übrigen sollte
starker Rauch aus den elf Schornsteinen seiner Fahrzeuge die Anwesenheit
einer nach Norden marschierenden Transportflotte vortäuschen. Jedes
der dem detachierten Admiral angehörigen Fahrzeuge wurde stets voll
ausgenutzt. Die Besatzungen waren mit Lust und Liebe dabei, in dem
Gefühl, ihrer Gefechtskraft entsprechend verwandt zu werden. „Krieg=
führung mit Bordmitteln" taufte die Front diese Art Kriegführung in der
Ostsee. Aber dahinter steckte große Verantwortung von Führern und

Stäben, die mit allen Mitteln danach strebten, den Feind zu schädigen, die
sich erfinderisch und immer guten Mutes bemühten, mit schwächsten Kräften
angreifend Höchstes zu leisten. Es war der Stolz der Ostseekämpfer, aus
der Nordsee, wo der Kampf gegen den Hauptgegner, England, alle neuesten
und größten Schiffe fesselte, möglichst kein Schiff herüberzurufen und allein
mit ihren Aufgaben fertig zu werden.

Zwei Unterseeboote wollte Kontreadmiral Behring im Finnischen
Meerbusen im Gebiet zwischen der „Deutschland"=Sperre und der russischen
Sperre Porkala—Nargön auf die Lauer legen, um die russischen Schiffe
beim Auslaufen aus Reval oder Helsingfors zu fassen. Das Gebiet
zwischen den beiden Sperren wurde durch den Längengrad 23° 10' Ost in
zwei Teile geteilt, deren östliche, innere Hälfte als Tätigkeitsgebiet „U 23",
Kommandant Kapitänleutnant Erwin Weisbach, zugewiesen erhielt, die
westliche und äußere „U 25", Kommandant Kapitänleutnant Wünsche.
Das zuletzt gekommene Boot, „U 26", das die Ausbildungsübungen in der
Danziger Bucht nicht mitgemacht und außerdem kaum Zeit gehabt hatte,
sich nach den 600 Seemeilen Anmarsch von Kiel zu erholen, sollte zunächst
als Reserve beim Flaggschiff bleiben. Der Admiral behielt sich vor, es
später unter Tachkona an die Sperrlücke zu legen, wo damals „Blücher"
die russischen Panzerkreuzer in ihrer Vorpostenstellung getroffen und be=
schossen hatte, da dieses Gebiet als voraussichtlicher Weg russischer
Streitkräfte aus dem Finnischen Meerbusen anzunehmen war. Der
Vormarsch ging planmäßig vonstatten. Das Wetter war gut, schwacher
Wind aus Nordost, die Luft klar und sehr sichtig. Marschfahrt 10,5 See=
meilen, um die Unterseeboote nicht zu überanstrengen. Das Flagg=
schiff „Augsburg", dessen Kommando am 1. Oktober Korvettenkapitän
Johannes Horn übernommen hatte, in der Mitte, auf Scheinwerfer=
signalweite an Steuerbord „Lübeck", an Backbord „Amazone", unter
Führung des neuen Kommandanten, Korvettenkapitän Lutter. Die drei
Unterseeboote standen hinter „Augsburg". Die 20. Torpedoboots=Halb=
flottille lief der Kohlenersparnis halber später aus, um mit ökonomischer
Fahrt den Verband einzuholen. Im Falle eines Zusammentreffens mit
dem Feinde sollten die Unterseeboote bei Tage auf vereinbartes Signal und
Kurssignal eine Linie auslegen und versuchen, zum Angriff zu kommen.
Bei überraschendem Zusammentreffen mit dem Feind bei Nacht sollten die
Unterseeboote aus ihrer Marschstellung hinter „Augsburg" heraus auf ein
Signal vom führenden Kreuzer auf Gegenkurs gehen und mit höchster
Fahrt zurücklaufen, die Torpedoboote den Feind angreifen. Der Chef
der 5. Unterseeboots=Halbflottille, Kapitänleutnant Adam, war für die
Dauer der Unternehmung auf „Augsburg" eingeschifft, um den Stab bei

der Verwendung der Boote zu beraten. Um 3 Uhr Nm. sammelten die vier Torpedoboote beim Verband. Während der Nacht wurde die gleiche Marschordnung innegehalten, die 20. Torpedoboots-Halbflottille zwischen „Augsburg" und „Amazone" eingeschoben. Am 9. Oktober vormittags meldete „U 25" beide Motoren unklar. Das Boot wurde längsseit genommen und festgestellt, daß die Havarie der Steuerbordmaschine voraussichtlich überhaupt nicht, die der Backbordmaschine erst nach längerer Arbeit beseitigt werden konnte. Die Torpedoboote wurden inzwischen von „Lübeck" befohlt. „G 136" erhielt Befehl, „U 25" zu „Amazone" zu schleppen, die mit ihm, „D 10" und den beiden Kohlendampfern zum Treffpunkt vor Windau gehen sollte. Falls die Havarie bis 7 Uhr Nm. beseitigt werden konnte, sollte „U 25" nachkommen und als Reserveboot bei „Augsburg" an der Unternehmung teilnehmen, sonst mit „D 10" nach Danzig zurückgeschickt werden. Kontreadmiral Behring setzte 10.38 Uhr Vm. mit den übrigen Streitkräften den Vormarsch fort. Um 3.30 Uhr Nm. am 9. Oktober stand der Verband auf der Mitte der Verbindungslinie Bogskär—Dagerort. Kontreadmiral Behring sammelte die Torpedoboote bei „Augsburg", schickte „Lübeck" nach Osten vor, mit dem Befehl, bis zum nächsten Morgen mit wechselnden Kursen zu dampfen und bei Morgendämmerung sich wieder mit „Augsburg", die mit der 20. Halbflottille während der Nacht etwas nördlicher stehen sollte, zu vereinigen. „U 23" wurde 4.30 Uhr Nm. in sein Tätigkeitsgebiet geschickt, eine Stunde später „U 26", um durch den Zeitunterschied ein Zusammentreffen der Boote auf dem Anmarsch zu verhindern. Kapitänleutnant Freiherr v. Berckheim sollte das nach außen liegende Tätigkeitsgebiet an Stelle von „U 25" übernehmen; „U 26" war bis auf die zehnstündige Pause in Danzig seit Kiel ununterbrochen in See gewesen. Die Boote erhielten Befehl, drei Tage und zwei Nächte in ihrem Tätigkeitsgebiet zu bleiben und den Rückmarsch in der dritten Nacht anzutreten.

Als die beiden Unterseeboote entlassen waren, kam ein Segler in Sicht, der durch „G 132" befragt wurde und wichtige Meldungen über den Finnischen Meerbusen mitteilen konnte. Er kam aus Paponwiek, einer Bucht östlich Reval und berichtete, daß er am Nachmittag zwischen Dagerort und Hangö zwei große und zwei kleine russische Kriegsschiffe habe auf und ab stehen sehen. Kontreadmiral Behring entnahm daraus, daß der russische Wachdienst am Eingang des Finnischen Meerbusens sich noch in gleicher Weise abspiele wie früher und die von ihm angeordnete Verteilung der Unterseeboote auf Wartestellungen richtig sei. Eine Benachrichtigung der Unterseeboote erübrigte sich, war auch nicht erwünscht, da sich der Gebrauch der Funkeneinrichtung nur auf ganz

dringende Fälle beſchränken ſollte, um die Ruſſen über die Anweſenheit
der Unterſeeboote in Unwiſſenheit zu halten. Die Nacht vom 9. zum
10. Oktober verlief ohne beſondere Ereigniſſe. Das Wetter blieb
weiter gut, ſo daß auch dadurch die Ausſichten für die Unterſee=
boote günſtig waren. Am 10. Oktober 5 Uhr Vm. kam „Lübeck"
wieder in Sicht, die beiden Kreuzer hielten ſich jetzt mit langſamer Fahrt
und etwa 5 Seemeilen Abſtand auf der Höhe von Dagerort, ohne daß ſie
von Dagö aus geſehen werden konnten. Die 20. Torpedoboots=Halb=
flottille entließ der Admiral 6 Uhr Vm. zu „Amazone", mit dem Befehl,
aus den Kohlendampfern Kohlen zu ergänzen und bei rechtzeitiger
Ankunft ſich noch an der Demonſtration vor Windau zu beteiligen. Eine
Verwendung der mit ihrer Artillerie und Geſchwindigkeit unterlegenen
Torpedoboote bei den Kreuzern kam bei Tage nicht in Frage. Es iſt
nur auffallend und für die Oſtſeekriegführung zu dieſem Zeitpunkt
bezeichnend, wie gering die Minen= und Unterſeebootsgefahr eingeſchätzt
wurde, daß die beiden Kreuzer nicht einmal e i n Begleitboot bei ſich be=
hielten. Um 7.45 Uhr Vm. fing die Funkenſtation des Flaggſchiffes einen
dringenden offenen ruſſiſchen Funkſpruch auf, der, von Kapitänleutnant
Gercke ſofort entziffert, lautete: „Eilig. — Schickt heraus die Torpedoboote.
Es greifen an Unterſeeboote." Gleichzeitig ſetzte ein lebhafter ruſſiſcher
Funkſpruchverkehr ein, der von „Augsburg" nach Kräften geſtört wurde.
Aus zuverläſſigſter Quelle hatte daher Kontreadmiral Behring ſo früh
bereits die Nachricht, daß die Unterſeeboote zum mindeſten im Finniſchen
Meerbuſen bemerkt worden waren. Auf ſeine Entſchließungen hatte dieſe
Tatſache keinen Einfluß. Von dem zunächſt naheliegenden Gedanken, in
den Finniſchen Meerbuſen vorzuſtoßen, um die ruſſiſchen Torpedoboote
zu vertreiben, ſah er in der Überlegung ab, daß die Unterſeeboote
unter Umſtänden nicht imſtande ſein könnten, die deutſchen Kreuzer von
den ruſſiſchen zu unterſcheiden. Abgeſehen davon glaubte er, daß die
Ruſſen ſich um ſo eher beruhigen und wieder aus ihren Häfen kommen
würden, wenn ſie möglichſt wenig von deutſchen Kriegsſchiffen merkten.
„Augsburg" und „Lübeck" blieben daher in ihrer Vorpoſtenſtellung, die
ſie erſt 12 Uhr mittags mit Südkurs verließen, um ſich gegen 4 Uhr Nm.
nördlich von Gotska Sandö mit der 20. Torpedoboots=Halbflottille zu ver=
einigen und dann gemeinſchaftlich wieder nach Norden zu marſchieren.

Die beiden Unterſeeboote hatten am Tage vorher ihren Vor=
marſch angetreten und waren auch während der Nacht unbemerkt auf=
getaucht in den Finniſchen Meerbuſen mit hoher Fahrt eingelaufen. Die
Nacht vom 9. zum 10. Oktober war klar, Mondſchein, wenig Wind aus
Nordoſt und mäßige Dünung. „U 23" hatte am 10. Oktober 1.20 Uhr Vm.

die befohlene Stellung erreicht, „U 26" um 3 Uhr Vm. (siehe Karte 8). „U 23", das innere Boot, sichtete bei Morgendämmerung 5.20 Uhr Vm. in ungefähr 1200 m ein Segelboot, vor dem es schnell wegtauchte und unter Wasser nach Osten ablief. Etwas später bekam anscheinend den gleichen Segler und eine Rauchwolke das westlich stehende Boot, „U 26", von Osten her in Sicht. Nach etwa einer halben Stunde hatte Kapitän= leutnant Freiherr v. Berckheim ein größeres, sich bald als Panzerkreuzer mit vier Schornsteinen herausstellendes Kriegsschiff, begleitet von einem Zerstörer, erkannt. Es war der Panzerkreuzer „Admiral Makarow", der sich, anscheinend von Reval kommend, auf seine Tagstellung im Eingang zum Finnischen Meerbusen hinter der „Deutschland"=Sperre begab. „U 26" tauchte und fuhr auf den mit rascher Annäherung herankommenden Kreuzer einen Bugangriff. Während „U 23" vom Admiral den Befehl erhalten hatte, nicht auf auslaufende Schiffe zu schießen, da ein Fehlschuß oder Teil= erfolg dem außenstehenden Boot jede Schußgelegenheit genommen hätte, hatte „U 26" Schußfreiheit, sobald es unter günstigen Aussichten zum Angriff kommen konnte. Kontreadmiral Behring hatte aber den beiden Kommandanten ausdrücklich eingeschärft, erst anzugreifen, wenn sie eines Treffers wirklich sicher wären und nicht durch einen Fehlschuß sich die Aus= sichten dieser, nur beim ersten Male besonders viel versprechenden Unter= nehmung, selber zu verscherzen. Kapitänleutnant Freiherr v. Berckheim glaubte, in diesem Falle eine aussichtsreiche Angriffsmöglichkeit vor sich zu haben. 7,8 Uhr Vm. schoß er daher auf „Admiral Makarow" einen Bug= doppelschuß. Der erste Torpedo ging vorn vorbei, da das Schiff im Schuß abgedreht und dabei an Fahrt verloren hatte, ebenso der zweite, im Drehen auf 12 hm nachgeschossene Torpedo. Die Annahme des Kommandanten, daß er nicht bemerkt worden sei, stimmte nicht, denn „Admiral Makarow" gab sofort den auch von „Augsburg" aufgefangenen Funkspruch über das Sichten des Unterseebootes weiter. „U 26", das nach dem mißglückten Angriff auf seinen Standort zurückgesteuert war und sich dort am Nach= mittag aufhielt, beobachtete bald darauf bis zu fünf Zerstörer, die die Gegend absuchten. Kapitänleutnant Freiherr v. Berckheim entschloß sich daher, für diesen Tag die Unternehmung abzubrechen. Er ging zur Standortbestimmung an Odensholm heran und lief dann zum Aufladen bis zur „Deutschland"=Sperre nach Westen, um in der Nacht zurückzu= kehren und mit Morgendämmerung am 11. Oktober wieder in seinem Revier zu stehen. Auch „U 23" hatte an diesem Tage keinen Erfolg. Das Boot sah allerdings 10.30 Uhr Vm. zwei Kreuzer mit vier Schornsteinen, die nach Reval zurückliefen, dann später nochmals ein Torpedoboot mit

drei Schornſteinen. In allen Fällen kam aber der Kommandant nicht
zum Angriff.

Der Fehlſchuß von „U 26" hatte die Ausſichten für den folgenden Tag
erheblich eingeſchränkt, wenn nicht überhaupt den Erfolg der ganzen Unter=
nehmung vereitelt. „Amazone" hatte zwar ihre Aufgabe vor Windau
2.15 Nm. planmäßig mit „D 10" und den beiden Kohlendampfern durch=
geführt. „U 25" war, da ſein Backbordmotor nur zeitweiſe lief, ſein Steuer=
bordmotor aber dauernd unklar war, am 10. Oktober mit „D 10" auf die
Werft nach Danzig geſchickt worden. Die beiden Kohlendampfer waren
nach Oſtergard an der Oſtſeite Gotlands entlaſſen worden, während „Ama=
zone" zur Bewachung des Weſtausgangs des Rigaſchen Meerbuſens
9 Uhr Nm. in eine Beobachtungsſtellung in der Höhe von Windau ging.
Kontreadmiral Behring hatte dadurch wenigſtens eine geringe Sicherheit,
daß er nicht unbemerkt umgangen und ihm der Rückzug abgeſchnitten
werden konnte. Die Unternehmung vor Libau hatte wegen ſchlechten
Wetters abgebrochen werden müſſen. Kapitänleutnant Weidgen hatte am
9. Oktober mit ſämtlichen Fahrzeugen und Kohlendampfern planmäßig
Neufahrwaſſer verlaſſen, aber bereits in der Nacht ſo ſchweres Wetter be=
kommen, Wind aus Nordoſt in Böen Stärke 7 bis 8, daß ſein Verband
kaum 5 Seemeilen gegen Wind und See laufen konnte. Er brach daher
um Mitternacht den Marſch ab, lief mit der Hilfsminenſuchdiviſion in
Memel ein und entließ die Kohlendampfer nach Swinemünde.

Das Sichten eines Unterſeebootes im Finniſchen Meerbuſen und
das gleichzeitige Auftauchen von deutſchen Streitkräften vor Windau
konnte die Ruſſen ſtutzig machen und ſie veranlaſſen, ihre Linien=
ſchiffe und Panzerkreuzer für die nächſten Tage im Hafen oder hinter
ihrer Sperre Nargön—Porkala=Udde zurückzuhalten. Kontreadmiral
Behring und Kapitänleutnant Gercke ſahen nicht ſehr zuverſichtlich
auf den kommenden Tag. Während der Nacht zum 11. Oktober
hielten ſich „Augsburg", „Lübeck" und die 20. Torpedoboots=Halbflottille
in der Mitte des Seegebiets zwiſchen Bogſkär und Dagerort auf. Der
Admiral hielt es nicht für ausgeſchloſſen, daß die Ruſſen mit Tor=
pedobooten einen Vorſtoß unternehmen würden, um feſtzuſtellen, ob die
Unterſeeboote vor dem Finniſchen Meerbuſen Mutterſchiffe oder ſonſtige
Unterſtützungsſtreitkräfte hätten oder um zu verſuchen, auslaufende deutſche
Unterſeeboote auf ihrem Rückwege abzufangen. Am 11. Oktober 5 Uhr Vm.,
nachdem die Nacht ohne Ereigniſſe und ohne Anzeichen vom Feinde ver=
laufen war, ſandte Kontreadmiral Behring die 20. Torpedoboots=Halb=
flottille wieder zum Kohlennehmen nach den an der Oſtküſte Gotlands liegen=

den beiden Kohlendampfern. Er selbst ging mit „Augsburg" und „Lübeck"
in Richtung auf den Finnischen Meerbusen vor. 10 Uhr Bm. ließ er auf der
Höhe von Tachkona „Lübeck" zurück und lief allein mit „Augsburg"
weiter. Mit Rücksicht auf die nicht über 20 Seemeilen betragende Höchst=
geschwindigkeit von „Lübeck" konnte er nur mit „Augsburg" sich so weit
vorwagen, da er jederzeit damit rechnen mußte, auf stark überlegene Streit=
kräfte zu stoßen. 10.30 Uhr Bm. kamen recht voraus und in Südost von
„Augsburg" Rauchwolken in Sicht, von denen die in Südost bald als drei
Torpedoboote mit je zwei Schornsteinen ausgemacht wurden. 10.5 Uhr Bm.,
als „Augsburg" etwa 30 Seemeilen westlich der „Deutschland"=Sperre
stand, wurde bei dem klaren Wetter eine mehrere 100 m hohe Spreng=
wolke in ONO in sehr großer Entfernung gesehen. Kurz darauf
11.20 Uhr Bm. in Ost vier Schornsteine und die Masten eines großen
Schiffes, das, gefolgt von Torpedobooten, nach der Sprengwolke hin=
dampfte. 12 Uhr mittags änderte das Schiff, ein Panzerkreuzer, Kurs an=
scheinend nach Westen. Kontreadmiral Behring ging darauf mit „Augs=
burg" auf Gegenkurs, um ein Umfaßtwerden zu vermeiden, dann aber
auch, um die russischen Streitkräfte nicht aus dem Tätigkeitsgebiet der
Unterseeboote herauszulocken. 1.30 Uhr Nm. kamen die russischen Schiffe
aus Sicht und „Augsburg", die sich unterdessen mit „Lübeck" wieder ver=
einigt hatte, steuerte mit langsamer Fahrt in der Vorpostenstellung weiter
hin und her.

Die auf dem Flaggschiff beim Sichten der Sprengwolke überein=
stimmend geäußerte Vermutung, daß es sich um einen Erfolg der Untersee=
boote gehandelt habe, entsprach der Wahrheit. „U 26" war am 11. Oktober
4 Uhr Bm. mit nördlichem Kurs von der Nordspitze Odensholm auf=
getaucht abgelaufen und hatte 8.15 Uhr Bm. in nordöstlicher Richtung
mehrere Rauchwolken in Sicht bekommen. Kapitänleutnant Freiherr
v. Berckheim hatte sofort getaucht, war auf den Rauch zugelaufen und hatte
bald darauf zwei Kreuzer in Kiellinie, von mehreren Zerstörern begleitet,
ausgemacht. Demnach hatten die Ereignisse vom Tage vorher die Russen doch
nicht abgeschreckt, ihre Schiffe auf die Außenstellungen des Bewachungs=
dienstes zu schicken. Die Kreuzer liefen anscheinend den gleichen Kurs, wie
am vorhergehenden Tage beobachtet, zunächst Südwest, drehten dann,
als „U 26" 3 Seemeilen von ihnen entfernt war, auf Nordwest und
später auf West (siehe Karte 9). Die Zerstörer waren zurückgeblieben
und suchten das Seegebiet zwischen der „Deutschland"=Sperre und der
südöstlich Russarö angenommenen russischen Sperre ab. Sie kamen
öfters bis auf 1000 m an „U 26" heran, ohne es aber zu bemerken.
Kapitänleutnant Freiherr v. Berckheim fuhr vorsichtig nur von Zeit zu

Zeit das Sehrohr aus, blieb aber in dem Gebiet, um auf die zurück=
kommenden Schiffe zu warten und vielleicht doch noch eine günſtige Schuß=
gelegenheit zu finden. Seine Überlegung war richtig. Gegen 10.30 Uhr Bm.
kamen die beiden Schiffe auf dem Rückwege mit öſtlichem Kurſe wieder in
Sicht. „U 26" lief in ihre Kurslinie und fuhr ihnen mit Weſtkurs un=
mittelbar entgegen. Während des Anlaufs ſtand etwa 10 bis 20 hm
ſeitlich mit gleichem Kurſe ein größerer Zerſtörer an Steuerbord, der
neben „U 26" herlief. Der Feind kam ſehr ſchnell näher, auf etwa 20 bis
30 hm, kurz nach 11 Uhr Bm., drehte „U 26" zum „reinen Heckſchuß"
mit kleiner Fahrt nach Steuerbord ab. Die Fahrt des Gegners wurde auf
15 Seemeilen geſchätzt. 11.10 Uhr Bm. feuerte Kapitänleutnant Freiherr
v. Berckheim den Schuß auf das vorderſte Schiff, einen Kreuzer mit vier
Schornſteinen, auf eine Entfernung von 500 m. Treffer Mitte beobachtet,
das Zuſammenfallen der Schornſteine wurde noch geſehen, dann mußte
der Kommandant auf 20 m Tiefe gehen, da er von dem ſeitlich begleitenden
Zerſtörer beſchoſſen wurde. Aus dieſem Grunde konnte er auch den be=
abſichtigten Angriff auf das zweite Schiff nicht mehr durchführen. Noch
bevor das Boot ganz auf Tiefe war, wurden mehrere dumpfe Schläge in
der Nähe im Waſſer gehört, wahrſcheinlich die Salvenaufſchläge des
zweiten Kreuzers, wie ſich ſpäter herausſtellte, des „Baján". Nach
20 Minuten ging „U 26", das nach dem Schuſſe mit geringer Fahrt mit
Weſtkurs nach außen gelaufen war, für einen Augenblick höher und ſah
an der Schußſtelle mehrere Zerſtörer, welche die Gegend abzuſuchen
ſchienen. Aber ihr Suchen war vergeblich, denn „Palláda" war infolge
des Treffers, anſcheinend in eine Munitionskammer, ſofort geſunken und
hatte ihre geſamte Beſatzung mit in die Tiefe genommen[1]). „U 26" ſah
außerdem noch einen Zerſtörer mit weſtlichem Kurs und am Horizont
ein größeres Schiff ſich ſchnell nach Oſten entfernen. Sonſt war die
See im weiten Umkreis leer. Um 1.30 Uhr Nm. drehte Freiherr
v. Berckheim um und lief wieder an ſeinen alten Standort zurück, um
erneut Angriffsgelegenheiten zu ſuchen. Aber die Ruſſen hatten inzwiſchen
alle verfügbaren Torpedoboote und kleinen Fahrzeuge aus Reval nach
der Unfallſtelle geſchickt und bereits 2 Uhr Nm. ſah „U 26" mehrere
Torpedobootszerſtörer auf ſich zukommen, die das Gebiet planmäßig ab=
ſuchten. Der Kommandant ging daher 2.30 Uhr Nm. erneut auf Auslauf=
kurs und ließ den Bugtorpedo als Zerſtörerſchuß mit 1,5 m Tiefe ein=
ſtellen. 3.30 Uhr Nm. machte er nochmals einen Verſuch zurückzulaufen.
Er beobachtete jetzt zahlreiche auslaufende Fiſchdampfer und um 4 Uhr Nm.

---

[1]) Nur das geweihte Bild des Schiffsheiligen wurde an der Untergangsſtelle
geborgen, wie ſpäter von ruſſiſcher Seite her bekannt wurde.

zwölf moderne Torpedobootszerstörer, die in Dwarslinie auf ihn zu=
kamen. Dahinter am Südende der Russarö=Sperre noch mehrere Zerstörer.
Überall, voraus, rechts und links kamen jetzt Rauchwolken in Sicht und es
war klar, daß die Russen mit allen ihnen in Reval, Helsingfors und Hangö
zur Verfügung stehenden Bewachungsmitteln das Gebiet absuchten, um
die Unterseeboote zu finden und zu vernichten. Kapitänleutnant Freiherr
v. Berckheim gab daher seine Absicht, sich in dem Gebiet weiter aufzuhalten
auf, da er die Möglichkeit weiterer günstiger Angriffsaussichten an diesem
und den nächsten Tagen für ausgeschlossen hielt. Er lief kurz nach
4 Uhr Nm. endgültig aus, tauchte 5.30 Uhr Nm. auf, sah aber wieder drei
Zerstörer in seiner Nähe auf sich zukommen, so daß er untergetaucht mit
Westkurs während der Nacht zum 12. Oktober aus dem Finnischen Meer=
busen auslief, in der Absicht, am nächsten Morgen aufzutauchen und mit
„Augsburg" in Verbindung zu treten.

Kapitänleutnant Weisbach hatte auch an diesem Tage mit „U 23" in
seinem Tätigkeitsgebiet keine Schußgelegenheit gehabt. Er hatte am
11. Oktober 7.50 Uhr Vm. vier Rauchwolken in östlicher Richtung mit
westlichem Kurs auslaufend gesichtet und sie später als zwei Kreuzer
mit vier Schornsteinen und zwei begleitende Zerstörer ausgemacht. Es
waren „Palláda" und „Baján", die etwas später auch an „U 26" vorbei=
gelaufen waren. „U 23" hatte auf diese Schiffe keine Angriffsgelegenheit.
Kurz hinterher sah er in Südost Rauchwolken, die sich nachher als zwei
unter der Küste steuernde Dampfer herausstellten, vermutlich der hollän=
dische Dampfer „Amelang", der später den Untergang der „Palláda"
beobachtete. „U 23" ging deshalb 9.50 Uhr Vm. wieder mit nördlichem
Kurs in seine Anfangsstellung, die, wie der Kommandant am Tage vorher
und am Morgen gesehen hatte, an sich sehr günstig zum Angriff auf ein=
laufende Schiffe lag. 11.10 Uhr Vm. wurden auch in Nordwest zwei
Rauchwolken und später zwei Kreuzer mit vier Schornsteinen vom Typ
„Admiral Makarow" gesichtet, die anscheinend mit hoher Fahrt und nord=
östlichem Kurs einliefen. „U 23" kam nicht zum Schuß, da es nicht vorlich
genug zu den schnell nach Steuerbord am Bug vorbei auswandernden
Schiffen stand. Kapitänleutnant Weisbach bekam an diesem Tage und im
Verlauf des ganzen folgenden Tages kein Schiff mehr in Sicht. Am Vor=
mittag des 12. Oktober sah er überhaupt kein Fahrzeug, erst nach 10 Uhr Vm.
eine einzelne Rauchwolke, die anscheinend von einem Torpedoboot oder
sonstigem kleinen Fahrzeug herrührte. Was die Russen an Bewachungs=
fahrzeugen hatten, patrouillierte weiter draußen an der Untergangsstelle
der „Palláda", alle Schiffe waren in den Häfen zurückgehalten. „U 23"
verließ daher am 12. Oktober 3.43 Uhr Nm. den Finnischen Meerbusen

und legte die Rückfahrt teilweiſe aufgetaucht zurück. Außer einem ein=
laufenden Torpedoboot in der Höhe von Baltiſch=Port wurde von Fahr=
zeugen nichts geſehen. An beiden Tagen waren beſonders günſtige Be=
dingungen für die Verwendung von Unterſeebooten im Finniſchen Meer=
buſen feſtgeſtellt worden.

„Augsburg" und „Lübeck" waren den Nachmittag des 11. Oktober
weiter in ihrer Vorpoſtenſtellung zwiſchen Bogſkär und Dagerort ge=
blieben. Die Boote der 20. Torpedoboots=Halbflottille hatten 3.30 Uhr Nm.
die Kohlenübernahme bei Öſtergarn beendet und kamen zurück, um beim
Gros zu ſammeln. Kontreadmiral Behring gab ihnen den Befehl, in der
Nacht vom 11. zum 12. Oktober den Handelsverkehr von Stockholm nach
Rußland zu überwachen. Ein Handſtreich bei Tagesanbruch gegen den
Leuchtturm und die Signalſtation von Lagſkär im Südeingang zur Ålands=
ſee wurde Kapitänleutnant Ehrhardt, ſofern er es mit der anderen Aufgabe
der Halbflottille vereinigen konnte, anheimgeſtellt. „Augsburg" ſelbſt be=
abſichtigte in der Nacht in die Ålandsſee vorzuſtoßen und dort in der Höhe
von Söderarm und Lagſkär den Handelsverkehr aus dem Nordeingang der
Stockholmer Schären nach der Ålands= und Bottenſee zu überwachen.
Kontreadmiral Behring hatte am Tage vorher eine funkentelegraphiſche
Nachricht des Admiralſtabes bekommen, daß eine größere Anzahl elektriſcher
Motoren in den nächſten Tagen von Stockholm nach Finnland verſchifft
werden ſollten. „Augsburg" ließ von 4.30 Uhr Nm. ab „Lübeck"
allein etwa 20 Seemeilen ſüdlich Bogſkär und ſtieß ſelber in die Ålands=
ſee vor. „Amazone" wurde aus ihrer Bewachungsſtellung vor dem Riga=
ſchen Meerbuſen zurückgerufen und erhielt den Befehl, am 12. Oktober
vormittags auf der Höhe von Farö zu ſein, um dort zurückkehrende
Unterſeeboote aufzunehmen. Um Mitternacht vom 11. zum 12. Ok=
tober machte „Augsburg" auf der Höhe von Söderarm und Flötjan
kehrt, nachdem ſie ſich etwa eine Stunde vor der Nordeinfahrt nach Stock=
holm aufgehalten hatte. Die Nacht war ſehr ſichtig, es herrſchte heller
Mondſchein und ſchwacher ſüdöſtlicher Wind. Ein ſehr lebhafter Handels=
verkehr nach und von dem Bottniſchen Meerbuſen wurde beobachtet, aber
kein Verkehr nach den Ålandsgewäſſern oder nach dem Finniſchen Meer=
buſen. Auch die 20. Torpedoboots=Halbflottille hatte einen ſehr ſtarken
Dampferverkehr von Rußland nach der ſchwediſchen Küſte in Höhe von
Stockholm angetroffen. Kapitänleutnant Ehrhardt hatte in der Nacht eine
große Anzahl Dampfer anhalten laſſen und darunter überwiegend die
ſchwediſche Flagge, nur einen Holländer, feſtgeſtellt. Die Dampfer kamen
von der Nordküſte des Finniſchen Meerbuſens herüber und ſteuerten in
der Regel zwiſchen 10 Uhr abends und 2 Uhr morgens die ſchwediſche

Küste bei Svenska Björn-Feuerschiff an. Sie waren daher auch ziemlich
sicher, die kurze Strecke während der Nacht durch die Ålandssee ungefährdet
zurücklegen zu können. Es waren in der Mehrzahl Dampfer mit
Grubenholz für England. Auch hier war also wieder die Tatsache bewiesen, daß sich der Haupthandel zwischen Rußland und der Entente über
Schweden abspielte und vor unserem militärischen Zugriff dort oben ziemlich
sicher war, solange wir ihn nicht von einem wie die Ålandsinseln für uns
günstiger gelegenen Stützpunkt aus fassen konnten. Eine zweite Stelle,
ihn in der Ostsee zu beaufsichtigen, soweit er nicht mit Eisenbahn
an die Westküste Schwedens gebracht wurde, blieb nur sein Ausgang
aus der Ostsee, der Sund. Von einem Kapitän des holländischen
Dampfers „Amelang", erfuhr der Halbflottillenchef auch die Bestätigung des Erfolges von „U 26", die er sofort Kontreadmiral Behring
noch in der Nacht funkentelegraphisch meldete. Der Kapitän berichtete:
„Ich habe am 11. Oktober mittags 11.5 Uhr gesehen, wie auf 59° 38′ N
und 22° 56′ O ein Kriegsschiff mit vier Schornsteinen in die Luft flog und
in drei Minuten versackte[1]). Es war noch ein Großer Kreuzer und zwei
Torpedoboote dabei, die zurückgingen. Der Große Kreuzer schoß eine
Breitseite und ging dann nach Hangö." In der Morgendämmerung am
12. Oktober stand die 20. Torpedoboots-Halbflottille vor Lagskär. Die
Absicht zu landen, wurde dadurch vereitelt, daß der einzige Kutter der vier
Torpedoboote, der die Einrichtung für ein Maschinengewehr hatte, beim
Aussetzen leck wurde. Kapitänleutnant Ehrhardt wollte mit unbewaffneten
Kuttern keine Landung vornehmen, da er nach der Größe der Station
schloß, daß dort eine Küstenwache vorhanden sein konnte. Er nahm
den Leuchtturm für kurze Zeit unter Feuer, die Feuereinrichtung selbst
und das Innere des Leuchtturms wurden durch etwa 20 Treffer zerstört.
Von Lagskär steuerte die Halbflottille südwärts zur Vereinigung mit
„Augsburg" und „Lübeck".

Kontreadmiral Behring hatte am 12. Oktober 3.21 Uhr Vm. den Funkspruch der 20. Torpedoboots-Halbflottille mit den Einzelheiten über die
Versenkung der „Palláda" erhalten und sich daraufhin entschlossen, mit
dem Flaggschiff noch einmal bis zum Eingang des Finnischen Meerbusens
vorzustoßen. Er hatte „Lübeck" einen entsprechenden Treffpunkt weiter
östlich gegeben und war mit „Augsburg" bis etwa auf die Höhe von
Tachkona, 30 Seemeilen westlich unserer Sperre gegangen, ohne aber
außer einigen Rauchwolken am Horizont vom Feinde etwas zu sehen.
9.11 Uhr Vm. hatte er dann von „Lübeck" die Meldung bekommen, daß

---

¹) Der Ort des Unterganges stimmte mit Besfed „U 26" überein.

ſie „U 26" in Sicht habe und mit dem Boot zuſammen nach dem Sammel=
platz bei Farö ſteuere. Um 12.55 Uhr Nm. traf dann das Flaggſchiff mit
„Lübeck", „Amazone" und „U 26" etwa 30 Seemeilen weſtlich Dagerort
zuſammen. „Amazone" erhielt Befehl, „U 26" bis Brüſterort zu begleiten,
es dann allein nach Danzig zu ſchicken und ſelbſt zur Keſſelreinigung
nach Kiel zu gehen. Um 3.30 Uhr Nm. kamen in NNW die Boote der
20. Halbflottille in Sicht und ſammelten bei „Augsburg". Das Wetter
hatte ſich ſeit Tagesanbruch verſchlechtert, der Wind war erheblich
aufgefriſcht, der Seegang hatte zugenommen, der Himmel war bedeckt,
alles Anzeichen für ſchlechtes Wetter. Solches kommt in dieſem Seegebiet
ſehr plötzlich auf, da an der Nordſpitze Gotland eine ausgeſprochene
Wetterſcheide iſt; es wird häufig beobachtet, daß im Gebiet nördlich
davon und an der ſchwediſchen Küſte ſchönſtes Wetter iſt, während
zwiſchen Gotland und der deutſchen Küſte Sturm herrſcht. Der Admiral
hatte die beiden Kohlendampfer noch am Vormittag beſchleunigt an
die Weſtküſte Gotlands geſchickt, wo ſie bei Oſtwind geſchützt unter Halls=
huk lagen.   Für die Nacht zum 13. Oktober befahl Kontreadmiral
Behring, eine Vorpoſtenlinie zwiſchen Gotska Sandö und · Saritſcheff=
Feuerſchiff auszulegen, in der von 8 Uhr Nm. hin= und hergedampft
wurde. Das Wetter wurde zuſehends ſchlechter, ſo daß der Admiral
am 13. Oktober 5.30 Uhr Vm. die 20. Torpedoboots=Halbflottille zunächſt
zum Kohlen nach Hallshuk ſchickte und „Lübeck" nach Farö, um dort
auf „U 23" zu warten. Er ſelbſt ging mit „Augsburg" mit Nordkurs in
der Richtung auf Bengtſkär vor, um „U 23" auf dieſer Linie ſoweit wie
möglich entgegenzulaufen. Da Wind und See weiter zunahmen, Regen
und teilweiſe unſichtiges Wetter eintrat, erhielten die Torpedoboote Befehl,
während der Nacht in Lee von Gotland zu bleiben. „Lübeck" und „Augs=
burg" wollten während der Nacht bei Farö auf „U 23" warten. Gerade
als die beiden Kreuzer ihre Stellung eingenommen hatten, fing „Augs=
burg" 6.21 Uhr Nm. eine Funkenmeldung von „U 23" auf, daß das Boot
17 Seemeilen öſtlich Farö ſtände. Kontreadmiral Behring entließ darauf
„Lübeck", die 20. Torpedoboots=Halbflottille und die Kohlendampfer ſofort
nach Danzig, nahm ſelbſt „U 23" auf und trat den Rückmarſch nach Danzig
an, wo am Nachmittag des 14. Oktober der Verband des detachierten
Admirals wohlbehalten in Neufahrwaſſer eintraf. Dort erwarteten ihn
die Telegramme des Oberſten Kriegsherrn und des Oberbefehlshabers der
Oſtſeeſtreitkräfte: „Hocherfreut über den Erfolg von „U 26", verleihe ich
dem Kommandanten und der geſamten Beſatzung das Eiſerne Kreuz
2. Klaſſe. Wilhelm I. R.", und: „Es gereicht mir zur hohen Freude, dieſe
Allerhöchſte Anerkennung dem braven Kommandanten und ſeiner kriegs=

tüchtigen Besatzung mit meinem aufrichtigen Glückwunsch zu weiteren Er=
folgen zur Kenntnis zu bringen. Heinrich, Prinz von Preußen." Am
16. Oktober fand in Danzig in Gegenwart von Abordnungen aller Schiffe
und Fahrzeuge, die dem detachierten Admiral unterstellt waren, die Ver=
leihung des Eisernen Kreuzes an die Besatzung von „U 26" durch die
Kronprinzessin statt. Es waren die e r s t e n Eisernen Kreuze, die für
die Kriegführung in der Ostsee verliehen wurden, mit Ausnahme des
Großadmirals, der es am 10. September nach der Unternehmung vor dem
Finnischen Meerbusen erhalten hatte. Kontreadmiral Behring selbst wurde
es am 23. Oktober, »als Leiter der Unternehmung, die zur Versenkung der
„Palláda" geführt hatte«, verliehen.

Der Erfolg war in diesem Falle zum großen Teil der Führung des
Admirals zu verdanken gewesen. Von Beginn seiner Tätigkeit an hatte er
die Verwendbarkeit und die großen Aussichten von Unterseebooten im Gebiet
des Finnischen Meerbusens erkannt und planmäßig auf dieses Ziel hin=
gearbeitet. Zum erstenmal war der Gedanke, Unterseeboote als Falle zu
verwenden, auf welche der Feind gelockt werden sollte, in der Ostsee
in die Tat umgesetzt worden. Es zeigte sich hier die im Verlauf
des Krieges oft bestätigte Tatsache, daß jeder Erfolg in seinen Ursachen auf
richtige, den tatsächlichen Verhältnissen angepaßte Arbeit zurückzuführen
ist. Zufallserfolge gibt es auf die D a u e r nicht und meistens besteht
das sogenannte „Kriegsglück" nur in den Köpfen der Außenstehenden, die
die tieferen Zusammenhänge von Ursache und Wirkung nicht kennen und
daher nicht übersehen. Der Erfolg ist daher auch der einzige Maßstab, an
dem Führer und Personal im Kriege in ihren Leistungen gemessen und
bewertet werden können. Ohne Ansehen der Person müssen Führer, die
keinen Erfolg haben und denen auf die D a u e r das Kriegsglück nicht hold
ist, beiseite gesetzt werden. Der starke Charakter, der einen schnellen Ent=
schluß, ein tatkräftiges Handeln, das Positives gewährleistet, ist der höchsten
Intelligenz, die sich leicht in künstlichen Überlegungen und Konstruktionen
verliert, die zum Abwarten, zum Negativen neigt, grundsätzlich vorzu=
ziehen. Da im Frieden die Intelligenz meist sehr hoch bewertet wird, so
ist bei der Führerwahl auf diese Kriegserfahrung besonders Rücksicht zu
nehmen.

Kontreadmiral Behring hatte schon bei seiner ersten Unternehmung
in den Finnischen Meerbusen mit dem alten „U 3" gearbeitet. Von
da ab hatten er und der Oberbefehlshaber, der die Anträge seines
Unterführers nach Unterseebooten bei der Kriegsleitung vertrat und
befürwortete, nicht geruht, bis für den Ostseekriegsschauplatz endlich drei
brauchbare Unterseeboote bewilligt wurden. Die Übungen in Danzig

unter Leitung des Halbflottillenchefs der 5. Unterseeboots=Halbflottille, Kapitänleutnants Adam, hatten dann die Grundlage für den Erfolg bereits sechs Wochen nach Bildung der Halbflottille geschaffen. Auch die von Kontreadmiral Behring angeordnete Einschiffung von Kapitänleutnant Adam auf dem Flaggschiff hatte sich während der Unternehmung als zweckmäßig erwiesen und das verständnisvolle Zusammenarbeiten zwischen Stab und Spezialwaffe sichergestellt. In seinem Gefechtsbericht hob Kontre= admiral Behring besonders das Verhalten des Kommandanten, der Unterseebootsbesatzungen und der Boote „U 23" und „U 26" selbst, lobend hervor: „Nach dem ersten Fehlschuß ist vorzüglich gearbeitet worden. Die jungen Kommandanten haben es verstanden, mit ihrem Vorrat an Elek= trizität hauszuhalten, indem sie tags sparsam gefahren sind und nachts aufgeladen haben. Besondere Anerkennung verdient das Maschinenpersonal für die Leistung von „U 26", leitender Ingenieur, Marineingenieur Carl Schröder, das den Anmarsch von Kiel 600 Seemeilen nach seinem Tätigkeits= gebiet, den Aufenthalt dort und den etwa 400 Seemeilen langen Rückweg nach Danzig ohne Störung durchhielt." Der russische Marinegeneralstab gab den Verlust der „Pallada" durch folgende amtliche Meldung aus Petersburg bekannt: »Am 10. Oktober morgens wurden deutsche Untersee= boote in der Ostsee entdeckt. Sie griffen den Kreuzer „Admiral Ma= karow" an, der in See gegangen war, um eine verdächtige Bark unter holländischer Flagge zu untersuchen. Ein feindliches Unterseeboot schoß mehrere Torpedos ab, die glücklicherweise das Ziel verfehlten. Am 11. Oktober 11 Uhr Vm. griffen feindliche Unterseeboote von neuem unsere Kreuzer „Bajan" und „Pallada" an, die in der Ostsee auf Vorposten waren. Obgleich die Kreuzer sehr heftiges Artilleriefeuer eröffneten, gelang es einem Unterseeboot trotzdem, Torpedos gegen „Pallada" abzuschießen, auf der eine Explosion entstand. Der Kreuzer mit der gesamten Besatzung versank sofort.« Auch die englische Marine beschäftigte sich eingehend mit dem Erfolg der ihr so unangenehmen deutschen Unterseebootswaffe, deren Schärfe sie selbst erst drei Wochen vorher in der Nordsee durch „U 9" erfahren hatte. Den Engländern fiel es besonders auf, daß auch diesmal deutsche Unterseeboote sich so weit entfernt von ihren Stützpunkten betätigt, da die Boote zum mindesten zwei Tage ohne Begleitung von Mutterschiffen im Finnischen Meerbusen gearbeitet hatten. Die „Times" vom 14. Oktober 1914 zog daraus den für England wenig erfreulichen Schluß, „daß Unter= seeboote von großer Wasserverdrängung imstande wären, selbständige See= operationen auszuführen". Eine Erfahrung, die die englische Marine nach Kriegsbeginn ganz überrascht erst auf Grund der Erfolge von „U 9" und „U 26" machte, da sie ihren eigenen Unterseebooten damals offensive

Verwendung so weit entfernt von der eigenen Küste ohne Begleitschiffe noch nicht zumuten konnte. Als auffallend stark bezeichnete auch der englische Marineberichterstatter bei der Versenkung der „Palláda" die er= staunliche Wirkung des deutschen Torpedos am Ziel, „der imstande gewesen war, einen 8000=Tonnen=Kreuzer im Augenblick restlos zu vernichten". Auch hier von feindlicher Seite ein Lob deutschen Materials und deutscher Waffen. Der Verlust der „Magdeburg" war nun wettgemacht und es war kein Zufall, daß gerade ein Unterseeboot diesen ersten Erfolg gegen die russische Flotte erreicht hatte. Es wurde nur dadurch die Richtigkeit der vom Oberbefehlshaber und detachierten Admiral schon immer vertretenen Ansicht bestätigt, daß am leichtesten Unterseeboote einen Erfolg gegen die hinter ihren Sperren bleibende russische Flotte erreichen könnten.

Von jetzt ab aber war damit zu rechnen, daß die russischen Linienschiffe und Panzerkreuzer sich noch vorsichtiger im Finnischen Meerbusen bewegen und kaum wagen würden, ihren verhältnismäßig sicheren Aufenthaltsort zu verlassen. Die Hoffnung, mit Überwasser= streitkräften außerhalb des Finnischen Meerbusens die russische Flotte oder Teile davon zur Schlacht zu stellen, konnte wohl bis auf weiteres aufgegeben werden. Die Ostsee war sowohl geographisch wie auch nach dem Kräfte= verhältnis der beiden Gegner Deutschland und Rußland und nach dem für ihr Seegebiet in Frage kommenden Kriegszielen das gegebene Ver= wendungsgebiet für Mine und Unterseeboot. Wenige Tage nach der Rück= kehr des Kontreadmirals Behring und seiner Streitkräfte nach Danzig sollte der Einbruch englischer Unterseeboote in die Ostsee den Wert des Unter= seebootes in diesem Seegebiet noch deutlicher erweisen.

11. Einbruch englischer Unterseeboote in die Ostsee Ende Oktober 1914.

Ende September hatten bereits zahlreiche Meldungen über das Auftreten englischer Streitkräfte, vor allem von Unterseebooten im Ska= gerrak und Kattegat, einen beabsichtigten Einbruch englischer Untersee= boote durch den Sund in die Ostsee sehr wahrscheinlich gemacht. Die Folge war erhöhte Aufmerksamkeit bei den deutschen Bewachungsstreitkräften, aber gleichzeitig auch eine zunehmende Zahl von Meldungen über angeblich bereits in der westlichen Ostsee gesichtete feindliche Unterseeboote. In der ersten Oktoberhälfte entstand durch alle diese bei näherem Nach= forschen sich stets als falsch herausstellende Nachrichten in der Ostsee eine gewisse Unruhe. So meldete bereits am 7. Oktober die Küstenwache in Alt=Gaarz an der mecklenburgischen Küste bei Buk, daß sie zwischen 5 und

6 Uhr Nm. 30 hm von Land ab zwei Fahrzeuge mit westlichen Kursen
gesichtet, und für Unterseeboote gehalten hätte. Zwar hatten die Leute
selbst noch nie ein Unterseeboot gesehen, aber ihre Annahme wurde auch
von den im dortigen Küstengebiet tätigen Fischern bestätigt. Der Ober=
befehlshaber schenkte dieser Meldung von vornherein wenig Vertrauen,
hielt sich trotzdem aber verpflichtet, die entsprechenden Maßnahmen zu
treffen. Alle Küstenwachen und Marine=Nachrichtenstellen wurden zu
besonderer Aufmerksamkeit und verschärftem Ausguck angehalten, die in
der Kieler Bucht übenden Geschwader und einzelnen Schiffe benach=
richtigt. Der Chef der Küstenschutzdivision erhielt Befehl, durch die 4. Tor=
pedoboots=Halbflottille die Lübecker und Mecklenburger Bucht nach Unter=
seebooten und Unterseeboots=Mutterschiffen abzusuchen. Man war damals
noch allgemein der Ansicht, daß englische Unterseeboote nur mit Hilfe von
Mutterschiffen in die Ostsee eindringen und dort arbeiten könnten. Man
dachte an hierfür eingerichtete, nach außen nicht auffallende Handels=
dampfer und ließ auch in diesen Tagen alle in der westlichen Ostsee
angetroffenen Dampfer auf Namen und Verwendung untersuchen. Das
Zum erstenmal verwandte der Großadmiral bei dieser Gelegenheit
auch die ihm unterstellten Luftschiffe „PL 19", Kommandant Hauptmann
Stelling und „PL 6", Kommandant Oberleutnant zur See Hirsch. Beide
Schiffe stiegen am 9. Oktober vormittags zur Aufklärung der Kieler,
Mecklenburger und Lübecker Bucht auf. Eigene Unterseeboote waren, um
bei dem in dieser Anfangszeit noch nicht sicher durchgearbeiteten Er=
kennungsdienst zwischen Luftschiffen, Flugzeugen und Unterseebooten,
gefährliche Verwechslungen zu vermeiden, im Hafen gehalten worden. Das
kleinere Luftschiff „PL 6" sollte vor dem Kieler Hafen aufklären, brach
aber wegen unsichtiger Luft seine Aufgabe vorzeitig ab und landete
12.30 Uhr Nm. „PL 19" führte seinen Auftrag aus, hatte in der Lübecker
und Mecklenburger Bucht sehr gute Sichtigkeit, fand aber im übrigen nichts
Verdächtiges. Die Tätigkeit der beiden Luftschiffe war insofern beschränkt,
als sie strengen Befehl erhalten mußten, ein Überfliegen oder Abtreiben
auf dänisches Hoheitsgebiet unter allen Umständen zu vermeiden. Der
Fehmarn=Belt wurde während dieser Tage durch die dem Admiral der
Schulkreuzerdivision für den Bewachungsdienst am Sund zugeteilten Tor=
pedoboote der Küstenschutzdivision gesperrt und dauernd abgesucht. Es
wurde nichts gefunden, was auf die Anwesenheit von feindlichen Untersee=
booten schließen ließ.

Am 14. Oktober 4 Uhr Vm. erhielt der Großadmiral eine erneute
Alarmnachricht. Das Torpedoboot „S 127" meldete, daß in der Nacht,
gegen 1 Uhr Vm. ein Unterseeboot bei der Heultonne Kiel gesehen sei.

Wenn von Anfang an auch diese Meldung wenig wahrscheinlich erschien, wurde doch Befehl gegeben, nach Tagesanbruch die Kieler Bucht durch Torpedoboote absuchen zu lassen. Die beiden Luftschiffe und vier Flug=zeuge der Seeflugstation Holtenau stiegen am frühen Morgen zur Er=kundung auf. Das III. und IV. Geschwader, sowie der Panzerkreuzer „Derfflinger", die mit Übungen in der Kieler Bucht beschäftigt waren, liefen in den Hafen ein. Bei näherer Untersuchung stellte sich der Vorfall als „falscher" Alarm heraus. Nachdem am 15. Oktober die Torpedo=boote und Luftstreitkräfte nochmals zur Aufklärung verwandt waren und nichts Verdächtiges in der Kieler Bucht entdeckt hatten, wurde den Schiffen das Auslaufen zur Fortsetzung ihrer Übungen in der Kieler Bucht anheim=gestellt. Aber bereits am 15. Oktober nachmittags wurde wieder, diesmal von der Küstenwache Warnitzhöft in der Apenrader Föhrde, ein in den Alsensund einfahrendes Unterseeboot gemeldet, das sich aber sehr bald als die Stationsjacht „Schneewittchen", ein kleines Torpedoboot, herausstellte. Die Küstenwachen in der Ostsee waren, im Gegensatz zu den Marine=Nach=richtenstellen, von der Armee, und zwar mit Landsturmleuten besetzt, denen die Unterscheidung der einzelnen Schiffe und der Schiffsarten Schwierig=keiten machten. Hätte die englische Seekriegführung bei Beginn des Krieges über leistungsfähige Unterseeboote und über energische Komman=danten und Besatzungen verfügt, so wäre der englischen Marine in der Ost=see eine wirksame Betätigung und erhebliche Schädigung unserer Krieg=führung mit ihren Unterseebooten möglich gewesen.

Am 17. Oktober nachmittags wurde von dem Kapitän eines von der 19. Torpedoboots=Halbflottille am Sund angehaltenen Dampfers berichtet, daß er im Skagerrak englische Unterseeboote gesichtet habe. Der Chef der Küstenschutzdivision befahl darauf allen Bewachungsstreitkräften erhöhte Aufmerksamkeit, da er einen Durchbruchsversuch für möglich hielt. Am 17. Oktober abends zwischen 10 und 12 Uhr beobachtete „Panther", der am Südausgang des Aaröfundes lag, den Funkenverkehr englischer Kriegsschiffe. Anscheinend rief der englische Kreuzer „Dublin" eine andere Station an. Die Zeichen waren laut, so daß mit in der Nähe befindlichen englischen Streitkräften gerechnet werden konnte. Am 18. Oktober vor Hell=werden hatte S. M. S. „Victoria Louise" auf ihrer Sund=Vorpostenstellung in Höhe des Breitenparallels von Gyldenlöves Flach die Funkenmeldung eines der im Südausgang des Sundes auf Beobachtungsstellung vorge=schobenen Torpedoboote der 19. Halbflottille erhalten, daß etwa 5 See=meilen westlich von Falsterbo=Ref=Feuerschiff ein feindliches getauchtes Unterseeboot gesichtet sei. Der Kommandant des Kreuzers, Fregatten=kapitän Dominik, ließ daraufhin nach Hellwerden die Kriegswache auf ihren

Stationen und den Ausguck in beiden Marsen durch Fähnriche verstärken. Um 9 Uhr Vm. steuerte „Victoria Louise" mit 13 Seemeilen Fahrt auf geradem Kurs nach Falsterbo-Ref-Feuerschiff, um von dort aus mit Scheinwerferspruch die Verteilung der Torpedoboote vor dem Sund zu erfragen. 10.10 Uhr Vm. meldeten fast gleichzeitig die Ausguckposten auf der Hütte und im achteren Krähennest zwei Torpedolaufbahnen an Backbord. Die Laufbahn des ersten Torpedos ging 50 m hinter dem Heck vorbei. Der Navigationsoffizier, Kapitänleutnant Friedrich Lützow, drehte auf die Meldung sofort mit äußerster Kraft sechs Strich nach Steuerbord ab und dadurch gelang es noch im letzten Augenblick dem zweiten Schuß, der sonst in einem Schneidungswinkel von etwa 55° getroffen hätte, auszuweichen. So lief der Torpedo etwa 3 Minuten in einem Abstand von 50 m neben dem Schiff her und versackte dann 40 m querab. Ob ein nach dem Abdrehen nach Angabe des Kriegstagebuches ein bis zwei Minuten später Backbord achteraus in etwa 500 bis 600 m Abstand kurze Zeit gesichtetes zweites Unterseeboot wirklich ein neues war, steht dahin. An sich erscheint es unwahrscheinlich, daß zwei Unterseeboote so dicht nebeneinander zum Angriff angelaufen sein sollten. Zeit- und Entfernungsunterschied zwischen dem Sichten der beiden Boote sprachen für die Anwesenheit nur eines Bootes. Anderseits ist es aber nicht ausgeschlossen, daß zwei Boote in der Rotte den Durchbruch durch den Sund und die Flintrinne in der Nacht ausgeführt und bei Hellwerden auf den ihnen in den Weg laufenden Kreuzer „Victoria Louise" gleichzeitig zum Angriff gekommen sind. Eine Beschießung der Unterseeboote durch „Victoria Louise" war nicht möglich, da diese zu kurze Zeit gesichtet und auch durch den Schornsteinqualm des nach dem Angriff hohe Fahrt laufenden Kreuzers verdeckt wurden. „Victoria Louise" erhielt durch den Admiral der Schulkreuzerdivision Befehl, zunächst im Gebiet südöstlich der Verbindungslinie Möen—Smygehuk mit wechselnden Fahrten und vor allem in Zickzackkursen hin und her zu dampfen.

Der Oberbefehlshaber der Ostseestreitkräfte erhielt am 18. Oktober 10.30 Uhr Vm. die von „Victoria Louise" über Swinemünde aufgegebene Funkenmeldung: „10 Uhr Vm. einzelne feindliche Streitkräfte im Quadrat 020 δ[1]) zwei Torpedoschüssen ausgewichen." Für den Großadmiral war durch diese Nachricht die Tatsache des Vorhandenseins feindlicher Unterseeboote in der Ostsee erwiesen. Er und sein Stab waren sich auch keinen Augenblick darüber im Zweifel, daß es sich nur um e n g l i s c h e Unterseeboote handeln könne. Abgesehen von den Beobachtungen eines gesteigerten englischen Funkenverkehrs und der Meldung über das Sichten englischer

---

[1]) Zwischen Möen und Falsterbo.

Unterseeboote im Skagerrak war vor allem der Ort des Angriffs, südlich
vom Ausgang des Sundes, der klarste Beweis dafür, daß es englische
Boote sein mußten. Der Oberbefehlshaber war ferner davon überzeugt,
daß die Boote nur durch den Sund und das überwiegend im schwedischen
Hoheitsgebiete liegende Fahrwasser der Flintrinne bei Nacht in die Ostsee
eingedrungen sein konnten. Wegen der von der Kriegsleitung streng
vorgeschriebenen Rücksichtnahme auf neutrales Hoheitsgebiet hatten die
Tagbewachungsstellen der Torpedoboote im Sund nur bis zur Höhe des
Bred=Grundes vorgeschoben werden können. Dadurch war aber eine
sichere Bewachung der Flintrinne bei Tage und bei Nacht nicht gewähr=
leistet. Ihr Durchfahren in aufgetauchtem Zustande bei Nacht war bei den
in vollem Betrieb stehenden drei schwedischen Feuerschiffen und ausliegenden
Seezeichen keine schwierige, navigatorische Leistung. Gegen russische
Unterseeboote sprach sowohl die weite Entfernung ihrer Stützpunkte als
auch die Wahrscheinlichkeit, daß ein so weit nach Westen vorgedrungenes
russisches Unterseeboot sich sicher nicht bei der Sundbewachung aufgehalten
hätte, sondern sofort bis zur Kieler Bucht mit ihren wertvollen Angriffs=
objekten vorgedrungen wäre. Die Kriegsleitung teilte durchaus diese ihr
vom Oberbefehlshaber gemeldeten Ansichten. Die erste und wichtigste der
nun unverzüglich zu treffenden Abwehrmaßnahmen schien dem Groß=
admiral auch die sofortige Sperrung des Südausganges des Sundes
innerhalb unserer Hoheitsgewässer durch Minen zu sein. In der gleichen
Weise, wie es mit den Belt=Ausgängen bereits geschehen war. Er erbat
telegraphisch die grundsätzliche Genehmigung der Kriegsleitung zu diesem
Schritt. Zur Vernichtung der eingedrungenen Unterseeboote und zur
Sicherung der eigenen Streitkräfte in der westlichen Ostsee wurden dann
folgende Maßnahmen vom Oberbefehlshaber angeordnet:

„1. Kontreadmiral Jasper übernimmt mit „Hansa", „Hertha", „Victoria
    Louise", „Thetis", der 4. und 19. Torpedoboots=Halbflottille die
    Leitung am Sund. Die Bewachung am Südausgang verstärken, um
    Durchbruch der Unterseeboote nach Norden zu verhindern. Mit den
    übrigen Streitkräften Gebiet zwischen Möen—Dornbusch und
    Arkona—Smygehuk nach Unterseebooten absuchen, auch während der
    Nacht, um die Unterseeboote beim Aufladen abzufangen oder sie
    daran zu hindern. Mit Scheinwerfern bei Absuchen leuchten, Vor=
    postenlinie mit zwei Kreuzern aufrechterhalten.

2. 17. Torpedoboots=Halbflottille und vier Schulboote der I. Torpedo=
   division bilden Vorpostenlinie im Fehmarn=Belt nach Anweisung des
   Chefs der 17. Torpedoboots=Halbflottille. Von 6 Uhr Nm. an
   während der Nacht, Lübecker und Mecklenburger Bucht nach Unter=

seebooten absuchen, auch Südküste von Laaland. Bei Hellwerden
Fehmarn=Belt=Linie wieder besetzen.

3. „Gazelle" übernimmt die Bewachung am Langeland=Belt.
4. Kontreadmiral Mischke auf „Undine" übernimmt die Leitung der
   Bewachung am Aarösund mit den dort befindlichen Streitkräften.
5. „PL 19" klärt bis zur Linie Gjedser—Darsserort auf. Die Flieger
   möglichst bis Südausgang Sund.
6. Verwendung der Hilfsstreuminendampfer „Odin", „Deutschland" und
   „Rügen" vorbehalten."

Der Hauptgesichtspunkt bei den Abwehrmaßnahmen war zunächst für
den Prinzen die Zurückziehung aller schweren Schiffe aus der Kieler Bucht
und die ausschließliche Verwendung von Torpedobooten und Flugzeugen.
III. und IV. Geschwader sowie „Derfflinger" wurden daher im Hafen
zurückgehalten, ebenso alle Unterseeboote. Da zu dieser Zeit alle Angriffs=
mittel gegen Unterseeboote wie Wasserbomben, Unterseebootsdraggen,
Netze und besondere Unterseebootsminen fehlten, sah man das sicherste Mittel
für ihre Vernichtung darin, die Unterseeboote bis zur Erschöpfung ihrer
Batterie zur Tauchfahrt zu zwingen. Dafür waren aber kleine, schnelle
Fahrzeuge, in erster Linie Torpedoboote, nötig. An Torpedobooten war
um diese Zeit der Oberbefehlshaber leider sehr knapp. Von der ihm von
den Hochseestreitkräften zur Verfügung gestellten II. Torpedobootsflottille
war abwechselnd eine Halbflottille gerade bei der Kesselreinigung. Er war
daher gezwungen, die in der Indienststellung und Ausbildung in Kiel be=
griffene 17. Torpedoboots=Halbflottille der Hochseestreitkräfte, Chef Kor=
vettenkapitän Jacobi, („V 25", „V 26", „V 27", „S 31" und „S 32") und
vier Schultorpedoboote der I. Torpedobootsdivision, zunächst in Anspruch
zu nehmen und gleichzeitig den Hochseechef um Überweisung einer zweiten
Torpedobootsflottille als Verstärkung zu bitten. Admiral v. Ingenohl stellte
auch, trotzdem die Abgabe einer Flottille in der Nordsee drückend
empfunden wurde, die VIII. Torpedobootsflottille, Chef Korvettenkapitän
Adolf Pfeiffer („G 174", „G 175", „S 176", „S 177", „S 179", „V 180",
„V 183", „S 131", „S 139"), so lange zur Verfügung, bis die Boote der
II. Flottille wieder voll verwendungsbereit wären.   -

Der Admiral der Schulkreuzerdivision erhielt später Befehl, in der
Verwendung seiner alten unter Wasser wenig geschützten Kreuzer vor=
sichtig zu sein. Er sollte daher während der Nacht vom 18. zum 19. Oktober
seine Kreuzer aus der Vorpostenstellung am Sund nach Osten zurückziehen
und am 19. vormittags die Enge nördlich Bornholm bewachen. Die Hanö=
Bucht, die Küsten von Bornholm und Rügen sollten von den Kreuzern
nach Unterseebootsbegleitschiffen abgesucht werden. Ein Anhalten fremder

Dampfer durch die Kreuzer selbst wurde ausdrücklich verboten, da man mit
feindlichen Unterseebooten rechnete, die als Kriegslist im Kielwasser eines
solchen Dampfers fahren und dann auf das gestoppt liegende Kriegsschiff
leicht zum Angriff kommen konnten. Die Torpedoboote sollten ausschließlich
den Sund bewachen. Zu ihrer Verstärkung erhielt die Hilfsminen=
suchdivision in Swinemünde, Chef Kapitänleutnant Odo Loewe[1]),
Befehl, sofort nach Falsterbo=Ref=Feuerschiff auszulaufen und die Torpedo=
boote im Suchen zu unterstützen. Im Laufe des 18. Oktober wurde von
den Torpedobooten weder in der Kieler Bucht, noch sonst in der westlichen
Ostsee etwas von feindlichen Unterseebooten gesehen. Nur das Flugzeug
Nr. 53, Führer Oberleutnant zur See Friedensburg, meldete, im östlichen
Teil der Kieler Bucht 4.40 Uhr Nm. einen Gegenstand, der einem Sehrohr
in Fahrt glich, mit SW=Kurs gesehen zu haben. Das Luftschiff „PL 19"
war nachmittags mehrere Stunden ohne Erfolg zur Aufklärung auf=
gestiegen. Für die Nacht zum 19. Oktober wurden die Leuchtfeuer der
Kieler Bucht verdunkelt und für den nächsten Tag die Durchführung der
verschärften Kriegswachbezeichnung für die westliche Ostsee befohlen. Die
Kriegsleitung wurde laufend über die getroffenen Maßnahmen unterrichtet.
Am Abend des 18. Oktober erhielt der Oberbefehlshaber durch Admiral
v. Pohl als Antwort auf seine Anfrage den Befehl aus dem Großen
Hauptquartier: „Minensperre vor Sund n i c h t werfen, da nicht wirksam
gegen Unterseeboote, und Handelsverkehr bestehen bleiben muß." Damit
war eine Maßnahme verboten, der nach Lage der Dinge an Ort und Stelle
als Abwehrmittel militärisch unzweifelhaft besonderer Wert beigelegt
werden mußte. Eine Minensperre, verbunden mit einer Trossen= und
Schiffssperre am Südausgang des Sundes außerhalb der schwedischen und
dänischen Hoheitsgebiete und bewacht von Torpedobooten, hätte zum
mindesten ein sehr erhebliches Hindernis für neu eindringende oder
zurückkehrende Unterseeboote bedeutet. Sehr viel später ist auch
dadurch allein dem Eindringen weiterer englischer Unterseeboote Halt
geboten worden. Der Handelsverkehr konnte durch Lotsenfahrzeuge
an den Sperren unterstützt und weitergeleitet werden. Der Ober=
befehlshaber erhielt durch den stellvertretenden Chef des Admiral=
stabes nur die Erlaubnis, „daß gegen ein Vorschieben von Be=
wachungsstreitkräften gegen die Flintrinne bis unmittelbar zur 3=See=
meilen=Grenze unter den augenblicklichen Verhältnissen keine Be=
denken beständen". Die Bewachungs=Torpedoboote wurden darauf

---

[1]) Später als Kommandant eines Luftschiffes englischer Grausamkeit zum Opfer
gefallen.

bis zwei Seemeilen von Oskarsgrundet-Feuerschiff entfernt an die Flintrinne vorgeschoben.

Mit Hellwerden am 19. Oktober zog Großadmiral Prinz Heinrich
auch die noch in See befindlichen Kreuzer und Hilfsstreuminendampfer in
Sicherungsstellungen auf flaches Wasser oder in die Buchten dicht unter
Land zurück. Die Bewachung des Seegebietes der westlichen Ostsee blieb
an diesem Tage ausschließlich den Torpedobooten und Luftstreitkräften
überlassen. Die 17. Torpedoboots-Halbflottille lief um 6.10 Uhr Vm. in
Dwarslinie, die Boote 2 Seemeilen voneinander entfernt, von Fehmarn-
Belt-Feuerschiff auf Schleimünde zu, Fahrt 17 Seemeilen, Zickzackkurse.
11.15 Uhr Vm. sichtete „V 27", Kommandant Kapitänleutnant Franz
Fischer, etwa 50 hm achteraus den Turm eines mit südlichem Kurs
steuernden feindlichen Unterseebootes. Es war etwa 7 Seemeilen südöstlich
von Schleimünde. Auf das Feuern des Heckgeschützes tauchte der Turm
sofort unter, Sehrohr wurde nicht gesehen. Auf den Funkspruch des Bootes
sammelte Korvettenkapitän Jacobi die Halbflottille und umstellte den Ort,
wo das Boot gesichtet worden war. Unterdessen hatte „S 31", Kommandant
Kapitänleutnant Dette, der mit seinem Boote zum Befehle übermitteln
längsseits von „V 27" gelegen hatte, die Verfolgung aufgenommen.
Hierbei sichtete er plötzlich für etwa eine halbe Minute das Sehrohr
eines zweiten Unterseebootes, das er sofort unter Feuer nahm und
verfolgte. Das Unterseeboot schoß einen Torpedo, dessen Blasenbahn
aber „S 31" ausweichen konnte. Zwei Rammversuche des Torpedobootes hatten augenscheinlich keinen Erfolg, da das Unterseeboot, dessen
Bootskörper vom Scheinwerferstand des Torpedobootes aus deutlich zu
sehen war, zu schnell wegtauchte. Für die Artillerie bot sich keine Zeit
mehr, Wasserbomben standen dem Kommandanten noch nicht zur Verfügung. Die von der 17. Halbflottille 11.30 Uhr Vm. bis zum Nachmittag
mit sieben Booten sofort aufgenommene Verfolgung der beiden Unterseeboote führte zu keinem Ergebnis. 3.24 Uhr Nm. wurde von der Signalstation Bülk ein aufgetaucht fahrendes Unterseeboot gemeldet, das etwa
eine Strecke von 200 m über Wasser gefahren war. Aus Schleimünde kam
am Spätnachmittage die Nachricht, daß dänische Fischer 12 Uhr mittags
zwischen Aarö und Schleimünde ein auftauchendes Unterseeboot auf Ostkurs
gesichtet hätten. Alle diese Meldungen nach Zuverlässigkeit der Beobachtung, Uhrzeiten und Entfernungen der Standorte untereinander verglichen, führen zu der Annahme, daß s i c h e r z w e i feindliche Unterseeboote sich am 18. und 19. Oktober in der westlichen Ostsee aufgehalten
haben. Die beiden Luftschiffe und die Flugzeuge kehrten am Nachmittage

des 19. Oktober von der Erkundung der westlichen Ostsee zurück, ohne etwas von feindlichen Unterseebooten gesehen zu haben.

Um den englischen Unterseebooten den Rückweg aus der Kieler Bucht zu verlegen, wurde vom Großadmiral in Übereinstimmung mit dem Chef der Küstenschutzdivision beschlossen, den Fehmarn-Belt durch Heringsnetze abzuschließen, da auf den Werften noch kein anderweitiges Netzmaterial vorhanden war und man über die Verwendung von Netzen gegen Unter-seeboote auch noch keine Erfahrungen hatte. Die Küstenschutzdivision wurde mit der Durchführung dieser Sperrung beauftragt und bestellte sofort bei der Fischerei-Aktiengesellschaft in Glückstadt 1200 Stück Heringsnetze. Es waren Hochseestellnetze von 30 m Länge und etwa 15 bis 16 m Tiefe, die streifenförmig in Streifen von 12 km zwischen Marienleuchte und Hylle-krog im Fehmarn-Belt ausgebracht werden sollten. Diese Netzsperre wurde vom 23. bis 27. Oktober durch Fischdampfer unter Leitung von Korvetten-kapitän v. Rosenberg gelegt. Infolge des Stroms lagen die Streifen nicht in einer geraden Linie, sondern in einem Bogen mit der Öffnung nach Westen. Es waren zwei Reihen, die zweite in 30 km Abstand, schachbrett-förmig auf den Lücken der ersten, im ganzen 36 km Netze. Man hoffte, daß durch diese Sperre die Schrauben durchfahrender Unterseeboote un-klar würden oder einzelne Netzstreifen an die Oberfläche kämen. Ein infolge unklarer Schrauben zum Auftauchen gezwungenes feindliches Unterseeboot sollte dann von den die Sperre bewachenden, bewaffneten Fischdampfern vernichtet werden. Ihre Zahl war auf dringenden Antrag des Oberbefehlshabers um zwölf vermehrt worden. Der Hochseechef hatte dem Oberbefehlshaber gedrahtet, daß nach den Nordseeerfahrungen Tor-pedoboote für Unterseebootsjagd ungeeignet wären, da sie zu unhandlich und damit selber zu sehr gefährdet seien. Besser geeignet wären bewaffnete Fischdampfer, die in mehreren Reihen hintereinander das Gebiet absuchen müßten. Großadmiral Prinz Heinrich stand eine ausreichende Zahl von Fischdampfern nicht zur Verfügung. Er ließ aber daraufhin sofort sechs Hafendampfer mit einem militärischen Wachkommando und je einem Maschinengewehr ausrüsten, die unter Leitung von Kapitänleutnant Schepke am 20. Oktober morgens rottenweise die Eckernförder Bucht und die Stollergrundrinne nach feindlichen Unterseebooten absuchen sollten. Angetroffene feindliche Unterseeboote sollten durch Rammen unschädlich gemacht werden. Die VIII. Torpedobootsflottille war am 19. Oktober abends von der Nordsee in Kiel eingelaufen. Neun Boote wurden zur Verstärkung der Sundbewachung dem Chef der II. Torpedobootsflottille unterstellt, zwei Torpedoboote zur Verstärkung der Bewachung „Undine"

14*

am Aarösund geschickt. Die 17. Halbflottille und die vier Schulboote wurden wieder nach Kiel entlassen.

In der Nordsee hatte am 19. Oktober nachmittags ein deutsches Unterseeboot das englische Unterseeboot „E 3" in der Deutschen Bucht versenkt, nachdem deutsche Unterseeboote seit mehreren Tagen planmäßig in den Gebieten aufgestellt worden waren, in denen man englische Unter=seeboote wiederholt beobachtet hatte. Auf Grund dieses Einzelerfolges, der damals mehr versprach, als sich in Zukunft erfüllte und auf den man um so größere Hoffnungen für die Bekämpfung feindlicher Unter=seeboote aufbaute, als man diesen weder auf unserer noch auf gegnerischer Seite mit Überwasserstreitkräften beikommen konnte, beschloß Großadmiral Prinz Heinrich, die Erfahrungen des Hochseechefs auch in der Ostsee zu verwerten und vom 21. Oktober ab unter Zurück=ziehung aller Torpedoboote den Unterseebooten die Kieler Bucht allein zu überlassen. Es standen ihm dazu fünf Unterseeboote, „U A", „U 1", „U 3", „U 4", „U 32" zur Verfügung. Die Boote sollten während der Nacht sich auf Grund legen oder zum Aufladen auftauchen, bei Tage in den ihnen zugewiesenen Quadraten herumfahren und von Zeit zu Zeit zur Unter=richtung das Sehrohr ausfahren und so versuchen, gegen feindliche Unter=seeboote zu Schuß zu kommen. Die ganze Kieler Bucht wurde am 21. Oktober von eigenen Streitkräften geräumt. Die planmäßig aus=laufenden Hafendampfer wurden am 20. Oktober vormittags wieder zurück=gerufen. Die Aufklärung durch Flugzeuge und Luftschiffe unterblieb bis auf weiteres. Im übrigen war am 20. Oktober weder von den Torpedo=booten noch von den Hafendampfern etwas von feindlichen Unterseebooten gesichtet worden. Luftaufklärung war wegen starken Nordoststurms nicht möglich gewesen. Die im östlichen Fehmarn=Belt stehenden Streitkräfte erhielten Befehl, während der nächsten Tage die Linie Marienleuchte—Hyllekrog nach Westen, die Bewachungsstreitkräfte im Kleinen Belt und Aarösund den 54° 55' nördlicher Breite nicht nach Süden zu überschreiten. Am späten Nachmittag des 20. Oktober liefen die fünf Unterseeboote aus dem Kieler Hafen. Am 24. Oktober vormittags wurden ihre Stellungen von dem Führerboot abgefahren, ohne daß besondere Vorkommnisse zu melden waren. Am 27. Oktober zog der Oberbefehlshaber sämtliche Unter=seeboote, nachdem bis dahin keine weiteren Meldungen über die Anwesen=heit feindlicher Unterseeboote in der Kieler Bucht oder in der westlichen Ost=see eingelaufen waren und die eigenen Unterseeboote auch nichts gesehen hatten, nach Kiel zurück. Es wurde jetzt angenommen, daß die englischen Unterseeboote sich nur am 18. und 19. Oktober vor der Kieler Bucht auf=

gehalten hatten und dann nach Osten gegangen waren. Die in die Ostsee eingedrungenen Boote konnten sich mit Rücksicht auf ihren Brennstoffvorrat und die Beanspruchung ihrer Besatzungen nur wenige Tage in dem für sie recht gefährlichen Gebiet vor der Kieler Bucht aufhalten, um dann noch bis zu einem russischen Stützpunkt zu gelangen. Darauf ließ auch der von der Funkenstation Danzig am 21. Oktober in der östlichen Ostsee abgehörte englische Funkenverkehr mit geringer Wellenlänge und Lautstärke schließen. Die Richtigkeit dieser Vermutung wurde bestätigt, als der Admiralstab aus sicherer Quelle am 25. Oktober die Nach= richt erhielt, daß die beiden englischen Unterseeboote „E 1" und „E 9" am 21. Oktober mittags in Libau eingelaufen wären. Damit stimmte auch überein, daß bereits am 26. Oktober 1.30 Uhr Nm. ein Unterseeboot in der Danziger Bucht 3 Seemeilen nördlich von Weichselmünde und am 28. Oktober nachmittags ein anderes Boot einwandfrei nördlich von Hela beobachtet wurde. Wahrscheinlich handelte es sich hierbei schon um eine Unternehmung eines feindlichen Bootes von Libau aus nach der so einfach zu erreichenden Danziger Bucht mit ihrem regen Schiffsverkehr. Der Oberbefehlshaber zog auf diese Meldung hin die in der östlichen Ostsee befindlichen Schulkreuzer nach Swinemünde zurück. Im übrigen war fernerhin weder von einem Erfolg, noch überhaupt von einer Tätigkeit der englischen Boote in der Ostsee etwas zu merken.

In den letzten Oktobertagen hielt der Oberbefehlshaber die Kieler Bucht wieder für frei und benutzbar. Hiermit trat Anfang November Ruhe und geregelte Wachtätigkeit für die Streitkräfte der Küsten= schutzdivision in der Ostsee ein, vor allem für die kleinen Fahrzeuge, die in den beiden letzten Wochen bis auf das äußerste beansprucht worden waren. Es muß bedacht werden, daß dem Prinzen in der Ostsee immer an Zahl unzureichende Mittel zur Verfügung standen und daher vor allem die Personalbeanspruchung außergewöhnlich hoch war. Die II. und VIII. Torpedobootsflottille wurden dringend vom Hochseechef zurückverlangt, sie traten am 29. Oktober den Rückmarsch nach der Nordsee an. Dafür stellte Admiral v. Ingenohl dem Oberbefehlshaber vorüber= gehend die in der Ostsee bereits einmal verwandte II. Minensuchdivision zur Verfügung, deren 14 kleine Torpedoboote für den Bewachungsdienst sehr viel geeigneter erschienen. Der Minensuchdienst in der Nordsee ge= stattete um diese Zeit noch die Verwendung dieser Sonderboote für einen Nebenzweck. Der geringe Bestand an kleinen Fahrzeugen zwang bei den stets wachsenden Anforderungen zur dauernden Verwendung unserer Tor= pedoboote und Minensuchboote für außerhalb ihres eigentlichen Verwen= dungszweckes liegende Aufgaben. Große Bauaufträge für geeignete Fahr=

zeuge zum Minensuchdienst und Unterseebootsabwehr traten erst ein, als man mit längerer Kriegsdauer rechnete. Eine kleine Verstärkung seiner Torpedobootsstreitkräfte erhielt der Oberbefehlshaber, indem am 24. Oktober aus den Booten der 19. Halbflottille unter Hinzutritt mehrerer anderer Torpedoboote die IV. Torpedobootsflottille gebildet wurde. Sie bestand aus den Torpedobooten „S 120" bis „S 131" ohne „S 125". Das Torpedoboot „G 134" trat zur 20. Halbflottille des detachierten Admirals. Mit „Sleipner" und „Carmen" unterstanden dem Großadmiral jetzt insgesamt 19 Torpedoboote, mit denen er den zahlreichen Aufgaben der Kriegführung in dem weiten Ostseegebiet gerecht werden mußte. Als schwimmender Flugzeugstützpunkt wurde dem Oberbefehlshaber Mitte Oktober ein Mutterschiff für Seeflugzeuge, der Dampfer „Answald", zugeteilt.

Die im Fehmarn-Belt ausgelegte Sperre aus Fischnetzen erwies sich leider sehr bald als unzweckmäßig. Bei Oststurm trieben am 29. Oktober sämtliche Netze in die Kieler Bucht, verhakten sich zum Teil mit den Fehmarn-Belt-Tonnen und bildeten zeitweise ein erhebliches Schiffahrtshindernis. Ein Aufnehmen der treibenden Netze war wegen des schweren Wetters nicht möglich. Ein weiterer Versuch dieser Art wurde nicht mehr gemacht. Der Oberbefehlshaber hielt aber, da von jetzt ab mit der dauernden Anwesenheit englischer Unterseeboote in der Ostsee gerechnet werden mußte, die Sperrung der Kieler Bucht nach Osten im Fehmarn-Belt für durchaus erforderlich. Er beantragte daher nach dem Versagen der Netzsperre bei der Kriegsleitung, ihm die für eine dreireihige Minensperre im Fehmarn-Belt zwischen Westermarkelsdorf—Hyllekrog erforderliche Minenzahl von 1080 Minen, von denen er 500 aus eigenem Bestand hergeben konnte, zur Verfügung zu stellen und die Ausführung der Sperre zu genehmigen. Die Kriegsleitung lehnte den Vorschlag ab, „da die erforderlichen Minen für diesen Zweck nicht verfügbar seien und auch die jetzige Minenkonstruktion gegen Unterseeboote mit genügender Sicherheit nicht wirksam wäre". Die Kriegserfahrung hat später gezeigt, daß Minen allein in der damaligen Konstruktion allerdings noch kein unbedingt sicheres Abwehrmittel gegen Unterseeboote waren. Vor allem hätte aber eine Minensperre von solchem Umfange an dieser Stelle unsere Bewegungsfreiheit in der westlichen Ostsee erheblich eingeengt. Anfang November wurde der Bewachungsdienst in der westlichen Ostsee vom Oberbefehlshaber auf Grund der letzten Erfahrungen noch einmal neu festgelegt. Die Leitung des gesamten Sicherheitsdienstes behielt der Chef der Küstenschutzdivision, zu dessen Ersten Admiralstabsoffizier Anfang November an Stelle des nach Flandern kommandierten Korvettenkapitäns Freiherr v. Paleste

Korvettenkapitän Hofemann ernannt worden war. Die Maßnahmen am Aarösund und Südausgang des Großen Beltes blieben die gleichen wie bisher. Der Ausgang des Aarösundes wurde am 3. November nur noch durch eine Balken= und Trossensperre gesichert. Um auch ein Eindringen feindlicher Unterseeboote durch die Feuerrinne zwischen Baagö und Aarö unmöglich zu machen, beantragte der Oberbefehlshaber bei der Kriegs=leitung die Erlaubnis, das Thorö=Riff und das Gebiet zwischen Thorö=Riff und unseren Minen durch Netze zu sperren. Der Antrag wurde aber, da ein Teil der Sperre in dänischem Hoheitsgebiet hätte liegen müssen, mit Rücksicht auf die dänische Neutralität von der Kriegsleitung abgelehnt. Im Südausgang des Großen Beltes war am 3. November wieder ein Wachfahrzeug, der Fischdampfer „Augustenburg", auf eine Mine gekommen und mit einem Verlust von sechs Mann gesunken. Die Bewachung des Südausganges des Sundes wurde etwas geändert. Der Ausgang des Sundes wurde wie bisher von Torpedobooten bewacht. Die Vorpostenlinie zur Absperrung des Fehmarn=Belts wurde aber aus der Linie Möen—Dornbusch fortgenommen und von jetzt ab an der engsten Stelle bei Gjedser in der Gjedserenge zusammengezogen. Die Leitung beider Abschnitte erhielt der inzwischen zum Chef der IV. Torpedoboots=flottille ernannte Korvettenkapitän Wieting, der seine Kriegslaufbahn in der Ostsee als Kommandant von „V 25" begonnen. Ihm wurde für diesen Bewachungsdienst auch die II. Minensuchdivision unterstellt. Am Sund sollte in der Regel die Hälfte der Torpedoboote der IV. Torpedoboots=flottille stehen, in der Gjedserenge die Boote der II. Minensuchdivision die Sicherung übernehmen. Auf dauernden Kreuzerschutz hatten diese Streit=kräfte am Sund und in der Gjedserenge nicht zu rechnen, da die Kreuzer wegen der vom Oberbefehlshaber auch für die nächste Zeit noch ange=nommene Unterseebootsgefahr nicht ständig in See bleiben sollten. Es war beabsichtigt, von Zeit zu Zeit einige Kreuzer am Sund und an der dänischen und schwedischen Küste zu zeigen, um die russischen und englischen Agenten entsprechend zu täuschen. Wurden die Torpedoboote am Sund durch überlegene feindliche Streitkräfte angegriffen, so sollten sie mit Ge=nehmigung der Kriegsleitung „im äußersten Notfall durch Flintrinne und Kleinen Belt ausweichen".

Die Beaufsichtigung des Handels am Sund fiel nach der neuen Rege=lung auch dem Chef der IV. Flottille zu. Sie erwies sich infolge der dauernden Einschränkungen der Kriegsleitung immer schwieriger und führte zu häufiger Verärgerung der schwedischen Regierung. So telegra=phierte am 26. Oktober der Gesandte aus Stockholm, „daß in Schweden Aufregung wegen der Beschlagnahme schwedischer Dampfer mit Butter=

und Holzladung entstanden sei". In England herrschte nach zahlreichen Mitteilungen, die der Admiralstab erhielt, so großer Mangel an Gruben= holz, daß Schließung einzelner Gruben wahrscheinlich wurde. Für uns war daher die weitere Unterbindung der überwiegend aus der Ostsee kommenden russisch=finnischen und schwedischen Holzausfuhr von größtem Wert. Der Admiralstab hatte am 11. und 13. Oktober den Oberbefehls= haber ausdrücklich auf die in der Ostsee bereitliegenden neutralen Dampfer mit Grubenholz hingewiesen. Die Sundbewachung hatte auch Mitte und Ende Oktober besonders viele schwedische Dampfer mit Holz nach Swine= münde eingebracht. Natürlich waren die schwedischen Reeder und sonstigen Interessenten über diese deutschen Maßnahmen entsprechend verstimmt, trotzdem England in seiner Beaufsichtigung des neutralen Handels sehr viel schärfer vorging. Der Admiralstab gab die Mitteilung des Gesandten an den Oberbefehlshaber weiter und nahm dabei zunächst, wie der Groß= admiral in seinem Kriegstagebuch vom 26. Oktober schreibt, „grobe Ver= stöße gegen die Prisenordnung an und sah sich nicht mehr in der Lage, die immer wiederkehrenden Verstöße dem Auswärtigen Amt und Reichs= justizamt gegenüber zu vertreten". Der Oberbefehlshaber trat für seine Untergebenen ein und wies in seiner Antwort darauf hin, „daß jedes Torpedoboot und jeder Kreuzer alle Verfügungen des Admiralstabes er= halten habe und alle Streitkräfte dauernd angewiesen worden seien, genau nach den erteilten Befehlen und nach der Prisenordnung zu verfahren". Er fährt dann fort: „trotz aller Befehle werden sich Mißgriffe einzelner Kommandanten nicht vermeiden lassen. Ich ersuche umgehend um Mit= teilung, ob die politische Lage derart ist, daß Beschwerden schwedischer Dampfer unter keinen Umständen vorkommen dürfen. Ich werde dann anordnen, den Handelskrieg einzustellen und befehlen, daß schwedische Dampfer überhaupt nicht mehr aufgebracht werden dürfen." Der Admiral= stab stimmte dieser Auffassung n i ch t zu, sondern antwortete: „Die Ver= hältnisse begründen zur Zeit nicht, den Handelskrieg einzustellen. Offen= sichtliche Mißgriffe, die Neutrale mit Recht verstimmen, werden sich auf seltene Fälle einschränken lassen." Wie aber schon früher verschiedentlich hier ausgeführt, w a r d e r i n d e r O s t s e e d u r ch O p e r a t i o n s= b e f e h l d e n m i l i t ä r i s ch e n S t e l l e n b e f o h l e n e H a n d e l s= k r i e g i n W i r k l i ch k e i t i n f o l g e d e r z a h l r e i ch e n E i n= s ch r ä n k u n g e n e r f o l g r e i ch ü b e r h a u p t n i ch t d u r ch= z u f ü h r e n.

Am 13. Oktober wurde zum erstenmal nach Kriegsausbruch bekannt, daß die von Lulea in der nördlichen Bottensee ausgehende lebhafte Erz= verschiffung deutscher und schwedischer Dampfer nach Stettin und Lübeck

durch die Russen gestört worden sei. Der schwedische Dampfer „Sydland"
war bei den Ålandsinseln von zwei russischen Torpedobooten angehalten,
nach Prüfung seiner Papiere aber sofort wieder freigegeben worden. Die
deutschen Reeder fürchteten nach diesem Vorgang für ihre Erzdampfer und
wandten sich an den Oberbefehlshaber der Ostseestreitkräfte. Der Groß=
admiral konnte ihnen nur die bereits in früheren Besprechungen gegebene
Anweisung wiederholen, die Dampfer solange wie möglich im Schutze der
3 Seemeilen schwedischen Hoheitsgrenze unter Land fahren zu lassen.
Dauernden Schutz durch Kriegsschiffe konnte er bei seinen knappen Mitteln
für die Bottensee nicht versprechen, vor allem weil bei einem tätigen Vor=
gehen der englischen Unterseeboote der Handel in erster Linie gegen diese
geschützt werden mußte.

Der Admiralstab hatte auf die Meldung von dem Eindringen englischer
Unterseeboote in die Ostsee seine Hauptaufgabe darin gesehen, durch diplo=
matische Schritte Dänemark und Schweden zu veranlassen, ihre Hoheits=
gewässer auch der Benutzung englischer Unterseeboote möglichst zu ver=
schließen. Die beim Admiralstab in Berlin eingegangenen Nachrichten
ließen es bereits vom 17. Oktober ab als unzweifelhaft erscheinen, daß
englische Unterseeboote durch den Sund und die Flintrinne in die Ostsee
eindringen würden. Am 17. Oktober waren bei Frederikshavn, 10 bis
12 Seemeilen westlich von Stagensriff=Feuerschiff, zwei fremde Untersee=
boote gemeldet worden. Am 19. Oktober 2.35 Uhr Nm. wurde im Eingang
zum Sund zwischen Kap Kullen und Nakkehoved im internationalen See=
gebiet von einem unbeobachteten Unterseeboot zwei Torpedoschüsse in einer
Entfernung von 400 m auf das unter dänischer Kriegsflagge fahrende
dänische Unterseeboot „Havmanden" abgegeben. Kein Schuß traf. Ein
Unterseeboot unbekannter Nationalität wurde am selben Nachmittag vom
Nakkehoved=Leuchtturm aus beobachtet. Ein deutsches Unterseeboot kam
nicht in Frage, so daß der Angriff mit größter Wahrscheinlichkeit auf die
rücksichtslose Voreiligkeit eines englischen Unterseebootskommandanten
zurückzuführen war. Dies bewies auch ein am 20. Oktober morgens am
Strande in der Nähe des Leuchtturms explodierter angetriebener Tor=
pedo, dessen Sprengstücke später einwandfrei als von einem Torpedo
e n g l i s c h e r Konstruktion festgestellt wurden. Die schwedischen Zeitungen
aus Malmö meldeten am 22. Oktober, daß in der letzten Nacht mehrere
fremde Unterseeboote den Sund durch die Flintrinne passiert hätten, wobei
zahlreiche Fischernetze vernichtet worden seien. Weitere schwedische Dampfer=
meldungen berichteten vom Sichten englischer Unterseeboote am Sund am
21. und 22. Oktober. Der Admiralstab trat daher durch das Auswärtige
Amt auf Grund der kaum zweifelhaften Tatsache, daß die englischen Unter=

seeboote die Flintrinne passiert haben mußten, erneut an die schwedische Regierung heran. Die Forderungen des Admiralstabes beschränkten sich wie früher nur auf die sofortige Löschung der Feuer und Entfernung der Seezeichen in der Flintrinne. Andernfalls wurde die Sperrung des Sundes für jeglichen Verkehr durch Minen in Aussicht gestellt. Diesmal konnte sich die schwedische Regierung den Tatsachen nicht verschließen und machte bereits in der Nacht vom 19. zum 20. Oktober durch die Lotsen= behörde in Stockholm bekannt, „daß sämtliche Feuer, Feuerschiffe und Leuchtbojen mit Leuchtweite auf das Meer an den westlichen und südlichen Küsten des Reiches bis auf weiteres gelöscht bleiben und die Feuerschiffe und Leuchtbojen eingezogen würden, mit Ausnahme der Helsingborg=Feuer, der Malmö=Feuer und der Leuchtbojen in der Malmöer Einsegelungsrinne, dem Trälleborg=Feuerschiff und dem Feuer mit Leuchtbojen in der Trälle= borg=Einsegelungsrinne". Diese Maßnahmen hatten, da sie v i e l z u s p ä t kamen, k e i n e n W e r t mehr, erschwerten allerdings die Durchfahrt für weitere Unterseeboote. Unmöglich machten sie eine Benutzung aber keines= wegs, da den Engländern unzweifelhaft fahrwasserkundige Leute genug zur Verfügung standen, um auch ohne Seezeichen die Durchfahrt ausführen zu können. Die dänische Regierung verschärfte den Aufsichtsdienst in ihren Hoheitsgewässern in den Belten und in dem von ihr seit Kriegsausbruch mit Minen gesperrten dänischen Teil des Sundes in den Einfahrten nach Kopenhagen. Sie erklärte im übrigen aber ganz bestimmt, daß der Ein= bruch der englischen Boote nach ihrer Ansicht nur durch die Flintrinne möglich gewesen sein könnte.

Die Kriegslage in der Ostsee war durch das Erscheinen der englischen Unterseeboote für uns erschwert worden. Bis dahin hatte man durch die Untätigkeit der russischen Unterseebootswaffe die Sicherheit gehabt, daß zum mindesten die westliche Ostsee und die Kieler Bucht und damit das so wichtige Ausbildungs= und Übungsgebiet für unsere Seestreitkräfte durch Unterseeboote ungestört bleiben würde. Waren die englischen Untersee= bootskommandanten und Besatzungen in der Handhabung ihrer Waffe unseren Kommandanten und Besatzungen gleichwertig, so mußte von jetzt ab mit erheblicher Störung und Beunruhigung der Ostsee gerechnet werden. Auch unserer Handelsschiffahrt und der für unsere Waffenindustrie lebens= wichtigen Erzschiffahrt von Schweden konnte ein englischer Unterseeboots= krieg in der Ostsee größten Abbruch tun. Unsere Abwehrmaßnahmen gegen Unterseeboote waren, wie bereits gesagt, damals noch nicht ent= wickelt. Das einzige verfügbare Mittel bestand in der Verwendung von Flugzeugen, Torpedobooten und Fischdampfern. Aber auch an diesen Hilfsmitteln war der Oberbefehlshaber in der Ostsee knapp, da alles für den Nordseekriegsschauplatz gebraucht wurde. Es war daher besonders unangenehm, daß trotz der von uns in der Ostsee an den Belten und am Sund getroffenen Maßnahmen und der so langwierigen Verhandlungen mit den beiden nordischen Staaten, von denen sich der Admiralstab so viel versprochen hatte, das Eindringen der englischen Unterseeboote möglich geworden war. Es blieb nur zu hoffen, daß einer tatkräftigen Verwendung der englischen Unterseeboote, auf feindlicher Seite die Schwierigkeit ihrer Instandhaltung auf den russischen Werften und Stützpunkten entgegen= stehen würde. Die Versorgung mit Torpedos und die Behebung der bei der neuen Waffe damals noch häufigen und schwierigen Ausbesserungen mußte voraussichtlich weiter einschränkend auf ihre Betätigung einwirken. Zudem war es bis zum Winter und bis zur Vereisung des Finnischen Meerbusens nur noch wenige Wochen und die Verwendung Libaus als dauernden Stützpunkt durch die Russen erschien wenig wahrscheinlich, konnte auch durch die Streitkräfte des detachierten Admirals zum min= desten erschwert werden. Für Kontreadmiral Behring und seine Krieg= führung in der östlichen Ostsee traten damit neue wichtige Aufgaben hinzu.

12. Sperrung von Libau und Untergang S. M. S. „Friedrich Carl" November 1914.

Kontreadmiral Behring hatte die Absicht, nach seinem zweiten Vorstoß in den Finnischen Meerbusen den Streitkräften in Danzig nur die not= wendigste Zeit zur Überholung zu geben und dann sofort erneut zu ver= suchen, die russische Flotte durch Ansetzen der Unterseeboote zu schädigen. Es drängte ihn auch zu baldigem Handeln der Gedanke, daß die fort= schreitende Jahreszeit und die damit in der nördlichen Ostsee erfahrungs= gemäß eintretende schlechte Witterung nicht mehr allzu lange eine erfolg= reiche Verwendung leichter Streitkräfte vor dem Finnischen Meerbusen ermöglichen würde. Am 19. Oktober lief in Neufahrwasser der Panzer= kreuzer „Friedrich Carl", Kommandant Fregattenkapitän Loesch, als neues Flaggschiff des detachierten Admirals, von Kiel kommend, ein. Kontre= admiral Behring verfügte hiermit über einen kräftigeren Rückhalt an Kampf= kraft, als ihm bisher zur Verfügung gestanden hatte. Er sah daher mit erhöhtem Vertrauen in die Zukunft und hoffte, nachdem mit der Ver= nichtung der „Pallada" einmal der Bann gebrochen, die russische Flotte, bevor der Winter und das Eis seiner Tätigkeit in diesen Gewässern ein Ende setzte, im Finnischen Meerbusen noch weiter zu schwächen. Sein kleiner Verband war in dauernder Fühlung am Feinde und fern von heimatlichen Stützpunkten mit der Zeit gründlich durchgebildet worden.

Um „Friedrich Carl" das Einlaufen in Neufahrwasser zu ermöglichen und dem Kreuzer einen gegen Unterseebootsangriffe gesicherten Liegeplatz zu geben, beantragte der detachierte Admiral, die Ausbaggerung des Seekanals von Neufahrwasser auf 8,5 m Tiefe beschleunigt veranlassen zu wollen. Nach Rücksprache mit der Werft wurde die Dauer dieser Arbeit auf etwa 1½ Monate geschätzt. Von der Kriegsleitung wurde dieser Antrag auch sofort in Ausführung gegeben. Während der Überholungszeit der Kreuzer, Torpedoboote und Unterseeboote, die am 23. Oktober beendet sein sollte, bewachten ebenso wie früher die Fischdampfer der Hilfsminensuchdivision Neufahrwasser die Danziger Bucht in der Linie Hela—Pasewark=Bake. Die Nachricht von dem erfolgten Einbruch englischer Unterseeboote in die west=liche Ostsee störte zunächst die Absichten Kontreadmirals Behring k e i n e s = w e g s. „Die Tatsache, daß der Feind in der Ostsee zur Offensive über=gegangen ist, darf uns n i c h t veranlassen, unsererseits v o n d e r O f f e n = f i v e a b z u l a s s e n", dahin faßte er in seinem Kriegstagebuch den Ein=fluß dieses Ereignisses auf seine Unternehmungen in der öftlichen Ostsee zusammen. Am 21. Oktober erhielt er ein Telegramm der Kriegsleitung: „Vorstoß russischer Flotte in Verbindung mit dem Auftreten englischer Unterseeboote in der Ostsee erscheint nicht unwahrscheinlich. Empfehle Vor=kehrungen zu treffen zur Abwehr mit Unterseebooten in Danzig. Annehme, daß englische Unterseeboote nach Finnischem Meerbusen ausweichen werden. Admiral." Diese Ansicht der Kriegsleitung hatte nur dann Wahrscheinlich=keit für sich, wenn aus Furcht vor den englischen Unterseebooten unsere Streitkräfte in die Häfen gingen. Der Admiralstab wie der Oberbefehls=haber waren trotz der Erfahrungen dieser drei Kriegsmonate stets geneigt, die Unternehmungslust der Russen zu hoch einzuschätzen. Unsere Seeherr=schaft in der Ostsee wurde von diesen jedoch nicht drückend empfunden. Nicht unbedingt auf die See angewiesen, erhielten sie schon durch die Haltung der nordischen Staaten trotz unserer Beherrschung der Ostsee genügend Einfuhr an Kriegsmaterial. Für sie lag die Entscheidung des Krieges gegen Deutschland ausschließlich auf dem Lande. Großadmiral Prinz Heinrich schickte auf dieses Telegramm der Kriegsleitung an Kontreadmiral Behring die Schulkreuzer „Hertha", „Hansa", „Victoria Louise", „Vineta" und „Thetis" aus ihrer Bewachungsstellung nördlich Bornholm zur Ver=stärkung sofort nach Danzig. Kontreadmiral Jasper traf mit diesen Streit=kräften am 21. Oktober 8 Uhr Nm. in Neufahrwasser ein.

Der nächste Vorstoß des Kontreadmirals Behring bezweckte mit Hilfe der Kreuzer wieder ein Ansetzen der drei Unterseeboote in dem Gebiet der russischen Vorposten= und Bewachungsstellungen innerhalb des Finnischen Meerbusens. Die Kleinen Kreuzer „Augsburg", „Lübeck", „Thetis"" sollten

eine Nacht früher als die Unterseeboote aus Neufahrwasser auslaufen und
im Eingang des Finnischen Meerbusens feststellen, ob eine vom Admiralstab
am 18. Oktober übermittelte Nachricht, daß die Russen den Ausgang des
Finnischen Meerbusens für die Handelsschiffahrt geschlossen hätten, wirklich
stimme. Nach der in Frage kommenden Bekanntmachung der russischen Regierung mußte ein Gebiet nördlich von 58° 50′ und östlich von 21° Ost —
dem Eingang zum Finnischen Meerbusen — ebenso wie die Eingänge in den
Rigaschen Meerbusen und das Küstengebiet der Ålandsinseln als für die
Schiffahrt gefährlich betrachtet werden. Damit die nicht am Kriege be-
teiligte Schiffahrt keine Gefahr liefe, mußten die Ausgänge des Finnischen
und Rigaschen Meerbusens als geschlossen gelten. Diese Bekanntmachung
konnte nur Sperrung des Finnischen Meerbusens durch neue russische
Minensperren meinen. Wurde trotzdem dort oben noch Handelsverkehr angetroffen, so war Aussicht vorhanden, von den Dampfern einen freien Kurs
in den Finnischen Meerbusen zu erfahren. Kontreadmiral Jasper sollte mit
den Schulkreuzern und einem Troß aus vier Kohlendampfern den schon
oft ausgeführten Gedanken eines Herauslockens der russischen Flotte aus
dem Finnischen Meerbusen durch ein Erscheinen in Sicht der kurländischen
Küste von neuem zu verwirklichen suchen. Unsere bisherigen Schein-
unternehmungen waren immer vor Windau durchgeführt worden. Diesmal wurde der Eingang zum Rigaschen Meerbusen gewählt, und da
dieses Gebiet minenverdächtig war, die Mitgabe von sechs Minensuchbooten
der Hilfsminensuchdivision unter Kapitänleutnant Franz Weidgen notwendig, die die Kurse der Schulkreuzer vorher absuchen sollten. Die Minensuchgruppe und die vier Troßschiffe wurden für die Dauer der Unternehmung Kontreadmiral Jasper unterstellt.

„Friedrich Carl" sollte in zurückgehaltener Stellung vor dem Finnischen
Meerbusen eine Aufnahme für die Unterseeboote, die Kleinen Kreuzer und
die Torpedoboote bilden. Der Admiralstabsoffizier hatte den Admiral
davon überzeugt, daß die Mitnahme von zwei bis drei Flugzeugen der
Seeflugstation Putzig auf dem Flaggschiff eine wirksame Unterstützung der
Unternehmung bedeuten würde. Er hoffte bei dieser Unternehmung die an
Bord mitgenommenen Flugzeuge für die Aufklärung bis in den Finnischen
Meerbusen nach Reval und Helsingfors und zur Feststellung der Be-
wegungen des Feindes mit großem Nutzen verwenden zu können. Der
Großadmiral, der anfangs die Flugzeuge zur Aufklärung der Danziger
Bucht gegen feindliche Unterseeboote für notwendiger hielt, stimmte erst
auf erneutes Bitten des detachierten Admirals zu, daß zwei Flugzeuge auf
„Friedrich Carl" für die Unternehmung e i n g e s e t z t wurden. Sie
wurden am 24. Oktober mit den Oberleutnants zur See v. Gorrissen und

v. Tempsky als Führer, Fähnrichs zur See Schwarz und Killinger als Beobachter an Bord genommen. Die Sicherung der Danziger Bucht sollte während der Abwesenheit der Streitkräfte von den zurückbleibenden Booten der Hilfsminensuchdivision in Verbindung mit ständiger Flugzeug= aufklärung von Putzig aus durchgeführt werden.

Am Sonnabend, dem 24. Oktober, 4.30 Uhr Nm., liefen „Augsburg", „Lübeck", „Thetis" und die 20. Torpedoboots=Halbflottille von Neufahr= wasser=Reede aus und traten mit 15 Seemeilen Geschwindigkeit den Marsch nach dem Finnischen Meerbusen an. Die Führung der Kleinen Kreuzer hatte der älteste Kommandant auf „Lübeck", Fregattenkapitän Bunnemann, der vorübergehend für den erkrankten Kommandanten dieses Kreuzers das Kommando übernommen hatte. Die Kreuzer sollten mit den Torpedo= booten am 25. Oktober 5 Uhr Nm. in einer Vorpostenstellung südöstlich von Bogskär zwischen Bogskär und Dagerort stehen und in dieser Linie mit 10 Seemeilen Fahrt während der Nacht vom 25. zum 26. Oktober hin und her dampfen, den Handelsverkehr beobachten und sich am 26. Oktober 5.30 Uhr Vm. mit „Friedrich Carl" vereinigen. Angehaltene Handels= schiffe waren nicht sofort freizulassen, sondern sollten unter dem Vorwand einer gründlichen Untersuchung besetzt und nach einem Punkte 20 Seemeilen östlich von der Nordspitze Gotlands gebracht werden. „Friedrich Carl", „D 10", „U 23", „U 25", „U 26" und die Schulkreuzer „Hertha" und „Vineta" gingen am 25. Oktober 5 Uhr Vm. von Neufahrwasser=Reede aus in See. Kontreadmiral Jasper hatte sich auf „Hertha" eingeschifft. „Hansa" und „Victoria Louise" hatten wegen dringender Arbeiten auf der Werft Danzig zurückgelassen werden müssen. Die Unterseeboote wurden strecken= weise in Schlepp genommen. Das Wetter war für den Vormarsch günstig, mäßiger, südöstlicher Wind, schwacher Seegang. Der Vormarsch verlief ohne Ereignisse. Am 26. Oktober 9 Uhr Vm. hatte der Verband die Vor= postenlinie der leichten Streitkräfte zwischen Bogskär und Dagerort erreicht. Hier wurden Kontreadmiral Jasper mit den beiden Schulkreuzern zur Ausführung der Sonderaufgabe vor dem Rigaschen Meerbusen entlassen. Die Kleinen Kreuzer und die 20. Torpedoboots=Halbflottille sammelten beim Flaggschiff und meldeten, daß sie in der vergangenen Nacht keinen Verkehr, weder Handelsschiffe, noch Kriegsschiffe, in ihrem Gebiet gesichtet hätten. Auf diese Meldung hin änderte Kontreadmiral Behring seinen ursprünglichen Plan für die Verwendung der drei Unterseeboote. Da er durch seine Vorpostenlinie keine Nachrichten über die Befahrbarkeit und die minenfreien Kurse in den Finnischen Meerbusen erhalten hatte, erschien es ihm jetzt doch unter dem Eindruck der russischen Warnung vor Minen bedenklich, die Unterseeboote ohne Begleitung von Minensuchfahr=

zeugen in den Finnischen Meerbusen hineinzuschicken. Er hob daher den
Befehl für die 5. Unterseeboots-Halbflottille, der zunächst ebenso wie das
vorhergehende Mal Wartestellungen innerhalb der „Deutschland"-Sperre
im Gebiet zwischen Odensholm und Packerort vorgesehen hatte, auf, und
befahl statt dessen das Auslegen einer Unterseebootslinie auf dem Längen=
grade 22° Ost. Diese Linie sperrte den Finnischen Meerbusen an seiner
Mündung ab. Die drei Boote sollten sich auf dieser Linie in 7 Seemeilen
Abstand voneinander nach Möglichkeit drei Tage und zwei Nächte auf=
halten. Die Kommandanten sollten zunächst nur Schiffe und diese auch
nur bei guten Aussichten angreifen. Sobald der Feind ihre Anwesenheit
entdeckt hatte, fiel jede Angriffsbeschränkung für sie fort. Der Rückmarsch
nach dem vorher befohlenen Sammelplatz an der Nordspitze Gotlands sollte
in der dritten Nacht stattfinden. Kontreadmiral Behring hoffte, daß die
Russen am 27. oder 28. Oktober, sofern sie durch das Erscheinen der Schul=
kreuzerdivision vor dem Rigaschen Meerbusen wirklich beunruhigt wurden,
vielleicht bis zum Eingang des Finnischen Meerbusens mit größeren
Streitkräften vorstoßen und dabei auf die ausgelegte Unterseebootslinie
kommen würden. Nach dem Vorgang mit „Pallada" konnte er in solchem
Fall annehmen, daß die Unterseeboote dann wieder einen Erfolg haben
würden. Am 26. Oktober 3.35 Uhr Nm. wurden die Unterseeboote auf
ihre Stellungen geschickt. Die Torpedoboote ergänzten unterdessen ihren
Kohlenbestand aus den Kleinen Kreuzern und bildeten mit ihnen zusammen
von 4.30 Uhr Nm. ab eine Vorpostenlinie etwa 20 Seemeilen nordwestlich
von Dagerort. Die 20. Torpedoboots-Halbflottille stand geschlossen bei
„Augsburg", „Friedrich Carl" nahm den südlichsten Platz in dieser Vor=
postenlinie ein, um bei günstigen Witterungsverhältnissen am nächsten
Morgen in Lee von Dagö die beiden Flugzeuge zur Aufklärung aussetzen
zu können. Während der Nacht vom 26. zum 27. Oktober wurde in der Vor=
postenlinie mit westlichen und östlichen Kursen hin und her gedampft, aber
nichts vom Feinde bemerkt. Am 27. Oktober 6 Uhr Vm. war das Wetter sehr
diesig, die Sichtweite zeitweise weniger als 3 bis 4 Seemeilen, so daß zum
Bedauern des Admirals ein Aussetzen und eine Verwendung der mit=
genommenen Flugzeuge nicht möglich war. Kontreadmiral Behring zog
seine Kreuzer zusammen, ging mit dem Verband nach Süden und legte
eine neue Vorpostenlinie zwischen Gotska Sandö und Saritscheff=Feuerschiff
aus. Er befürchtete nämlich, daß die Unterseeboote infolge des nebligen
Wetters vielleicht nach Westen zurücklaufen und dann womöglich mit den
eigenen Kreuzern zusammenstoßen würden. Die 20. Torpedoboots-Halb=
flottille war zur Bekohlung aus den Kohlendampfern des Trosses bei Tages=
anbruch zu den Streitkräften vor den Rigaschen Meerbusen geschickt worden.

Kontreadmiral Jasper hatte sich unterdessen am 27. Oktober 8 Uhr Vm. östlich der Nordspitze Gotlands mit den vier Kohlendampfern „Ober=präsident Delbrück", „Ursula Fischer", „Edmund Hugo Stinnes" und „Lissabon", dem Lazarettschiff „Schleswig" und sechs Booten der Hilfs=minensuchdivision vereinigt und den Vormarsch nach dem Rigaschen Meer=busen angetreten. Es wehte ein schwacher südöstlicher Wind, die Sichtigkeit war bei diesigem Wetter gering, der Himmel bewölkt. 12.30 Uhr Nm. wurde die Hilfsminensuchdivision zum Ausbringen des Geräts und Ab=suchen des Weges vorausgeschickt. Einige Minuten später kamen im Norden mehrere Schiffe mit zwei Schornsteinen in Sicht, die mit hoher Fahrt auf den Verband zuliefen. Da deutsche Kreuzer mit zwei Schornsteinen außer „Thetis" an der Unternehmung nicht beteiligt waren, wurde angenommen, daß es sich um russische Kriegsschiffe handele. Kontre=admiral Jasper machte „Klar Schiff zum Gefecht" und entließ den Troß. Beim Näherkommen wurden die vermeintlichen russischen Kreuzer als die von Kontreadmiral Behring am Morgen weggeschickten Boote der 20. Tor=pedoboots=Halbflottille ausgemacht. Es war wieder einmal eine durch Luft=spiegelung und starke Strahlenwirkung, wie sie so häufig in der östlichen Ostsee beobachtet wurden, verursachte Täuschung, die die Torpedoboote zu Anfang vergrößert als Kreuzer hatte erscheinen lassen. Der detachierte Admiral hatte die Entsendung und den Zeitpunkt der Entlassung der Halb=flottille dem Kontreadmiral Jasper nicht mitgeteilt. Nach dieser Störung brachte die Minensuchgruppe 1.45 Uhr Nm. das Gerät wieder aus, ihre Vormarschgeschwindigkeit betrug aber nur 4 Seemeilen, so daß das Ab=suchen entsprechend langsamer vor sich ging und erst gegen 3 Uhr Nm. ganz undeutlich die niedrige Sandküste bei Lyserort am Steuerbord in Sicht kam. Der Verband stand etwa 10 Seemeilen davon entfernt, die Sanddünen von Zerel, dem Südausläufer der Insel Dagö, waren noch nicht auszumachen. 3.29 Uhr Nm. brach bei einer Suchrotte das Suchgerät, so daß ein weiterer Aufenthalt entstand. Kontreadmiral Jasper entschloß sich jetzt, die Unter=nehmung ganz abzubrechen. Er war der Ansicht, daß die entgegen der früheren Absicht jetzt außerhalb des Finnischen Meerbusens ausgelegte Unterseebootslinie wenig Aussicht für einen Erfolg böte. Es erschien ihm daher vorteilhaft, seinen Vorstoß für eine spätere Unternehmung aufzusparen, bei der es vorher gelungen war, die Unterseeboote auf aussichtsreichere Stellungen weiter innerhalb des Finnischen Meerbusens zu bringen. Um aber dennoch für diese Unternehmung auf die Russen einen Druck auszu=üben, beschloß Kontreadmiral Jasper, am folgenden Tage in der gleichen Weise vor Windau zu demonstrieren. Die Kohlendampfer wurden an vorher festgelegte Plätze östlich und westlich Gotlands geschickt. „Hertha" und „Bineta" gingen während der Nacht vom 27. zum 28. Oktober unter die Ostküste Gotlands, um ein zuverlässiges Besteck zu bekommen und vor russischen Torpedobootsangriffen möglichst sicher zu sein. Kapitänleutnant Weidgen erhielt Befehl, den Endpunkt des abgesuchten Fahrwassers mit einer Boje zu bezeichnen, während der Nacht nach Westen abzulaufen und bei Hellwerden wieder bei der Boje zu sein. Von diesem Punkte aus sollte dann die Demonstration vor Windau angesetzt werden. 8 Uhr Nm. erhielt der Admiral die Funkenmeldung von „Hansa", daß das Schiff aus Neu= fahrwasser nach beendigter Reparatur ausgelaufen sei. Es erhielt den Befehl, am nächsten Morgen auf der Höhe vor Windau außer Sicht von Land zu stehen. Die Absichten des Kontreadmirals Jasper für den 28. Ok= tober wurden aber vereitelt durch den 1.30 Uhr Vm. eintreffenden funken= telegraphischen Befehl des Oberbefehlshabers, sofort mit den Kreuzern der Aufklärungsgruppe nach Swinemünde zu gehen. Veranlassung für diesen Befehl war das am 26. Oktober in der Danziger Bucht nördlich Weichsel= münde gesichtete feindliche Unterseeboot. Kontreadmiral Jasper mußte daher seine Absicht, am 28. Oktober vor Windau zu demonstrieren, auf= geben, schickte die Hilfsminensuchdivision, sowie zwei Kohlendampfer nach Neufahrwasser zurück und trat mit seinen Kreuzern den Marsch nach Swinemünde an, wo die drei Schiffe abends am 28. Oktober einliefen. Die Kriegsleitung befahl am gleichen Tage die Außerdienststellung der Schul= kreuzerdivision. Der Grund hierfür war die Notwendigkeit, die Besatzungen an anderer Stelle nutzbringender zu verwenden, dann aber auch die Besorgnis, die alten, unter Wasser schlecht geschützten Schiffe Unterseeboots= angriffen auszusetzen. Das Lazarettschiff „Schleswig" wurde nach dem Treffpunkt für die Streitkräfte des detachierten Admirals östlich der Nord= spitze Gotlands entlassen, die beiden Kohlendampfer „Oberpräsident Del= brück" und „Ursula Fischer" nach Hallshuk an der Westküste Gotlands.

Durch die Rückberufung der Schulkreuzer wurden die weiteren Ab= sichten des detachierten Admirals vor dem Finnischen Meerbusen erheblich beeinflußt. Die Vorsicht des Großadmirals war aber erforderlich, da die Streitkräfte in der östlichen Ostsee bei dieser Unternehmung nur über vier zur Unterseebootsabwehr geeignete Torpedoboote verfügten. In der Vorpostenlinie zwischen Gotska Sandö und Saritcheff hatte sich im Laufe des 27. Oktober nichts Besonderes ereignet. Gegen Mittag hatte es auf= geklart, ohne daß etwas vom Feinde gesehen worden war. In der Nacht vom 27. zum 28. Oktober erhielt Kontreadmiral Behring 1.9 Uhr Vm. den funkentelegraphischen Befehl des Oberbefehlshabers: „Einen Kleinen Kreuzer mit 20. Torpedoboots=Halbflottille beschleunigt nach Memel schicken. Besetzung Memels durch Russen wahrscheinlich." Kontreadmiral Behring schickte in

Ausführung dieses Befehls „Thetis" und die 20. Torpedoboots-Halbflottille sofort nach Memel, so daß er jetzt in einem durch Minen und Unterseeboote gefährdeten Gebiet bei seinem ganzen Verband nur über ein altes Torpedoboot „D 10", das Führerboot der 5. Unterseeboots-Halbflottille, verfügte. Ein Aussetzen der Flugzeuge kam daher auch in diesen Tagen nicht in Frage, da nunmehr die Torpedoboote zur Unterseebootssicherung fehlten, ohne die ein Aussetzen der Flugzeuge bei gestoppt liegendem Schiff nicht zu verantworten war. Außerdem waren sie zur Hilfeleistung beim Suchen nach havarierten Flugzeugen notwendig. Die ganze Unternehmung, deren Erfolgsaussichten durch das Wegfallen der Scheinunternehmung vor dem Rigaschen Meerbusen und vor Windau erheblich vermindert schienen, jetzt schon abzubrechen, hielt Kontreadmiral Behring noch nicht für geboten. Er ließ daher die Unterseebootslinie zunächst noch liegen, weil er hoffte, die nach dem Finnischen Meerbusen bestimmten englischen Unterseeboote bei Tage abzufangen. Kontreadmiral Behring vermutete in Übereinstimmung mit seinem Admiralstabsoffizier ganz richtig, daß die gemeldeten Unterseeboote die durch den Sund am 18. Oktober eingedrungenen e n g l i s c h e n Boote seien, die voraussichtlich nach dem Finnischen Meerbusen durchzubrechen versuchen würden. Nach Tagesanbruch ließ er „Lübeck" und „D 10" Kohlen aus einem Kohlendampfer ergänzen und steuerte mit „Augsburg" und dem Flaggschiff in der Mitte der Linie Gotska Sandö—Saritcheff Zickzackkurse. Bei der Funkenstation Danzig erkundigte er sich nach genaueren Nachrichten über die beobachteten feindlichen Unterseeboote und erhielt im Laufe des Nachmittags die bereits bekannten Meldungen über das Sichten von Unterseebooten am 26. Oktober nördlich Weichselmünde und am 28. Oktober nördlich Hela. Seine Vermutungen sah er nun voll bestätigt und beantragte beim Oberbefehlshaber Torpedoboote, um den Eingang zum Finnischen Meerbusen auch bei Nacht bewachen und eindringende Unterseeboote dort vernichten zu können. Da der Großadmiral, der über eine ausreichende Zahl von Torpedobooten nicht verfügte, diesen Antrag ablehnen mußte, sah sich Kontreadmiral Behring gezwungen, sein einziges Torpedoboot „D 10" für die Nacht vom 28. zum 29. Oktober in ein Quadrat 7 Seemeilen östlich von Östergarn an der Ostküste Gotlands mit dem Befehl zu schicken, dort auf feindliche Unterseeboote aufzupassen. Etwaige von Süden aus der Danziger Bucht nach dem Finnischen Meerbusen laufende Unterseeboote mußten mit großer Wahrscheinlichkeit zunächst die Feuer von Gotland ansteuern, um ihren Schiffsort zu bestimmen. Es war daher nicht ausgeschlossen, sie aufgetaucht in diesem Gebiet zu überraschen. Mit den drei Kreuzern wollte Kontreadmiral Behring während der Nacht seine Vorpostenlinie weiter besetzt halten. 9.17 Uhr Nm. erhielt er aber vom Oberbefehlshaber die Funken= nachricht, daß die englischen Unterseeboote „E 1" und „E 9" am 21. Oktober in Libau eingelaufen seien, und gleichzeitig den Befehl, „die Unternehmung abzubrechen und mit allen Streitkräften nach Libau abzumarschieren".

Eine Sperrung und Beschießung von Libau kam nach Ansicht des detachierten Admirals nicht in Frage, weil die ihm zur Verfügung stehenden Mittel dafür nicht ausreichten. Vor allem bestand bei einem solchen Vorgehen nicht die geringste Sicherheit dafür, die Unterseeboote dann gerade im Hafen anzutreffen. Eine Bewachung Libaus bei Tage durch Kreuzer und Torpedoboote erschien auch nicht zweckmäßig, da nach den bisher in der Nordsee vorliegenden Kriegserfahrungen wenig Aussicht bestand, die Unterseeboote durch Kreuzer und Torpedoboote abzuschießen. Die dem Admiral nur zur Verfügung stehenden vier Torpedoboote waren auch bei weitem nicht ausreichend, um ein so großes Gebiet wirksam unter Aufsicht zu halten. Der Hafen von Libau verfügte zudem über drei von den Russen nur teilweise gesperrte Einfahrten, so daß auch dadurch seine zuverlässige Überwachung sehr erschwert wurde. Kontreadmiral Behring kam auf Grund dieser Überlegungen zu dem Schluß, daß die erfolg= versprechendste Maßnahme wohl darin bestände, Libau möglichst un= bemerkt durch eigene Unterseeboote zu blockieren. Er sandte daher am 28. Oktober 10.40 Uhr Nm. folgende Meldung an den Großadmiral: »Beabsichtige unbemerkt Unterseebootslinie auszulegen vor Libau und werde dazu zurückrufen 5. Unterseeboots=Halbflottille durch „D 10".« Diese Meldung kreuzte sich mit einem Befehl des Prinzen, der mit seinem Stabe in Kiel zu den gleichen Anschauungen gekommen war. Er drahtete an Kontreadmiral Behring: »Libau anscheinend Unterseebootsstützpunkt. Er= suche aufklären durch Flieger. „Friedrich Carl" Libau beschießen, nur wenn Erfolg sichergestellt, sonst dauernde Blockade durch ein Unterseeboot. Die übrigen Unterseeboote Stützpunkt in Danzig (Neufahrwasser) oder Pillau.« Am Morgen des 29. Oktober ließ daher Kontreadmiral Behring nach Anbruch der Dämmerung die drei Unterseeboote durch das Führer= boot sammeln. Zuerst wurde „U 26", bis 1.50 Uhr Nm. auch „U 23" ge= funden. Da der Halbflottillenchef meldete, daß die Kommandanten und Besatzungen beider Boote noch voll leistungsfähig seien, entschloß sich Kontreadmiral Behring, keine Zeit zu verlieren und, bevor das dritte Boot gefunden war, beide sofort nach Libau zu schicken. Während „D 10" die Unterseeboote gesucht hatte, steuerte „Friedrich Carl" westlich der aus= gelegten Unterseebootslinie hin und her, um „D 10" gegebenenfalls zu decken. Außer vorübergehenden Rauchwolken östlich des früher von

„Straßburg" als minenverdächtig gemeldeten Gebietes wurde vom Feinde nichts gesehen. Die Kommandanten der Unterseeboote hatten keine Angriffs- gelegenheit auf Schiffe gehabt. „U 26" hatte am 28. Oktober zwei Zer- störer der „Ukraine"-Klasse gesehen, die südliche Kurse gesteuert waren. Kapitänleutnant Freiherr v. Berckheim hatte aber nicht geschossen, um nicht bemerkt zu werden, weil er wertvollere Ziele erhoffte. „U 23" wurde 2.15 Uhr Nm. auf seine Blockadestellung vor Libau entlassen, um diese vom 30. Oktober vormittags ab einzunehmen. „U 26", das der Eile wegen sofort nach dem Auftauchen zu einem Treffpunkt an der Südspitze Got- lands vorgeschickt worden war, sollte am 30. Oktober nach Libau folgen. Es war beabsichtigt, dem dritten Unterseeboot „U 25", das am 29. Oktober nachmittags nicht gefunden wurde, zunächst eine Ruhezeit von zwei Tagen in Danzig zu geben und es dann allein die Blockade vor Libau fort- setzen zu lassen. Diese sollte von da ab zur gleichmäßigen Beanspruchung der Boote fortdauernd nur mit einem Unterseeboot fortgeführt werden. Dies schloß auch eine gegenseitige Gefährdung der eigenen Boote in dem engen Bewachungsgebiet infolge Verwechslung aus. „U 23" und „U 26" er- hielten Stellungen vor dem Hafen von Libau, „U 23" die nördliche Hälfte des Seegebietes, „U 26" die südliche, beide durch einen Sicherheits- streifen von 5 Seemeilen Breite getrennt. Sehr hinderlich waren hierbei die Anfang August von „Augsburg" geworfenen und navigatorisch nicht genau festgelegten Minen. Die Boote erhielten Befehl, vom 30. Oktober ab möglichst drei Tage in ihrer Stellung zu bleiben und am Abend des dritten Tages den Rückmarsch anzutreten. Am 3. November sollte die Ab- lösung durch „U 25" erfolgen. Die beiden Boote sollten während der Blockade keinesfalls gesehen werden und ausschließlich feindliche Untersee- boote angreifen.

Nachdem die Anordnungen für die geänderte Lage getroffen waren, trat Kontreadmiral Behring am 29. Oktober 7.30 Uhr Nm. mit dem Flagg- schiff westlich Gotland den Rückmarsch an, um das Gebiet der eigenen Kreuzer und Unterseeboote zu vermeiden und traf am 30. Oktober 6 Uhr Vm. an der Südspitze Gotlands mit der dorthin von Memel be- stellten 20. Torpedoboots-Halbflottille, dem vorausgeschickten „D 10" und „U 26" zusammen. „U 26" wurde in seine Blockadestellung vor Libau entlassen. 7 Uhr Vm. erhielt der Admiral von „Augsburg" und „Lübeck", die er auf der Höhe von Gotska Sandö zurückgelassen hatte, um „U 25" aufzunehmen, die erfreuliche Meldung, daß „U 25" um 5.30 Uhr Vm. am Treffpunkt angelangt sei. „Lübeck" wurde daraufhin sofort nach Danzig entlassen, „Augsburg" sollte „U 25" noch bis zur Dunkelheit be- gleiten und dann nach Danzig einlaufen, wohin auch „U 25" selbständig zurückgehen sollte. Das Lazarettschiff und die Kohlendampfer wurden ebenfalls nach Neufahrwasser geschickt. Dabei lief „Lissabon" bei Heisternest=Leuchtturm auf Grund und kam erst am 5. November mit Hilfe eines Bergekommandos von „Friedrich Carl" wieder frei. Die übrigen Streitkräfte kamen ohne Zwischenfall in Neufahrwasser an. Das Wetter war am 30. Oktober schlecht geworden, es herrschte Oststurm mit entsprechendem Seegang. Eine Flugaufklärung über Libau, die der Admiral zunächst beabsichtigt hatte, konnte bei diesem Wetter mit den an Bord befindlichen Flugzeugen nicht durchgeführt werden. Der Admiral steuerte daher mit der 20. Torpedoboots=Halbflottille 10.12 Uhr Vm. nach Neufahrwasser und lief am 30. Oktober 11 Uhr Nm. dort ein. Die Flugzeuge an Bord von „Friedrich Carl" standen selbst bei dem stürmischen Wind und starken Seegang sicher auf dem Aufbaudeck, eine Behinderung der Gefechtsfähigkeit des Schiffes war dadurch nicht eingetreten. Der Chef der 20. Torpedoboots=Halbflottille, Kapitänleutnant Ehrhardt, hatte dem Admiral über die Lage in Memel und die Tätigkeit von „Thetis" Bericht erstattet. „Thetis" war nach Memel geschickt worden, da man im Hauptquartier bei dem Anfang November beginnenden erneuten russischen Einfall in Ostpreußen eine Besetzung der Stadt durch die Russen fürchtete. Der Admiralstab war vor allem besorgt, daß Memel von der russischen Marine als Hilfsstützpunkt für Unterseeboote und Torpedoboote benutzt werden könnte und hatte daher am 27. Oktober dem Oberbefehlshaber der Ostseestreitkräfte befohlen, alle Vorbereitungen zu einer Sperrung des Hafens mit Dampfern zu treffen. Die Sperrung sollte erfolgen, sobald eine feindliche Besetzung bevorstände. Für die militärische Leitung dieser Maßnahmen war „Thetis" in Memel belassen worden. Die Werft Danzig rüstete beschleunigt sechs Dampfer mit einer Gesamtlänge von 400 m für diesen Zweck aus und schickte sie bereits am 30. Oktober nach Memel. Der Tiefgang der Dampfer betrug 5 m, sie sollten zwischen den beiden Molenköpfen vertäut und dann durch Öffnen der Bodenventile, im Notfalle durch Sprengung, versenkt werden. Mit der Führung der Dampfer war der Kapitänleutnant der Reserve Elsner beauftragt. Als „Thetis" und die 20. Torpedoboots=Halbflottille am 28. Oktober nachmittags in Memel einliefen, ergab die Besprechung mit dem Garnisonältesten, Hauptmann der Landwehr Krause, daß Memel keineswegs ernstlicher bedroht sei, als es zu Beginn des Krieges der Fall gewesen war. Es lagen allerdings Gerüchte über Zusammenziehung größerer Truppenmassen jenseits der Grenze vor, doch fehlten alle Nachrichten, die auf einen Angriff auf die Stadt schließen ließen. Die in Memel und Umgegend liegende deutsche Grenzwache zählte etwa 800 Mann.

Fregattenkapitän Nippe stellte dem Garnisonältesten für den Fall eines Angriffs das Landungskorps des Kreuzers, bestehend aus zwei Fähnrichen zur See, einem Deckoffizier, 70 Unteroffizieren und Mannschaften, zwei Maschinengewehren, dazu ein Arzt, unter Führung des Oberleutnants zur See der Reserve Georgius, zur Verfügung. Dies Landungskorps wurde am 30. Oktober zum Grenzschutz verwandt und mit der Bahn nach Ba= johren befördert. Da beim Feinde nichts Verdächtiges geschah, so wurde es am 31. Oktober wieder nach Memel zurückbefördert. Die Kriegsleitung kam bald auf die Vorstellungen des Landrats Cranz des Kreises Memel, der durch die Sperrung des Hafens bei Eis und Wasserstauungen im Winter eine große Gefahr für das Hinterland befürchtete und davon ab= zusehen bat, von ihrem beabsichtigten Plane ab. Das Vorgehen der Russen gegen Memel erschien auch Anfang November unwahrscheinlich, da man jetzt damit rechnete, daß sich der Angriff der Russen gegen Ost= preußen voraussichtlich östlich und südlich von Memel vorbeiziehen würde. Außerdem sprachen militärische Gründe gegen die Wahrscheinlichkeit, daß die Russen Memel als Stützpunkt für Unternehmungen zur See benutzen würden. In Memel hatten leichte Streitkräfte keinen Schutz gegen Beschießung von See, der Hafen war eng und klein und hatte ungünstige Eisverhältnisse. Die Verpflegung für die Russen wäre schwierig gewesen, da keine Eisenbahn ins Hinterland ging. Memel lag vor allem aber nur 50 Seemeilen südlich von dem in allen Punkten sehr viel günstiger aus= gestatteten Libau, das die Russen fest in ihrer Hand hatten. Es war daher bei Abwägung dieser Gründe kaum anzunehmen, daß die russische Seekrieg= führung auf Memel Wert legen würde. Die deutsche Kriegsleitung ordnete daher am 4. November an, daß die Sperrung des Hafens von Memel unterbleiben solle und die getroffenen Maßnahmen rückgängig zu machen seien. Die Blockschiffe wurden dem Oberbefehlshaber zur Verfügung gestellt und „Thetis" vom Großadmiral am 4. November zur weiteren Verfügung des detachierten Admirals zurückgezogen.

Die dritte Unternehmung vor dem Finnischen Meerbusen hatte gezeigt, daß Überwasserschiffe in Verbindung mit Unterseebooten gegen= die Russen im Finnischen Meerbusen für uns von geringem Wert waren. Die Unterseeboote brauchten, sobald sie in ihr Tätigkeitsgebiet entlassen waren, die eigenen Kreuzer nicht, diese waren im Gegenteil hinderlich, da sie dem Gegner die Anwesenheit von Unterseebooten verraten konnten. Auch waren die Schiffe in ihren Wartestellungen in der Nähe der feind= lichen Stützpunkte durch Minen und Unterseeboote erheblich gefährdet. Die Natur des Kriegsschauplatzes und das Verhalten des Feindes drängte in der Ostsee immer mehr nach einer ausschließlichen Verwendung von Unterseebooten zum mindeſten für unſere offenſive Kriegführung gegen die ruſſiſche Flotte. Dieſe Auffaſſung erhielt jetzt noch mehr Be= rechtigung, da die ruſſiſche Seekriegsleitung durch die engliſchen Unterſee= boote in der Oſtſee zu der Mine noch eine zweite weitreichende Unter= waſſerwaffe erhalten hatte. Es war dies vorausſichtlich für die Ruſſen ein Grund mehr, ihre Flotte von jetzt ab erſt recht im Finniſchen Meerbuſen zurückzuhalten. Die Einrichtung einer Blockade vor Libau durch eigene Unterſeeboote ſchien das einzige erfolgverſprechende Mittel, die beiden engliſchen Unterſeeboote zu faſſen und unſchädlich zu machen. Eine Be= wachung des Hafens durch Überwaſſerſtreitkräfte hätte nur die Möglich= keit von Verluſten oder Beſchädigung eigener Streitkräfte bedeutet, ohne die Wahrſcheinlichkeit eines Erfolges für ſich zu haben. Die ferneren Unternehmungen Kontreadmirals Behring waren daher in erſter Linie von der weiteren Tätigkeit der engliſchen Unterſeeboote in der Oſtſee und dem Erfolg unſerer Blockade vor Libau abhängig.

Die Nachrichtenverbindung mit den beiden ſeit dem 30. Oktober die Blockade vor Libau durchführenden Unterſeebooten war für Kontreadmiral Behring ſchwierig. Funkenübermittlung über die Funkenſtation Danzig war noch nicht möglich, da dieſe Station vor Empfang der neuen Laut= verſtärker keinen wechſelſeitigen Verkehr mit „U 23" und „U 26" herzu= ſtellen imſtande war. Die Kreuzer waren alle mit Ausnahme von „Thetis" auf der Werft Danzig zur Überholung und kamen als Funken= wiederholer nicht in Frage. Ihre Verwendbarkeit für Unternehmungen war auch früheſtens am 9. November zu erwarten. Die in Memel liegende „Thetis" erhielt daher den Befehl, als Wiederholer für Nachrichten der Unterſeeboote dauernd ihre Funkenſtation klarzuhalten. „U 23" und „U 26" liefen am 2. November vormittags in Danzig wieder ein, ohne etwas vom Feinde geſehen zu haben. Der Kommandant von „U 23" hatte allerdings am 30. Oktober nachmittags in der Nähe einer Boje mit ruſſiſchen Weſt= toppzeichen eine Rauchwolke geſehen, Kapitänleutnant Weisbach hatte ſich aber durch dieſe Boje, die er für den Endpunkt einer Minenſperre angeſprochen, abhalten laſſen, auf die Rauchwolke vorzuſtoßen und die Art des Fahrzeuges aufzuklären. Als Ablöſung für die beiden zurückgekehrten Boote war „U 26" am 1. November nachmittags in See gegangen mit dem Befehl, bis zum 9. November die Blockadeſtellung vor Libau einzunehmen. Auf dieſe Weiſe war auch der Befehl des Prinzen erfüllt, immer nur ein Unterſeeboot zur Vermeidung von gegenſeitigen Verwechſlungen vor Libau in Stellung zu halten. Meldungen über das Sichten oder die Tätigkeit feindlicher Unterſeeboote in der Oſtſee liefen in den erſten Novembertagen nicht mehr ein. Allem Anſchein nach waren die Boote auch nicht in Libau.

Eine beim Admiralstab eingegangene durchaus zuverlässige Meldung teilte mit, daß am 4. November zwei englische Unterseeboote in Helsingfors gelegen hätten.

Erst am 5. November wurde wieder ein feindliches Unterseeboot an der deutschen Küste der östlichen Ostsee beobachtet. Der Kapitän eines Lübecker Dampfers hatte in der Nacht zum 5. November 7 Seemeilen südwestlich von Memel bei hellem Mondschein ein feindliches Unterseeboot gesichtet, das sofort weggetaucht war. Für die Richtigkeit dieser Beobachtung war ein weiterer Beweis, daß am selben Tage 6 Uhr Nm. „Thetis" beim Auslaufen aus Memel feindlichen Funkenverkehr, der nach Ansicht des Funkenoffiziers von der Funkenstation eines kleinen Fahrzeuges herrührte, in der Nähe gehört und gemeldet hatte. Der Kommandant des Kreuzers schloß daraus auf die Anwesenheit von feindlichen Unterseebooten zwischen Memel und Danzig und schlug dem detachierten Admiral vor, auf dieser Küstenstrecke einen Beobachtungsdienst durch Boote der Hilfsminensuchdivision Neufahrwasser einzurichten. Am 5. November 7 Uhr Vm. sichteten Fischer auf der Höhe von Brüsterort bei Palmnicken ebenfalls ein Unterseeboot, das südwestlichen Kurs steuerte. Diese Meldungen waren so übereinstimmend, daß sie den Anspruch auf Richtigkeit hatten. Besondere Abwehrmaßnahmen standen Kontreadmiral Behring nicht zur Verfügung. Er mußte sich darauf beschränken, weiterhin wie bisher die Danziger Bucht durch die Hilfsminensuchdivision Neufahrwasser und die Flugzeuge der Seeflugstation Putzig aufklären und sichern zu lassen. Am 5. November erhielt „Thetis" Befehl, zur Kesselreinigung nach Danzig zurückzukehren. Der Kreuzer sollte wegen der Unterseebootsgefahr die Überfahrt nachts zurücklegen und wurde angewiesen, jedes Unterseeboot, das nachts in Sicht käme, zu vernichten. Fregattenkapitän Nippe entschloß sich, am 5. November erst 8 Uhr Nm. auszulaufen in der Überlegung, daß, falls wieder ein feindliches Unterseeboot vor der Hafeneinfahrt stände, dieses bis dahin aufgetaucht sein und sich durch Funkentelegraphie zu erkennen gegeben haben würde. Die gewählte Zeit des Auslaufens ermöglichte es auch, dem Befehl des detachierten Admirals entsprechend, noch in der Dunkelheit in Neufahrwasser einzutreffen. Tatsächlich wurden auch kurz vor dem Auslaufen aus Memel am 5. November 7.28 Uhr Nm. im Funkenraum auf „Thetis" Zeichen gehört, die nach Ansicht des Funkenoffiziers von einem Unterseeboot herrührten, das jedoch nicht so nahe stand wie am Tage vorher. Um 10.50 Uhr Nm. wurde von dem Kreuzer 30 Seemeilen von Memel entfernt auf Kurs West zu Süd bei Vollmond und sehr sichtiger Nacht in Nordwest eine größere Rauchwolke gesichtet, die sich in kurzer Zeit in zwei Rauchwolken trennte, die an Dichtigkeit zunahmen und schnell auf größerem Abstand weit auseinanderzogen. Der Kommandant glaubte, daß die Fahrzeuge zunächst Kurs auf „Thetis" hätten, später jedoch bis auf Ost= oder Nordostkurs abdrehten. Der erste Eindruck auf der Kommandobrücke des Kreuzers war der, daß es sich nur um ein großes Fahrzeug handle, der spätere, daß zwei Fahrzeuge von der Größe der „Thetis" mit großem Abstand und Gegenkurs vorbeidampften. Die Schornsteinzahl war nicht auszumachen und die Fahrzeuge kamen bald aus Sicht. Kommandant und Kriegswachleiter hatten den Eindruck, daß es keine Torpedoboote wären. Die Fahrzeuge waren beide außer Reichweite der Scheinwerfer von „Thetis". „Thetis" war nach dem Insichtkommen der Schiffe um 4 Strich abgedreht. Als Gründe für diese Maßnahme führte der Kommandant in seinem Gefechtsberichte an, »daß „Thetis" Kreuzer vor sich hätte und ein gewaltsames Aufklären gegen diese für „Thetis", die zur Zeit nur über eine Höchstgeschwindigkeit von 16 Seemeilen verfügte, nicht zweckmäßig erschien«. Eine Funkenmeldung über das Sichten dieses Feindes erstattete „Thetis" nicht. Um 11.8 Uhr Nm. ging „Thetis" auf Süd=Südwest und setzte den Marsch fort. 1.35 Uhr Vm. am 6. November wurde an Steuerbord voraus ein abgeblendetes Fahrzeug auf Gegenkurs gesichtet, das bald darauf etwas abdrehte. Nach der starken weißen Heckwelle zu urteilen, lief das Fahrzeug sehr hohe Fahrt. „Thetis" machte Erkennungssignal, das nicht beantwortet wurde. Als die Schein=werfer das Ziel erreichen konnten, gab der Kommandant Befehl zum Leuchten und zum Feuereröffnen. Es wurde jetzt ein Torpedoboot mit drei Schornsteinen ausgemacht. Nach einigen Schüssen drehte „Thetis" langsam nach Backbord, um die Geschütze der Breitseite ins Feuer zu bringen. Im ganzen wurden 15 Schuß zwischen 10 und 17 hm gefeuert. Die Möglich=keit des Weiterfeuerns hörte auf, als das Torpedoboot in den Rauch des Schiffes kam und die Scheinwerfer das Ziel nicht mehr erreichten. Un=mittelbar darauf kam das Torpedoboot aus Sicht. 1.50 Uhr Vm. wurde der Kurs nach der Danziger Bucht wieder aufgenommen, da eine Ver=folgung des Torpedobootes bei der zur Verfügung stehenden geringen Ge=schwindigkeit aussichtslos war.

Über dieses zweite Zusammentreffen mit dem Feind wurde dem detachierten Admiral 1.45 Uhr Vm. folgende Funkenmeldung gemacht: „Habe gefeuert auf feindliches Torpedoboot mit drei Schornsteinen in Quadrat 125 δ [1].)" Das Kriegstagebuch des detachierten Admirals enthält dazu folgende Überlegungen: »Es sind keine Schiffe klar, um zur Unterstützung von „Thetis" in See geschickt zu werden. Auch erscheint dies zur Zeit nicht nötig, da „Thetis" nur mit einem Torpedoboot im Gefecht

[1]) Quadrat liegt 25 Seemeilen westlich Brüsterort.

gestanden hat. Es wird angenommen, daß noch weitere Meldungen folgen werden. In Anbetracht dessen, daß die bisher vorliegende Meldung wenig klar ist und weder die Maßnahmen von „Thetis" noch die des Torpedo-bootes erkennen läßt, wird von einer Weitergabe zunächst abgesehen, zumal keine eigenen Schiffe in der Nähe sind.« „Thetis" machte 5.15 Uhr Vm. in Neufahrwasser fest und Fregattenkapitän Nippe erstattete Bericht über die Ereignisse der Nacht.

Kontreadmiral Behring nahm zu dem schriftlichen Bericht des Fregatten-kapitäns Nippe folgende Stellung: »Wenn die gesichteten Fahrzeuge vor „Thetis" abdrehten, können sie sich nicht einem einzeln fahrenden deutschen Kreuzer überlegen gefühlt haben. Die Vermutung, daß es Torpedoboote waren, liegt also nahe. Ein Herangehen, um Näheres festzustellen, war um so mehr geboten, als „Thetis" den Befehl hatte, feindliche Unterseeboote zu vernichten. Es konnte sich sehr wohl um feindliche Torpedoboote handeln, welche Unterseeboote begleiteten. Waren die Gegner keine Torpdoboote, sondern etwa M i n e n s ch i f f e , so war eine Aufklärung und die Vernichtung der Schiffe unbedingt notwendig. Waren es Kreuzer, so bestand die Aus-sicht, sie in der hellen, sichtigen Mondnacht rechtzeitig zu erkennen. Ob die abdrehenden Gegner bei einer Verfolgung unerreichbar geblieben wären, ist nicht erwiesen, da „Thetis" keinen Versuch dazu gemacht hat. Die Unter-lassung einer funkentelegraphischen Meldung ist unverständlich.« Wie richtig diese Beurteilung des detachierten Admirals und seine Ver-mutungen über die Art der feindlichen Schiffe und ihre Absichten waren, sollte sich leider sehr bald zu unserem Schaden erweisen. Da der Kommandant der „Thetis" meldete, „daß er infolge mangelhafter Seh-leistung seiner Augen nicht lediglich nach eigener Beobachtung seine Ent-schließungen habe treffen können, sondern auf Beobachtungen und Mel-dungen des Brückenpersonals angewiesen sei", beantragte der Ober-befehlshaber aus diesem Grunde seine Abkommandierung. Das Kommando von „Thetis" übernahm zunächst vertretungsweise am 11. November Korvettenkapitän Halm, der Kommandant der „Lübeck", dessen Schiff eine längere Werftüberholung hatte. Kontreadmiral Behring befahl, von jetzt ab die Danziger Bucht während der Nacht durch einen Kleinen Kreuzer zu sichern. Dieser sollte östlich von Hela und nordöstlich der Linie Hela—Pasewark-Bake das Seegebiet sichern. Maßnahmen zur Feststellung, ob die von „Thetis" auf der Höhe von Memel beobachteten Fahrzeuge etwa Minensperren gelegt hatten, wurden nicht getroffen. Der Grund lag, obwohl man wußte, daß die Russen bestrebt sein würden, Minenschiffe offensiv zu verwenden, unzweifelhaft in dem Mangel an dazu geeigneten Minensuchverbänden. Kontreadmiral Behring verfügte nur

über die langsamen und ohne Kreuzerdeckung in offener See nicht ver-
wendbaren Fischdampfer seiner Hilfsminensuchdivision Neufahrwasser,
deren Zahl außerdem für die Sicherung der Danziger Bucht und der Ein-
und Auslaufkurse nach Danzig—Neufahrwasser gerade ausreichte. Der
Großadmiral hatte in der westlichen Ostsee überhaupt keinen eigenen
Minensuchverband. Die damals von den Hochseestreitkräften für den Bewachungsdienst am Sund zur Verfügung gestellte II. Minensuchdivision
sollte sobald wie möglich wieder nach der Nordsee; sie sofort im Osten zu
verwenden, war um diese Zeit nicht möglich, da dann die Sicherung und
die Bewachung des Sundes, der immer das Einfalltor für die englischen
Unterseeboote blieb und daher dauernd so stark wie möglich bewacht werden
mußte, hinfällig geworden wäre. In den folgenden Tagen wurden weitere
Anzeichen vom Vorhandensein feindlicher Streitkräfte in der östlichen
Ostsee gemeldet. „Amazone", die der Prinz am 6. November 4 Uhr Nm.
zur Begleitung des Unterseebootes „U A" als Verstärkung der Streitkräfte des detachierten Admirals von Kiel nach Danzig schickte, hatte am
7. November 7.20 Uhr Nm. auf der Höhe von Rixhöft nacheinander recht
voraus vier verdächtige schwache Lichter in gleichen Abständen gesehen,
welche unter Umständen die Kielwasserlaternen von Torpedobooten sein
konnten, aber bei dem unsichtigen Wetter bald aus Sicht kamen. Korvettenkapitän Lutter glaubte das von ihm begleitete Unterseeboot nicht verlassen
zu dürfen. Kontreadmiral Behring war dagegen der Ansicht, daß die Aufklärung wichtiger gewesen wäre und gegen die vermuteten feindlichen
Torpedoboote sofort hätte vorgegangen werden müssen. In der Nacht
zum 8. November 1 Uhr Vm. sichtete ein schwedischer Dampferkapitän
bei Sandhammar zwei abgeblendete Torpedoboote, eins mit vier,
eins mit zwei Schornsteinen. Es kann nach allem daher wohl als sicher
angenommen werden, daß die Russen sich in der Zeit vom 5. bis 8. November mit leichten Streitkräften bis in die mittlere Ostsee gewagt hatten.
„U A" wurde am 8. November abends zur Ablösung von „U 25" nach
Libau geschickt, „U 25" kehrte am 9. November früh von der Blockadestellung vor Libau zurück, ohne etwas Verdächtiges gesehen zu haben.

Als Ziele für seine nächsten Unternehmungen nach Beendigung der
Ruhepause und der Überholungsarbeiten seiner Streitkräfte hatte der Großadmiral dem detachierten Admiral folgendes befohlen:

1. „Selbständige Unternehmungen von Unterseebooten in und vor dem
   Finnischen Meerbusen.
2. Wirksame Beschießung von Libau, Blockade durch Unterseeboot.
   Sperrung der Hafeneinfahrten durch Blockschiffe, nach Ermessen auch
   durch Minen. Libau aufklären durch Flugzeuge.

3. Kreuzer absuchen Gebiet östlich Bornholm und schwedische und russische
   Küste. Vorstoß in Bottnischen Meerbusen anheimgestellt."

Der Großadmiral hatte daher neben einer angriffsweisen Schädigung
der feindlichen Flotte im Finnischen Meerbusen auch weiterhin die völlige
Unbrauchbarmachung von Libau als Stützpunkt für feindliche Untersee=
boote im Auge. Unter vollster Ausnutzung seiner schwachen Streitkräfte
strebte er stets ein offensives Vorgehen an. Die Unterseeboote sollten dies=
mal ausdrücklich a l l e i n nach dem Finnischen Meerbusen geschickt und
dort angesetzt werden. Der Oberbefehlshaber war der Ansicht, daß die gleich=
zeitige Anwesenheit von Kreuzern die Russen eher abschrecken als locken
würde. Für die Blockade von Libau sollte hauptsächlich das für andere
Unternehmungen unbrauchbare Unterseeboot „U A" verwandt werden
und zur Erleichterung des Anmarschweges und besseren Ausnutzung
seiner geringen Kraft Pillau oder Memel als Stützpunkt bekommen.
Für die Sperrung der Hafeneinfahrten waren die vier, seinerzeit für
Memel bereitgestellten Blockschiffe in Aussicht genommen. Nach den
beim Admiralstab vorliegenden Nachrichten war mit großer Wahrschein=
lichkeit anzunehmen, daß die nördliche Hafeneinfahrt von Libau, 250 m
breit, von den Russen nur durch Minen gesperrt sei, die mittlere und die
südliche Einfahrt, beide 200 m breit, durch versenkte Dampfer, doch mit
einzelnen Lücken. „Amazone" brachte zur Verstärkung der Sperrung aus
Kiel 48 Minen und die zum Werfen dieser Minen von Torpedobooten not=
wendigen Kippbühnen mit. Das vom Oberbefehlshaber befohlene gelegent=
liche Erscheinen der Kreuzer an der schwedischen und russischen Küste sollte
den Zweck haben, eine mittelbare Rückendeckung für die schwachen Streit=
kräfte der Sundbewachung zu bilden. Je häufiger die deutsche Flagge an
diesen Küsten sich zeigte, um so öfter und nachhaltiger wurde dadurch der
Eindruck bei Russen und Engländern auf dem Wege über ihre Agenten in
Dänemark und Schweden bestärkt, daß wir in der Ostsee über genügend
Seestreitkräfte verfügten, um so geringer wurde die Gefahr, daß unsere
dünnen und schwachen Bewachungslinien in der westlichen Ostsee eines
Tages durch einen überraschenden Einbruch leichter englischer Streitkräfte
durch den Sund oder einen plötzlichen Vorstoß russischer Verbände in die
westliche Ostsee aufgerollt würden. Je weiter die Jahreszeit vorschritt, um
so kürzer wurden die Tage und um so leichter ließ sich ein solcher Vorstoß
ohne besonderes Wagnis vom Gegner durchführen.

Kontreadmiral Behring beabsichtigte, am 9. November mit den
unterstellten Streitkräften für die Durchführung aller Aufgaben klar zu
sein. Die Verwendung der Unterseeboote sollte getrennt von der Unter=
nehmung gegen Libau stattfinden. Die Sperrung von Libau wurde in

ihren Vorbereitungen dem Chef der 20. Torpedoboots-Halbflottille übertragen. Kapitänleutnant Ehrhardt standen dafür die Blockschiffe und vier
Fahrzeuge der Hilfsminensuchdivision Neufahrwasser für Zwecke des
Schleppens und Herumdrückens der Sperrdampfer zur Verfügung. Die
vom Oberbefehlshaber angeregte Verwendung von Minen bei der Sperrung
wurde aufgegeben, da die wenigen zur Verfügung stehenden Minen besser
für andere Zwecke gebraucht werden konnten. Die Beschießung von Libau
sollte später mit allen Kreuzern, die während der beim Morgengrauen vor-
zunehmenden Sperrung als Deckung in See stehen sollten, durchgeführt
werden. Zu diesen Aufgaben erhielt Kontreadmiral Behring am 7. November noch den Befehl, die von Libau ausgehenden russischen Kabel zu
schneiden. Die Kriegsleitung hatte diese Maßnahme jetzt in Abänderung
ihres ersten Standpunktes für notwendig gehalten, um den Gebrauch der
Kabel für die Nachrichtenübermittlung aus Schweden und Dänemark unmöglich zu machen, nachdem Libau als Stützpunkt für feindliche Unterseeboote in Frage kam. Für diese Aufgabe bestimmte Kontreadmiral Behring
vier Dampfer der Hilfsminensuchdivision, die mit besonders ausgebildetem
Personal für diese Sonderaufgabe besetzt werden sollten. Für die vor
der Unternehmung beabsichtigte Aufklärung von Libau durch Flugzeuge
wurde in Memel auf dem dort liegenden englischen Prisendampfer
„Glyndwr" ein behelfsmäßiges Lager für Flugzeuge eingerichtet und dorthin ein kleiner Vorrat an Benzin, Bomben und Reparaturwerkzeugen
gebracht. Oberleutnant zur See Riensberg sollte mit zwei Flugzeugen
diesen Stützpunkt besetzen, zwei weitere Flugzeuge wurden für die Unternehmung wieder auf dem Flaggschiff eingesetzt. Eine Unterbrechung dieser
Anordnungen, die zunächst die Sperrung für den 11. November früh-
morgens vorbereitet hatten, trat dadurch ein, daß infolge eines Entschlusses
des Hochseechefs das in der Ostsee zu Übungen befindliche II. Geschwader
der Hochseestreitkräfte Befehl erhielt, Libau zu beschießen. Der Flottenchef
wollte diese Beschießung für das II. Geschwader als kriegsmäßige Übung
am Ende seiner Ausbildungszeit ansetzen. Nach den Erfahrungen bei dem
Vorstoß der Kreuzer der Hochseeflotte nach der englischen Ostküste erschien
es ihm erwünscht, daß alle Verbände der Hochseestreitkräfte Gelegenheit
erhielten, einmal gegen feindliche Ziele zu schießen, um die Feuerdisziplin
unter Gefechtsverhältnissen sicherzustellen. Der Oberbefehlshaber der
Ostseestreitkräfte, mit welchem Vizeadmiral Scheer, der damalige Chef
des II. Geschwaders, in Verbindung trat, war durchaus einverstanden und gab die entsprechenden Anweisungen an Kontreadmiral
Behring. Der Chef des Admiralstabes wurde über die Absichten unterrichtet. Als am 10. November das II. Geschwader zusammen mit der

für die Unternehmung von den Hochseestreitkräften noch zugeteilten
4. Aufklärungsgruppe, der III. Torpedobootsflottille und dem 2. Führer
der Torpedoboote mit „Graudenz" aus Kiel ausgelaufen war, kam kurz
darauf der Befehl aus dem Großen Hauptquartier: „Seine Majestät
der Kaiser befehlen, daß Beschießung Libaus durch die Schiffe des II. Ge=
schwaders unterbleibt, da Schiffe durch Unterseeboote zu sehr gefährdet."
Die Einstellung der Unternehmung war von Seiner Majestät auf Grund
des Vortrages des Chefs des Admiralstabes erfolgt, der in dieser Ver=
wendung von Streitkräften und Verbänden der Hochseestreitkräfte für aus=
gesprochene Nebenaufgaben in der Ostsee eine unnötige Gefährdung und
unzweckmäßige Verwendung erblickte. Kontreadmiral Behring führte nun=
mehr allein die Unternehmung gegen Libau mit seinen eigenen Streit=
kräften wie geplant durch.

In der Nacht vom 9. zum 10. November gingen die ersten Streit=
kräfte des detachierten Admirals von Neufahrwasser aus in See, das
Flaggschiff wollte am 10. November nachmittags folgen. Am Morgen
dieses Tages meldete die 20. Torpedoboots=Halbflottille, daß wegen
Weststurmes die Ausführung der Unternehmung unmöglich sei und
sie mit den Blockschiffen in Memel Zuflucht suche. „Friedrich Carl" konnte
wegen des durch den Sturm hervorgerufenen niedrigen Wasserstandes aus
Neufahrwasser nicht auslaufen und daher brach der Admiral die
Unternehmung bis zum Eintritt besseren Wetters ab. „Amazone" wurde
zur Sicherung der Danziger Bucht in See geschickt. Gleichzeitig sollte sie
zusammen mit „Thetis" das Blockschiff „Martha" suchen. Dieses Schiff
hatte in der Nacht vom 10. zum 11. November den Anschluß an den Ver=
band der Blockschiffe verloren und bei Tagesanbruch die Einfahrt nach
Memel nicht gefunden. Der Führer des Dampfers war darauf die Küste
entlang nach Norden gesteuert, da er sich zu weit südlich versetzt glaubte.
Gegen 12 Uhr mittags kam Libau in Sicht, Oberleutnant zur See Giebeler
glaubte aber Memel vor sich zu haben und hielt auf die Molenköpfe der
Einfahrt zu. Erst in etwa 10 km Entfernung von der Südeinfahrt
erkannte er seinen Irrtum und lief mit Südwestkurs ab. Diese unfrei=
willige Erkundung hatte den Vorteil, daß man dadurch eine gewisse Sicher=
heit über minenfreie Kurse erhalten und durch Beobachtungen festgestellt
hatte, daß anscheinend die Südeinfahrt frei, die mittlere Einfahrt durch
Dampfer gesperrt sei. Im Hafen lagen mehrere Dampfer, über Be=
festigungsanlagen waren Feststellungen nicht möglich gewesen. Das
Wetter blieb bis zum 15. November so stürmisch, daß an eine Unterneh=
mung ebensowenig wie an eine Tätigkeit feindlicher Unterseeboote zu
denken war. Nach allen Erfahrungen und Nachrichten blieb auch das

Wetter um diese Jahreszeit im Gebiet des Finnischen Meerbusens dauernd schlecht und stürmisch. Der Admiralstab erfuhr zudem aus sicherer Quelle, daß am 13. November zwei englische Unterseeboote in Reval gewesen wären. Um mehr Boote hatte es sich auch in den letzten Wochen sicherlich nicht gehandelt, wenn auch einzelne Agenten über Nachrichten von einer größeren Zahl in die Ostsee eingedrungener englischer Unterseeboote berichteten.

Am 15. November hatte der Wind bis Stärke 4 abgeflaut. Kontreadmiral Behring schickte daher sofort, da er jetzt auf eine Zwischenpause einiger Tage guten Wetters rechnete, „U 23" und „U 25" 3.50 Uhr Nm. in Begleitung von „Augsburg" in See. Korvettenkapitän Horn sollte die beiden Boote bis etwa auf die Höhe von Dagerort begleiten, einen Punkt, den er nach 30 Stunden erreichen konnte. Von hier aus sollten die Boote selbständig in den Finnischen Meerbusen einbrechen, und „Augsburg" sich dann zur Beschießung von Libau mit den übrigen Streitkräften vereinigen. Das Vorschicken der beiden Unterseeboote hatte den Vorteil, daß die Boote voraussichtlich zur gleichen Zeit vor dem Finnischen Meerbusen eintrafen, an der die Sperrung Libaus stattfinden sollte. Wurden daher die Russen durch die Unternehmung vor Libau beunruhigt, so konnten aus Reval vielleicht auslaufende Streitkräfte den Unterseebooten in den Weg kommen. „Lübeck" erhielt den Befehl, nach Memel zu gehen, um den Vormarsch der 20. Torpedoboots-Halbflottille mit den Sperrschiffen und Fischdampfern von dort aus zu unterstützen. „Amazone" sollte in der Nacht vom 15. zum 16. die Danziger Bucht sichern, am 16. 3 Uhr Nm. in See gehen und um 7 Uhr Nm. auf der Höhe von Hela das Flaggschiff erwarten und dann mit ihm zusammen den Vormarsch nach Libau antreten. „Friedrich Carl" beabsichtigte am 17. November 4 Uhr Vm. mit „Amazone" und „Thetis" zur Deckung des Sperrversuches und späteren Beschießung südlich von Libau zu stehen. Der Aufmarsch aller Streitkräfte verlief nach Plan. „Augsburg" hielt auf der Höhe von Östergarn eine norwegische Segelbark an, die die wichtige Mitteilung machte, daß sie am selben Tage 7 Uhr Vm. 15 Seemeilen südöstlich von der Nordspitze Gotlands ein Unterseeboot mit südöstlichem Kurs begegnet habe. Korvettenkapitän Horn meldete sofort durch Funkentelegraphie diese Nachricht weiter. Am 16. November nachmittags erhielt Kontreadmiral Behring den Befehl, „Thetis" zur Ausführung der großen Kessel-reinigung in Danzig zurückzulassen. Infolgedessen ging er nur mit „Friedrich Carl" und „Amazone" in See. „Amazone" sicherte am 16. November die Danziger Bucht bei Hela und bildete dann während des Vormarsches die Vorhut. Das Führerboot der Unterseeboots-Halbflottille

„D 10", das als Begleitboot für das Flaggschiff bestimmt war, war infolge des schweren Wetters in der Nacht vom 10. zum 11. November leckgeschlagen worden und noch nicht wieder hergestellt, so daß der Admiral o h n e e i n T o r p e d o b o o t am 16. November 8.10 Uhr Nm. den Vormarsch aus der Danziger Bucht antrat. Am Abend erhielt er die Mitteilung von „Augs=burg" über das bei Gotland gesichtete Unterseeboot, er und die Schiffs=leitung von „Friedrich Carl" hielten ein Zusammentreffen mit diesem Boot für möglich. Das Wetter war auf der Abendwache und während der Nacht regnerisch, der Himmel bedeckt, schwacher Wind mit entsprechen=dem Seegang.

Am 17. November 1.46 Uhr Vm., als sich „Friedrich Carl" auf einem Punkte 33 Seemeilen westlich von Memel befand, wurde eine heftige Er=schütterung im Schiff gespürt, die auf der Kommandobrücke zunächst den Eindruck hervorrief, das Schiff habe ein Unterseeboot überrannt. Für die Detonation eines Torpedos oder einer Mine erschien die Erschütterung zu gering. Die bald einlaufende Meldung über Wassereinbruch im Schiff führte aber sehr bald zu der Überzeugung, daß der Panzerkreuzer von einem Torpedo oder einer Mine getroffen sei. Kontreadmiral Behring stand selbst zunächst durchaus unter dem Eindrucke eines Unterseebootstreffers und befahl dem Kommandanten, mit höchster Fahrt nach Backbord abzudrehen, um weiteren Angriffen des nicht gesichteten Gegners auszuweichen. Fregatten=kapitän Loesch drehte bis auf Westkurs und lief mit Höchstfahrt von 12 See=meilen, die infolge Dampfverlustes später nur 10 Seemeilen betrug, nach Westen ab. 1.57 Uhr Vm. drehte er aber, da das Wasser im Schiff stieg, nach Steuerbord wieder auf Ostkurs zurück, um Memel zu erreichen oder zum mindesten das Schiff auf flaches Wasser unter die Küste zu bringen. Während der Drehung erfolgte 1.59 Uhr Vm. eine zweite, sehr viel heftigere Detonation an Backbord achtern des Panzerkreuzers, die ein starkes Krängen des Schiffes nach Steuerbord und eine bedeutende Tiefertauchung achtern zur Folge hatte. Durch Ausfall der Backbordmaschine wurde die Fahrt auf 8 Seemeilen vermindert. 2.17 Uhr Vm. glaubte ein Ausguck=posten ein rotes Licht zu sehen, das zunächst für den Feuerschein beim Abfeuern eines Torpedos auf einem feindlichen Torpedoboot gehalten wurde. Immer noch stand die Schiffsführung unter dem Eindruck eines Torpedotreffers von einem Unterseeboot oder Torpedoboot. Der Kom=mandant drehte auf das vermeintliche Licht los, dann aber auf Befehl des detachierten Admirals wieder auf Ostkurs zurück. In der Drehung versagte das Ruder und blieb auf Backbord 20° liegen. Die beiden Ruderräume waren bei der zweiten Detonation vollgelaufen, die Rudermaschine hatte noch 24 Minuten im Wasser weitergelaufen und war dann 2.23 Uhr Vm.

stehengeblieben. Das Schiff, das mit den Maschinen nicht mehr auf Kurs gehalten werden konnte, drehte sich langsam im Kreise. Zu stoppen erschien dem Kommandanten nicht ratsam, um sein Schiff nicht hilflos erneuten feindlichen Angriffen auszusetzen. Die Lage des Panzerkreuzers war be= denklich. Das Wasser im Schiff stieg dauernd und trotz der vorzüglichen Arbeit des Lecksicherungsdienstes unter der Leitung des Ersten Offiziers, Korvettenkapitäns Schleusener und der über alles Lob erhabenen Haltung der ganzen Besatzung schien es unmöglich, das Schiff noch längere Zeit schwimmfähig zu erhalten. Hilfe konnte zunächst nicht herbeigerufen werden, da nach der ersten Detonation die beiden Funkenstängen von oben gekom= men, die Netze zerrissen waren und damit die ganze Funkeneinrichtung aus= fiel. Als unter persönlicher Arbeit des Admiralstabsoffiziers, Kapitänleut= nants Gercke, die Netze gerade wieder in Ordnung gekommen waren, war die zweite Detonation erfolgt, wodurch die elektrische Maschine und damit die Beleuchtung im ganzen Schiff und der elektrische Strom für einige Zeit völlig ausfiel. Die an Bord befindliche von der Schiffsenergie unabhängige tragbare Landstation mit dem Reservenetz in Tätigkeit zu setzen, war nicht möglich, da beides in einer Last verstaut war, über die das Wasser bereits flutete. Bis 2.48 Uhr Vm. war es erneut gelungen, die Netze so weit in Ordnung zu bringen, daß mit dem von der elektrischen Maschine jetzt wieder gelieferten Strom versucht werden konnte, mit den übrigen Schiffen in Verbindung zu treten. 2.50 Uhr Vm. wurden Telegramme an „Augs= burg", „Amazone", „Lübeck" und 20. Halbflottille abgegeben, mit äußerster Kraft zur Unfallstelle zu kommen. Nach langem, bangem Warten kam als einzige Antwort 3.48 Uhr Vm. von „Augsburg" die Meldung, daß sie mit 20 Seemeilen heraneile. Sie war um diese Zeit noch 40 Seemeilen von der Unglücksstelle entfernt, so daß ihre Ankunft mindestens noch zwei Stunden dauern mußte. „Lübeck" und die 20. Torpedoboots=Halbflottille waren bereits bei der Sperrung Libaus beschäftigt und hielten es in Ein= schätzung der Verhältnisse an Ort und Stelle nicht für richtig, diese abzu= brechen, eine Auffassung, die auch Kontreadmiral Behring durchaus billigte. „Amazone" meldete 4.26 Uhr Vm., daß sie mit 19 Seemeilen zu Hilfe komme. Nachdem mittlerweile seit der zweiten Detonation zwei Stunden vergangen waren, ohne daß ein erneuter Angriff auf das hilflose Schiff erfolgt war, wurde es klar, daß beide Detonationen nicht auf Tor= pedos, sondern auf Minen zurückzuführen seien und „Friedrich Carl" auf ein Minenfeld geraten war. Im Innern des Schiffes wütete unterdessen ein Kampf auf Leben und Tod gegen das immer weiter steigende Wasser. Das Personal der Maschine unter der glänzenden Leitung des Stabs= ingenieurs Hans Hoffmann arbeitete zum Teil bis am Hals im Wasser

stehend, die heißen Ventile mit Asbesthandschuhen und wollenen Decken
bedienend, mit zäher Ausdauer überall bis zum letzten Augenblick auf
seinen Stationen. Schrittweise mußte Raum für Raum dem Wasser über=
lassen werden. Gegen 5 Uhr Vm., noch immer in voller Dunkelheit, denn
das fahle Tageslicht der Wintertage in diesen Breiten beginnt erst gegen
7 Uhr Vm., lag „Friedrich Carl" 14° nach Steuerbord über und im
Schiff waren 2300 Tonnen Wasser. Noch immer war von „Augsburg"
nichts zu sehen. An Booten standen nur zwei Kutter und eine Jolle zur
Verfügung, da wegen der Splitterwirkung alle übrigen bei Kriegsbeginn
in der Werft abgegeben waren. Auf der Brücke stand der Admiral mit
seinem Admiralstabsoffizier, mit dem er schon so viele harte Stunden in
diesen Monaten zusammen erlebt und sagte ihm die für den ganzen Mann
bezeichnenden Worte: „Die einzige Gewißheit können wir doch als letzten
Trost noch mit ins Wasser nehmen, mein lieber Gercke, daß die englischen
Torpedos nichts taugen." Es war allerdings ein schlechtes Zeichen, auch
für die russischen Minen, daß trotz zweier Treffer ein alter Panzerkreuzer
sich so lange über Wasser hielt. So gut und dauerhaft war das deutsche
Material, so gut die deutschen Männer, die damals auf ihren Schiffen
gegen den Feind zogen. 5.25 Uhr Vm. zeigten weiße Signalsterne am
Horizont die heraneilende „Augsburg" an. In einem glänzenden Manöver
legte Korvettenkapitän Horn wie mit einem Torpedoboot an dem sinkenden
Flaggschiff an und von 6.20 bis 6.35 Uhr Vm. wurde die 591 Köpfe be=
tragende Besatzung von „Friedrich Carl" bis auf 8 Mann auf „Augsburg"
übernommen. Es waren Torp.=Masch.=Mt. Kurt Beyer, Torp.=Ob.=Hzr.
Otto Rembalsky, Torp.=Ob.=Mtr. Hermann Singelmann und Teophil
Annaschkowski, Torp.=Hzr. Robert Golda, Bruno Mitzke und Fritz Rönne=
kamp, die treu ihrer Pflicht und ihrem Fahneneid, auf ihrem Posten im
Torpedoheckraum unter dem Panzerdeck ausharrend, den Heldentod ge=
funden hatten. 7.15 Uhr Vm. kenterte „Friedrich Carl", der langsam in=
zwischen auf 70° gekrängt war und ging unter.

Nach dem Untergang des Flaggschiffes schickte Kontreadmiral Behring
die „Amazone", die unterdessen auch an der Unfallstelle eingetroffen war,
zur Unterstützung von „Lübeck" zur Beschießung nach Libau zurück. Das
Schiff hatte vorher noch versuchen sollen, das Wrack des gekenterten
„Friedrich Carl" auf flaches Wasser zu schleppen, doch war dies nicht mehr
möglich. Die Gedanken des Admirals waren nur bei der bereits ange=
fangenen Unternehmung gegen Libau. Er gab daher 7.27 Uhr Vm.
„Lübeck" den Befehl, zunächst allein mit der Beschießung Libaus zu be=
ginnen. Er selbst versuchte mit „Augsburg" nach Memel einzulaufen, um
die Besatzung von „Friedrich Carl", die die Gefechtsbereitschaft des Kleinen

Kreuzers zu stark behinderte, dort abzugeben und dann beschleunigt nach Libau auszulaufen. Kurz vor dem Einlaufen 8.22 Uhr Vm. kamen recht voraus drei Fahrzeuge, ein größeres und zwei kleinere in Sicht. Wegen des diesigen Wetters war die Art derselben zunächst nicht auszumachen. Es war nicht ausgeschlossen, daß es sich um den russischen Minenleger, der die „Friedrich=Carl"=Sperre gelegt hatte, mit zwei begleitenden Zerstörern handelte. Daher machte „Augsburg" „Klar Schiff", zumal auch von den Fahrzeugen das Erkennungssignal nicht beantwortet wurde. Bevor Feuer eröffnet wurde, lief das größere Fahrzeug auf eine Mine und sank sofort. Es war, wie sich beim Näherkommen herausstellte, der Dampfer „Elbing 9" mit einem großen Motorboot und dem Memeler Lotsendampfer, die vom Nachrichtenkommissar Danzig, Kapitänleutnant Overhues, aus eigenem Antrieb in See geschickt waren, als er die funkentelegraphische Meldung vom Unfall des „Friedrich Carl" erhielt. Ohne ihr Dazukommen wäre „Augsburg" wahrscheinlich mit 1000 Mann an Bord auf diese Sperre ge= laufen. Die Minensperre, auf die „Friedrich Carl" gekommen war, er= streckte sich demnach weiter nach Osten bis kurz vor Memel. „Augsburg" steuerte daher den bisher gelaufenen Kurs zurück, holte im großen Bogen nach Westen aus und lief nach Neufahrwasser zurück, wo der Kreuzer 4.45 Uhr Nm. eintraf.

Unterdessen hatte die 20. Torpedoboots=Halbflottille, unterstützt von „Lübeck" und „Amazone", die Sperrung und Beschießung des Hafens planmäßig durchgeführt. Kapitänleutnant Ehrhardt war mit der Halb= flottille am 16. November 6 Uhr Nm. aus Memel ausgelaufen in Beglei= tung der Blockschiffe „Elfie", „Martial", „Julia" und „Martha", sowie von vier Fischdampfern. „Lübeck" als Deckung erwartete den Verband auf der Reede und führte ihn während der Nacht bis kurz südlich der Molen von Libau. Am 17. November 3 Uhr Vm. stand die Halbflottille mit den Fischdampfern vor der Südeinfahrt des Hafens, die Blockschiffe etwa 20 hm dahinter, „Lübeck" außer Sicht, aber in sicherer Funkenrufweite in See. Kapitänleutnant Ehrhardt schickte „G 132", Kommandant Kapitän= leutnant Freiherr Roeder v. Diersburg, und „G 136", Kommandant Kapitänleutnant Saupe, mit zwei Fischdampfern an die Nordeinfahrt mit dem Befehl, eine in der Einfahrt etwa noch vorhandene Durchfahrtslücke festzustellen und zu sperren. Er selbst ging mit dem Führerboot „G 133" und einem Fischdampfer in die Südeinfahrt, die nur zur Hälfte zwischen dem Südmolenkopf und der Mitte der Einfahrt von den Russen gesperrt war. Das Führerboot lief durch die Lücke in das Hafenbassin ein und steuerte nach dem in der Nähe der Stadt gelegenen Winterhafen, einem schlauchartigen Kanal, der sich in die Stadt hineinschob. Bei der Annähe=

16*

rung an die Häuser des Hafens wurde die Stadt durch Trompeten und Lichtsignale alarmiert, ohne daß aber eine feindliche Gegenwirkung ein= setzte. Ein weiteres Vordringen in den Winterhafen, in dem mehrere Dampfer und Segelschiffe, aber keine Kriegsfahrzeuge festgestellt wurden, schien bei dem inzwischen eingetretenen dichten Schneetreiben bedenklich. Kapitänleutnant Ehrhardt lief daher mit „G 133" nach der Südeinfahrt zurück und begann diese an ihrer freien Stelle durch drei Blockschiffe zu sperren. Wie bei allen Sperrversuchen zeigte sich auch hier wieder die Schwierigkeit und praktische Unsicherheit solcher Unternehmungen, trotzdem bei dem Fehlen jeder feindlichen Gegenwirkung und unter günstigen Wetterverhältnissen das Manöver beinahe friedensmäßig durch= geführt werden konnte. „Martha" und „Elfie" wurden an der beab= sichtigten Stelle richtig versenkt (siehe Karte 11). Es wurde ruhig und sachgemäß gearbeitet, unter Leitung von Kapitänleutnant Schünemann sogar Leute zum Festmachen der Leinen der Dampfer auf die Mole geschickt. Bei „Martial" aber brachen beim Sprengen des Dampfers die Leinen, die mit den anderen Dampfern verbunden waren und er wurde durch den Strom aus der Lücke herausgetrieben, bevor er versackte. Alle Versuche, ihn in sinkendem Zustande durch die Fischdampfer noch in die Lücke hineinzudrücken, mißlangen, so daß in der Einfahrt eine Sperrlücke von etwa 10 bis 15 m bestehen blieb, die allerdings teilweise noch durch Unterwasserhindernisse von den Russen gesperrt war, so daß ein Passieren von Unterseebooten zunächst wohl als ausgeschlossen gelten konnte. Unter= dessen hatten „G 132" und „G 136" die Nordeinfahrt untersucht und fest= gestellt, daß dort zwei Lücken, eine von etwa 50 m an der Ostseite, eine andere etwas breitere an der Westseite der Einfahrt vorhanden waren. Letztere wurde durch Versenken des Dampfers „Julia" geschlossen, während sich bei näherer Besichtigung ergab, daß die östliche Lücke unter Wasser bereits durch Prähme und Schuten gesperrt war. Die Nordeinfahrt konnte damit als vollständig gesperrt angesehen werden. Eine Untersuchung der mittleren Einfahrt durch das Führerboot ergab, daß diese durch die Russen ebenfalls völlig gesperrt war. Gegen 7 Uhr Vm. war die Sperrung der Einfahrten an allen Stellen beendet. „G 132", das von der Nordeinfahrt aus den Kriegshafen=Kanal hatte übersehen können, hatte auch hier keine Kriegsfahrzeuge feststellen können. Es wäre auch anzunehmen gewesen, daß sie sich bei der Schwäche unserer Streitkräfte irgendwie betätigt hätten. Außerdem hatten auch alle Nachrichten übereinstimmend dahin gelautet, daß die Russen Libau als Kriegshafen endgültig aufgegeben hätten; Gerüchte, die jetzt durch unsere Unternehmung eine Bestätigung er= fuhren.

„Lübeck" hatte sich seit 3 Uhr Vm. auf der 10 m-Grenze vor der Hafeneinfahrt aufgehalten, um zur Unterstützung der Torpedoboots-Halbflottille eingreifen zu können. 2.55 Uhr Vm. hatte der Kreuzer den Hilferuf des auf Minen gekommenen Flaggschiffes erhalten, der an alle Streitkräfte des detachierten Admirals gerichtet war. Fregatten-kapitän Halm stand vor einer schwierigen Entscheidung. Als ältester See-offizier vor Libau mußte er sich jetzt entschließen, ob er die Unternehmung abbrechen und damit eine Möglichkeit, den Feind empfindlich zu schädigen, aufgeben solle. Am schnellsten konnte die über die höchste Geschwindigkeit verfügende Torpedoboots-Halbflottille Ehrhardt bei „Friedrich Carl" sein. Diese Boote hatten aber gerade mit der Sperrung des Hafens begonnen und der Kommandant „Lübeck" sagte sich, daß die Durchführung der Unternehmung durch die Blockschiffe allein nicht möglich sein würde. Fregattenkapitän Halm entschied sich daher für das militärisch Richtige, eine bereits in Ausführung begriffene Unternehmung nicht abzubrechen und die damit erstrebte Schädigung des Feindes höher zu stellen, als Unterstützung eigener Streitkräfte in Seenot. Aus dem weiteren Funkenverkehr entnahm er auch, daß „Augsburg" am nächsten an der Unfallstelle stand und bereits mit äußerster Kraft dorthin zurücklief, später ebenfalls „Amazone". „Lübeck" blieb daher vor Libau. In der Morgendämmerung am 17. No-vember waren vom Kreuzer aus die Hafeneinfahrt, die Mole und die davor operierenden Fahrzeuge auszumachen. Da Landobjekte gegen 7 Uhr Vm. bei dem unsichtiger werdenden Wetter und zeitweise Schneetreiben nicht zu erkennen waren, mußte die beabsichtigte Beschießung durch „Lübeck" zu-nächst aufgeschoben werden. Erst gegen 9 Uhr Vm. klarte es etwas auf, so daß „Lübeck" wieder auf die Südmole zuhalten und auf der 10-m-Wasser-linie angelangt, gegen 9.30 Uhr Vm. mit der Beschießung beginnen konnte. Feindliche Küstenbatterien machten sich nicht bemerkbar, deshalb wurde die am Hafen gelegene Stacheldrahtfabrik, die mit ihren elf Schornsteinen ein gutes Mark bot, unter Feuer genommen. Ihre Zerstörung hatte militärische Bedeutung, da sie die einzige russische Fabrik dieser Art sein sollte. Die Wirkung der von „Lübeck" während der Beschießung bis 12.15 Uhr Nm. verfeuerten 270 10,5 cm-Sprenggranaten war nicht erheblich und hat, wie sich später bei unserer Besetzung der Stadt herausstellte, einen nennenswerten Schaden nicht angerichtet. Ein militärischer Wert kann Stadtbeschießungen mit so kleinem Kaliber, selbst auf so geringe Ent-fernung (5000 bis 3500 m) nicht beigemessen werden, höchstens erreicht man einen moralischen Eindruck. Unterdessen war 11.20 Uhr Vm. auch „Amazone" vom gesunkenen Flaggschiff zurückgekommen und hatte sich zusammen mit den Booten der 20. Torpedoboots-Halbflottille an der

Beschießung beteiligt. 12.46 Uhr Vm. traten die Streitkräfte den Rückmarsch nach Danzig an, mit Rücksicht auf die vor Memel vermutete Minengefahr dicht unter der Küste und trafen am selben Tage 11 Uhr Nm. in
Danzig ein. Der detachierte Admiral war über die Sperrung der Ansicht,
daß eine Benutzung des Hafens durch Unterseeboote wohl sehr erschwert,
aber nicht völlig ausgeschlossen wäre, da die Wegsprengung der Unterwasserhindernisse ohne Schwierigkeiten möglich sei, deshalb wäre eine erneute Sperrung zu empfehlen.

Am 17. November abends waren sämtliche Streitkräfte des detachierten
Admirals wieder in Danzig vereinigt bis auf die beiden Unterseeboote
„U 23" und „U 25". Die beiden Boote waren am 16. November nachmittags von „Augsburg" an der Nordspitze Gotlands nach dem Finnischen
Meerbusen entlassen worden. „U 23" hatte sich vom 17. bis 23. November
vor und in dem Finnischen Meerbusen aufgehalten. Kapitänleutnant
Weisbach beobachtete am 17. November vormittags bei Bengtskär vier aus
den Schären von Hangö herauskommende russische Panzerkreuzer mit vier
Schornsteinen, die am Vormittag dort ohne Torpedobootsdeckung evolutionierten. Trotzdem „U 23" bis auf 20 hm an den feindlichen Verband
herankam, gelang kein Angriff. Am 18. November beobachtete der Kommandant vor Reval ein- und auslaufende Torpedoboote und Minenfahrzeuge und blieb mit „U 23" die folgenden Tage in diesem Gebiet, ohne aber
einen Erfolg zu haben. Am 22. November wurde auf dem Rückmarsch ein
Unterseeboot bei Bengtskär gesichtet, das mit wehender englischer Flagge
aus südlicher Richtung anscheinend mit Kurs auf Hangö zulief. Am selben
Tage kam gegen 10 Uhr wieder bei Bengtskär ein Verband von zwei Vier-
Schornstein-Kreuzern in Sicht, die auf ein Schiff mit zwei Schornsteinen
evolutionierten. Der Kommandant setzte seinen Angriff auf dieses an und
erkannte kurz vor dem Schuß, daß das Fahrzeug ein Kanonenboot der
„Giljak"-Klasse war, er feuerte 12.58 Uhr Nm. auf sichere Schußentfernung
von etwa 400 m einen auf 2 m Tiefe eingestellten Torpedo. Der Torpedo
verfehlte sein Ziel, die Anwesenheit des Unterseebootes war entdeckt und
weitere Angriffe aussichtslos. Das Boot trat darauf den Rückmarsch an
und traf am 24. November in Neufahrwasser ein.

„U 25", Kapitänleutnant Wünsche, war zunächst ebenfalls in den
Finnischen Meerbusen eingelaufen. Das Boot hatte sich, ohne daß Schuß-
gelegenheit geboten war, bis zum 19. November vor der Sperre aufgehalten.
Nun faßte der Kommandant den bedeutsamen Entschluß, unter der
Minensperre durchzutauchen. Wegen schlechten Wetters und starken
Seegangs konnte er erst am 22. sein Vorhaben ausführen. Es gelang
ihm ohne Zwischenfall, auf 30 m Tiefe das Sperrgebiet zu unter-

tauchen. Vom 23. bis 25. November nachmittags hatte er sich vor der Einfahrt von Helsingfors aufgehalten und während dieser Zeit an den ein=
und auslaufenden Vorposten und Wachfahrzeugen die Ein= und Auslauf=
kurse nach Helsingfors festgestellt. Leider bot sich aber dem tüchtigen Kom=
mandanten in dieser Zeit kein brauchbares Angriffsziel. Seine Beob=
achtungen gaben aber wertvolle Auskunft über die Tätigkeit der Russen in
diesem Teil des Finnischen Meerbusens und über die Art der Bewachung
und Sicherung dieses Seegebiets. Eine ständige Sicherung war nicht vor=
handen und erstreckte sich anscheinend nur auf die Buchten und Hafen=
einfahrten. Nur vor Reval und Helsingfors patrouillierten nachts Fahr=
zeuge mit besonderen Lichtern. Der russische Schiffsverkehr spielte sich an=
scheinend durchweg an der Nordseite des Finnischen Meerbusens innerhalb
der Schärenfahrwasser westlich von Helsingfors nach Hangö ab, wo er
allerdings von feindlichem Zugriff so gut wie sicher war. Am 26. No=
vember trat „U 25" wegen Aufbrauch seiner Brennvorräte den Rückmarsch
an und traf am 28. November wieder in Danzig ein. Dem Kommandanten
wurde für die Erkundung vor Helsingfors das Eiserne Kreuz 2. Klasse
verliehen.

Nach Eingang der Berichte über die letzte Unternehmung von „U 23"
und „U 25" ordnete Prinz Heinrich nachfolgende Richtlinien für die Unter=
seeboote in der Ostsee an:

1. Die in der Ostsee dauernd zur Verfügung stehenden Kampfmittel
   sind gering. Notwendigerweise kann eine Verstärkung aus der
   Nordsee nur vorübergehend sein. Trotzdem soll unsere Angriffs=
   tätigkeit nicht erlahmen. Bei der Ausführung fällt den Untersee=
   booten eine Hauptrolle zu.

2. Die Kommandanten der Unterseeboote sollen sich dessen bewußt
   sein, daß es in ihrer Macht steht, den Russen empfindliche Verluste
   beizubringen, und Unternehmungen dieser Flotte zu verhindern.

3. Ich erwarte daher, daß nach dem Finnischen Meerbusen entsandte
   Unterseeboote einen rücksichtslosen Angriffskampf gegen die russi=
   schen Streitkräfte führen. Jede Angriffsbeschränkung fällt fort, mit
   Ausnahme gegen kleine Torpedoboote und Wachfahrzeuge. Die
   Vernichtung eines russischen Unterseebootes schätze ich hoch ein, die
   eines englischen Unterseebootes mindestens so hoch wie die eines
   russischen Panzerkreuzers.

4. Umsicht und sorgsame Überlegung müssen den Kommandanten bei
   Auswahl und Veränderung seines Tätigkeitsgebietes auszeichnen.
   Minen und Sperr=Risiko müssen sorgsam abgewogen werden. Ein=
   laufen in die Reviere und Zugänge nach Helsingfors und Reval

sollen unterbleiben. Die Eisverhältnisse werden schon in aller=
nächster Zeit die Russen dazu zwingen, ihre Übungen von Reval
aus westlich der Nargönsperre fortzusetzen.

5. Wenn ein Unterseeboot seinen Posten zur Heimkehr verlassen muß
und nicht unbedingt sicher ist, daß die Ablösung innerhalb 24 Stun=
den eintrifft, oder daß noch ein zweites Boot anwesend ist, so soll
es sich in geeigneter Weise und am geeigneten Platze sichten lassen,
damit es dem Feinde gemeldet wird.

Der Untergang von „Friedrich Carl" auf einer russischen Minen=
sperre vor dem deutschen Hafen Memel veränderte die Kriegslage in
der Ostsee. Das Ereignis war ein Beweis dafür, daß die Russen zu
der von uns tatsächlich erwarteten aktiven Form der Seekriegführung
unter Verwendung ihrer leistungsfähigen Minenwaffe übergegangen
waren. Vielleicht hatte die um diese Zeit bekannt gewordene An=
wesenheit englischer Seeoffiziere beim Stabe der russischen Ostseeflotte
und das Eindringen der beiden englischen Unterseeboote in die Ostsee
diese Änderung in der Auffassung herbeigeführt. Auf jeden Fall bedeutete
sie eine erhebliche Erschwerung unserer eigenen Kriegführung. Nach der
Feststellung der Minensperre vor Memel waren große Teile der Ostsee zum
mindesten östlich von Arkona für uns als minenverseucht anzunehmen.
Niemand konnte wissen, ob die Russen die langen Novembernächte nicht
noch zu anderen Minenunternehmungen benutzt hatten. Diese Möglichkeit
und Erkenntnis war um so schmerzlicher, als nach den späteren Feststel=
lungen fast mit Sicherheit anzunehmen war, daß die von „Thetis" in der
Nacht vom 5. bis 6. November nach ihrem Auslaufen aus Memel beob=
achteten russischen Fahrzeuge diejenigen gewesen sind, welche die für
„Friedrich Carl" verhängnisvolle Sperre gelegt haben. Vergleicht man
auf der Karte den Kurs der „Thetis" und die Peilung der gesichteten
russischen Fahrzeuge, so kommt man genau in das Gebiet, wo „Friedrich
Carl" auf die Sperre gekommen war (siehe Karte 10). Was für eine
günstige Gelegenheit hätte „Thetis" gehabt, wenn sie auch nur die
Russen in der Durchführung ihrer Unternehmungen gestört hätte, ab=
gesehen davon, daß ein Vorgehen gegen die Minenschiffe wahrschein=
lich Erfolg gehabt hätte. Im Kriege bietet sich für jeden wohl einmal,
aber meistens auch nur einmal, eine Gelegenheit, bei welcher er durch tat=
kräftiges Ergreifen das Glück meistert. Schneller Entschluß und energisches
Handeln sind daher vorsichtigen Überlegungen im militärischen Leben meist
vorzuziehen.

Die Entdeckung der Minensperre bedeutete vor allem deswegen eine so
erhebliche Erschwerung unserer Kriegführung in der Ostsee, weil dem Ober=

befehlshaber k e i n e M i n e n f u c h m i t t e l z u r V e r f ü g u n g standen,
um die Sperre vor Memel, und in der übrigen Ostsee die für die Schiffahrt
unbedingt notwendigen Kurse von jetzt ab regelmäßig abjuchen zu laffen
und unter Aufsicht zu halten. Die damals in der Ostsee tätige II. Minen=
suchflottille, welche die Hochseestreitkräfte nur vorübergehend zur Ver=
fügung gestellt hatte, war vorläufig noch im Bewachungsdienst vor dem
Sund unentbehrlich und kam frühestens Ende November für das Weg=
räumen der Memelsperre in Frage. Die Hilfsminensuchdivision Neu=
fahrwasser war zu wenig seetüchtig, um außerhalb der Danziger Bucht
Verwendung finden zu können. So verstärkte das Fehlen von Minen=
suchmitteln auf deutscher Seite die Wirkung dieses ersten russischen Minen=
erfolges in der Ostsee erheblich, um später noch schwerwiegender zu unserm
Nachteil in Erscheinung zu treten.

Den Verlust des Panzerkreuzers, der gleich auf seiner ersten Unter=
nehmung feindlichen Minen zum Opfer fiel, empfand der Oberbefehlshaber
ebenso schmerzlich wie Kontreadmiral Behring. Auf die erste Meldung von
dem Untergang drahtete der Großadmiral an seinen von ihm hochge=
schätzten Unterführer: „Meine Gedanken sind bei Ihnen und Ihren braven
Leuten. Ich weiß die Sache Seiner Majestät in guten Händen." Kontre=
admiral Behring erstattete später dem Prinzen auch noch in einem Privat=
dienstbrief über die Ereignisse seiner Unternehmung Bericht, der hier an=
geführt werden mag, weil er einen Begriff gibt von dem gegenseitigen
Vertrauen und echter Kriegskameradschaft, die in der Ostsee Oberbefehls=
haber, Führer und Mannschaften verbanden.

Danzig, 19. November 1914.

Hochzuverehrender Herr Großadmiral!

Euer Königlichen Hoheit

beehre ich mich den Empfang des Telegramms vom 17. d. M. mit unter=
tänigstem Dank zu bestätigen.

Die warmen, schönen Worte, die Euer Königliche Hoheit uns gesandt
haben, haben uns aufrichtige Freude bereitet und sind uns sehr zu Herzen
gegangen. Wir wollen sie nicht vergessen und sie in treuer Erinnerung in
unserem Herzen bewahren. Sie sollen uns allen ein Ansporn sein für
weitere hingebende Pflichterfüllung in dieser großen, schweren Zeit.

Es ist mir eine große Freude, Euer Königlichen Hoheit melden zu
können, daß die gesamte Besatzung von „Friedrich Carl" sich hervorragend
benommen hat, nirgends Kleinmut, nirgends Verzagtheit, überall Ruhe,
Besonnenheit und gehorsamste Folgsamkeit. Der Lecksicherungsdienst
funktionierte wie bei einer Gefechtsbesichtigung. Der Erste Offizier, Kor=

vettenkapitän Schleufener, hat seine Sache vorzüglich gemacht und verdient
besondere Anerkennung. Ihm ist es zu verdanken, daß das Schiff sich trotz
der schweren Beschädigungen so lange hat halten können. Unsere gewissen-
hafte, durchdachte Friedensarbeit im Lecksicherungsdienst hat sich hier gut
bewährt. Das war ein Kampf auf Leben und Tod mit dem eindringenden
Wasser und die geleistete Arbeit war ungeheuer.

Ganz besonders liegt es mir am Herzen, den Admiralstabsoffizier,
Kapitänleutnant Gehrcke, auch hier dem Wohlwollen Euer Königlichen
Hoheit empfehlen zu dürfen. Ihm ist es zu verdanken, daß die Funksprucheinrichtung, die zunächst auf längere Zeit bei dem überliegenden Schiff nicht
funktionierte, klar kam und daß die Benachrichtigung der „Augsburg"
gelang, die nun mit höchster Fahrt herankam, und vorzüglich geführt, neben
dem sinkenden Schiff anlegte.

Ich möchte hier auch den kriegsfreiwilligen, katholischen Marinepfarrer[1]) erwähnen, der seine erste Seefahrt hier auf dem „Friedrich Carl"
machte. Er hat mir ergreifende Schilderungen einzelner Vorgänge an Bord
gemacht, die Zeugnis ablegen von dem hohen sittlichen Wert, der in unseren
Leuten steckt. Er ist mit dem Transport nach Kiel gefahren. Es wird
Euer Königliche Hoheit sicher sehr interessieren, ihn zu hören.

Meine Hoffnung, daß es mir vergönnt sein könnte, mit dem „Friedrich
Carl" gegen einen oder mehrere russische Kreuzer einen ehrlichen Kampf
Mann gegen Mann und Brust gegen Brust kämpfen zu können, ist nun
leider verschwunden. Der Seekrieg in seiner jetzigen Gestalt mit Unterfee-
booten, Torpedos und Minen hat meines Erachtens die Poesie eingebüßt.
Aber daran ist nichts zu ändern und man muß sich damit abfinden.

Ich hoffe, daß es Euer Königlichen Hoheit gelingen wird, mir einen
anderen Panzerkreuzer zur Verfügung stellen zu können, dann würde ich
wieder ganz zufrieden sein, wenn ich dazu mehr Torpedoboote bekäme.
Meines Erachtens darf ich jetzt nicht mehr die Kreuzer ohne begleitende
Torpedoboote fahren lassen. Die Verhältnisse haben sich jetzt hier sehr geändert.

In aufrichtiger, dankbarer Verehrung verbleibe ich mit untertänigsten
Grüßen

Euer Königlichen Hoheit treu ergebener
Behring.

Der Oberbefehlshaber bat dringend um Ersatz für den verloren ge-
gangenen Panzerkreuzer, da er wenigstens e i n großes Schiff als Rückhalt
gebrauchte. Die Beobachtung des Feindes durch Unterfeeboote und ge-

---

¹) Es war der Marinepfarrer Lünskens.

legentliche Überlassung von Schiffen der Hochseestreitkräfte schien dem in der Ostsee verantwortlichen Prinzen völlig unzureichend. Der Chef des Admiralstabes schloß sich den Ansichten des Oberbefehlshabers an und stellte ihm für „Friedrich Carl" den Panzerkreuzer „Prinz Adalbert", Kommandant Kapitän zur See Michelsen, zur Verfügung, der am 7. Dezember in Swinemünde zu den Streitkräften des detachierten Admirals trat. Diese Streitkräfte waren nach einem Vorschlag des Kontreadmirals Behring nach dem Auftreten der Unterseeboote in der Danziger Bucht bis auf die 5. Unterseeboots-Halbflottille nach Swine= münde verlegt worden. Hierfür war maßgebend, daß die Tiefen= verhältnisse in der Danziger Bucht für feindliche Unterseeboote er= heblich günstiger waren als in der Pommerschen Bucht und das Ein= und Auslaufen nach Neufahrwasser für den Panzerkreuzer stets schwierig und auch nicht unter allen Verhältnissen möglich gewesen war. „Friedrich Carl" hatte verschiedentlich wegen nicht ausreichenden Wasserstandes auf Neu= fahrwasser=Reede Kohlen ergänzen müssen. Für die Beibehaltung von Danzig als Stützpunkt für die Unterseeboote sprach der nähere Weg von Danzig nach dem Finnischen Meerbusen und die besseren Repa= ratur= und Instandsetzungsmöglichkeiten auf der Danziger Werft. Die Trennung der Halbflottille vom detachierten Admiral war nicht be= denklich, da die Boote ihre Befehle von Swinemünde erhielten und fort= laufend von jetzt ab ausschließlich zu Unternehmungen in den Finnischen Meerbusen geschickt wurden. „U 26" lief am 26. November nach dorthin aus. Kapitänleutnant Freiherr v. Berckheim hatte nur den Befehl erhalten, nach eigenem Ermessen im Finnischen Meerbusen zu operieren. Sämtliche Angriffsbeschränkungen waren für ihn aufgehoben worden. Ihn sollte am 5. Dezember mit dem gleichen Befehl „U A" ablösen und so nach dem Befehl des Prinzen dauernd ein Boot auf Station gehalten werden, bis der bald bevorstehende Eintritt des Winters der Verwendung ein Ziel setzte.

Für den detachierten Admiral blieb bis zur Verwendungs= fähigkeit von „Prinz Adalbert" nur übrig, mit seinen Streitkräften den Küstenschutz der Danziger Bucht und an der Pommerschen Küste durch= zuführen und gelegentlich die Flagge an der schwedischen Küste zu zeigen. Die Entsendung der II. Minensuchdivision zum Wegräumen der russischen Minensperre vor Memel war bis auf weiteres nicht möglich. Die Division hätte ohne einen Kreuzerschutz, der für die Kleinen Kreuzer des detachierten Admirals durchzuführen jetzt bedenklich erschien, vor Memel nicht arbeiten können. Der Oberbefehlshaber entschloß sich daher, das ganze Gebiet östlich 19° 45′ Ost zwischen 53° 30′ Nord und 55° 50′ Nord als

minenverdächtig anzunehmen. Kontreadmiral Behring versuchte trotz seiner
schwachen Mittel die Freihaltung der Danziger Bucht von feindlichen Unter=
seebooten durchzuführen. Am 30. November wurde unter der Bezeichnung
„Division der Hilfsfahrzeuge" aus den fünf Dampfern der Hilfsminensuch=
division „Generaldirektor Ballin", „Senator Rehardt", „Bürgermeister
Burchardt", „Senator Strandes" und „Bunte Kuh" ein Verband gebildet,
der dem Leutnant zur See Hamilton unterstellt wurde. Die Division sollte
zunächst ausschließlich zum Jagen feindlicher Unterseeboote in dem Gebiet
zwischen Rixhöft und Swinemünde benutzt werden. Die Boote waren, so gut
man es damals kannte, mit Sprengpatronen, Grundeisen und Draggen als
Abwehrmittel ausgerüstet. Die für diesen Sonderzweck abgeteilten Dampfer
der Hilfsminensuchdivision hatten Ende November die Kabel Libau—Born=
holm, Libau—Möen und Libau—Petersburg geschnitten. Meldungen über
Auftreten und Sichten feindlicher Unterseeboote in der östlichen Ostsee kamen
Ende November und in der ersten Dezemberhälfte nur noch einmal vor.
Es war auch als wahrscheinlich anzunehmen, daß die beiden englischen
Boote längerer Überholung auf den russischen Stützpunkten bedurften und
daß die vorgeschrittene Jahreszeit weitere Unternehmungen kaum mehr
wahrscheinlich machte. Der herannahende Winter mußte auch bald der
allgemeinen Kriegführung mit den Kreuzern im Finnischen Meerbusen
und Bottensee ein Ziel setzen. Es galt daher, die noch übrigbleibende Zeit
bis zum Eintritt der Vereisung möglichst kräftig auszunutzen.

13. Unternehmung des Minenschiffes „Deutschland" in der Bottensee vom 3. bis 8. Dezember 1914.

Die Oberste Heeresleitung hatte Ende November den Chef des
Admiralstabes im Großen Hauptquartier darauf hingewiesen, daß Ruß=
land von Schweden dauernd mit Kriegsmaterial und Maschinen versehen
würde. Nach sicheren Nachrichten lieferte Schweden außer Kraftwagen
und deren Zubehörteilen namentlich Drehbänke für die Geschoßherstellung
und führte diese Waren meistens zu Schiff durch die Bottensee über die
Finnischen Häfen Björneborg und Raumo nach Rußland ein. Es wurde
bereits früher erwähnt, daß Schweden für die Entente immer mehr als
Durchgangsland von Kriegsmaterial aller Art in Betracht kam, je länger
der Krieg dauerte, und je mehr Rußland seine übrigen Zufuhrwege verlor.
Der Heeresleitung lag daher sehr viel daran, daß diese Lieferungen, die
trotz aller deutschen Siege die Widerstandskraft Rußlands aufrichteten, mit
allen Mitteln verhindert würden. Für die Ostseestreitkräfte war die Unter=
bindung des Schiffsverkehrs in der Bottensee nicht leicht, denn für eine

dauernde Beherrschung dieses abgelegenen Seegebietes wäre die Besetzung der Ålandsinseln mit ihren militärischen und politischen Folgen notwendig gewesen. Diese konnte aber damals wegen unserer allgemeinen Lage noch nicht in Frage kommen. Der Wunsch der Heeresleitung war durch eine Streife deutscher Streitkräfte in der Bottensee auszuführen. Der Chef des Admiralstabes hielt aber diesmal eine längere abschreckende Wirkung auf die Schiffahrt für erforderlich, als sie die immer nur mit ihrem Erfolg auf Zufall beruhenden kurzen Kreuzfahrten der Streitkräfte des detachierten Admirals in diesem Gebiet bewirkt hatten. Admiral v. Pohl stellte daher dem Oberbefehlshaber der Ostseestreitkräfte eine Minenunternehmung gegen die Haupthäfen an der Finnischen Westküste der Bottensee zur Er-wägung. Der Oberbefehlshaber ging sofort auf diese Absicht ein, zumal er diese selbst geplant hatte, deren Ausführung er aber vor den Unterneh-mungen gegen den Finnischen Meerbusen zurückstellen mußte, da der Chef des Admiralstabes befohlen hatte, besondere Rücksicht auf Schweden zu nehmen. Den schwedisch-russischen Verkehr in der Bottensee vermittelten in erster Linie die an dem südlichen Teil der Finnischen Küste gelegenen Häfen Björneborg und Raumo. Die Bottensee ist im Durchschnitt nur 100 See-meilen breit, mit Hilfe der den Russen und Schweden zur Verfügung stehenden starken Eisbrecher ist es daher fast immer möglich, eine Fahr-rinne für eiserne Schiffe offenzuhalten. Björneborg hatte durch seinen Außenhafen Mäntyluoto den Vorteil, daß es für Schiffe bis zu 7 m Tief-gang zugänglich und an die Hauptbahn Helsingfors—Petersburg unmittel-bar angeschlossen war, während Raumo, dessen Reede nur für Schiffe bis zu 5,5 m Tiefgang benutzbar war, mit einer Zweigbahn mit dem Haupt-eisenbahnnetz in Verbindung stand. Befestigungen und militärische Be-satzungen außer vielleicht einem Landsturmbataillon waren in beiden Häfen nicht anzunehmen. Das einzige Bedenken bestand in der Besorgnis, daß die Wirkung der Minensperren in der Bottensee sehr wohl geeignet sein könnte, die Stimmung in Schweden gegen uns erheblich zu verschlechtern. Der in der Bottensee blühende Konterbandehandel über Finnland nach Rußland spielte sich überwiegend auf schwedischen Schiffen ab; es war daher nicht zu vermeiden, daß bei einer wirksamen Minenunternehmung in diesem Seegebiet schwedisches Schiffseigentum erheblich in Mitleiden-schaft gezogen werden würde. Auf Grund dieser Überlegung war der Admiralstab mit dem Auswärtigen Amt in Verbindung getreten, um dessen Zustimmung für die beabsichtigte Unternehmung zu erhalten. Dieses er-klärte sich mit der Sperrung der beiden Häfen einverstanden, hielt aber eine gewisse Schonung Schwedens für erwünscht. Großadmiral Prinz Heinrich erhielt daher durch den Chef des Admiralstabes die Anweisung, bei der

Unternehmung von einer Versenkung schwedischer Schiffe durch Zerstörung im Handelskrieg abzusehen und nach Werfen der Sperren möglichst früh= zeitig funkentelegraphisch den Marineattaché in Stockholm zu einer be= sonderen Warnung der schwedischen Schiffahrtslinien vor dem Anlaufen der Finnischen Häfen zu veranlassen. Die große Wahrscheinlichkeit, daß schwedische Schiffe durch die Minen zu Schaden kämen, wurde von der Kriegsleitung vorausgesehen, für eine weitergehende Schonung lag aber keine Veranlassung vor, da dann jede militärische Unternehmung überhaupt unmöglich gewesen wäre.

Großadmiral Prinz Heinrich bestimmte den Hilfsstreuminendampfer „Deutschland", Kommandant Korvettenkapitän v. Rosenberg, für die Minenunternehmung in der Bottensee. Dem detachierten Admiral wurde befohlen, zur Aufnahme des rückkehrenden Minenschiffes mit seinen Streit= kräften eine Aufnahmestellung am südlichen Ausgang der Ålandssee ein= zunehmen. Ein Kreuzer sollte als Funkentelegraphie=Wiederholer die von „Deutschland" zu erstattende Meldung über Erledigung der Aufgabe auf schnellstem Wege über Danzig an den Admiralstab weitergeben. Korvetten= kapitän v. Rosenberg erhielt den Befehl, die Einfahrten zu den Häfen Björneborg und Raumo mit 200 Minen bei 3 m Tiefeneinstellung zu ver= seuchen. Hin= und Rückmarsch sollte an der Westküste Gotlands durch= geführt werden. Entsprechend dem Wunsche der Kriegsleitung mußte bei Durchführung des Handelskrieges von einer Versenkung schwedischer Dampfer, auch wenn sie Konterbande führten, abgesehen werden. „Deutsch= land" ging am 3. Dezember 2.30 Uhr Nm. von Kiel aus in See. Der Hinmarsch verlief ohne besondere Ereignisse. Am 4. Dezember auf der Höhe von Bornholm war die See bei südwestlichem Winde von Stärke 6 so stark, daß sie in das flache Achterdeck, wo früher die Eisenbahnwagen, jetzt die Minen standen, hineinlief und den Kommandanten mit dem Schiff zum Beidrehen zwangen. Das Deck wurde jetzt achtern mit einem Schott aus Holz und Kohlen in Säcken zur Abwehr überkommender Seen gesichert und dann die Fahrt wieder aufgenommen. Das Schiff lag trotz seiner Minenladung bei 14 Seemeilen Fahrt und achterlichem Wind gut in der See. Am 5. Dezember 4.12 Uhr Nm. passierte „Deutschland" Svenska Björne= Feuerschiff und trat in die südliche Ålandssee ein. Die Fahrt wurde auf 15 Seemeilen erhöht, die Mannschaft blieb auf „Klar Schiff"=Station. Es begann jetzt das Gebiet, in dem auf ein Zusammentreffen mit feindlichen Streitkräften gerechnet werden konnte. Hatten sich die Russen auch nur selten von ihren Stützpunkten im Finnischen Meerbusen weit nach Süden entfernt, so waren sie doch hier oben schon öfters beobachtet worden. Erst am 25. November war nach einer Mitteilung des Admiralstabes ein schwe=

bischer Dampfer von sechs russischen Zerstörern in der südlichen Bottensee angehalten worden. Wurde aber „Deutschland" beim Durchbruch durch die Ålandssee oder auf ihrem weiteren Anmarsch von feindlichen Streit= kräften gesichtet, so war das Gelingen der Unternehmung, weil das Schiff nur über eine Geschwindigkeit von 16 Seemeilen und über einige 8,8 cm=Geschütze verfügte, sehr fraglich. Günstig für die Auf= gabe war, daß um diese Jahreszeit in dieser Breite die Dunkelheit, die der beste Schutz für die Unternehmung war, sehr früh, gegen 5 Uhr Nm., einsetzte. In der Ålandssee wurden gegen 30 Dampfer ge= troffen, eine Zahl, aus deren Größe man den Umfang des dort herrschenden Verkehrs ermessen kann. Ein unbemerktes Durchfahren mit dem ab= geblendeten Schiff war daher so gut wie ausgeschlossen und hätte nur zu Zusammenstößen und Verzögerung der Fahrt geführt. Um die Minen vor beiden Häfen noch in derselben Nacht werfen zu können, durfte „Deutsch= land" keine Zeit verlieren. Zeit zum Handelskrieg war daher nicht vor= handen; es war nur zu bedauern, daß „Deutschland" nicht von Streit= kräften des detachierten Admirals begleitet war, die einzelne Dampfer hätten anhalten und mit Prisenkommandos in deutsche Häfen schicken können. Um 9 Uhr Nm. war die Ålandssee durchlaufen, ohne etwas vom Feinde gesehen zu haben. Kapitän v. Rosenberg steuerte jetzt mit Nordost ¼ Ost unmittelbar Björneborg an, um hier vor dem nördlicher gelegenen Hafen die ersten Minen zu werfen und dann an der Küste ent= langlaufend, seine Aufgabe vor dem 30 Seemeilen südlicher liegenden Raumo noch im Morgengrauen zu beenden.

Die Hauptschwierigkeit der ganzen Unternehmung lag, abgesehen von der Möglichkeit, daß ihr Gelingen durch den Feind vereitelt werden konnte, in einer genauen und schnellen Navigierung. Die Ge= wässer der Bottensee waren im Frieden von unseren Kriegsschiffen nie befahren worden, praktische Erfahrungen lagen daher über navigatorische Verhältnisse nur aus den Kreisen der Handelsschiffahrt vor. Andererseits war die Navigation an der Finnischen Küste besonders schwierig. Gute Landmarken waren fast nirgends vorhanden. Die Küste war niedrig, überall felsig und hinter einem Gewirr von kleinen bis kleinsten Felsen= inseln verborgen. Dazu waren die Tiefenverhältnisse schlecht und sehr un= regelmäßig, wodurch das Anloten der Küste erschwert wurde. Diesen un= günstigen navigatorischen Verhältnissen entsprachen auch die in der Botten= see verkehrenden Dampfer, die in ihrer Größe 1000 Tonnen und 4 m Tief= gang selten überschritten. Zudem war in den Wintermonaten stets mit häufigem Nebel, Schneetreiben und diesigem Wetter zu rechnen. Dem Kommandanten der „Deutschland", der schon im Frieden als Chef einer

Minensuchdivision in der Nordsee den Ruf eines guten Navigateurs und Seemannes besessen hatte, waren für seine Aufgabe noch drei ortskundige Lotsen durch Vermittlung des Admiralstabes mitgegeben worden, die auch in der Tat für die Durchführung der Unternehmung von großem Nutzen waren. Am 6. Dezember von 1 Uhr Vm. ab lotete sich „Deutschland" an die Küste von Björneborg heran. Der die Einfahrt kennzeichnende Leuchtturm Sebbskär brannte nicht, die Kennung eines Feuers war geändert, so daß das Herausfinden der richtigen Einfahrt längere Zeit dauerte. Von 3.50 Uhr bis 4.42 Uhr Vm. wurden 120 Minen in 90 m Abstand unmittelbar quer zu den Einfahrtkursen geworfen und nach Beendigung Kurs auf Raumo genommen. 5.50 Uhr Vm. stand „Deutschland" vor der Einfahrt zu diesem Hafen. Die Innenfeuer von Raumo und das die Ansteuerung von Süden bezeichnende Feuerschiff Relandersgrund brannten wider Erwarten mit friedensmäßigen Ken= nungen. Frei von den der Einfahrt vorgelagerten Untiefen wurde am 6. Dezember von 5.50 Uhr Vm. bis 6.45 Uhr Vm. auf geradem Kurs die gesamte Einfahrt mit 80 Minen verseucht, Minenabstände 360 m, vor der durch eine Richtfeuerlinie bezeichneten Haupteinfahrt nur 60 m. Am Schluß des Minenwerfens wurden von „Deutschland" zwei Dampfer von Westen kommend gesichtet, die anscheinend bei Tagesanbruch in Raumo einlaufen wollten. Einer dieser Dampfer machte Lotsensignal. Es war aber noch so dunkel, daß der Kommandant der „Deutschland" sicher war, daß das Werfen der Minen ungesehen vor sich gegangen sei. Korvetten= kapitän von Rosenberg verzichtete auf die ihm vom Oberbefehlshaber anheimgestellte Zerstörung des Relandersgrund=Feuerschiffes und die Gefangennahme seiner Besatzung. Wenn auch bis jetzt die Tätigkeit der „Deutschland" vor beiden Häfen noch unbemerkt geblieben war, so mußte doch bei dem beobachteten starken Schiffsverkehr und vor allem bei der Tatsache, daß vor Raumo bereits zwei Dampfer unmittelbar vor der gelegten Sperre warteten, mit der großen Wahrscheinlichkeit gerechnet werden, daß die russischen Nachrichtenstellen auf den Ålandsinseln oder in Hangö in wenigen Stunden Kenntnis von der Anwesenheit eines Minen= legers haben würden. Dann aber war es hell und es konnten mit Leichtigkeit vom Feind alle Maßregeln getroffen werden, um „Deutschland" den Rück= weg abzuschneiden. Der Kommandant steuerte aus diesem Grunde mit höchster Fahrt von Raumo nach Süden. 11.40 Uhr Vm. wurde in die Ålandsee eingesteuert. Für die Durchfahrt wurde das auffallende Heck des Schiffes durch eine Verkleidung aus Segeltuch unkenntlich gemacht. Die genaue Beobachtung des Funkenverkehrs ergab, daß „Deutschland" bis jetzt noch von keiner Seite gemeldet war, und daß auch keine russischen

Schiffe in der Nähe waren. Eine ebenfalls vorbereitete Verkleidung des Schiffes als Panzerkreuzer durch Aufstellen eines dritten Schornsteines und schwerer Turmgeschütze vorn und hinten wurde daher nicht ausgeführt. Sie hätte voraussichtlich russische leichtere Streitkräfte ferngehalten, da „Deutschland" mit ihren gewaltigen Aufbauten von weitem wie ein Panzerschiff aussah. Vom Feinde aber war auch auf dem Rückweg nichts zu sehen. Sorglos oder gleichgültig ließ die russische Seekriegs= leitung sogar die vor ihren Toren liegenden Seegebiete ohne Aufsicht. Allerdings war in diesem Gebiete erst einmal während des Krieges die deutsche Flagge gezeigt worden. Bei sinkender Sonne wurde das letzte Stück der Alandssee außerhalb der Hoheitsgrenze auf schwedischer Seite durchlaufen. Nach Sonnenuntergang war es so dunkel, daß ein Sichten des abgeblendeten Schiffes unmöglich erschien. Um 5 Uhr Nm. war der Ausgang des Gefahrgebiets erreicht und Svenskar Björn=Feuerschiff an Steuerbord passiert. Korvettenkapitän v. Rosenberg gab an dieser Stelle den befohlenen Funkspruch: „Habe Aufgabe erledigt" an Admiral= stab über „Augsburg" ab. Die Streitkräfte des detachierten Admirals „Augsburg", „Lübeck" und die 20. Torpedoboots=Halbflottille standen um diese Zeit klar zur Aufnahme von „Deutschland" bei dem nur 15 See= meilen südlicher liegenden Feuerschiff von Svenska Högarne. 10 Uhr Nm. kam „Augsburg" mit den Torpedobooten, die ebenfalls den Rückmarsch angetreten hatten, in Sicht. „Deutschland" traf am 8. Dezember 10.30 Uhr Vm. ohne weitere Zwischenfälle in Kiel ein. Die Streitkräfte des deta= chierten Admirals, die am 5. Dezember 1 Uhr Nm. aus Danzig aus= gelaufen waren, hatten im Laufe des 6. Dezember vor den Einfahrten in Stockholm lebhaften Dampferverkehr beobachtet, wegen des schlechten Wetters und hohen Seegangs aber von einem Anhalten und Durchsuchen der Dampfer absehen müssen. Kontreadmiral Behring lief am 6. Dezember mit seinem Verband nach dem Zusammentreffen mit „Deutschland" 6.16 Uhr Nm. westlich Gotland wieder zurück, und traf am 8. Dezember 7 Uhr Vm. mit „Augsburg" und der 20. Torpedoboots=Halbflottille in seinem neuen Stützpunkt Swinemünde ein. „Lübeck" folgte später, da sie den schwedischen Dampfer „Vera" an der Südspitze Ölands aufgebracht und nach Swine= münde zur Ablieferung an den Prisenkommissar begleitet hatte. Der Heimatshafen des Dampfers war Gefle, er war nach Leith an der Ostküste Englands bestimmt. Seine Ladung, die sofort von einem Untersuchungs= kommando von „Lübeck" an Bord nach den Ladungspapieren festgestellt wurde, war bezeichnend für den früher geschilderten Handelsverkehr und die Art der Ausfuhr auf schwedischen Dampfern. Sie bestand aus ungefähr 700 Tonnen Roheisen in Barren, 550 Kisten Bessemerstahl,

2222 Stücken Bessemerstahl, 117 Faß Harz und 14 027 Ballen Holzmasse, alles für die Munitionsherstellung bestimmt.

Die Unternehmung der „Deutschland" war von Korvettenkapitän v. Rosenberg navigatorisch und militärisch sicher und geschickt durchgeführt worden. Ihre Folgen traten schneller als man erwartet hatte in Erscheinung. Bereits am 6. Dezember in den Morgenstunden waren die beiden Dampfer, die „Deutschland" vor Björneborg zum Einlaufen beobachtet hatte, auf die Minen gekommen und gesunken. Es handelte sich um die Dampfer „Luna" und „Everilda" von der Svea Dampfschiffahrtsgesellschaft in Stockholm. Beide waren je 1400 Tonnen groß. Am Montag, dem 7. Dezember, war dann ebenfalls vor Björneborg der 750 Tonnen große Dampfer „Norra Sverige" derselben Reederei auf Minen gekommen und gesunken. Von den Besatzungen der drei Dampfer war im ganzen der Verlust von 34 Menschenleben zu beklagen. Der gesamte Schiffsverkehr nach Finnland wurde sofort eingestellt und der öffentlichen Meinung in Schweden bemächtigte sich eine erhebliche Erregung. Einsichtige Stimmen verkannten natürlich nicht, daß Deutschland vollkommen im Recht gewesen sei, an der Finnischen Küste und vor den dortigen feindlichen Häfen, die von den Russen zum Ausgang feindlicher Angriffe gemacht werden konnten, Minen zu legen. Um so mehr, als um diese Zeit im Admiralstab in Berlin die ersten zuverlässigen Nachrichten bekannt wurden, daß Rußland beabsichtigte, die Åland-inseln als Winterstützpunkt für seine Flotte einzurichten. Hierauf wird später zurückgekommen werden. Das Vorgehen der deutschen Seekriegsleitung in der Bottensee war völkerrechtlich unangreifbar. Deutschland hatte, wie der deutsche Gesandte dem schwedischen Ministerpräsidenten Wallenberg mitzuteilen beauftragt wurde, allgemein nach völkerrechtlichen Grundsätzen die Befugnis, vor den feindlichen Küsten Minen zu legen. Diese Befugnis wurde nur geschwächt durch die Verpflichtung, soweit es die militärischen Erfordernisse gestatteten, auf den neutralen Handel Rücksicht zu nehmen. In Erfüllung dieser Pflicht hatte Deutschland bereits am 7. August 1914 allen neutralen Staaten seine Absicht mitgeteilt, die Ausgangspunkte des Angriffs der feindlichen Flotten und die Ein= und Ausschiffungshäfen von Truppentransporten mit Minen zu sperren. Dieser amtlichen Warnung hatte der deutsche Marineattaché in Stockholm am 7. Dezember gegenüber den am Verkehr mit Rußland beteiligten Reedereien noch den dringenden Rat hinzugefügt, die Fahrt nach Finnischen Häfen einzustellen. Über die Art und Zeit der Warnung gab es keine festen völkerrechtlichen Normen. Sie waren auch nicht im Haager Abkommen enthalten, das übrigens von Rußland ebensowenig wie von Schweden gezeichnet war; auch dieses Abkommen machte übrigens eine Warnung von militärischen Rücksichten abhängig. Wenn aber die deutsche Regierung die Örtlichkeiten, wo sie beabsichtigte, Minen zu legen oder gelegt hatte, bekanntgab, so wäre dadurch jeder militärische Erfolg vereitelt worden. Die deutsche Regierung mußte nach diesem klaren Rechtsstandpunkt jede Verantwortung und jeden Ersatz für die entstandenen Schäden ablehnen. Anderseits legte sie selbstverständlich Wert darauf, der schwedischen Regierung ihre Teilnahme wegen des beklagenswerten Todes schwedischer Seeleute auszusprechen, für deren Hinterbliebenen sogar in deutschen Handels- und Schiffahrtskreisen Sammlungen veranstaltet wurden. Der militärische Wert der Unternehmung war im übrigen, nachdem die Minen so früh entdeckt worden waren, nicht sehr groß. Es wurde zudem bekannt, daß „Deutschland" bei dem Passieren der Aland-see und bei Raumo von schwedischen Marine-fahrzeugen beobachtet und gemeldet worden war. Die Minen vor Raumo traten daher nicht mehr in Wirkung und bereits Mitte Dezember wurde wieder ungestörter Schiffsverkehr zwischen Finnland und Schweden gemeldet. Die Ende des Monats einsetzende Bereisung mußte außerdem dem Rest nicht aufgefundener Minen bald ein Ende machen. Die Erfahrungen des Krieges haben gezeigt, daß Minensperren unmittelbar vor feindlichen Häfen, wo immer nach den ersten Wirkungen die Möglichkeit des schnellen Wegräumens besteht, wenig militärischen Wert haben, und daß es für eine Störung des Verkehrs viel wirkungsvoller ist, ein möglichst großes Gebiet und darin die wichtigsten navigatorischen Kurse und Ansteuerungsmarken zu verseuchen.

Eine wirksame Durchführung des im Operationsbefehl für die Ostsee befohlenen Handelskrieges stieß, wofür auch die vorstehende Unternehmung ein treffendes Beispiel gibt, überall sofort auf ernste Verwicklungen und Schwierigkeiten mit den neutralen Uferstaaten. Handelskrieg war militärisch nur möglich, wenn man mit der England eigenen schonungslosen Entschlossenheit gegen die Neutralen vorging und sich durch keinerlei politische und wirtschaftliche Rücksichtnahmen seine Kriegführung einengen ließ. Die Art des von uns in der Ostsee geführten Handelskrieges wurde, wie schon früher angeführt, dauernd durch politische und wirtschaftliche Überlegungen verwässert. Sie bedeutete für den Oberfehlshaber und sämtliche in der Ostseekriegführung tätigen Kommandanten einen steten Kampf zwischen den sich häufenden Vorschriften des Admiralstabes und den militärischen Erfordernissen eines strengen Bewachungsdienstes. Die schwedische Schiffahrt in der Ostsee war ursprünglich fast unbelästigt geblieben, schwedische Schiffe sollten im allgemeinen nicht untersucht werden. Erst als die schwedische Holzausfuhr nach England immer größer wurde und die den schwedischen Interessen weit entgegenkommende Bestimmung, daß nur unbearbeitetes Holz von uns als Konterbande behandelt werden würde, zu sehr umging, wandte sich der Oberbefehlshaber mit dringenden Vorstellungen an den Chef des Admiralstabes. So berichtet er unter dem 19. November nach Berlin folgendes: „Bei den meisten der im Sund angehaltenen Dampfer war ein Durchsuchen der inneren Laderäume nicht möglich, da die Stauung der Decklast ein Betreten der Räume nicht zuließ. Es besteht der Verdacht, daß die meisten Dampfer, die bearbeitetes Holz, welches nicht Kriegskonterbande ist, nach England bringen, in den inneren Laderäumen Grubenholz, unbearbeitetes Holz und andere Gegenstände von Kriegskonterbande verfrachten. Verschiedentlich ist den Kommandanten der Schiffe und Torpedoboote am Sund von Dampferführern mitgeteilt worden, daß viele Dampfer nach England gingen, die unter einer Scheindecksladung von Brettern im Raum Getreide und Grubenholz geladen hätten. Ich halte daher die Aufhebung der Bestimmungen, daß schwedische Dampfer im allgemeinen nicht untersucht werden sollen, nach diesen Vorfällen für dringend notwendig."

Dem Chef des Admiralstabes war es unterdessen nach langwierigem Bemühen am 23. November gelungen, die Zustimmung des Auswärtigen Amtes dazu zu bekommen, daß Hölzer jeder Art, roh oder bearbeitet, insbesondere auch behauen, gesägt, gehobelt, genutet, zu relativer Konterbande erklärt wurden. Schwedische Handelsschiffe sollten ferner von jetzt ab bei Ausübung des Handelskrieges genau so wie alle übrigen Schiffe behandelt werden. Eine grundsätzliche Änderung der Prisenordnung nach englischem Muster fand nicht statt, da der Nutzen einer Änderung für unsere Kriegführung erheblich kleiner gewesen wäre als die dadurch gleichzeitig veranlaßte wirtschaftliche Schädigung Deutschlands. Die Lage war für England und Deutschland grundverschieden. England konnte unseren neutralen Nachbarländern wirtschaftlichen Zwang auflegen, weil deren Gesamteinfuhr ganz von Englands Gnaden abhing und England nicht unbedingt auf ihre Ausfuhr angewiesen war. Deutschland dagegen war für unentbehrliche Einfuhr, Getreide, Erz, Kupfer, Gummi und andere Rohstoffe, auf den guten Willen der Neutralen angewiesen, ohne die Machtmittel zu haben, deren gesamte Einfuhr bedrohen zu können.

Unsere erweiterte Konterbandeerklärung kam viel zu spät, denn wie Großadmiral Prinz Heinrich auf Grund einer Auskunft des schwedischen Generalvertreters einer deutschen Großfirma Ende November dem Admiralstab mitteilte, waren bereits 95 % der Jahresausfuhr an Holz von Schweden nach England ausgeführt worden, als diese Verordnung in

Kraft trat. Auch den Reſt von 5 % hoffte man in ſchwediſchen Handels-
kreiſen noch verſchicken zu können, indem man verſuchen wollte, das Holz
in Prähmen innerhalb der Hoheitsgewäſſer nach einem ſchwediſchen Hafen
im Sund oder außerhalb der Oſtſee ins Kattegat zu bringen und von dort
nach England zu verladen. So gab es immer Wege, auf denen Verein-
barungen umgangen und die Ausfuhr nach England, die natürlich un-
geheure Mengen Geldes ins Land brachte, aufrechterhalten wurde. Abgeſehen von dem Seewege ſtanden zudem für den engliſch-ſchwediſch-ruſſi-
ſchen Handelsverkehr auch noch Bahnverbindungen zur Verfügung, die im
Winter nach der Vereiſung von Archangelsk und der Bottenſee während
der Monate Dezember bis Mai an die erſte Stelle traten. Es handelte ſich
vor allem um den um die Bottenſee führenden ſchwediſch-finniſchen Eiſen-
bahnweg über Haparanda und Torneå, deſſen damals noch fehlendes
28 km langes Verbindungsſtück bis Karunki am Torneå Elf ſofort
nach Kriegsausbruch auf Rußlands Betreiben fertiggeſtellt wurde. Außerdem war neben der Eiſenbahn von Narvik und Luleå die wichtige Eiſen-
bahnverbindung Drontheim—Sundsvall und von da mit Schiff nach Waſa
ein Weg, der die Belte und die mittlere Oſtſee vollſtändig umging. Im
Rahmen dieſes militäriſchen Werkes ſollen die vielen Fragen des Völkerrechts und Wirtſchaftskrieges, welche bei den Maßnahmen gegen den neutralen Handelsverkehr in der Oſtſee während des Krieges auftraten, hier
nur in den wichtigſten Punkten angedeutet werden. Dieſes große und
ſchwierige Gebiet benötigt, wenn man es erſchöpfend behandeln will, eine
beſondere fachwiſſenſchaftliche Darſtellung.

Eine Verſtärkung hatten die dem Prinzen für den Bewachungsdienſt
und Handelskrieg in der weſtlichen Oſtſee zur Verfügung ſtehenden Streitkräfte ſeit Ende September nicht erfahren. Sie genügten, ſolange keine
Unterſeebootsgefahr drohte. Trat dieſe aber ein, ſo waren ſie im Abwehr-
dienſt ſo beſchäftigt, daß ſie für andere Zwecke kaum in Frage kommen
konnten. Seit November waren Meldungen über Auftreten von Unterſeebooten in der weſtlichen Oſtſee nicht mehr eingelaufen. Der Chef der
Küſtenſchutzdiviſion hatte inzwiſchen auf Anregung ſeines Admiralſtabs-
offiziers aus den in den Fiſcherdörfern der Kieler Bucht liegenden unbe-
nutzten Fiſchermotorbooten, deren Inhaber zum Heeresdienſt eingezogen
waren, eine Einrichtung geſchaffen, welche die ſchwachen Abwehrmittel
gegen Unterſeeboote verſtärken ſollte. Es handelte ſich dabei um etwa
60 Boote, deren Beſitzer aus der Front zurückgezogen wurden und ſich
verpflichten mußten, auf Anforderung ſich mit ihren Booten zur Verfügung zu ſtellen. In der übrigen Zeit ſollten ſie ihr Gewerbe weiter
ausüben, ſo daß gleichzeitig durch dieſe Einrichtung die Volksernährung

gefördert wurde. Nach Anweisung des Chefs der Küstenschutzdivision fanden dann gelegentlich Übungen im Gebiet der Kieler Bucht statt, wobei die Boote in den allgemeinen Abwehrdienst eingegliedert wurden. Auch die Flugzeugaufklärung hatte sich mit der Zeit weiter eingespielt und fand bei günstigen Wetterverhältnissen täglich statt. Eine vom Prinzen beabsichtigte Angriffsfahrt des Luftschiffes „PL 19", das Ende Dezember von Kiel nach Königsberg verlegt wurde, gegen Libau, mußte wegen dauernd ungünstiger Wind- und Wetterverhältnisse immer wieder verschoben werden und fand erst im Januar statt. Es zeigte sich bereits hier die später noch oft in Erscheinung tretende Tatsache, daß die östliche Ostsee mit ihren wechselnden Wetterverhältnissen und ihren starken Temperaturschwankungen für Luftschiffunternehmungen sehr wenig geeignet war. Ein bedauerlicher Unfall bei den Bewachungsstreitkräften am Sund trat am 23. November 1.20 Uhr Vm. durch einen Zusammenstoß von „S 124", Kommandant Oberleutnant zur See Metzger, mit dem dänischen Dampfer „Anglodane" ein. „S 124" wurde hierbei so schwer beschädigt, daß es am 30. November trotz aller Versuche, das Boot nach behelfsmäßiger Dichtung mit Hilfe von Werftschleppern nach Warnemünde einzubringen, infolge schwerer See nördlich von Warnemünde sank. Gegen Ende des Jahres war der Sicherungs- und Bewachungsdienst der Kieler Bucht gegen Bedrohung durch Belt und Sund aus einem Nichts bei Kriegsausbruch allmählich in feste Formen gebracht worden und spielte sich unter Leitung des Chefs der Küstenschutzdivision in gleichmäßiger Ablösung der geringen zur Verfügung stehenden Streitkräfte regelmäßig ab. Es war ein harter, entsagungsvoller Dienst, der an die Besatzungen der Torpedoboote und Vorpostenboote, die bei jedem Wetter bis zur Grenze der Seefähigkeit ihrer Boote auf Posten bleiben mußten, die höchsten Anforderungen stellte. Dabei fehlte in der westlichen Ostsee der Reiz der Betätigung unmittelbar am Feinde, wie ihn die glücklicheren Kameraden in dem östlichen Teil des gleichen Kriegsschauplatzes bei ihren zahlreichen Angriffsunternehmungen stets hatten. Auch jetzt wieder, nach Rückkehr von der Aufnahmestellung der „Deutschland", rüsteten die Streitkräfte des detachierten Admirals sofort in Danzig für eine neue Unternehmung aus, die sie diesmal in das Gebiet der Ålandsinseln führen sollte.

14. Erkundung der Ålandsinseln durch die Streitkräfte Kontreadmirals Behring vom 15. bis 18. Dezember 1914.

Seit Kriegsausbruch waren Gerüchte, daß Rußland, entgegen seinen im Pariser Vertrag vom Jahre 1856 eingegangenen Verpflichtungen, die Ålandsinseln als militärischen Stützpunkt einrichten und auch befestigen wolle, mehrfach aufgetaucht. Anfangs wohl unbegründet, hatten sie aber allmählich an Wahrscheinlichkeit gewonnen, so daß der Admiralstab im Dezember den Oberbefehlshaber der Ostseestreitkräfte entsprechend unterrichtet hatte. Die Bedeutung der Ålandsinseln für die Kriegführung in der Ostsee bei einem Kriege zwischen Rußland und Deutschland lag hauptsächlich in ihrer geographischen Lage, deren überragender Vorteil für Rußland durch einen Blick auf die Karte ohne weiteres ersichtlich ist. Die aus einigen tausend kleinen Inseln, die sich um die drei Hauptinseln Åland, Lemland und Eckerö gruppieren, bestehende Inselgruppe, beherrscht durch ihre Torstellung die Bottensee und durch ihre Flankenstellung den Eingang zum Finnischen Meerbusen. Ihr Inselgewirr ermöglichte es, den russischen Schiffen von Helsingfors oder Hangö aus an der Nordküste des Finnischen Meerbusens entlang durch die Schärenfahrwasser nach der schwedischen Ostküste zu steuern, ohne daß sie auf diesem Weg von unseren Streitkräften erheblich gestört werden konnten. In den nur mit besonderen ortskundigen Lotsen zu befahrenden Schärengewässern waren für uns Unternehmungen mit Überwasserschiffen nicht möglich; Unterseeboote, zum Minenwerfen ausgebaut, standen aber der Kriegführung um diese Zeit noch nicht zur Verfügung. Aber auch für diese Boote war in einem späteren Zeitpunkt des Krieges schon das Versuchen der Ausgänge dieser Fahrwasser nach der südlichen Ålandssee mit erheblichem Einsatz verbunden, tiefer in sie hineinzudringen, war auch ihnen nicht möglich. Nach Durchqueren der Ålandssee standen aber den russischen Streitkräften der ebenfalls von uns kaum unter dauernder Aufsicht zu haltende Weg längs der Ostküste Schwedens dicht am Rande der Hoheitsgewässer nach Süden zu offen. Bei Vorstößen gegen die deutschen Küsten der mittleren oder südlichen Ostsee brauchten daher die russischen Schiffe bei Benutzung dieser Wege nur kurz vor ihrem Ziel eine kleine Strecke offenen Seeraums zu durchlaufen. Auf der Hauptstrecke blieben sie auf diese Weise vor feindlicher Beobachtung, feindlichen Minensperren und Unterseebooten gut geschützt. Richteten sie daher ihre Unternehmungen so ein, daß sie den Zeitpunkt des Einsteuerns in die offene See in die Abenddämmerung legten, so konnten sie fast mit Sicherheit darauf rechnen, daß sie Minenunternehmungen an der deutschen Küste in der Dunkelheit der

Nacht unbemerkt durchführen konnten. Es hätte für uns schon ein be=
sonders glücklicher Zufall sein müssen, wenn wir sie, wie es mit „Thetis"
der Fall war, bei einer solchen Gelegenheit bemerkt hätten. Vom mili=
tärischen Gesichtspunkte aus bedeuten Inseln, die sich in neutraler oder
feindlicher Hand befinden, auf einem Kriegsschauplatz immer eine Er=
schwerung der Kriegführung. Als vorgeschobener Posten bieten sie dem
Feinde erhöhte Beobachtungsmöglichkeiten, vergrößern die Reichweite seiner
Aufklärung über See und in der Luft und erweitern als Stützpunkte den
Fahrbereich seiner Streitkräfte. Alle diese Nachteile traten für unsere Krieg=
führung in der Ostsee auf, wenn die Russen die Ålandsinseln als Stütz=
punkt verwandten. Sie waren dann imstande, von dort aus unter sehr viel
günstigeren Bedingungen gegen uns vorzugehen, sobald wir Vorstöße in
den Finnischen Meerbusen unternahmen, wobei ihre Lage gleich günstig
gegen einen westlich wie östlich von Gotland heranmarschierenden Gegner
war. Dazu kam, daß der südliche Teil der Ålandsee sehr lange eisfrei
blieb, und dadurch die Ankerplätze der Inselgruppe vor Reval und Helsing=
fors an Bedeutung gewannen. Trotz dieser geographischen und klimatischen
Vorteile kamen die Inseln als dauernde Stützpunkte für große Schiffe
nicht in Frage. Es fehlten dort jede Reparaturmöglichkeiten, auch der
einzig größere Ort der Insel Åland, Mariehamn, verfügte über keinerlei
Mittel für neuere Kriegsschiffe und war für tiefergehende Fahrzeuge
nicht zugänglich. Auch ein vollwertiger Liegeplatz für Unterseeboote konnte
in den Ålandsinseln schnell nicht geschaffen werden. Die dafür nötigen
elektrischen Zentralen brauchten sehr lange Zeit zur Herstellung, so daß man
sich bis dahin nur mit einem Mutterschiff behelfen konnte. Ein Mutter=
schiff ersetzte aber nach unseren Erfahrungen nicht im entferntesten
die Leistung einer Landanlage und Reparaturwerkstatt, wie sie Untersee=
boote stets in großem Umfange gebrauchen. Auf Grund dieser Über=
legungen kam Großadmiral Prinz Heinrich mit seinem Stabe zu dem
Schluß, daß höchstens M a r i e h a m n und der Föglö=Fjord als z e i t =
w e i l i g e Stützpunkte für Unterseeboote und Torpedoboote der Baltischen
Flotte in Frage kommen konnten.

Unsere Maßnahmen gegen eine Verwendung der Ålandsinseln als
Ausgangspunkt russischer Unternehmungen konnten nach Lage der Ver=
hältnisse in der Hauptsache nur in einer Minenverseuchung zur Sperrung
der Einfahrten nach Mariehamn und in den Föglö=Fjord bestehen. Weiter=
hin kam eine gründliche Zerstörung der für die Navigierung in dem süd=
lichen Teil der Ålandsee besonders wichtigen Seezeichen und Leuchttürme
in Frage. Es handelte sich dabei in erster Linie um die Leuchttürme von
Bogskär, Utö und Lagskär, sowie um alle die vielen Bojen, Leuchtbaken

und Pricken, die zwischen Lagskär und Utö die Haupteinfahrten in die
Ålandsfee von Süden her bezeichneten. Ein solches Vorgehen konnte
natürlich erst stattfinden, wenn wir selbst auf weitere Kriegführung in
diesem Gebiet verzichteten. Unterseeboote kamen im eigentlichen Schärengebiet nicht in Frage, konnten aber, wenn sie von jetzt ab zwischen Bengskär
und Russarö kreuzten, gleichzeitig den Eingang zum Finnischen Meerbusen
und den bei Bengskär beginnenden Haupteingang des Fahrwassers von
Hangö in die Ålandsfee hinein bewachen. Eine Beschießung des Ankerplatzes bei Mariehamn schien nach der Karte durchführbar, doch sollte dies
durch Erkundung der Verhältnisse an Ort und Stelle von den Streitkräften des detachierten Admirals festgestellt werden. Kontreadmiral
Behring traf auf Befehl des Prinzen am 11. Dezember mit „Augsburg" in
Kiel ein, um dort in einer Besprechung über diese Überlegungen und Pläne
unterrichtet zu werden und Richtlinien für seine Unternehmungen zu
bekommen. Es sollte zunächst dauernd ein Unterseeboot auf der veränderten
Wartestellung bei Bengskär vor dem Finnischen Meerbusen stehen. Dieses
Boot sollte als Vorbereitung und Unterlage für spätere Unternehmungen
nach Möglichkeit ermitteln, ob von den russischen Schiffen das bei Bengskär
in die Schären nach Hangö führende Fahrwasser wirklich benutzt würde,
ob sich der Kriegs- und Handelsschiffsverkehr von Hangö aus ganz durch
die Binnenfahrwasser abspiele, oder ob die Schiffe sich zunächst südlich der
Ålandsinseln hielten und erst bei Utö in die Schären einliefen. Vorstöße
dieser Unterseeboote nach Osten bis Reval wurden wie bisher auch fernerhin
gestattet. Kontreadmiral Behring sollte ferner erkunden, ob die Nachrichten stimmten, daß die Russen sich einen Stützpunkt in den Ålandsinseln
schafften oder bereits eingerichtet hätten. Zur Vorbereitung einer Beschießung der Reede von Mariehamn bezeichnete der Oberbefehlshaber als
wichtig, durch die Erkundungsfahrt eines Kleinen Kreuzers Hilfsziele und
Vertonungen zu gewinnen. Soweit es nicht die Rücksicht auf eigene
Unternehmungen nötig machte, sollte eine weitgehende Zerstörung der
Leuchtfeuer und Seezeichen im Süd- und Südwest-Randgebiet der Ålands-
Schären schon jetzt durchgeführt werden. Die Zerstörung von Bengskär-
Feuerturm, sowie die Beseitigung russischer Marine-Nachrichtenstellen auf
Bogskär und Lagskär wurde dem detachierten Admiral anheimgestellt.

Kontreadmiral Behring traf am 12. Dezember mit „Augsburg" wieder
in Swinemünde ein und ging sofort an die Ausführung dieser Befehle.
Die dauernde Beobachtung des Finnischen Meerbusens und der Schärenfahrwasser bei Hangö stieß um diese Jahreszeit wegen der Wetterverhältnisse schon auf erhebliche Schwierigkeiten. „U 26" war am 2. Dezember unverrichteter Sache zurückgekehrt und hatte wegen Maschinen-

havarie bei schlechtem Wetter die Unternehmung abbrechen müssen. Es
wär für etwa drei bis vier Wochen nicht kriegsbereit. Am 9. Dezember
war „U 25" vor den Finnischen Meerbusen geschickt worden. Es sollte
in einer Stellung etwa 10 Seemeilen südöstlich Bengskär das dort hinein-
führende Schärenfahrwasser beobachten. „U 25" trat diesmal von Danzig
aus den Vormarsch allein an, während „U 26" bei seiner letzten Unternehmung noch von dem Kohlendampfer „Edmund Hugo Stinnes" bis zur
Nordspitze Gotlands begleitet worden war. So wuchsen allmählich
durch die Kriegserfahrungen die Ansichten über Selbständigkeit und
Leistungsfähigkeit unserer Unterseebootswaffe. Die Torpedobootsstreitkräfte des Admirals hatten am 7. Dezember durch den Hinzutritt von
„G 134", Kommandant Kapitänleutnant Menche, und „T 97", Kommandant Oberleutnant zur See v. Prittwitz und Gaffron, die in der westlichen
Ostsee bei der 4. Flottille entbehrlich geworden waren, einen erfreulichen
Zuwachs erhalten. Kontreadmiral Behring beabsichtigte, zunächst die Erkundung vor Mariehamn durchzuführen und dabei festzustellen, ob eine
Beschießung durch Linienschiffe möglich und lohnend sei. Es gehörte dazu
Erprobung der Fahrwasser, Feststellung von Hilfszielen und Vertonung
der Landschaft. Da der Oberbefehlshaber einen Einsatz von Streitkräften
bei diesen vorbereitenden Aufgaben n i c h t wollte, war ein Eindringen in
die Binnenwasser der Ålandsinseln von ihm verboten worden. Das
navigatorische Wagnis und die Schwierigkeiten blieben trotzdem recht erheblich, da um diese Jahreszeit die Wetterverhältnisse so hoch im Norden
schlecht waren und die Seefahrt sehr behinderten.

Am 15. Dezember trat Kontreadmiral Behring 11.45 Uhr Nm.
mit seinem Verband den Vormarsch von Danzig aus an. Es
wurde in Aufklärungslinie mit 21 Seemeilen Schiffsabstand der
vier Kleinen Kreuzer „Amazone", „Augsburg", „Lübeck" und „Thetis"
östlich Gotland vormarschiert, um ein möglichst großes Seegebiet
unter Aufsicht zu halten. Das Flaggschiff „Prinz Adalbert" mit den
sechs Booten der 20. Torpedoboots-Halbflottille blieb hinter der Aufklärungslinie. Das Lazarettschiff „Imperator" und die beiden Kohlendampfer „Otto Hugo Stinnes" und „Oberpräsident Delbrück" standen vom
17. Dezember Vm. ab an der Südspitze Gotlands bei Hoborg zur Verfügung. Der Vormarsch verlief ohne Zwischenfälle. Am 17. Dezember
1 Uhr Vm. war der Verband in der Linie Gotska Sandö—Saritscheff-
Feuerschiff. Hier wurde „Amazone", die wegen ihrer geringen Geschwindigkeit bei einem weiteren Vormarsch im Falle eines Zusammentreffens mit
dem Feind zu sehr gefährdet schien, entlassen. Der Kreuzer sollte den Rückmarsch westlich Gotland antreten und dabei Handelskrieg führen. „Augs-

burg" trennte sich gleichfalls vom Verband zur Erfüllung der Sonder=
aufgabe, die Einfahrten nach Mariehamn und zum Föglö=Fjord zu er=
funden. Die übrigen Kreuzer setzten den Vormarsch nach Norden fort, und
hatten 7.25 Uhr Vm. die Linie Bogskär—Dagerort erreicht. „Lübeck"
und „Thetis" wurden als Meldeposten vor den Finnischen Meerbusen in
die Linie Utö—Nekman=Grund vorgeschoben, „Lübeck" zunächst bei Utö
stehend. S. M. S. „Prinz Adalbert" blieb bei Bogskär als Rückhalt für die
Kleinen Kreuzer, da ein Vordringen des tiefgehenden Panzerkreuzers in die
Ålandssee nicht in Frage kam. Es wehte nördlicher Wind mit Stärke 3,
teilweise sehr böig und von Schneetreiben unterbrochen. „G 134" und
„T 97" wurden zur Untersuchung des Leuchtturms von Bogskär geschickt
und landeten dort mit einem Kutter. Es wurde festgestellt, daß die Nach=
richtenstelle seit ihrer Zerstörung im September unbewohnt geblieben und
das Innere des Turmes vollständig durch Artilleriefeuer zerstört worden
war. Im Keller wurden fünf Fässer Petroleum gefunden und gesprengt.
Gleichzeitig stellte „G 136" fest, daß die nordöstlich vom Leuchtturm ge=
legene Klippe, auf der sich eine Bake befand, ebenfalls verlassen war.

„Lübeck" hatte unterdessen aus ihrer Standlinie zur Erkundung von
Utö den Feuerturm angesteuert. 9.50 Uhr Vm. beobachtete sie beim Näher=
kommen in der Nähe des Leuchtturms mehrere Rauchwolken und als sie
bis auf etwa 8 Seemeilen herangekommen war, von Utö her zwischen den
Schären das Auslaufen einzelner Schiffe. Die Fahrzeuge, die bei der
großen Entfernung nur infolge der Sichtigkeit, verbunden mit
Strahlenbrechung, erkannt waren, konnten zunächst nicht recht ausge=
macht werden. Auf der Kommandobrücke von „Lübeck" erschienen sie
anfangs als Zerrbilder, während sie der als Ausguck in den Mars ge=
schickte Fähnrich zur See Heinrich Riensberg als Dampfboote, später
aber einwandfrei als Unterseeboote feststellte. Als solche wurden sie
schließlich auch von der Kommandobrücke aus erkannt, nachdem ihr Ver=
schwinden durch Tauchen einwandfrei beobachtet werden konnte und man
vorher weiße Rauchwolken, von Gasolindämpfen herrührend, gesehen hatte.
Es wurden mit Sicherheit mindestens fünf, wahrscheinlich sechs Untersee=
boote gezählt. Einige Minuten später, nachdem die Boote weggetaucht
waren, lief aus den Schären noch ein Fahrzeug mit zwei Masten und einem
Schornstein aus, dieses wurde für das russische Kanonenboot „Chrabry"
gehalten. Fregattenkapitän Halm schloß aus dem verhältnismäßig schnell
nach dem Sichten von „Lübeck" erfolgenden Auslaufen der Boote auf
einen Plan der Russen, den bei dem klaren Wetter mit Sicherheit
von Utö auszumachenden beiden deutschen Kreuzern den Rückweg
nach Westen abzuschneiden. Er beabsichtigte daher, mit „Thetis" auf

das Flaggschiff zu sammeln, als er 10.40 Uhr Vm. den Funkenbefehl des Kontreadmiral Behring erhielt, daß alle Streitkräfte sofort in die Standlinie Gotska Sandö—Saritcheff-Feuerschiff zurückgehen sollten. Kontreadmiral Behring, der die Beobachtungen von „Lübeck" fortlaufend funkentelegraphisch erhalten hatte, war zu der gleichen Überlegung ge= kommen, wie der Kommandant dieses Kreuzers. Auf „Prinz Adalbert" war bereits kurz nach 8 Uhr Vm. ein sehr starker russischer Funkenverkehr beobachtet worden. Zu dieser Zeit hatten die russischen Beobachtungs= stellen wahrscheinlich „Lübeck" gesichtet. Die Schnelligkeit, mit der bereits zwei Stunden später, um 10 Uhr Vm., die Unterseeboote mit ihrem Begleit= fahrzeug ausliefen, ließ auf eine gute Wachbereitschaft schließen. Ein weiterer Aufenthalt unserer Kreuzer vor dem Finnischen Meerbusen, nachdem die Russen aufmerksam geworden, wäre bedenklich gewesen. Außerdem meldete „Augsburg" um diese Zeit, daß sie ihre Aufgabe erledigt habe und auf den Verband sammle. Die Aufnahmestellung des Panzerkreuzers war daher nicht mehr notwendig. Korvettenkapitän Horn hatte die Linie Söderarm—Flötjan, den Eintritt der Ålandssee, im Morgengrauen am 17. Dezember passiert und mit „Augsburg" um 8 Uhr Vm. vor der nördlichen Ausfahrt von Mariehamn gestanden. Von hier aus hatte der Kreuzer mit anerkennenswerter Navigierung die befohlene Erkundung von Mariehamn und der Eingänge zum Föglö-Fjord durch= geführt. Es wurde dabei festgestellt, daß eine Beschießung der Anker= plätze von Mariehamn und im Föglö-Fjord durch schwere Schiffe keinen Erfolg versprechen würde. Die den Ankerplätzen vorgelagerten hügligen und bewaldeten Schäreninseln gestatteten keinen Einblick von See aus und entzogen auch den Ort selbst völlig der Sicht. Die schweren Schiffe hätten der unzureichenden Tiefen wegen sehr weit abbleiben müssen, Hilfs= ziele für eine indirekte Beschießung mit Aufschlagbeobachtung durch Flug= zeuge waren in ausreichender Zahl nicht vorhanden. Korvettenkapitän v. Rosenberg, der als Minenfachverständiger auf „Augsburg" für die Unternehmung eingeschifft war, stellte fest, daß Minenunternehmungen in mondheller Nacht gegen die Zugänge des Föglö-Fjordes wohl möglich, gegen Mariehamn aber auch bei guter Beleuchtung recht schwierig sein würden. Es war dabei zu berücksichtigen, daß eine bereits früher beim Admiralstab eingetroffene Meldung, die Russen beabsichtigten, den südlichen Eingang zur Ålandssee zwischen Lagskär und den schwedischen Hoheitsgewässern bei Söderarm mit Minen zu sperren, durch weitere Nach= richten im Dezember wahrscheinlicher erschien. Damit wurde jede Unter= nehmung gegen die Ålandsinseln und die Häfen des Bottnischen Meer=

busens wesentlich erschwert, zumal die Feststellung minenfreier Kurse erst nach längeren, zeitraubenden Beobachtungen möglich war.

Der Rückmarsch des Verbandes fand in der gleichen Weise wie der Hinmarsch in Aufklärungslinie westlich Gotland statt. Das Lazarettschiff und die beiden Kohlendampfer wurden nach Swinemünde zurückgeschickt. Am 18. Dezember 2.45 Uhr Vm., als sich Kontreadmiral Behring mit seinen Kreuzern in offener See ungefähr in der Mitte zwischen der Süd= spitze von Gotland und Rixhöft befand, wurde von „Prinz Adalbert" und „Augsburg" im Südosten plötzlich wiederholtes Aufblitzen in Richtung des voraussichtlichen Standortes von „Thetis" gesehen, das von den Schiffen zunächst für Scheinwerferleuchten gehalten wurde. Ein Funk= spruch von „Thetis" teilte mit, daß sie seit 3.13 Uhr Vm. ein Fahrzeug mit weißem Licht auf südöstlichem Kurse verfolge, das mit hoher Fahrt davonliefe. Später kam die Funkenmeldung »4 Uhr Vm. Fischdampfer „Senator Strandes" abgeschossen, da wiederholt Er= kennungssignale unbeantwortet und Dampfer Feuer eröffnet. Personal aufgenommen. Dampfer brennt und sinkt. Standort 66 Seemeilen von Rixhöft in Süd ½ Ost.« Der Führer des Fischdampfers, Leutnant zur See der Reserve Charles Hamilton war mit einem Teil seiner braven Be= satzung einer Verwechslung zum Opfer gefallen. Die spätere Unter= suchung ergab, daß „Thetis" um 2.45 Uhr Vm. in sichtiger Nacht an Backbord zwei weiße Lichter in Sicht bekommen hatte. Zuerst hatte der Kommandant mit dem Scheinwerfer leuchten lassen, aber wegen zu großer Entfernung nichts feststellen können. Fregattenkapitän Hildebrand war dann auf die Lichter zugedreht und hatte mehrfach Erkennungssignale mit dem Scheinwerfer machen lassen. Der Fischdampfer hatte darauf keine Antwort gegeben, sondern war mit hoher Fahrt und südöstlichem Kurse weggelaufen, „Thetis" mit höchster Fahrt hinterher. Wie die Geretteten des Fischdampfers nachher aussagten, hatte ihr Führer „Thetis" zunächst richtig für ein deutsches Schiff gehalten, dann aber geglaubt, ein feindliches Unterseeboot zu erkennen, das absichtlich falsche Erkennungssignale abgebe. 3.7 Uhr Vm. war „Thetis" von achtern aufgekommen und hatte noch= mals Erkennungssignale, diesmal die Schornsteinzeichen, gezeigt. Auch sie wurden nicht beantwortet. Der Kommandant ließ darauf das ver= dächtige Fahrzeug mit dem Scheinwerfer beleuchten und stellte einen schwarzgrauen kleinen Dampfer mit einer Kanone an Bord fest. Um ihn zum Stoppen zu veranlassen, ließ er einen Schuß als Warnung vor den Bug feuern. Anstatt nun darauf beizudrehen, machte der Dampfer sein Geschütz klar und eröffnete zuerst auf „Thetis" das Feuer, wodurch dort drei Mann verwundet und leichter Sachschaden angerichtet wurde.

Fregattenkapitän Hildebrand mußte nun in dem Fahrzeug einen Feind annehmen und eröffnete seinerseits das Feuer, das er aber zweimal ab=brach in der Annahme, die Widerstandskraft gebrochen zu haben.   Da aber der Dampfer in Rauch gehüllt, weiterfeuerte, setzte auch „Thetis" bis 3.20 Uhr Vm. das Feuer fort. Erst als der Kreuzer zu dem brennenden Dampfer seine Boote zur Aufnahme der Besatzung hinüberfandte, wurde beiden Seiten die traurige Verwechslung klar. Der Dampfer sank dann kurz nachdem die Überlebenden gerettet waren. Gefallen waren außer dem Führer, Leutnant zur See der Reserve Hamilton, der Obermatrose Friedrich Sänger; ein Unglücksfall, der in den Verhältnissen des Krieges seinen Grund hatte und bei dem beide Teile nach bester Überzeugung ihre Pflicht getan hatten. Mit Leutnant zur See Hamilton war ein besonders tüchtiger Offizier gefallen. Er war als Führer der Division der Hilfsfahrzeuge mit seinem Dampfer in dem ihm vom detachierten Admiral Ende November be=fohlenen Gebiet auf der Jagd nach feindlichen Unterseebooten gewesen.

Kontreadmiral Behring traf am 18. Dezember Nm. mit seinem Ver=band wieder in Swinemünde ein. Das wichtigste Ergebnis des Vor=stoßes war die Beobachtung der feindlichen Unterseeboote in Utö. Utö besaß einen für kleine Fahrzeuge brauchbaren und geschützten Hafen, der mit der offenen See durch eine tiefe, gerade für Unterseeboote günstige Fahrrinne verbunden war. Seine Lage machte es besonders geeignet als Stützpunkt für eine quer vor der Mündung des Finnischen Meerbusens auszulegende Unterseebootslinie. Für diese Verwendung sprach auch die am 17. Dezember beobachtete schnelle Bereitschaft und das Verhalten der russischen Fahrzeuge. Auch als Ausgangspunkt für Offensivunternehmungen von Unterseebooten gegen die deutsche Küste hatte Utö den Vorteil eines sehr viel kürzeren Anmarschweges als Reval und die Möglichkeit längerer Eisfreiheit. Die Tatsache, daß „Lübeck" fünf bis sechs Unterseeboote ge=sichtet hatte, ließ es ferner nicht als unwahrscheinlich erscheinen, daß darunter auch die englischen Unterseeboote waren. Nach unseren An=sichten eigneten sich nur etwa vier russische Unterseeboote der Akula=Klasse für eine Verwendung, die über eine örtliche Hafenverteidigung erheblich hinausging. Aus diesen Überlegungen hielt Kontreadmiral Behring es für wichtig und aussichtsreich, möglichst bald gegen Utö vor=zugehen, dort liegende leichte russische Streitkräfte zu vernichten und den Platz als Stützpunkt unbrauchbar zu machen. Großadmiral Prinz Heinrich war einverstanden, behielt sich nur den Zeitpunkt für die Ausführung der Unternehmung vor. Er beabsichtigte nämlich zunächst, einen Vorstoß mit einigen ihm zur Verfügung gestellten Linienschiffen der Hochseestreitkräfte bis nach Gotland zu machen, um bei den Russen den Eindruck aufrechtzu=

erhalten, daß für die Kriegführung in der Ostsee jederzeit starke Streitkräfte der Flotte als Rückhalt vorhanden wären. Seit September war dem Prinzen kein Geschwader für Unternehmungen in der Ostsee unterstellt worden. Jetzt stellte am 24. Dezember der Chef der Hochseestreitkräfte dem Großadmiral vier Schiffe des V. Geschwaders für einige Tage zur Verfügung, die mit Genehmigung der Kriegsleitung zu einer Fahrt bis nach Gotland verwandt werden durften. Diese Fahrt des V. Geschwaders fand vom 26. bis 30. Dezember statt. Die Streitkräfte des detachierten Admirals wurden dem Geschwaderchef für diese Fahrt unterstellt, ver= einigten sich am 27. Dezember in der Pommerschen Bucht bei der Ober= bank mit der Linienschiffsdivision und bildeten auf dem Weitermarsch Vorhut und Sicherung gegen Unterseeboots= und Torpedobootsangriffe. Der Marsch verlief ohne Ereignisse, die Linienschiffe standen am 28. Dezember 2.17 Uhr Nm. bei Hoborg an der Südspitze Gotlands, liefen bis zum Dunkelwerden in Sicht von Land an der Westküste der Insel entlang und kehrten dann nach Kiel zurück. Am 29. Dezember 12.50 Uhr Vm. wurden auf der Höhe der Südspitze Ölands die Streit= kräfte des detachierten Admirals entlassen, da bei dem aufgekommenen schweren Südost=Sturm Torpedoboote und Kleine Kreuzer die See nicht mehr halten konnten und daher für irgendwelche Sicherung der Schiffe nicht mehr in Frage kamen. Am 30. Dezember 10.15 Uhr Vm. traf Kontreadmiral Behring wieder in Swinemünde ein. Er fand hier die Genehmigung für seine Utö=Unternehmung vor, sobald ihm die Ver= wendungsbereitschaft der Unterseeboote die Besetzung der Station vor dem Finnischen Meerbusen gestatte. Der Prinz verlangte diese Maß= nahme als Flankendeckung gegen Utö. Von den Unterseebooten war aber zur Zeit keines klar. „U A" war zur Ausführung einer längeren Instandsetzung bereits am 17. Dezember nach Kiel zurückgezogen worden. „U 25" war am 21. Dezember von seiner Unternehmung zurück= gekehrt. Sein Kommandant, Kapitänleutnant Wünsche, hatte am 16. De= zember auf ein feindliches Unterseeboot 4 Seemeilen westlich von Bengtskär einen Bugangriff gefahren und war auch auf 200 bis 300 m Entfernung mit einem Flachschuß zu Schuß gekommen. Von einer Detonation wurde nichts gehört, das feindliche Boot war zwar verschwunden, da aber Seegang Stärke 5 bis 6 herrschte, war mit einem Treffer kaum zu rechnen. „U 23" war schon am 23. Dezember wieder in Danzig eingelaufen; es hatte wegen schlechten Wetters und Maschinenhavarie seine Unter= nehmung vorzeitig abbrechen müssen. Die Wetterverhältnisse der östlichen Ostsee geboten bereits zu diesem Zeitpunkt einer Erfolg versprechenden Unterseebootsunternehmung Einhalt. Die Dauer der Instandsetzung von

„U 23" war unbestimmt. „U 25" und „U 26" waren erst Anfang Januar wieder fahrbereit, so daß erst dann die Unternehmung gegen Utö in Frage kommen konnte.

15. Entdeckung russischer Minensperren in der mittleren Ostsee im Januar 1915.

Aus Mangel an Minensuchmitteln war, wie früher erwähnt, eine nähere Feststellung der im November gefundenen russischen Minensperre vor Memel unterblieben. Aber bald mehrten sich die Anzeichen, daß diese Sperre nicht das einzige Ergebnis russischer Minenunternehmungen ge= wesen sein könne. In der zweiten Dezemberhälfte kamen vier Stettiner Dampfer, die ihre gewöhnlichen Reisen zwischen Ostseehäfen unternommen hatten, in ihren Bestimmungsorten nicht an, so daß sich eine begreifliche Unruhe in den Schiffahrtskreisen Stettins, Königsbergs und Lübecks be= merkbar machte. Von dem Dampfer „Stockholm", der am 18. Dezember von Lübeck nach Königsberg in See gegangen und dort nicht eingetroffen war, wurde am 9. Januar an der Ostküste Gotlands eine Rettungsboje und ein Boot angetrieben, das den Beweis für den Verlust des Dampfers er= brachte. Ebenso hatte ein Linienschiff des von Gotland zurückkehrenden V. Geschwaders am 29. Dezember ein Rettungsboot des Dampfers „Elsa Hugo Stinnes 15" etwa 20 Seemeilen östlich Bornholm treibend auf= gefunden, so daß damit auch der Untergang dieses von Königsberg nach Kopenhagen bestimmten Dampfers feststand. Von den Dampfern „Stadt Lübeck" und „Lebbin II" wurde nie wieder etwas gehört. Der Oberbefehls= haber der Ostseestreitkräfte teilte die Beunruhigung der Schiffahrtskreise nicht. Er konnte auch die Hauptschiffahrtswege der Ostsee auf das Vorhandensein von russischen Minensperren nicht absuchen lassen, weil der einzige dafür ge= eignete ihm unterstehende Minensuchverband, die II. Minensuchdivision, im Dezember zu Instandsetzungsarbeiten auf die Werft geschickt worden war und erst Ende Januar klar wurde. Die beiden Hilfsminensuchdivisionen waren nur zum Absuchen der Hafenzufahrten und der dicht unter der Küste gehenden Fahrstraßen verwendbar. Die Maßnahmen des Oberbefehls= habers bestanden daher zunächst nur in einer Anweisung an die Schiffs= gesellschaften, für den Weg nach Königsberg die Kurse nördlich von Stolpe= Bank in tiefem Wasser bis zum Meridian von Hela, von dort über Hela und Kahlberg dicht unter Land bis nach Pillau zu benutzen. Ferner sollten die Reedereien ihre Dampferkapitäne anweisen, alle auf der Fahrt ge= machten Beobachtungen über verdächtige Fahrzeuge nach dem Eintreffen im Bestimmungshafen dem Ostseebefehlshaber nach Kiel telegraphisch mitzuteilen, und von jeder Reise die während der Fahrt gesteuerten Kurse in einer Karte verzeichnet einzureichen. Hierzu sollte die Sicherheit der einzelnen Wege festgestellt werden. Es war allerdings damit zu rechnen, daß man bei diesem Verfahren russische Sperren zuerst mit den Schiffsböden der Handels= oder Kriegsschiffe finden würde, wie es be= dauerlicherweise bei „Friedrich Carl" bereits geschehen war. Der Versuch unmittelbarer Schädigung des Feindes durch Unternehmungen der unter= stellten Streitkräfte, wodurch am besten späteren russischen Vorstößen vor= gebeugt wurde, stand für den Oberbefehlshaber und seinen Chef des Stabes immer an erster Stelle. Handelsschutz und Handelskrieg bildeten Neben= aufgaben, deren gleichzeitige Berücksichtigung wegen der schwachen Zahl der zur Verfügung stehenden Schiffe nicht möglich war. Dies Verfahren des Oberbefehlshabers entsprach auch durchaus dem Operationsbefehl für den Ostseekriegsschauplatz.

Kontreadmiral Behring hatte, nachdem „U 26" bereits am 2. Januar verwendungsbereit geworden war, den Beginn der Unternehmung gegen Utö bereits für den 3. Januar angesetzt und an diesem Tage 4 Uhr Nm. mit seinen Schiffen den Vormarsch von Swinemünde und Danzig aus an= getreten. Schnell auffrischender südöstlicher Wind, der sich sehr bald zum Südoststurm steigerte, zwang ihn aber abends zur Rückkehr in die Häfen. Die Erfahrungen der letzten Unternehmungen hatten gelehrt, mit Rücksicht auf Unterseeboots= und Torpedobootsverwendung günstige Wetterverhältnisse für die Vorstöße abzuwarten. Als am 6. Januar die Wetternachrichten für einige Tage ruhiges Wetter in Aussicht stellten, trat Admiral Behring 5.30 Uhr Nm. erneut den Vormarsch an. Der Ver= band steuerte in Aufklärungsformation östlich Gotland ohne weitere Er= eignisse bis zu einem Punkte 20 Seemeilen südsüdwestlich von Utö=Feuer= turm, der am 8. Januar 3.33 Uhr Vm. von „Prinz Adalbert", „Thetis" und der 20. Torpedoboots=Halbflottille erreicht wurde. „Lübeck" war vorher nach Westen in das Gebiet zwischen Svenska Högarne und Bogskär, „Augsburg" nach Osten bis auf die Höhe von Bengskär als Sicherung vor= geschoben worden. „U 26" stand seit dem 7. Januar 8 Uhr Vm. als Flankenschutz gegen den Finnischen Meerbusen bei Bengskär, um von dort heranmarschierende feindliche Streitkräfte anzugreifen. Das Wetter war um 3 Uhr Vm. nicht günstig für den geplanten Handstreich; es herrschte südöst= licher schwacher Wind, bedeckter Himmel und vorübergehendes Schneetreiben, wodurch die Sichtigkeit zeitweise beeinträchtigt wurde. Die Behinderung war aber nicht groß genug, um ein sofortiges Abbrechen des Angriffes zu rechtfertigen. Kontreadmiral Behring entschloß sich daher, seinen Plan durch= zuführen, und entließ 4.16 Uhr Vm. „Thetis" und die 20. Torpedoboots=

Halbflottille zum Angriff auf den Innenhafen von Utö. Während eine Rotte der Torpedoboote das Fahrwasser auf Minen absuchte, sollte „Thetis" als artilleristischer Schutz mit dem Rest der Boote folgen und „Prinz Adalbert" in weitem Abstande als Rückhalt nur so weit vorstoßen, als es die Tiefenverhältnisse des Fahrwassers gestatten würden. Das Flagg= schiff steuerte dementsprechend von 4.28 Uhr Vm. ab mit langsamer Fahrt hinter „Thetis" her. Bald nach dem Vormarsch verschlechterte sich das Wetter, die Sichtigkeit nahm weiter ab und es setzte stärkeres Schnee= treiben ein. Bereits 4.39 Uhr Vm. schlippte das Gerät der Minensuchrotte aus, weil sie angeblich durch den Seegang zu weit auseinandergekommen war. Das Wiederausbringen des Geräts dauerte über eine Stunde bis 5.53 Uhr Vm. und führte daher jetzt schon eine bedauerliche Verzögerung des Anmarsches herbei, der nach Plan noch vor Tagesanbruch beendet sein sollte. Als das Gerät ausgebracht und „Thetis" wieder anging, war das Schneetreiben so stark, daß es völlig unsichtig geworden war. Nach wenigen Minuten schlippte das Gerät von neuem aus, so daß sich der Kommandant der „Thetis", Fregattenkapitän Hildebrand, entschloß, um weitere Ver= zögerungen zu vermeiden, auf das Minensuchen überhaupt zu verzichten. „Thetis" setzte nun den Vormarsch fort und erreichte 7.25 Uhr Vm. unter dauerndem Loten eine Tonne mit Spier, bei der sie plötzlich nur 8 m lotete, vermutlich eine Untiefe, die in unseren Karten nicht verzeichnet war. Als Kontreadmiral Behring auf „Prinz Adalbert" sah, daß „Thetis" plötzlich stoppte, zurückging und dann abdrehte, hatte er den Eindruck, daß der Kreuzer kein genaues Besteck seines Schiffsortes besäße und sich in der Navi= gierung geirrt habe. Auf dem Flaggschiff war um diese Zeit außer einigen weißen Punkten, den mit Schnee bedeckten Schäreninseln, die keinerlei Anhalt boten, noch nichts von Utö zu sehen. Kontreadmiral Behring glaubte daher, in Übereinstimmung mit seinem Admiralstabsoffizier während des dreistündigen Wartens und auf der Stelle mit langsamer Fahrt Hin= und Herfahrens, mit dem Verband vertrieben zu sein. Er hielt es daher für das richtigste, sofort den Befehl zum Abbruch der Unternehmung zu geben. Tat= sächlich war die Lage bei den Torpedobooten und auf „Thetis" anders, als sie der rückwärts stehende Führer beurteilt hatte. Das etwas weiter vor= gestoßene Führerboot der 20. Torpedoboots=Halbflottille hatte im Augenblick des Abbrechens der Unternehmung 7.30 Uhr Vm. Utö=Leuchtturm in dem gerade um diese Zeit aufklärenden Wetter in 5,5 Seemeilen Abstand im Norden deutlich in Sicht. Die Navigation stimmte daher genau. Auch „Thetis" konnte kurz darauf durch Landpeilung ihren Schiffsort bestimmen. Ein Vorgehen von „Thetis" und der 20. Torpedoboots=Halbflottille wäre daher ohne weiteres möglich gewesen. Auf Mitwirkung von „Prinz

Adalbert" hätte allerdings wegen der geringen Tiefe des Fahrwassers unbedingt verzichtet werden müssen. Die Aussichten für einen Erfolg des Handstreiches waren auch nicht mehr groß. Es war inzwischen ganz hell geworden, Utö-Hafen war noch 9 Seemeilen entfernt, so daß eine Überraschung des Feindes ausgeschlossen schien. Darauf deutete auch der kurz nach 8 Uhr Vm. einsetzende, lebhafte feindliche Funkenverkehr hin, der entweder durch die Meldung einer in Utö befindlichen Funkenstation oder eines im Hafen mit Funkeneinrichtung versehenen Schiffes über das Sichten der deutschen Kreuzer verursacht wurde. Auf dem Rückmarsch kam der Verband mittags in einen heftigen Oststurm, dessen Seegang eine Verwendung der Torpedoboote unmöglich machte und den Admiral veranlaßte, westlich Gotland nach Swinemünde zurückzusteuern, um in Lee der Insel mehr Schutz vor Wind und Seegang zu haben. Am 9. Januar 4 Uhr Nm. lief er mit den Kreuzern und Torpedobooten in Swinemünde ein.

Das Abbrechen der Unternehmung, über deren Verlauf Kontreadmiral Behring am 18. Januar in persönlichem Vortrage in Kiel beim Prinzen Bericht erstattete, führte der Admiral in erster Linie auf die außerordentliche Schwierigkeit zurück, ohne Lotsen die Schärenfahrwasser zu befahren. Die vorhandenen Karten waren russischen Ursprungs und schienen auch für die Führung eines tiefgehenden Schiffes bis Utö nicht sicher genug. Die Unternehmung hatte bestätigt, daß der Platz des Führers bei Vorstößen dieser Art bei den vordersten Streitkräften sein muß, da er nur von dort die Lage schnell beurteilen und seine Entschlüsse fassen kann. Der Grund für das Versagen der als Minensuchgruppe führenden Torpedobootsrotte lag in der geringen Übung der Kommandanten in diesem Dienst, dem sehr ungünstigen Wetter und an der Beschaffenheit des Fahrwassers; bei Tiefen unter 10 m wurden die Minenscheite zum Ausschlippen gebracht. Eine Wiederholung der Unternehmung war nur mit Kleinen Kreuzern und Torpedobooten möglich. Eine Durchführung in dieser veränderten Form konnte natürlich erst nach einiger Zeit in Frage kommen, nachdem die Russen wieder das Gefühl der Sicherheit bekommen hatten. Ob die Russen überhaupt die Absicht eines Handstreichs gegen den Hafen von Utö gemerkt oder nur an eine Demonstration geglaubt hatten, war nicht zu erkennen gewesen, da sie die deutschen Schiffe sehr weit draußen in See in Sicht bekommen hatten. „U 26" kam am 10. Januar nach Danzig zurück, es hatte wegen Nebel und Schneetreibens die Unternehmung abgebrochen, ohne etwas vom Feinde gesehen zu haben.

Weitere Unglücksfälle durch Minen in der mittleren Ostsee ließen zunächst jede Angriffstätigkeit für die Streitkräfte des detachierten Admirals in

den Hintergrund treten. Am 4. Januar war der Dampfer „Latona" bei
Scholpin zwischen Stolpe=Bank und der Küste auf Minen gekommen und
mit seiner ganzen Besatzung gesunken. (Siehe Karte 12.) Am nächstfolgenden
Tage hatte die zum Absuchen dieses dicht unter der Küste liegenden verdäch=
tigen Gebietes ausgelaufene Hilfsminensuchdivision Swinemünde eine
russische Minensperre zwischen Stolpe=Bank und dem Festland festgestellt.
Hierbei war das Minensuchboot, Kapitänleutnant der Reserve Walter
Bertenburg, auf eine Mine gekommen und gesunken, wobei der Komman=
dant und 15 Mann den Heldentod fanden. Die Division wurde, da ihre
Fahrzeuge wegen ihres großen Tiefgangs zu einem Räumen der Sperre,
deren Minen teilweise nur 1,5 m unter der Wasseroberfläche standen, un=
geeignet waren, sofort vom detachierten Admiral nach Swinemünde zurück=
gerufen. Die Tatsache einer zweiten russischen Sperre, diesmal in der mitt=
leren Ostsee, war damit erwiesen. Der Admiralstab hielt zur Beruhigung der
Handelsschiffahrt ein sofortiges Absuchen der Hauptdampferwege und dann
ein Wegräumen der festgestellten Minensperren in der Ostsee für not=
wendig. Er trat daher an den Hochseechef heran, um diesen zur Ent=
sendung einer Minensuchdivision nach der Ostsee zu veranlassen. Der
Hochseechef war aber nicht in der Lage, eine Minensuchdivision abgeben
zu können. Großadmiral Prinz Heinrich glaubte, indem er zunächst den
Weg nördlich Stolpe=Bank als voraussichtlich minensicher bezeichnete,
auch seinerseits auf die sofortige Gestellung einer Minensuchdivision
verzichten und abwarten zu können, bis die II. Minensuchdivision
Ende Januar ihre begonnenen Instandsetzungsarbeiten beendet hatte.
Andere Mittel standen nicht zur Verfügung. Es erwies sich als be=
sonders ungünstig, daß die ganze II. Minensuchflottille im Dezember auf
die Werft gegangen war und nicht halbflottillen= oder rottenweise ihre
Instandsetzungsarbeiten begonnen hatte; dann wären immer einige Boote
zur Verfügung gewesen, die für Stich= und Kontrollfahrten hätten verwandt
werden können. Am 15. Januar lief ein weiterer Handelsdampfer, „Grete
Hugo Stinnes", 50 Seemeilen nordöstlich von Hela auf eine Mine und sank,
so daß auch in diesem Gebiet mit einer russischen Minensperre zu
rechnen war.

Trotz dieser Anzeichen einer starken Minenverseuchung der Ostsee durch
die Russen plante der Großadmiral für den Januar noch zwei größere
Unternehmungen mit Überwasserstreitkräften. Gedeckt durch Linienschiffe
des V. Geschwaders sollte noch einmal mit den Kreuzern des detachierten
Admirals ein kräftiger Schlag gegen den schwedischen Konterbandehandel
in der Bottensee geführt und dann erneut die militärischen Anlagen von
Libau beschossen werden. Beide Unternehmungen wurden mit dem

Chef des V. Geschwaders und dem dazu nach Kiel gerufenen detachierten Admiral am 18. und 19. Januar besprochen. Sie wurden aber beide aufgegeben, und zwar der Vorstoß in die Bottensee auf Ersuchen des Admiralstabes, der wegen schwebender politischer Verhandlungen jede Störung des schwedischen Handels vermeiden wollte, die Beschießung von Libau, weil für ihre Durchführung eine ausreichende Sicherheit gegen Minengefahr mit den zur Verfügung stehenden Hilfsmitteln bei der ungenügenden Ausbildung der Torpedoboote im Minensuchen vom detachierten Admiral nicht geschaffen werden konnte. Kontreadmiral Behring erhielt daher den Befehl, möglichst bald unter Ausnutzung einer günstigen Wetterlage „Augsburg" mit vier Torpedobooten einen Erkundungsvorstoß bis in den südlichen Eingang der Ålandssee unter-nehmen zu lassen. Verwendung von „Prinz Adalbert" und den übrigen Torpedobooten war dabei anheimgestellt, „Lübeck" und „Thetis" wurden am 19. Januar zu Instandsetzungsarbeiten auf die Werft Kiel geschickt. Am 20. Januar kehrte Kontreadmiral Behring wieder nach Swinemünde zurück. Bereits am 22. Januar trat er mit „Prinz Adalbert", „Augsburg" und den Torpedobooten den Vormarsch in zwei Gruppen westlich und östlich von Gotland nach Norden an. Bei „Augsburg", die westlich von Gotland marschierte, standen „G 133", „G 134", „G 135" und „136", bei dem Flaggschiff „G 132", „T 97" und die beiden von der 4. Flottille vorübergehend für die Unternehmung zugeteilten Torpedoboote „S 129", Kommandant Oberleutnant zur See Fett und „S 131", Kommandant Oberleutnant zur See Küffner. Am nächsten Tage mittags östlich Gotland entschloß sich der Admiral zur Änderung seiner ursprünglichen Absicht. Die sichtige Witterung bei gleichmäßigem schwachem Wind aus Südost und ein günstiger Barometerstand ließen ihn eine Unternehmung gegen Libau und eine Beschießung des Hafens mit „Prinz Adalbert" aussichtsreich erscheinen. Diese Aufgabe war allerdings vom Oberbefehlshaber aufgegeben worden, da der detachierte Admiral selbst den Stand seiner Torpedoboote in der Minensuchausbildung als nicht ausreichend bezeichnet hatte, um ein Vor-gehen von Linienschiffen gegen Libau verantworten zu können. Diese Bedenken schienen Kontreadmiral Behring aber für sein einzelnes Schiff nicht so erheblich. Die von drei Torpedobooten zu überspannende Minen-suchbreite von 160 bis 200 m mußte seiner Ansicht nach für „Prinz Adalbert" genügen, zumal wenn er mit dem Panzerkreuzer den sichersten Weg wählte. Als solcher wurde der von „U 25" gelaufene Kurs auf Libau von Steinort aus angesehen. „U 25" hatte auf Befehl des Oberbefehls-habers in der Zeit vom 14. bis 18. Januar noch eine Unternehmung zur Erkundung eines minenfreien Anmarschweges auf Libau als Vorbereitung

für eine fpäter doch zur Durchführung kommende erneute Befchießung
diefes Hafens durchgeführt. Kapitänleutnant Wünfche hatte Libau von
Norden aus bei Steinort beginnend angefteuert und keinen Dampfer=
verkehr nach und von dem Hafen feftgeftellt. Im Hafen wurden fünf
Dampfer und zwei Segelfchiffe ausgemacht, die Leuchtfeuer brannten nicht
und auch Seezeichen auf der Strecke Steinort—Libau wurden nicht an=
getroffen. Eine Benutzung des Hafens durch die Ruffen war daher an=
fcheinend noch nicht möglich.

Kontreadmiral Behring befchloß daher, ebenfalls Steinort anzufteuern
und dann auf der 20 m=Linie an der Küfte entlang auf Libau zuzulaufen.
Als navigatorifcher Punkt für die Anfteuerung der Küfte bei Steinort
follte „G 132" in 5 Seemeilen Abftand von dort zu Anker gehen, und nach
dem Ankern zwei nur nach See zu fichtbare weiße Laternen nebeneinander
auf der Reling zeigen. Als Minenfuchgruppe follten die drei übrigen Tor=
pedoboote etwa 22 Seemeilen weftlich Steinort das Minenfuchgerät aus=
bringen und 400 m vor „Prinz Adalbert" herfahren. Um 4 Uhr Nm.
wurde die Nordfpitze von Gotland angefteuert, um für den Verband noch
ein ficheres Abgangsbefteck zu erhalten und dann Kurs auf Steinort ge=
nommen. Am 24. Januar 1.30 Uhr Vm. erhielt die Minenfuchgruppe
Befehl, fich vorzufetzen, und „G 132" wurde auf feine Stellung vor Steinort
entlaffen. Um 2.30 Uhr Vm. war das Gerät ausgebracht und „Prinz
Adalbert" marfchierte hinter der Minenfuchgruppe mit 10 Seemeilen Fahrt
auf Steinort zu. 4.13 Uhr Vm. wurde von der Brücke des Panzerkreuzers
aus an Steuerbord ein abgeblendetes Fahrzeug gefichtet, auf das fcharf
zugedreht wurde. In diefem Augenblick ftieß „Prinz Adalbert" mehr=
mals auf Grund und faß dann feft. Das abgeblendete Fahrzeug war
das auf feine Pofition zu Anker gehende „G 132". Gleichzeitig lotete
die vorausfahrende Suchgruppe plötzlich von 20 m bis auf 8 m und
4 m fallende Waffertiefen und gab ihre Warnzeichen, die aber zu fpät
kamen, um das Auflaufen des anfcheinend zu weit nach Norden verfetzten
Flaggfchiffes noch zu verhindern. Der Panzerkreuzer faß dicht unter Land
feft, deffen Umriffe in der fahlen Morgendämmerung fpäter zu erkennen
waren. Mehrere Doppelbodenzellen waren leck und das Schiff durch die
Mafchinen allein nicht herunterzubringen. Auch Abfchleppverfuche der
Torpedoboote hatten keinen Erfolg. In Sicht der ruffifchen Beobachtungs=
ftelle von Steinort mußte, wie damals bei „Magdeburg", damit gerechnet
werden, daß der Feind fchnell benachrichtigt nach Tagesanbruch heran=
kommen und das faft wehrlofe Schiff abfchießen würde. Die nächfte Unter=
ftützung ftarker Schiffe lag in Kiel und konnte natürlich nicht rechtzeitig auf
dem Plane erfcheinen. Auf dem Panzerkreuzer wurde bereits das

Schiff durch Abgabe der Boote und des überflüssigen Materials erleichtert, als Kapitänleutnant Gercke auf den Gedanken kam, die Torpedoboote in geschlossener Normalstellung an dem festgekommenen Schiff mit
höchster Fahrt vorbeilaufen zu lassen, um durch die dabei entstehende See
das Schiff zu heben und dann gleichzeitig mit den eigenen Schrauben freizukommen. Bei der zweiten Ausführung dieses Manövers kam das
Schiff 6.2 Uhr Vm. los und steuerte mit Westkurs von der Küste ab. Es
war höchste Zeit, denn wenige Minuten später wurde von Steinort aus
mehrere Male mit einem Signalscheinwerfer in Richtung auf „Prinz
Adalbert" ein Erkennungssignal abgegeben, das in gleicher Weise beantwortet wurde. Die Entdeckung des Unfalls durch die Russen war daher
gerade noch vermieden worden. Eine Fortsetzung der Unternehmung kam
jetzt nicht mehr in Frage. Es wurde der Rückmarsch nach Swinemünde angetreten. „Augsburg", die in der vorhergehenden Nacht in ihrem
Gebiet westlich Gotland weder Dampfer noch Feind gesehen hatte, nahm
ebenfalls mit ihren vier Torpedobooten Kurs auf Swinemünde.

Großadmiral Prinz Heinrich hatte die Meldung vom Auflaufen des
Panzerkreuzers bereits 6.30 Uhr Vm. erhalten. Er rief „Prinz Adalbert"
mit dem Admiral nach Kiel zurück, wo auch allein ein Docken des Schiffes
möglich war. Der Großadmiral war der Ansicht, daß Kontreadmiral
Behring nicht selbständig hätte gegen Libau vorgehen dürfen. Der
detachierte Admiral dagegen glaubte im Sinne des Prinzen gehandelt zu
haben, der ihn am 23. August 1914 angewiesen hatte, Sonderunternehmungen in der Ostsee selbständig planen und ausführen zu dürfen.
Nur in den Fällen, wo gemeinsame Unternehmungen mit nicht ständig
zur Ostsee gehörenden Streitkräften durchgeführt wurden, hätte der Oberbefehlshaber die Einzelheiten geregelt.

Auf dem Rückmarsch nach Swinemünde lief „Augsburg" in der
Nacht zum 25. Januar 12.56 Uhr Vm. 20 Seemeilen östlich von
Bornholm auf eine russische Minensperre[1]). Die Nacht war zum Glück
hell und sichtig, windstill bei ruhiger See. Die Mine traf das 14 Seemeilen laufende Schiff an Steuerbord in Höhe des dritten Heiz-
raumes. Hier fand die Heizraummannschaft, 8 Mann, den Heldentod.
Das Schiff hob sich mittschiffs kurz hoch und federte an beiden
Enden der Back und des Hecks stark zurück. Korvettenkapitän Horn ließ
sofort zwei der Begleitboote Minensuchgerät ausbringen und vor der
havarierten „Augsburg" herfahren, da er nicht wußte, ob er die feindlichen Minen schon passiert habe. „Augsburg" konnte nur kleine Fahrt

---

[1]) Siehe hierzu die Übersicht über die von den Russen in der Ostsee gelegten
Minensperren in Karte 12.

laufen und war zunächst auf die Navigation der Torpedoboote ange=
wiesen, da bei der Minenexplosion alle Kompasse ausgefallen waren. Im
Laufe des Vormittags wurden mehrfach die Hauptmaschinen außer Betrieb
gesetzt, da infolge Überkochens der Kessel durch starken Salzgehalt der
vorhandene Dampf nur eben ausreichte, um die Lenzpumpen in Betrieb
zu halten. Um 11.30 Uhr Vm. wurde ganz auf eigene Maschinenkraft ver=
zichtet und „Augsburg" vom Führerboot der 20. Torpedoboots=Halbflottille,
Chef und Kommandant Kapitänleutnant Ehrhardt, in Schlepp genommen.
Die übrigen Boote fuhren Sicherung gegen Unterseebooote, für die der
Schleppzug eine leichte Beute geworden wäre. Kontreadmiral Behring
war auf die Meldung der „Augsburg", die er auf „Prinz Adalbert"
2.3 Uhr Vm. am 25. Januar gerade nördlich Bornholm erhielt, nach
Süden auf die Enge zwischen Bornholm und Adler=Grund zugesteuert,
um „Augsburg" zu helfen. Gleichzeitig befahl er funkentelegraphisch
der Versorgungsstelle in Swinemünde, dem havarierten Kreuzer
Schlepper entgegenzuschicken und gab den in See befindlichen Kohlen=
dampfern Befehl, nördlich Bornholm nach Swinemünde zurückzugehen.
1 Uhr Nm. bekam „Prinz Adalbert" 30 Seemeilen nordöstlich Swine=
münde den Schleppzug mit der havarierten „Augsburg" in Sicht. Eine
Hilfeleistung bei dem Kreuzer kam nicht mehr in Frage, da er bereits
von zwei Schleppern begleitet in die Pommersche Bucht einsteuerte. Die
Unterseebootsgefahr war bei dem diesigen Wetter, das gegen Nachmittag
dichter Nebel wurde, nicht mehr groß. Der Admiral war kaum über den
Zustand von „Augsburg" beruhigt, als er 2.10 Uhr Nm. einen Funk=
spruch von „Gazelle" erhielt, daß der Kreuzer soeben in der Nähe von
Arkona durch Torpedoschuß beschädigt sei. Kontreadmiral Behring gab
darauf dem einzigen noch bei „Prinz Adalbert" befindlichen Torpedoboot
den Befehl, sofort zur Hilfeleistung zu „Gazelle" zu gehen und befahl auch
„Augsburg", alle entbehrlichen Torpedoboote dorthin zu schicken. „Augs=
burg" und „Prinz Adalbert" erreichten dann im Laufe des Nachmittags
des 25. Januar glücklich Swinemünde. „Gazelle" war nach einem Befehl
der Küstenschutzdivision von Aarösund am 24. Januar zu einer Patrouillen=
fahrt in das Gebiet zwischen Südeingang Sund—Trälleborg und Arkona
ausgelaufen. Das Wetter war am 25. Januar sehr schön, ruhige See und
sichtige Luft. 1.39 Uhr Nm. verspürte der mit 16 Seemeilen Zickzackkurse
steuernde Kreuzer 9 Seemeilen nordnordwestlich von Arkona im Hinterschiff
eine heftige Explosion, wodurch die achteren Abteilungen sofort voll Wasser
liefen und zwei Mann im Ruderraum getötet wurden. Unmittelbar nach der
Explosion glaubten mehrere Offiziere und Leute an Steuerbord die Seh=
rohre eines Unterseebootes deutlich zu sehen. Es wurde von den vorderen

Geſchützen beſchoſſen. Kurze Zeit nach dem Sichten des vermeintlichen erſten Unterſeebootes behaupteten andere Leute der Beſatzung, ein zweites Unterſeeboot vor dem Bug geſehen zu haben, das ebenfalls beſchoſſen wurde. Der Kommandant, Fregattenkapitän Myſing, der bei der Explosion verwundet worden war, ließ Arkona anſteuern, um das ſchwer havarierte Schiff auf flaches Waſſer zu bringen. Auf dem Wege dahin verlor „Gazelle" beide Schrauben und trieb bewegungslos umher. Bevor die auf der Fahrt von Trälleborg nach Saßnitz zufällig vorbeikommende ſchwediſche Fähre „Koning Guſtav V." den Kreuzer in Schlepp nehmen konnte, trafen die vom detachierten Admiral entſandten Boote der 20. Torpedoboots-Halbflottille ein. „Gazelle" wurde von ihnen nach Swinemünde geſchleppt, und machte am 26. Januar 8.15 Uhr Vm. dort am Kai feſt. Die ſpäter vom Oberbefehlshaber befohlene Beſichtigung der Beſchädigungen des Kreuzers in Dock ergab mit Sicherheit, daß die Beſchädigung des Schiffes durch einen Minentreffer und nicht durch einen Torpedoſchuß herbeigeführt worden war. Dies bewies auch die am 1. Februar von der II. Minenſuchdiviſion bei der Unfallſtelle aufgefundene große ruſſiſche Minenſperre. „Gazelle" ſelbſt hatte am Tage vor ihrem Unfall 5 Seemeilen nördlich Arkona eine treibende Mine abgeſchoſſen, die vermutlich als Oberflächenſtand zu dem Minenfeld gehörte, auf dem der Kreuzer am nächſten Tage havariert wurde. Gegen Unterſeeboote ſprach auch, daß das ſchwer havarierte Schiff gänzlich unbeläſtigt blieb und nicht wieder angegriffen wurde, auch würden feindliche Unterſeeboote ſicher nicht in ſo großer Nähe einer eigenen Minenſperre eine Warteſtellung genommen haben.

Die Grundberührung des Flaggſchiffes und der durch die Minenſchädigungen bedingte Ausfall von zwei Kreuzern ſollte nicht das einzige Unglück an dieſem Tage bleiben. Das Luftſchiff „PL 19" war nach mehreren vergeblichen, immer durch ſchlechtes Wetter abgebrochenen Verſuchen am 25. Januar 3 Uhr Vm. von Königsberg zum Angriff auf Libau aufgeſtiegen, aber zu der feſtgeſetzten Zeit nicht zurückgekehrt. Der Führer, Oberleutnant Meier, hatte erſt wenige Tage vorher von Hauptmann Stelling das Kommando übernommen. An Bord waren nur für zehn Stunden Betriebsſtoff und kein Funkenapparat. Als das Schiff am 25. Januar nachmittags nicht zurückgekehrt war, wurden die Boote der Hilfsminenſuchdiviſion Neufahrwaſſer bis nach Memel geſchickt. Am 27. Januar veröffentlichte der ruſſiſche Admiralſtab, daß ein Zeppelinſchiff am 25. Januar neun Bomben auf Libau geworfen, ſpäter von dem Geſchützfeuer der Forts aufs Meer heruntergeholt worden und ſeine Beſatzung von ſieben Köpfen gefangen ſei. Vorausſichtlich war das Schiff durch die Wetter-

verhältnisse und Schneetreiben zu schwer belastet, beim Angriff in ungenügender Höhe gewesen und dadurch den Russen zur Beute geworden.

Mit dem Ausfall des Flaggschiffes und der beiden Kleinen Kreuzer
war der Offensivtätigkeit des detachierten Admirals in der östlichen Ostsee
ein jähes Ende gesetzt. Eine Verwendung der Streitkräfte gegen den Feind
kam bis zum Frühjahr nicht mehr in Betracht. Die Wiederinstandsetzung
des Flaggschiffes auf der Kieler Werft dauerte bis Mitte März, die der
„Augsburg" auf der Vulkan-Werft in Hamburg bis Ende März, eine
Reparatur der „Gazelle" wurde wegen des veralteten Zustandes des
Kreuzers nicht mehr für lohnend gehalten und das Schiff am 22. Februar
1915 außer Dienst gestellt. Auch der Unterseebootsverwendung in der
östlichen Ostsee setzten die Witterungsverhältnisse jetzt ein Ziel. „U 26",
das am 10. Januar erfolglos zurückgekehrt war, hatte vor allem über die
Gefahr der Vereisung des Turmluks und die dadurch bedingte Herabsetzung
der Tauchbereitschaft und Tauchschnelligkeit berichtet. Es waren die ersten
praktischen Erfahrungen bei Tätigkeit von Unterseebooten unter russischen Winterverhältnissen. Großadmiral Prinz Heinrich befahl daher, daß
alle Vorstöße nach der östlichen Ostsee bis auf weiteres unterbleiben sollten.
Die Boote sollten ihre Instandsetzungsarbeiten durchführen, um Mitte April
für den Frühjahrsfeldzug wieder verwendungsbereit zu sein. Zur Ausbildung der Besatzungen wurde eine gelegentliche Verwendung der Boote
im Patrouillendienst längs der deutschen Küste ins Auge gefaßt. Diese
Pläne kamen aber nicht zur Ausführung, denn bereits am 17. Februar
wurde nach der Erklärung des Unterseebootskrieges auf Befehl der Kriegsleitung „U 23" den Hochseestreitkräften zugeteilt und auch die Überweisung
der beiden andern Boote nach Beendigung ihrer Reparaturarbeiten in
Aussicht gestellt.

Die Beseitigung der von den Russen in der mittleren Ostsee gelegten
Minensperren trat jetzt in den Vordergrund. Gefunden waren bisher vier
feindliche Sperren, und zwar bei Memel, Stolpe-Bank, nördlich Arkona,
östlich Bornholm (siehe Karte 12), sämtlich leider durch die Schiffsböden
unserer Schiffe. Daß nördlich Hela, wo der Stinnesdampfer am 16. Januar
1915 gesunken, eine weitere russische Sperre lag, war noch nicht sicher,
wurde aber im April festgestellt. Die Russen hatten mit großem Geschick
ihre Sperren so gelegt, daß unsere wichtigsten Anmarschstraßen von der
westlichen nach der östlichen Ostsee durch sie bedeckt wurden. Als daher die
ersten sechs Boote der II. Minensuchdivision am 29. Januar verwendungsbereit waren, erhielten sie als erste Aufgabe das Absuchen des Gebietes
nördlich von Arkona, beginnend bei der Unfallstelle der „Gazelle". Bereits
am 1. Februar fand dort die Division unter Führung von Kapitänleutnant

Schoemann eine große rusfische Minensperre. Sie erstreckte sich von Arkona in SzW¼W 7,5 Seemeilen ab bis Arkona in S⅜W 12 Seemeilen ab. Die Sperre verlief NWzN, Minenabstände 50 m, Tiefeneinstellung 4,5 m. Der Vertreter des beurlaubten Kontreadmirals Behring, der Kommandant des Flaggschiffs, Kapitän zur See Michelsen, erhielt vom Oberbefehlshaber als Hauptaufgabe, das planmäßige Suchen und Räumen von Minensperren in der Ostsee östlich der Linie Arkona—Trälleborg durchzuführen. Für das Minensuchen standen die II. Minensuchdivision, die Hilfsminensuchdivisionen Neufahrwasser, Swinemünde und Friedrichsort zur Verfügung. Zur Unter= stützung der Minensucharbeiten im Feststellen der Lage vermuteter Sperren und für den Beobachtungs= und Nachrichtendienst wurde der Dampfer „Answald" als Flugzeugmutterschiff zur Aufnahme von zwei Flugzeugen hergerichtet und dem Kapitän zur See Michelsen in Swinemünde unter= stellt. Die II. Minensuchdivision sollte nach Beendigung der Arbeiten bei Arkona das Gebiet zwischen Bornholm und Oder=Bank oder der Pommer= schen Bucht absuchen, da man auch in dieser Enge eine Sperre vermutete. Zum Glück unberechtigt, wie sich nachher herausstellte. Später war von der Division die Ausdehnung der „Augsburg"=Sperre östlich Bornholm festzustellen. Die Hilfsminensuchdivision Friedrichsort erhielt als Stütz= punkt Stolpmünde und sollte die davor liegende Sperre zwischen der Stolpe=Bank und dem Festlande räumen. Die beiden anderen Hilfs= minensuchdivisionen waren dafür bestimmt, die Fahrwasser längs der Küste dauernd abzufahren und der erheblich beunruhigten Handelsschiffahrt wieder die Möglichkeit sicheren Verkehrs nach den östlichen Häfen der Ostsee zu geben. Der in den vergangenen Kriegsmonaten in der Ostsee zutage getretene Mangel an leistungsfähigen Minensuchverbänden wurde durch Schaffung eines besonderen Minenräumverbandes zu vermindern gesucht. Die beiden Hilfsminensuchdivisionen hatten sich für den Dienst in der östlichen Ostsee des großen Tiefganges und der geringen See= fähigkeit ihrer Dampfer wegen als ungeeignet erwiesen. Man brauchte hier schnell bewegliche und flache Boote für das Räumen der teilweise sehr flach stehenden russischen Minensperren. Diese Bedingungen hatten Kontre= admiral Behring zu dem Vorschlag geführt, eine Division von zwölf Motorbooten — jedes Boot 8 t Wasserverdrängung, 16 m lang, zwei Maschinen zu 60 PS und zwei Schrauben, Tiefgang unter 1 m — mit leichtem Räumgerät zu versehen und die Boote auf zwei Mutterschiffen, für welche „Indianola" und „Incula", frühere Handelsschiffe, hergerichtet wurden, unterzubringen. Dabei war schnelle Beförderung der Boote bei jedem Wetter und gute Unterbringung der Besatzung gleichzeitig möglich. Das militärische Personal wurde durch Außerdienststellung der Hilfs=

minensuchdivision Swinemünde freigemacht, zum Chef der ersten fliegen=
den Minenräumdivision, mit der ein ganz neuer, auf praktischer Kriegs=
erfahrung ruhender Verband geschaffen war, wurde Kapitänleutnant
August Altvater ernannt. Die Frontbereitschaft der Division sollte im
April hergestellt sein. Es mag schon hier vorgreifend erwähnt werden, daß
diese in der Ostsee entstandene Schöpfung im weiteren Verlauf des Krieges
auf allen Kriegsschauplätzen ihre Brauchbarkeit auf das glänzendste er=
wiesen hat.

Die nach Beendigung ihrer Instandsetzung am 6. Februar als erste
wieder verwendungsbereiten Kleinen Kreuzer „Lübeck" und „Thetis" er=
ledigten von Swinemünde aus in der Nähe der mit den Minensucharbeiten
beschäftigten Verbände ihre Übungen und bildeten gleichzeitig einen Rückhalt
für die kleinen Fahrzeuge. Nach Beendigung ihrer Gefechtsausbildung
wurden „Lübeck" und „Thetis" von Ende Februar ab in einem Patrouillen=
dienst zur Sicherung der mittleren Ostsee östlich der Linie Sandhammar—
Bornholm—Jershöft verwandt. Mit einem Vordringen russischer Streit=
kräfte bis hierher war in diesen Monaten kaum zu rechnen, da die Ver=
eisung die russischen Schiffe in ihren Häfen zurückhielt. Auch die Streit=
kräfte der Küstenschutzdivision in der westlichen Ostsee benutzten die Monate
Januar bis April 1915 abwechselnd zu Instandsetzungsarbeiten und Wieder=
herstellung ihrer vollen Kriegsbereitschaft. Der erste Abschnitt des See=
krieges in der Ostsee hatte durch die klimatischen Verhältnisse des Kampf=
gebietes seinen natürlichen Abschluß gefunden.

16. Rückblick auf den ersten Kriegsabschnitt.

Nach den ersten sieben Kriegsmonaten ließ sich die zukünftige Ent=
wicklung des Seekrieges in der Ostsee deutlich erkennen. Die Russen hatten
von Kriegsbeginn an die strategische Defensive zur Richtschnur ihres
Handelns gemacht und nur durch Minenunternehmungen den Verkehr an
unsern Küsten vorübergehend gestört. Auch die deutschen Streitkräfte
hatten in der Ostsee in der strategischen Defensive gestanden. Aber ein
völlig anderes Bild bietet die deutsche Defensive im Vergleich mit der
tatenlosen, reinen Küstenverteidigung der weit überlegenen russischen
Ostseestreitkräfte. In diesen sieben Monaten stehen die schwachen deutschen
Kreuzer fern von ihren Stützpunkten vor den feindlichen Küsten und suchen
mit allen Mitteln, den Feind zu täuschen, zu beunruhigen und zu schädigen.
Der Oberbefehlshaber der Ostseestreitkräfte legt den ihm von der Kriegs=
leitung gegebenen defensiven Operationsbefehl so frei wie möglich aus,
Vorstoß folgt auf Vorstoß bis an, s o g a r   b i s   i n   d i e   f e i n d l i c h e n

Stellungen. Man vergleiche auch hiermit die Bewegungen der englischen „Grand Fleet", die bei einer defensiven Kriegführung, trotz ihrer gewaltigen Überlegenheit doch nur eine dauernde Beobachtung und ein vorsichtiges Heranfühlen an die deutschen Gewässer der Nordsee unter= nahm und welche die unblutige, aber für sie sichere Erdrosselung durch die Blockade einem Waffengange vorzog.

Die Seeherrschaft über die Ostsee war während der sieben Kriegs= monate fest in unserer Hand. Damit war die höchste Forderung erfüllt, die man billigerweise in der Ostsee an die Marine stellen konnte. Aller= dings hatte sich unser Krieg gegen den feindlichen Handel und die auf neutralen Schiffen für England verfrachtete Konterbande nicht in mili= tärisch wünschenswertem Maße durchführen lassen. Die politische Leitung war gegen Dänemark und Schweden besonders schonend und machte damit scharfe militärische Eingriffe unmöglich. Immer stärker wurde in der Ostsee während dieser Zeit auch der d e u t s c h e Handelsverkehr mit Dänemark und Schweden und ungestört von jedem feindlichen Zugriff spielte er sich unter dem Schutz der Kriegsflagge ab. Unsere großen Handelshäfen und wichtigen Werftanlagen wurden durch keinen Schuß aus feindlichen Schiffsgeschützen in ihrer Arbeit gestört. Unbelästigt holten die deutschen Handelsschiffe aus den Häfen der Botten=Wief das für die heimische Stahlerzeugung lebenswichtige schwedische Erz. In der Kieler Bucht übten die Geschwader und Unterseeboote der Hochseestreitkräfte sicher wie im Frieden und gewährleisteten durch diese Möglichkeit dauernde Be= reitschaft ihres Personals und ihrer Waffen.

Unsere Kriegführung in der Ostsee fand beim Russen leider kaum Angriffsobjekte. Die russische Flotte kam aus dem Bereich der Küsten= verteidigung nicht heraus. Die russischen Handelshäfen und Küstenplätze der Ostsee lagen innerhalb des aufs stärkste geschützten Küstenverteidigungs= gebietes des Finnischen Meerbusens. Uns hieran die Zähne auszubeißen, wäre nur zum Vorteil der russischen, vor allen Dingen aber auch der e n g l i s c h e n Kriegführung gewesen und hätte den Einsatz nicht gelohnt. Für Rußland dagegen stellte der deutsche Handel in der Ostsee ein großes und dankbares Angriffsziel dar, zumal er für unsere Kriegführung immer wichtiger wurde. Auch unsere schwachen Ostseestreitkräfte überraschend zu fassen, wäre für einen russischen Führer lohnend gewesen. Die russische Kriegführung hätte den Bundesgenossen England durch eine lebhafte Tätigkeit ihrer Flotte unterstützen können. Unter dem Zwang unserer wirt= schaftlichen Lage hätten wir eine Unterbindung unseres Ostseehandels und eine Bedrohung unserer Ostseehäfen nicht lange ertragen. Wir wären gezwungen gewesen, Streitkräfte von der Nordsee nach dem Nebenkriegs=

schauplatz in der Ostsee hinüberzuwerfen. Dank der russischen Taten-
losigkeit und Schwerfälligkeit blieben uns diese Wechselwirkungen zwischen
den beiden Kriegsschauplätzen West und Ost erspart und unsere Seekriegsleitung konnte in diesem ersten Kriegsabschnitt ihre Hauptkräfte gesammelt
gegen England in der Nordsee halten.

Vergleicht man die Schiffsverluste bei uns und den Russen, so fällt
dieser Vergleich allerdings zu unseren Ungunsten aus. W i r   w a r e n
a b e r   d i e   A n g r e i f e r   i n   e i n e m   S t e l l u n g s k r i e g e, den
wir gegen einen Feind hinter stärksten, von der Natur selbst geschaffenen
Verteidigungslinien führten. Als im weiteren Verlauf des Krieges die
Aussichtslosigkeit, den Feind herauszulocken, klar wurde, beschränkten wir
uns auf die Behauptung unserer Seeherrschaft und führten einen aus-
gedehnten Minenkrieg. Als in späterer Zeit die Armee die Voraussetzungen
für das gemeinsame Vorgehen von Heer und Flotte geschaffen hatte, wurde
zu Angriffsunternehmungen großen Stils übergegangen.

Die e n g l i s c h e Kriegführung hat ihrerseits die Möglichkeiten, die ihr
die Bundesgenossenschaft der russischen Flotte in der Ostsee bot, während
dieser ersten sieben Monate n i c h t ausgenutzt, obwohl die englische und
russische Marine zusammen eine außergewöhnliche Übermacht über die
unsrige darstellte. Nur zwei englische Unterseeboote, die auffallend wenig
leisteten und in den bisher geschilderten Monaten keinen Treffer aufzu-
weisen hatten, schickte die englische Admiralität in die Ostsee. Erst unter
dem Gesichtspunkte der für die Gegner vorhandenen Möglichkeiten kann
man die Leistungen der deutschen Marine während dieses Kriegsabschnittes
in der Ostsee richtig würdigen. Die Bedeutung einer Flotte sowohl in ihrer
unmittelbaren Betätigung, wie auch in ihrer Fernwirkung ist auf dem
Ostseekriegsschauplatz klar zu erkennen.

I n d e m   E n g l a n d   d i e   S c h l a c h t   m i t   d e r   d e u t s c h e n
F l o t t e   g r u n d s ä t z l i c h   m i e d,   h a t   e s   v o n   K r i e g s b e g i n n
a n   d i e   R u s s e n   i n   d e r   Z u r ü c k h a l t u n g   i h r e r   F l o t t e   b e -
s t ä r k t.   R u ß l a n d   f ü r c h t e t e   u n s e r e   a u f   d e r   i n n e r e n
L i n i e   s t e h e n d e   b e r e i t e   F l o t t e,   d i e   E n g l a n d   w e d e r
a n z u g r e i f e n   w a g t e,   n o c h   d a u e r n d   i n   d e r   N o r d s e e
g e b u n d e n   h i e l t.   H i e r d u r c h   u n d   i m   V e r e i n   m i t   d e r
l e b h a f t e n   T ä t i g k e i t   u n s e r e r   s c h w a c h e n   O s t s e e s t r e i t -
k r ä f t e   u n t e r   e n e r g i s c h e n   F ü h r e r n   f i e l   u n s   d i e   u n -
b e s c h r ä n k t e   S e e h e r r s c h a f t   a u f   d e r   O s t s e e   s c h n e l l   z u.

Personenverzeichnis.

Sachverzeichnis

siehe auch Inhaltsverzeichnis.

Ernst Siegfried Mittler und Sohn, Buchdruckerei G. m. b. H., Berlin SW 68, Kochstraße 68—71.